Motivos de conversación

Motivos de conversación

ESSENTIALS OF SPANISH

EDUARDO NEALE-SILVA

◙

ROBERT L. NICHOLAS

University of Wisconsin, Madison

Random House *New York*
This book was developed for Random House by Eirik Børve, Inc.

First Edition

9 8 7 6 5 4 3

Copyright © 1984 by Newbery Award Records, Inc.

All rights reserved under International and Pan-American Copyright Conventions.
No part of this book may be reproduced in any form or by any means, electronic
or mechanical, including photocopying, without permission in writing from
the publisher. All inquiries should be addressed to Newbery Award Records, Inc.,
201 East 50th Street, New York, N.Y. 10022. Published in the United States
by Newbery Award Records, Inc., a subsidiary of Random House, Inc., and
simultaneously in Canada by Random House of Canada Limited, Toronto. Dis-
tributed by Random House, Inc.,

Portions of this text have appeared in *¡En camino! A Cultural Approach to Beginning
Spanish* (Second Edition), by Eduardo Neale-Silva and Robert L. Nicholas.

Library of Congress Cataloging in Publication Data

Neale-Silva, Eduardo
  Motivos de conversación.

  Includes index.
  1. Spanish language–Grammar–1950–   2. Spanish
language–Text-books for foreign speakers–English.
I. Nicholas, Robert L.   II. Title.
PC4112.N42 1984   468.2'421   83–16076
ISBN 0-394-33471-X

Manufactured in the United States of America

Text and cover design by Marie Carluccio

Illustrations by Don Day

Permissions: **page 213**–Courtesy of Régie Renault; **page 298**–Courtesy of California
Department of Health & Human Services.

PREFACE TO THE INSTRUCTOR

Motivos de conversación is a brief Spanish textbook for beginners. It presents the fundamentals of Spanish pronunciation and some basic vocabulary in three short preliminary lessons, and the essentials of Spanish grammar in eighteen lessons. The title of the text means *Motivation for Conversation* as well as *Topics of Conversation*. The primary goal of this text is to convey meaning within situational contexts, thereby motivating the student to use Spanish actively.

To develop students' study habits most effectively, **Motivos de conversación** provides frequent **Memoprácticas,** which offer students suggestions on how to study, memorize, and create their own learning aids. **Motivos de conversación** features thematic core vocabularies, real life situations through dialogs or narrative passages, brief grammatical explanations, abundant exercises for practicing basic forms and constructions, models for controlled expression, and a wide variety of communicative activities that encourage students to develop their own creativity. **Motivos de conversación** minimizes the presentation of grammar *per se* and the manipulation of words as grammatical components, and instead encourages more personal, creative use of Spanish by students.

Many of the dialogs, grammar explanations, and exercises in **Motivos de conversación** are taken from **¡En camino!** (Scott Foresman and Company, second edition, 1981). **Motivos de conversación** also retains the cultural approach of its parent text. To that end, the dialogs are designed to offer insights into the psychology and customs of Hispanic peoples, and abundant photographs, realia, drawings, and cultural notes are also included in each lesson.

Each of the eighteen lessons in **Motivos de conversación** is divided into three parts, to facilitate lesson planning and the organization of daily assignments.

1. Gráficos

This opening section promotes initial self-expression through visual aids and personalized questions following mini-texts; it also serves as an introduction to the essential vocabulary and grammatical points that are developed in detail in other parts of the lesson. A feature called **Palabras fáciles** presents cognate study and word-building patterns that will help the student make associations among words.

2. Gramática esencial

Each lesson presents four to six grammar points in a condensed format, with exercises corresponding to each point immediately following the explanation. In all lessons only essential, first-year material is included. Instructors should, of course, supplement grammar explanations whenever they feel it is necessary. A **Repaso** concludes each **Gramática esencial** section, to reinforce key grammatical points from earlier lessons.

3. Conversación

This section begins with a longer dialog or narrative segment that illustrates in context the grammatical points and vocabulary presented in the lesson. The dialog is followed by Cultural Notes that explain aspects of Hispanic culture presented in the dialog, and by exercises that promote situational expression by students. This section concludes with **Comunicación,** which provides an opportunity for synthesis; that is, students can show their mastery of the lesson by means of activities that encourage interaction with others. The words to be learned actively in each lesson are grouped according to parts of speech and by grammatical categories in the **Vocabulario activo** at the end of the lesson.

Self-tests, readings, and visually cued reviews follow every third lesson, to offer students regular opportunities to assess their individual progress. The answers to the Self-tests are given in Appendix 2. The appendices also include verb charts (Appendix 1) and a section on Spanish punctuation and capitalization (Appendix 3). A complete Spanish-English vocabulary is provided, as well as an English-Spanish vocabulary that is based on the text's active vocabulary.

Supplementary Materials

The Instructor's Manual for **Motivos de conversación** contains lesson plans, the answers to many exercises, sample quizzes, supplementary class aids, and methodological suggestions. These recommendations offer the instructor various approaches to difficult points of grammar, more detailed explanations (when appropriate), rationales for the organization of class materials, hints on how to vary the presentation of each lesson, and aids in presenting students with strategies for avoiding common pitfalls and clarifying areas of confusion. The Instructor's Manual also includes the complete Tapescript.

The Workbook/Laboratory Manual provides additional exercises on grammar and vocabulary. With three preliminary and eighteen regular units that correspond to the text and tapes, the Workbook is designed for independent study. Students may check their answers against those given in the back of the Workbook to assess their own progress.

The accompanying tape program is available for purchase or duplication from the publisher. Its abundant drills assist students in their aural/oral practice, either on first exposure to the material or as a review. Many of the text's exercises and dialogs are repeated on tape. A variety of voices is used on the tapes to give students a wide range of practice in imitating native speakers.

Acknowledgments

The authors wish to express their gratitude to the many instructors who reviewed the manuscript in its various stages of preparation; their insights have been very helpful. We also thank Eirik Børve and Lesley Walsh of EBI and Pamela Evans of Random House for their assistance in the production of this text, and above all, Dr. Thalia Dorwick, whose editorial guidance has been invaluable.

Motivos de conversación wants you to talk in Spanish from the very beginning of your study. Even in the first few lessons you will be encouraged to express yourself in Spanish. We feel this is the most important function that language has, and we hope that your language-learning experience never becomes mere rote memorization of rules. Here are some simple suggestions to help you become a good language learner.

1. Becoming really *fluent* in Spanish means using Spanish words and constructions automatically. You will not become fluent immediately, but your ability to say a considerable number of things in Spanish right away may surprise you!

2. Memorization is a necessary part of language learning—it is one of the key factors in achieving fluency. Effective memorization consists of three steps. First, associate words and phrases you are trying to memorize with something else: for example, **árbol** (*tree*) with English *arbor;* or ¡**No se preocupe Ud.!** (*Don't worry!*) with the noun *preoccupation*. Second, repeat what you have learned as many times as possible until the use of the word or sentence becomes automatic. Third, learn to concentrate only on Spanish when you are studying Spanish: ten minutes of concentrated study are far better than an hour of unfocused attention. The sections called **Memopráctica** will offer more hints and suggestions on how to study and memorize new vocabulary and constructions.

3. Many of the drawings, photos, and written exercises in **Motivos de conversación** will depict situations for you. Try to imagine yourself in each situation and then speak the Spanish required by that situation. Imagine, for example, that you have to buy a ticket in a hurry because your train is leaving in three minutes. How can you say, quickly and clearly, "One return ticket to Barcelona, please?" Some day catching that train may depend on your ability to express yourself quickly and clearly.

4. Check your progress often by taking the Self-tests that appear after every third lesson (the answers are given in Appendix 2) and by using your Workbook regularly (again, checking your answers). Working with the tape program is another useful learning tool: with two or three short lab periods per week you will make very rapid progress toward proficiency in Spanish.

5. Remember that learning isolated words is of limited value. Language is *connected* speech: brief exchanges, short dialogs, and so on. Practicing vocabulary and constructions in conversational contexts will help you learn more efficiently and make your language usage more natural.

6. Learn to pronounce Spanish accurately from the very beginning by paying close attention to the pronunciation of fluent speakers of the language. If your pronunciation is sloppy, listeners may not understand you and you will not achieve your goal of communicating what you want to say.

7. Pay close attention to details of form, such as spelling. A change of a single letter, or one wrong accent, may make all the difference in the meaning conveyed by a word. **Tuve** (*I had*) is not the same as **tuvo** (*he or she had*), and **puerto** (*port*) is very different from **puerta** (*door*).

One of the most important prerequisites for learning a foreign language is the sincere *desire* to learn it. The potential rewards from learning Spanish are enormous. Not only will you acquire a useful tool of communication, but you will learn about other people and how they think and live, about how other countries and cultures have solved common human problems. Good luck in achieving these goals!

CONTENTS

Caracas es la capital de Venezuela. Es una ciudad (*city*) grande y muy interesante. Tiene (*It has*) muchos edificios modernos y, también, edificios muy antiguos, de la época colonial.

Es posible tener (*to have*) una conversación íntima con un amigo o una amiga en un parque de la ciudad. Los jóvenes (*young people*) de la foto están (*are*) en una plaza de Rincón, Puerto Rico.

PRELIMINARES

Sybil Shelton/Peter Arnold, Inc.

Peter Menzel

Nombres y personas *(Names and Persons)*

Me llamo...	*My name is . . .*
¿Cómo te llamas tú?	*What is your name? (familiar)*
¿Cómo se llama usted?	*What is your name? (polite)*
¿Cómo se llama él/ella?	*What is his/her name?*

Sara Paulina
Alicia Virginia
Isabel Dolores
María Carmen
Gloria Juana
Bárbara

Katherine A. Lambert

Ginger Chih/Peter Arnold, Inc.

Diego Jorge
Carlos
Enrique Miguel
Eduardo
Tomás José (Pepe)
Alberto
Roberto

Diálogos

Pronuncie usted y aprenda de memoria. *(Pronounce and memorize.)*

—Buenos días, señor (señora, señorita).[1]	*Good morning, sir (madam, miss).*
—¿De dónde es usted?	*Where are you from? (From where are you?)*
—Soy de Madrid.	*I'm from Madrid.*
—¿Es usted amigo (amiga)[2] de Carlos?	*Are you a friend of Carlos's?*
—Sí, soy amigo (amiga) de él.	*Yes, I'm a friend of his.*

[1]Direct dialogue in Spanish is indicated by dashes, not by quotation marks as in English. Quotation marks in Spanish are used to set off individual words or phrases. You will notice that the form of Spanish quotation marks differs from that of English quotation marks (see page 25).

[2]Note the two Spanish forms for *friend:* **amigo** (male) and **amiga** (female).

—Buenos días, Alicia.	*Good morning, Alicia.*
—¿De dónde eres tú?	*Where are you from?*
—Soy de Buenos Aires.	*I'm from Buenos Aires.*
—¿Eres amiga de Isabel?	*Are you a friend of Isabel's?*
—No soy amiga de ella... todavía.[3]	*I'm not a friend of hers . . . yet.*

Tú and *usted*

In Spanish it is important to distinguish between **tú** and **usted.** The familiar form **tú** is used among close friends, family members, and classmates, and with small children and pets. The polite **usted** form is used when speaking with older persons, casual acquaintances, and anyone whose social or professional status requires a certain formality and respect.

Asking Questions

To form a question in Spanish, invert the word order of the sentence, placing the subject immediately after the verb or at the end of the sentence.

Tomás es español.	*Tomás is Spanish.*
¿Es Tomás español?⎫	
¿Es español Tomás?⎭	*Is Tomás Spanish?*

Note that an inverted question mark is placed at the beginning of a question in Spanish.

Práctica

With several partners, take turns asking each other what your names are and where you are from.

---

[3]To make a sentence negative in Spanish, place the word **no** immediately before the verb.

No soy de Buenos Aires.	*I'm not from Buenos Aires.*
No, no soy amiga de ella.	*No, I'm not a friend of hers.*

Memopráctica

In this section you will find suggestions and hints for learning how to study beginning Spanish and how to use this text. Here are four general principles. (1) Begin *speaking* in Spanish right away—don't just learn rules or talk about grammar. (2) When studying Spanish, make yourself concentrate totally on your work, allowing nothing to divert your attention. (3) Study for short but frequent periods rather than for extended periods of time. (4) Above all, remember that a positive attitude is the first step toward learning a foreign language.

The Spanish Alphabet

a	a	f	efe	l	ele	p	pe	u	u
b	be	g	ge	ll	elle	q	cu	v	ve
c	ce	h	hache	m	eme	r	ere	w	doble ve (ve doble)
ch	che	i	i	n	ene	rr	erre	x	equis
d	de	j	jota	ñ	eñe	s	ese	y	i griega
e	e	k	ka	o	o	t	te	z	ceta (zeta)

The Spanish Vowels

There are five basic vowel sounds in Spanish. Unlike their English counterparts, Spanish vowel sounds are crisp and have no glide. For example, English *hello* sounds like *hellou;* Spanish would cut the *o* shorter and would add no second vowel sound. Try to say the Spanish **aló** crisply, with no **u** sound at the end.

   Repeat the following sounds after your instructor.

a: approximately like **a** in *father*

a	da	la
ama	sala	casa

e: approximately like **e** in *they*

e	de	me
Elena	elemento	Venezuela

i: approximately like **i** in *marine*
         i (y)[4]   **mi**   **ti**
         Silvia   **Lima**   **Misisipí**

o: approximately like **o** in *Coca* but without the glide of *Cola*
         o   **lo**   **yo**
         oro   **todo**   **modo**

u: approximately like **u** in *Julie*
         u   **tu**   **su**
         un   **luna**   **mucho**

Práctica

Don't try to learn all of the new words you see in this **Práctica** section. You'll find a list of vocabulary you *should* know from the **Preliminares** sections on page 22.

A. Pronuncie usted.

a: Ana es norteamericana.
        Es buena amiga de Carmen.

e: Elena es de México.
        Es una persona inteligente y muy generosa.

i: Pili es amiga de Isabel y de María.
        La señorita Silvia Ortiz es inglesa.

o: Pablo no es amigo de Roberto.
        Manolo es norteamericano.

u: El señor Ventura de la Vega no es estudiante.
        Es profesor de la UNAM (Universidad Nacional Autónoma de México).

B. Preguntas. *Ask a classmate these questions.*

1. ¿Eres norteamericano?
   (if your classmate is a male)
   ¿Eres norteamericana?
   (if your classmate is a female)
2. ¿Eres profesor de la universidad?
   ¿Eres profesora de la universidad?
3. ¿Te llamas Carmen?
   ¿Te llamas Roberto?
4. ¿Eres estudiante?
5. ¿De dónde eres?
6. ¿Eres señor o señorita (señora)?

---

[4]The letter **i** is written **y** when it stands alone. It then means *and.*

Comunicación

Preguntas. *With a classmate take turns asking and answering questions based on these drawings.*

1.

Pablo, Pepe / Madrid

2.

la señora Bernal /
Bogotá

3.

Roberto / Acapulco

4.

Elena / Buenos Aires

5.

Carmen / México

6.

el señor Santos /
Los Ángeles

1. ¿De dónde es Carmen?
2. ¿Cómo se llama el profesor?
3. ¿De dónde es el profesor?
4. ¿Cómo se llama la señorita de Buenos Aires?

5. ¿Es Pablo amigo de Pepe?
6. ¿Es Elena amiga de Roberto?
7. ¿Es de Madrid la señora Bernal?
8. ¿De dónde es ella?

2

Saludos y despedidas *(Greetings and Farewells)*

Pronuncie usted y aprenda de memoria.

Buenas tardes, señora Gómez Contreras.   *Good afternoon, Mrs. Gómez Contreras.*
  ¿Cómo está usted?   *How are you?*
Bien, gracias. ¿Y usted?   *Fine (Well), thanks. And you?*
Muy bien.   *Very well. (Great.)*

Buenas noches, Julia.   *Good evening, Julia.*
Hola, ¿qué hay?   *Hello, how are you (what's up)?*
Nada de nuevo. ¿Y cómo estás tú?   *Nothing new. And how are you?*
Así así. Ahora, a la clase de español.   *So-so. Now (I'm off) to Spanish class.*
Adiós, pues. Hasta mañana.   *Good-bye, then. Until (See you) tomorrow.*
Hasta luego. Buenas noches.   *See you later. Good night.*

Katherine A. Lambert

—Hola, Hernán. ¿Qué tal?
—Nada de nuevo. ¿Y tú?
—Así así. Ahora voy (*I'm going*) a clase.
  Hasta luego.
—¡Hasta mañana!

Cultural Note

A Hispanic person has two last names; the first is the father's and the second the mother's. If **María Gómez Contreras** married **Ricardo Plaja Pelegrín**, their son **José** would be called **José Plaja Gómez**.

724 — GARCIA

García Muñiz, C. –Sta. Ana, 8	266 7468	
" Muñiz, J. –Hacienda de Pavones, 124 .	773 1473	
" Muñiz, J. –Téjar del Catalán, 7	245 1660	
" Muñiz, J. –Aparejador, P. Damién, 15 .	457 2985	
" Muñiz, M. –Pl. Bami, 24	245 0311	
" Muñiz, M. –Vinos, F. Rodríguez, 20 . .	233 2949	
" Muñiz, O. –Santa Ana, 8	265 6698	
" Muñiz, P. –Mecán. Gra. Pintos, s/n . .	215 1911	
" Muñoz, A. –Almansa, 74	254 7345	
" Muñoz, A. –Armenteros, 16	459 9607	
" Muñoz, A. –Av. Generalísimo, 139 . .	733 0764	
" Muñoz, A. –Cdad. Los Angeles, s/n . .	217 8882	
" Muñoz, A. –Col. Sardinero, Bl. 17 . . .	777 9955	
" Muñoz, A. –Duque de Sesto, 4	275 2297	
" Muñoz, A. –Embajadores, 56	230 9530	
" Muñoz, A. –F. Ríos, 80	244 0597	
" Muñoz, A. –M. Lameia, 25	471 3385	
" Muñoz, A. –Moratin, 14	228 1650	
" Muñoz, A. –Nicolás Sánchez, 86 . . .	469 2034	
" Muñoz, A. –Ntra. Sra. Begoña, 11 . .	245 9545	
" Muñoz, A.	
Pedro Antonio Alarcón, 18	267 3081	
García Muñoz, A. –Pl. Cascorro, 20 . .	265 3753	
" Muñoz, A. –San Marcelino, 3	460 2710	
" Muñoz, A. –San Pol de Mar, 3	248 1108	
" Muñoz, A. –Sta. Felisa, 6	279 3359	
" Muñoz, A. –Club, G. Herrero, 4	279 5427	
" Muñoz, A. –Medias, Cruz, 28	231 8951	
" Muñoz, A. –Mercería, Magdalena, 20	239 4226	
" Muñoz, A. B. –Trat. Ganad.	
Jaime el Conquistador, 48	468 0028	
García Muñoz, B. –Rafael Calvo, 28 . .	410 0495	
" Muñoz, B. –Ay. Obr. Púb.	
Buen Suceso, 32	248 4414	
García Muñoz, C. –Alcaudón, 68	472 6096	
" Muñoz, C. –Cabeza, 10	328 3021	
" Muñoz, C. –Cdad. Los Angeles, s/n . .	217 5876	
" Muñoz, C. –Fdo. el Católico, 4	224 7868	
" Muñoz, C. –M. Falla, 10	259 9502	
" Muñoz, C. –Marroquina, 94	439 4318	
" Muñoz, C. –Pico Balaitus, 45	216 4906	
" Muñoz, C. –S. Vicente, 13	222 1914	
" Muñoz, C. –Ing. Alfonso XIII, 75 . . .	457 5895	
" Muñoz, D. –Divino Redentor, 63 . . .	215 4173	
" Muñoz, D. –Ibiza, 33	273 1853	
" Muñoz, D. –Puerto Canfranc, 35 . . .	478 4731	
" Muñoz, D. –Recesvinto, 105	472 8314	
" Muñoz, D. –Santolinas, 5	250 1924	
" Muñoz, D. –Ag. Com. Villamanín, 6 . .	464 7579	
" Muñoz, E. –Argumosa, 6	230 5449	
" Muñoz, E. –Arturo Soria, 324	202 5203	
" Muñoz, E. –Av. Albufera, 493	777 6963	
" Muñoz, E. –Bismuto, 14	797 4014	
" Muñoz, E. –Cdad. Los Angeles, s/n . .	217 4937	
" Muñoz, E. –Humilladero, 12	265 0281	
" Muñoz, E. –Isabel Méndez, 30	477 4811	
" Muñoz, E. –Lenceros, 13	206 0983	
" Muñoz, E. –Martín Vargas, 22	468 6259	
" Muñoz, E. –Monteleón, 44	224 4828	
" Muñoz, E. –Mques Corbera, 48	245 1817	
" Muñoz, E. –Acuch. V. Camarón, 6 . .	463 4399	
" Muñoz, F. –A. Mugico, 4	734 5498	
" Muñoz, F. –Alconera, 3	206 7601	
" Muñoz, F. –Btlia. Salado, 29	227 0731	
" Muñoz, F. –Canteros, 4	206 5618	
" Muñoz, F. –Cjón. Dómine, 14	734 3206	
" Muñoz, F. –Collado Vertientes, 2 . . .	478 3483	
" Muñoz, F. –Hierbabuena, 39	279 5953	
" Muñoz, F. –J. el Conquistador, 28 . .	227 8441	
" Muñoz, F. –Jerónima Llorente, 56 . .	459 6242	
" Muñoz, F. –Julio Antonio, 20	471 7445	
" Muñoz, F. –Osa Mayor, 79	207 0504	

García Muñoz, L. –Cde. Barcelona, 105	251 0143	
" Muñoz, L. –Conde Xiquena, 13	419 4485	
" Muñoz, L. –Espinar, 5	460 3799	
" Muñoz, L. –Fernández Ríos, 56	449 7137	
" Muñoz, L. –M. Guerrero, 9	269 6538	
" Muñoz, L. –Peñafiel, 32	472 2966	
" Muñoz, L. –Pinos Alta, 120	215 7371	
" Muñoz, L. –Stgo. Bernabeu, 4	261 8392	
" Muñoz, L. –Tordo, 33	472 0378	
" Muñoz, M. –Alucas, 6	267 8012	
" Muñoz, M. –Artajona, 3	459 5706	
" Muñoz, M. –Av. Donostiarra, 4	245 3661	
" Muñoz, M. –Baleares, 4	260 6257	
" Muñoz, M.	
Cdad. Los Angeles, Bl. 314	217 7639	
García Muñoz, M. –Fco. Rodríguez, 20 .	233 7511	
" Muñoz, M. –Godelia, 101	797 5833	
" Muñoz, M. –Gpo. Loyola, Bl. 38 . . .	208 5661	
" Muñoz, M. –Gral. Ricardos, 123 . . .	471 3712	
" Muñoz, M. –Isla Gomera, 15	270 6702	
" Muñoz, M. –J. Luis Arrese, 91	255 1474	
" Muñoz, M. –José María López, 11 . .	449 1647	
" Muñoz, M. –M. de Guzmán, 38	254 8361	
" Muñoz, M. –N. García, 8	777 9181	
" Muñoz, M. –Pº Melancólicos, 69 . . .	266 1342	
" Muñoz, M.	
Pº Ntra. Sra. de la Piedad, 15	777 7655	
García Muñoz, M. –Pº Perales, 66 . . .	463 7314	
" Muñoz, M. –Pico Salvaguardia, 15 . .	216 7753	
" Muñoz, M.	
Quinta 50 (Col. Los Alamos)	772 2506	
García Muñoz, M. –Rochapea, 5	217 0638	
" Muñoz, M. –Rufino Blanco, 5	256 6275	
" Muñoz, M. –Santoña, 56	469 0884	
" Muñoz, M. –Sierra Quintanar, 10 . .	777 6546	
" Muñoz, M. –Bar, Calahorra, 56 . . .	206 5014	
" Muñoz, M. –Taxis, O. Plasencia, 22 .	208 4474	
" Muñoz, M. A. –Virgen Camino, 1 . .	208 1304	
" Muñoz, M. C. –Jordán, 6	223 2563	
" Muñoz, M. J. –Simón González, 2 . .	260 3454	
" Muñoz, N. –J. L. Arrese, 6	245 6089	
" Muñoz, P. –Argensola, 4	419 5892	
" Muñoz, P. –Cacereños, 45	797 1293	
" Muñoz, P.	
Encomienda de Palacios, 114	773 0636	
García Muñoz, P. –Isidro Fernández, 12	734 2931	
" Muñoz, P. –Julio López, ...	415 3827	
" Muñoz, P. –Mayor, 24	266 5914	
" Muñoz, P. –Oliva de Plasencia, 11 . .	208 1680	
" Muñoz, P. –Pico Baiaitus, 20	216 3519	
" Muñoz, P. –San Manuel, 1	218 3592	
" Muñoz, P. –San Marcelo, 18	246 6093	
" Muñoz, P. –Inst. Eléctr. Coloreros, 3 .	266 4214	
" Muñoz, Q. –Godella, 70	797 4585	
" Muñoz, R. –Alcaudón, 17	472 8512	
" Muñoz, R. –Arriaza, 12	247 0848	
" Muñoz, R. –Cdad. de Barcelona, 29 . .	251 2724	
" Muñoz, R. –Churruca, 17	231 5481	
" Muñoz, R. –G. Usera, 19	269 6784	
" Muñoz, R. –Gral. Solchaga, 25	460 4816	
" Muñoz, R. –Hernani, 47	253 2153	
" Muñoz, R. –J. el Conquistador, 15 . .	227 6033	
" Muñoz, R. –Mirasierra, 18	369 2613	
" Muñoz, R. –Navarra, 14	459 3175	
" Muñoz, R. –Puerto Costabona, 22 . .	203 8497	
" Muñoz, R. –Acc. Aut. Cedros, 71 . . .	215 3560	
" Muñoz, S. –Dr. Sánchez, s/n	203 4765	
" Muñoz, S. –Juan Duque, 46	266 0074	
" Muñoz, S. –Salasierra, 1	260 9102	
" Muñoz, S. –Stma. Trinidad, 23	257 3925	
" Muñoz, T. –Las Conchas, 27	777 9408	
" Muñoz, T. –Pensión,	

García Muro, M. –Joyero, V. del Coro, 6	245 5734	
García–Muro Bravo, C.	
Av. Generalísimo, 161	215 2620	
García Muro Bravo, C. –Constr. Mec.	
Cedros, 79	215 8108	
García–Muro Bravo, C. –Fca. Mat.	
Electr.	
– Cedros, 79	215 0737	
García–Muro Bravo, E.	
S. Marssanau, 2	256 5086	
García–Muro Bravo, E. –Talle. Mec.	
Pedrezuela, 3	255 0838	
García de Muro Fernández, A.	
Almonacid, 22	477 7482	
García de Muro Mena, A.	
F. Moratilla, 3	241 4702	
García Murúa, A. –Aparej. Oca, 100 . .	230 0002	
" Murúa, B. –Gómez Ortega, 18	261 0095	
" Murúa, M. –Fernández Hoz, 31	224 2475	
" Murúa, R. –Pl. S. Ministra, 5	477 3223	
" Mustieles, V. –Jovellanos, 3	221 1383	
" Nadal, J. –Hnos. Mirales, 45	276 3125	
García Nájar, P.	
– Cm. Vº Leganés, 45	471 3634	
García Nájera, A. –Piquer, s/n	200 1258	
" Nájera, A. –Constr.	
A. Sáinz de Baranda, 11	273 7254	
García Nájera, J. M. –G. el Bueno, 79 .	243 9183	
" Nájera, N. –Desp. Pan, Aeronave, 2 .	203 4618	
" Nájera, N. –Hernani, 43	253 7539	
" Naranjo, D. –Claudio Coello, 51 . . .	225 8189	
" Naranjo, J. –Gral. Oraa, 80	262 1516	
" Naranjo, M. –Pescadería,	
Mcdo. Villa de Vallecas, Pto. 1	777 3039	
García y Narbona, J. –I. Mercedes, 89 .	279 2932	
" Narbona, J. –Ag. Com.	
Inf. Mercedes, 89	279 8445	
García Narbona, J. –Telev.	
San Felipe, 11	279 1094	
García Narganes, L. –Elect.	
Fuente Tiro, 25	711 7575	
García Narro, R. –Valdecanillas, 53 . .	204 8888	
" Natera, J. –Diego León, 16	276 4788	
" Natero, J. –Diego de León, 16	276 8574	
" Nava, F. –Espalter, 13	239 2122	
" Nava, F. –Fúcar, 15	227 2698	
" Nava, M. L. –Cafet. San Onofre, 3 . .	231 3174	
García–Nava Santa María, M. J.	
S. Fco. Sales, 3	243 5969	
García Navalón, M. –Dr. Salgado, 1 . .	477 2410	
" Navalpotro, E.	
Pbdo. Dir. Canillas, s/n	200 6526	
García Navares, J.	
Schez. Preciados, 54	459 8411	
García Navares, J. A. –Camarena, 328 .	711 5978	
García de Navarra G. A. Gallo, M.	
Infanta Mercedes, 118	279 4012	
García de Navarra Gallo, G.	
Cañaveral, 73	215 6385	
García de la Navarra Montero, I.	
Cerro Castañar, 173	734 6942	
García de la Navarra Plaza, P.	
Escorial, 14	231 1522	
García de la Navarra Sierra, A.	
Cavenilles, ...	252 6677	
García Navarrete, D.	
Gral. Milian Astray, 9	711 6654	
García Navarrete, D.	
Gral. Pardiñas, 60	276 7288	
García Navarrete, D. –Piel,	
Eduardo Rivas, 19	
García Navarrete, E.	

Práctica

With a classmate take turns greeting each other, asking how your partner is and saying good-bye.

The Spanish Consonants *b*, *v*, *d*, and *g*

In Spanish the letters **b** and **v** have the same pronunciation. The English **v** sound, as in *voice* or *very*, does not exist in Spanish.

At the beginning of a word, after a pause, and after **m** or **n**, the following consonants are pronounced as hard (explosive) sounds.

b, v: **b**uenas tardes   conversación[5]   con **v**itaminas[5]
        bien   no**mb**re   **v**italidad

  d: **d**ar   **d**onde
       dos   **D**aniel

    D is also hard after **l**: el **d**ía, el **d**isco.

  g: **G**ómez   **g**racias
       le**ng**uas   i**ng**lés

    The hard **g** sound before **e** and **i** is written **gu** in Spanish.

    guitarra   **Gu**ernica
    Guinea   **Gu**illermo

In all other positions, particularly between vowels, these consonants are pronounced as soft (fricative) sounds.

b, v: favorito   amable   Roberto   Isabel
  d: adiós   usted   estudiar   ciudad
  g: amigo   Diego   hasta luego   Santiago

Before the vowels **e** and **i**, Spanish **g** resembles a harsh English **h** (as in *history*).

    página   Gibraltar   inteligente   Los Ángeles

Práctica

A. Pronuncie usted.

    1. Hard **b:** **V**amos a invitar a Humberto. *(We are going to . . .)*
    2. Soft **b:** Isabel Mara**v**al no es **b**oliviana.

---

[5]The **nv** combination is always pronounced **mb** in Spanish.

3. Hard **d:**   ¿**D**ónde está Andalucía? *(Where is . . .)*
4. Soft **d:**   Él es **d**e la Ciu**d**ad **d**e México.
5. Hard **b** and hard **d:**   Andrés conversa con **d**on **B**asilio.
6. Soft **b** and soft **d:**   Mis pa**d**res no **v**iven en Monte**v**ideo. *(My parents do not live . . .)*
7. Hard **g:**   Ten**g**o una novela en len**g**ua in**g**lesa. *(I have a . . .)*
8. Soft **g:**   Die**g**o es un ami**g**o uru**g**uayo.
9. **G** before **e, i:**   E**ug**enia es inteli**g**ente.
10. **Gu** before **e, i:**   La **gu**itarra es de **Gu**illermo.

B. Preguntas. *Ask a classmate these questions.*

1. Hola, ¿qué hay?
2. ¿Cómo estás?
3. ¿De dónde eres?
4. ¿Eres inteligente?
5. ¿Eres amigo (amiga) de la profesora (del profesor)?
6. ¿Cómo te llamas?
7. ¿Cómo se llama el profesor (la profesora)?

Spanish *c*

Before **a, o,** and **u,** Spanish **c** has a hard (explosive) **k** sound.

casa   **C**olombia   **C**uba   **C**uzco

Before **e** and **i,** Spanish **c** has two pronunciations: like the English *th* in *thing* in most of Spain, and like *ss* in *hiss* in Hispanic America. Your instructor will tell you which pronunciation to adopt.

ne**c**esario   **C**elia   Ali**c**ia   **c**ine

The hard **k** sound before **e** and **i** is written **qu** in Spanish.

Albu**qu**erque   **Qu**ito

Práctica

Pronuncie usted.

1. Carlos es de Cuba.
2. Raquel toca el Quinto Concierto.
3. Acapulco y Cancún están en México.

Spanish *j*

Spanish **j** sounds just like Spanish **g** before **e** and **i**.

La Jolla   Tejas   Jorge   San José

Práctica

Pronuncie usted.

1. Gertrudis Jiménez practica dos lenguas.
2. Juan estudia geografía y geología.
3. Don Jaime es un ingeniero argentino.
4. Julián es de San Jacinto.

Spanish *ch*, *ll*, *rr*, *ñ*

In Spanish, **ch**, **ll**, and **rr** are considered single letters having a distinctive sound of their own. **Ch** is pronounced as in English *church;* **ll** resembles the sound of *lli* in *million;* **rr** has a strong trill that is discussed in **Preliminares 3**. The letter **ñ** sounds like the *ni* in *onion*.

champaña	se **ll**ama	niño
chocolate	e**ll**a	enseña

Spanish *k*, *w*, *h*, *q*

The letters **k** and **w** appear only in words of foreign origin. **H** is always silent. **Q** is always followed by a silent **u**; remember that the **qu** combination is pronounced like English *k*.

hache (*pronounced* **ache**)
Helena (*pronounced* **elena**)
huaraches (*pronounced* **uaraches**)
Albu**qu**erque
Quito
queso

Práctica

Pronuncie usted.

1. El niño se llama Sancho Hernández.
2. Ella se llama Elena Quintero.
3. El hotel está en la Quinta Avenida.
4. ¿Qué hay, señora Chávez?

Numbers: 0–30

0 cero	10 diez (*notice:* ie)	20 veinte (*notice:* ei)	30 treinta
1 uno	11 once	21 veinte y uno	
2 dos	12 doce	22 veinte y dos	
3 tres	13 trece	23 veinte y tres	
4 cuatro (*notice:* ua)	14 catorce	24 veinte y cuatro	
5 cinco	15 quince	25 veinte y cinco	
6 seis (*notice:* ei)	16 diez y seis(ie, ei)	26 veinte y seis	
7 siete (*notice:* ie)	17 diez y siete (ie, ie)	27 veinte y siete	
8 ocho	18 diez y ocho	28 veinte y ocho	
9 nueve (*notice:* ue)	19 diez y nueve	29 veinte y nueve	

Be sure to pronounce the indicated vowels correctly. After reading down each column, look across the columns and notice the numerical relationships: for example, **dos, doce, veinte y dos.**

Compound numerals from sixteen through nineteen and twenty-one through twenty-nine can be written as one word: **diecisiete, veintiuno, veintiocho,** and so on. Compound numerals ending with a monosyllable word carry a written accent when written as one word: **dieciséis, veintidós, veintitrés, veintiséis.** Note also the **z → c** change before **i** in **dieciséis, diecisiete,** and so on.

Práctica

Pronuncie usted.

MODELOS   2 + 4 = 6   (dos más [*or:* y] cuatro son[6] seis)
          8 − 3 = 5   (ocho menos tres son cinco)

1. 2 + 3 son ____ .
2. 4 + 5 son ____ .
3. 7 + 1 son ____ .
4. 6 + 1 son ____ .
5. 8 + 2 son ____ .
6. 18 + 12 son ____ .

[6]**Son** (*are*) is the plural of **es** (*is*).

7. 15 − 4 son _____ .

8. 10 + 11 son _____ .

9. 17 − 4 son _____ .

10. 19 − 3 son _____ .

11. 29 − 6 son _____ .

12. 14 + 16 son _____ .

13. 30 − 13 son _____ .

14. 12 + 16 son _____ .

15. 25 − 15 son _____ .

Comunicación

Preguntas. *With a classmate take turns asking and answering questions based on these drawings.*

la señora Blanco

el señor Moreno

el profesor Sánchez

Jaime

Alicia

1. ¿Cómo está la señora Blanco?
2. ¿Es generoso el señor Moreno?
3. ¿Es famoso el profesor?
4. ¿Es ingeniero Jaime?
5. ¿Es inteligente Alicia?

6. ¿Eres generoso (generosa)?
7. ¿Eres famoso (famosa)?
8. ¿Eres ingeniero (ingeniera)?
9. ¿Qué hay?
10. ¿Cómo estás?

3

Países, capitales y habitantes *(Countries, Capitals, and Inhabitants)*

PAÍS	CAPITAL	HABITANTE
1. México	(Ciudad de) México	mexicano, -a[7]
2. Cuba	La Habana	cubano, -a
3. la República Dominicana	Santo Domingo	dominicano, -a
4. Puerto Rico	San Juan	puertorriqueño, -a
5. Portugal	Lisboa	portugués, portuguesa
6. España	Madrid	español, española
7. Guatemala	(Ciudad de) Guatemala	guatemalteco, -a
8. Honduras	Tegucigalpa	hondureño, -a
9. El Salvador	San Salvador	salvadoreño, -a
10. Nicaragua	Managua	nicaragüense
11. Costa Rica	San José	costarricense
12. Panamá	(Ciudad de) Panamá	panameño, -a
13. Venezuela	Caracas	venezolano, -a
14. Colombia	Bogotá	colombiano, -a
15. el Ecuador	Quito	ecuatoriano, -a
16. el Perú	Lima	peruano, -a
17. Bolivia	La Paz	boliviano, -a
18. Chile	Santiago	chileno, -a
19. la Argentina	Buenos Aires	argentino, -a
20. el Paraguay	Asunción	paraguayo, -a
21. el Uruguay	Montevideo	uruguayo, -a
22. el Brasil	Brasilia	brasileño, -a

Cultural Note

Puerto Rico, included here with the major countries associated with the Spanish-speaking world, is actually a self-governing commonwealth associated with the United States. Many Puerto Ricans favor statehood or independence, and the issue is an important question in island politics.

---

[7]The two forms (**-o, -a**) in the last column refer to male and female inhabitants, respectively. Gender in Spanish is treated in detail in **Lección 1.**

Práctica

A. Pronuncie usted la lista de nombres de países, capitales y habitantes.

B. Identificaciones. *Give the names of the countries and capital cities, referring only to the map.*

C. Examen de geografía. *Test a classmate; he or she should give the capitals for the first column and the countries for the second in Exercise 1. In Exercise 2 he or she should test you; give the names of the inhabitants for the first column and of the countries for the second.*

1. Países y capitales

1. Nicaragua	a. San Juan
2. Venezuela	b. La Habana
3. la Argentina	c. Santiago
4. México	d. Tegucigalpa
5. El Salvador	e. San José
6. el Perú	f. Montevideo

2. Países y habitantes

1. el Ecuador	a. boliviano
2. Guatemala	b. panameño
3. el Paraguay	c. colombiana
4. la República Dominicana	d. uruguayo
5. el Brasil	e. chilena
6. España	f. portugués

Madrid es una ciudad enorme, de más o menos (*more or less*) 5.000.000 de habitantes. Es una ciudad de grandes hoteles y bancos, hermosos (*beautiful*) parques, pintorescas plazas y maravillosos jardines y bulevares.

Owen Franken/Stock, Boston

El español

El español es la lengua oficial de las naciones de la lista, a excepción del Brasil y de Portugal. La lengua de los brasileños y de los portugueses no es el español. Es el portugués. Colombia, Venezuela, el Perú, Chile y la Argentina son (*are*) los países hispánicos principales de Sudamérica. Otras regiones importantes son Centro América y el Caribe. México, el Canadá y los Estados Unidos forman Norteamérica. Los Estados Unidos son otro país que tiene (*that has*) una considerable población hispánica, especialmente en los estados de Arizona, California, Colorado, Nuevo México, Tejas y la Florida. Es interesante observar que sólo (*only*) México, España, la Argentina y Colombia tienen más (*have more*) habitantes de origen hispánico que (*than*) los Estados Unidos.

Práctica

Preguntas.

1. ¿De dónde es un peruano (uruguayo, cubano)?
2. ¿Cuál (*What*) es la capital de Costa Rica (Nicaragua, Colombia)?
3. ¿En qué continente está Chile (México, Guatemala, España)?
4. ¿Cuál es la lengua oficial de las naciones hispánicas?
5. ¿Cuáles son los países hispánicos principales de Sudamérica?
6. ¿Qué países forman parte de Centro América?
7. ¿Cómo se llama otro país de Norteamérica que tiene una considerable población hispánica?
8. ¿Cuántos (*How many*) países hay en Centro América? ¿en Sudamérica?

Spanish *r*

When an **r** appears between vowels in Spanish, it is pronounced like the *d* and the *t*'s in the following sentence: Be*tt*y ha*d* a bi*t* of bi*tt*er bu*tt*er.

pero   hora   señora   para   mira

If the **r** appears before a consonant, imagine that a slight **e** sound is present between the **r** and the consonant: **carta = car^eta.**

corto   persona   Carmen   carne   porque

At the end of a word, **r** is pronounced with less force, making it slightly less audible.

ser   profesor   escribir   señor   estar

Spanish rr

If you cannot trill the **rr**, like a small child playing with a model plane, repeat several sequences of *ta da, ta da,* or *pot o' tea* in rapid succession. At the same time, puff out air in order to make the tip of the tongue flip up and down automatically. Practice the **rr** between vowels first.

guita**rr**a   ba**rr**io   bu**rr**o   ca**rr**o   pe**rr**o

You also pronounce **rr** when a single **r** appears at the beginning of a word or breath group and after **l** or **n.**

Rita   el **r**ato   un **r**estaurante   **R**oberto   En**r**ique   **R**aúl

Práctica

Pronuncie usted.

1. Carlos estudia con el padre de María.
2. El profesor presenta fotos de personas importantes.
3. Raúl recibe recomendaciones de Roberto.
4. Don Ricardo es de Puerto Rico.

Spanish x

In Spanish, **x** before a consonant is pronounced like the *ss* in English *hiss*.

explicar   extraño   excursión   extraordinario

When Spanish **x** appears between vowels, it sounds like the English *ks* combination.

próximo   exageración   examen   existe

Spanish z

The Spanish **z** appears only before the vowels **a, o,** and **u.** The **z** is pronounced like *th* in English *thing* in most of Spain and like *ss* in English *hiss* in Hispanic America.

zapato   **z**oología   a**z**ul   Góme**z**

Práctica

Pronuncie usted.

1. Hay cebras en el parque zoológico.
2. Gonzalo Martínez es de Zacatecas.
3. La explicación es excelente.
4. El experimento es extraño.

Accentuation

Pronounce all of the following words, paying close attention to where the stress falls in each group.

1. Words ending in a vowel, **n,** or **s** are stressed on the next-to-last syllable.

   Sa-cra-**men**-to   Vir-**gi**-nia   **Car**-men   Do-**lo**-res

2. Words ending in any other consonant are stressed on the last syllable.

   E-cua-**dor**   Tri-ni-**dad**   Por-tu-**gal**   Pa-ra-**guay**

3. All exceptions to the first two rules must carry a written accent.

   Santa **Bár**bara   **Mé**xico   San Jo**sé**   Pe**rú**

You will remember these rules more easily if you visualize them in the following manner.

FIRST RULE: Words ending in a vowel, **n,** or **s** (each dash represents a syllable):
                    <u>   </u>′ <u>   </u> **Lo**-la
                    <u>   </u>′ <u>   </u> **Car**-men
                <u>   </u> <u>   </u>′ <u>   </u> fran-**ce**-sas
SECOND RULE: Words ending in a consonant, except for **n** or **s:**
                  <u>   </u> <u>   </u>′ us-**ted**
                <u>   </u> <u>   </u> <u>   </u>′ pro-fe-**sor**
                <u>   </u> <u>   </u> <u>   </u>′ es-pa-**ñol**
THIRD RULE: All words not following the above rules take a written accent:
               A-**mé**-ri-ca   in-**glés**   **Gó**-mez

Diphthongs

When a strong vowel (**a, e, o**) and a weak vowel (**i, u**) appear together, they usually form one syllable. This combination is called a *diphthong*. Some examples are **ai, au, ei, ia, ie,** and **io.**

baile (bai-le)   estudia (es-tu-dia)
auto (au-to)   también (tam-bién)
veinte (vein-te)   gracioso (gra-cio-so)

Two weak vowels together also form a diphthong.

ciudad (ciu-dad)   triunfo (triun-fo)

If the weak vowel carries a written accent, there is no diphthong.

María (Ma-rí-a)   dúo (dú-o)

Two strong vowels together do not form a diphthong.

Rafael (Ra-fa-el)   Bilbao (Bil-ba-o)

Práctica

¿Es necesario un acento?

1. **Bar**bara   3. **gracias**   5. **adios**   7. profe**so**ra   9. **America**
2. **buenos dias** 4. señor   6. Colorado   8. pro**nunc**ie usted 10. A**capul**co

Linking Between Words

In conversational Spanish, words are linked or joined according to the following principles.

1. Join a final consonant and an initial vowel.
   San Antonio   (Sa-nan-to-nio)
   Los Ángeles   (Lo-san-ge-les)
2. Join a final vowel and a different initial vowel.
   Pablo es profesor.   (Pa-bloes-pro-fe-sor)
   Escriba usted.   (Es-cri-baus-ted)
3. Blend a final vowel and the same initial vowel.
   Es una alumna.   (E-su-na-lum-na)
   Escribe en español.   (Es-cri-be-nes-pa-ñol)

Práctica

Responda usted según los modelos. *(Answer according to the models.)*

MODELOS   ¿Es inteligente el estudiante?→   Sí, señor, el estudiante es inteligente.
                                              No, señor, el estudiante no es inteligente.

¿Es usted inteligente? →   Sí, señora, soy inteligente.
                                  No, señora, no soy inteligente.

1. ¿Es generoso el profesor?   6. ¿Es usted popular?
2. ¿Es estupendo el actor?   7. ¿Es usted sincero (sincera)?
3. ¿Es importante el presidente?   8. ¿Es usted mexicano (mexicana)?
4. ¿Es necesaria la educación?   9. ¿Es usted famoso (famosa)?
5. ¿Es famoso el café colombiano?   10. ¿Es usted inteligente?

Comunicación

A. *With a classmate take turns giving each other numbers from the following map. Give the country, capital city, and name of the inhabitants that correspond to each number. Try not to refer back to the list at the beginning of* **Preliminares 3.**

B. *With a classmate take turns asking and answering these questions.*

1. Buenos días. ¿Cómo está usted?
2. ¿Cómo se llama usted?
3. ¿De dónde es usted?
4. ¿Es usted norteamericano (norteamericana)?
5. ¿Es usted amigo (amiga) de un actor famoso?
6. ¿Cómo se llama el profesor (la profesora)?

Vocabulario activo (Preliminares 1, 2, 3)

buenos días	good morning
buenas tardes	good afternoon
buenas noches	good evening; good night
hola	hello
adiós	good-bye
¿Cómo está usted?	How are you? *(polite)*
¿Cómo estás (tú)?	How are you? *(familiar)*
¿Qué hay?	What's up? What's new?
muy bien, gracias	very well (fine), thanks
así así	so-so
nada de nuevo	nothing new
hasta luego	until (I see you) later
hasta mañana	until (I see you) tomorrow
Me llamo...	My name is . . .
¿Cómo se llama usted?	What's your name? *(polite)*
¿Cómo te llamas (tú)?	What's your name? *(familiar)*
¿Cómo se llama él/ella?	What's his/her name?
¿de dónde?	from where?
Soy de...	I'm from . . .
el **amigo**	the (male) friend
la **amiga**	the (female) friend
el **profesor**	the (male) professor
la **profesora**	the (female) professor
el **señor**	the man, sir, gentleman
la **señora**	the woman, madam, lady
la **señorita**	the young lady, miss
soy	I am
eres	you are *(familiar)*
es	you are *(polite)*, he/she is
sí	yes
no	no
y	and
de	of; from

«Estudio literatura española en la clase del profesor García. Trabajo mucho en la clase y en la biblioteca porque (*because*) es necesario leer tantos (*to read so many*) libros. Me gusta mucho la literatura de la época clásica.»

LECCIÓN UNO

En la clase

Katherine A. Lambert

Peter Menzel

GRÁFICOS

La sala de clase *(The Classroom)*

1. la mesa
2. la silla
3. la pizarra
4. la puerta
5. el mapa
6. el profesor
7. la profesora

1. el libro
2. el lápiz
3. el bolígrafo
4. el papel
5. el dibujo
6. el cuaderno
7. el alumno
8. la alumna

Memopráctica

Associate the numbered words with the numbered items in **Gráficos.** First, pronounce the new words several times, then cover the words with your hand or a piece of paper and identify the objects in each drawing.

Práctica

Identificaciones. *With a classmate point out objects or persons in the classroom. Your partner will name the items or individuals in Spanish. Then reverse roles.*

Entre alumnos *(Among Students)*

⌧ *A feature of* **Gráficos** *is the presentation of grammatical material in reduced amounts, in order to promote your active use of new structures from the beginning of each chapter. In this section, for example, only the two persons of the verbs given to the right of the drawing are practiced. You will learn the other forms later in this lesson in* **Gramática esencial.** ⌧

PRESENT TENSE	
converso	*I converse*
conversa	*you (he/she) converse(s)*
estudio	*I study*
estudia	*you (he/she) study (studies)*
enseño	*I teach*
enseña	*you (he/she) teach(es)*
uso	*I use*
usa	*you (he/she) use(s)*
practico	*I practice*
practica	*you (he/she) practice(s)*
pronuncio	*I pronounce*
pronuncia	*you (he/she) pronounce(s)*

1. la joven   **2.** el joven   **3.** las palabras

El joven se llama Gilberto. En *este* momento conversa *con* una joven en la sala de clase.   this / with

GILBERTO: Julia, ¿estudia usted español?

JULIA: Sí, estudio con el profesor Jiménez. Es de Colombia y enseña muy bien. ¿Estudia usted español *también*?   too

GILBERTO: Sí, *yo* uso el libro «Motivos de conversación» y practico *mucho* con Jacinto. *Ahora ya* pronuncio muy bien *muchas* palabras *nuevas:* «Gilberto», «Julia», «Jiménez», «Jacinto» y... «frijoles».   I   a lot / Now / already / many   new

Práctica

A. Conteste usted en español. *(Answer in Spanish.)*

    1. ¿Cómo se llama el joven?
    2. ¿Quién *(Who)* conversa con Gilberto?
    3. ¿Qué *(What)* estudia Julia?
    4. ¿Qué enseña el profesor Jiménez?
    5. ¿Qué libro usa Gilberto en la clase?
    6. ¿Con quién practica mucho?
    7. ¿Qué pronuncia bien Gilberto ahora?

    8. ¿Qué estudia usted?
    9. ¿Quién enseña la clase de español?
  10. ¿Con qué alumnos (alumnas) practica usted español?
  11. ¿Pronuncia usted bien «Jiménez» y «frijoles»?
  12. ¿Con quién conversa usted en la clase de español?
  13. ¿Qué usa usted en la clase?
  14. ¿Cómo se llama usted?

B. Invente usted oraciones. *(Invent sentences.) Select the verb form that goes with the subject given and* **any** *phrase from the right that correctly completes the sentence.*

    MODELO   él   converso / conversa   con el profesor → Él conversa con el profesor.

1. yo	estudio / estudia	papel y bolígrafos
2. el profesor	enseño / enseña	la puerta
3. la joven	practico / practica	con el joven
4. el alumno	uso / usa	con el cuaderno
5. usted	pronuncio / pronuncia	en la sala de clase
6. yo	converso / conversa	mapas y dibujos
		muy bien
		mucho ahora
		con el libro
		el español
		muchas palabras nuevas

Memopráctica

Use the exercises in different ways in order to get additional "mileage" out of them. For example, cover the two outside columns in Exercise B and try to construct sentences using only the verb cues. Then do the same thing covering the first two columns, and so on. This kind of creative practice on your part will not only speed up your mastery of the material but also increase your confidence as you learn how to teach yourself.

Un favor especial

PRESENT TENSE

entro (en)	*I enter*
entra (en)	*you (he/she) enter(s)*
charlo	*I chat*
charla	*you (he/she) chat(s)*
pregunto	*I ask*
pregunta	*you (he/she) ask(s)*
trabajo	*I work*
trabaja	*you (he/she) work(s)*
contesto	*I answer*
contesta	*you (he/she) answer(s)*
hablo	*I speak*
habla	*you (he/she) speak(s)*

Ricardo entra en la *biblioteca* y charla con Eduardo *sobre* una fiesta. library / about

—¿*Cuándo* es la fiesta? ¿Mañana?—pregunta Ricardo. *Pero,* ¡mañana yo   When / But
trabajo *aquí*![1]   here
—¡*Hombre*!—contesta Eduardo—. El señor Contreras, el director de la   Man!
biblioteca, es amigo de mi familia. Yo hablo[1] con él *hoy*.   today
—No, no. Favores especiales... ¡no!

Práctica

A. Conteste usted en español.

1. ¿En dónde (*Where*) entra Ricardo?
2. ¿Con quién charla él?
3. ¿Dónde trabaja Ricardo?
4. ¿De (*About*) qué habla Ricardo?
5. ¿Qué pregunta Ricardo sobre la fiesta?
6. ¿Y qué contesta Eduardo?

7. ¿Con quién charla usted en la clase?
8. ¿Dónde habla usted con la profesora?
9. ¿Trabaja usted en la biblioteca?
10. El profesor pregunta«¿Cómo está usted?» ¿Qué contesta usted?
11. ¿Conversa usted en español con los amigos?
12. ¿Con quién entra usted en la clase?

[1]The present tense can also express future meaning in Spanish: **hablo** → *I'll speak.*

B. Conteste usted en español.

    1. ¿Quién (enseña / habla) en la clase?

    2. ¿Dónde trabaja hoy (la profesora / el alumno)?

    3. ¿Qué estudia usted en (el libro / la universidad)?

    4. ¿Con quién (charla / practica) usted en la clase?

    5. ¿Quién (pregunta «¿Cómo está usted?» / contesta en español)?

    6. ¿Quién (pronuncia bien el español / conversa en la biblioteca)?

    7. ¿Quién (usa un cuaderno / entra en la clase)?

C. Complete usted en español.

    1. What do you write with in the classroom? (a) _____ (b) _____

    2. What do you write in or on? (a) _____ (b) _____

    3. What do you open to enter the classroom? _____

    4. What do you see on the wall of a classroom? (a) _____ (b) _____

    5. What do you check out of a library? _____

    6. Where do you sit, and on what piece of furniture do you write? (a) _____ (b) _____

Palabras fáciles *(Easy Words)*

✹*In this section you will find Spanish words that are either identical to English words (cognates) or that resemble their English counterparts (near cognates) in both form and meaning. These words should be incorporated into your active vocabulary as soon as possible; they are not included, however, in the* **Vocabulario activo** *list at the end of each lesson. Occasionally you will encounter deceptive cognates, words that resemble English words but that have a different meaning. These will be pointed out as they appear.* ✹

The Spanish cognates of many English words can be predicted according to several frequently occurring patterns. Here is the first category of this kind: words that end in *-tion* or *-sion* in English end in **-ción** or **-sión** in Spanish.

ENGLISH	SPANISH
conversation	conversación
education	educación
identification	identificación
occasion	ocasión

Práctica

A. Exprese usted en español. *(Express in Spanish.)*

1. education	3. identification	5. sensation
2. excursion	4. construction	6. generalization

B. Pronuncie usted. *Note the differences in spelling between the English and Spanish forms of these university subjects and areas of specialization.*

1. (la) agricultura
2. (la) arquitectura
3. (el) arte
4. (la) biología
5. (las) ciencias políticas
6. (el) comercio
7. (la) física (nuclear)
8. (la) geografía
9. (la) geología
10. (la) historia
11. (la) literatura
12. (las) matemáticas
13. (la) medicina
14. (la) música
15. (la) religión
16. (la) sociología
17. (el) teatro
18. (la) zoología

GRAMÁTICA ESENCIAL

1. The Singular Articles

	DEFINITE ARTICLE		INDEFINITE ARTICLE	
MASCULINE	el	*the*	un	*a*
FEMININE	la	*the*	una	*a*

2. Gender of Nouns

Most Spanish nouns ending in **-o** and those referring to male beings are masculine. Most nouns ending in **-a** and those referring to female beings are feminine. Definite and indefinite articles *must agree* with the nouns they accompany.

MASCULINE		FEMININE	
el amigo	un amigo	la amiga	una amiga
el profesor	un profesor	la señora	una señora

A few nouns ending in **-a,** however, are masculine: **el día, el mapa.** Most nouns ending in **-d** or **-ión** are feminine.

la ciu**dad** (*city*)   una lec**ión**   una universi**dad**   la conversac**ión**

Since the gender of all nouns is not predictable, learn nouns along with their definite article, **el** or **la: el lápiz, la clase, el papel.**

Práctica

A. ¿**El** o **la**?

1. profesora	4. papel	7. bolígrafo	10. silla
2. universidad	5. puerta	8. conversación	11. mapa
3. clase	6. lápiz	9. cuaderno	12. pizarra

B. Complete usted según los modelos. (*Complete according to the models.*)

MODELO   Carmen es _una_ alumna inteligente.

1. Tomás es _____ alumno extraordinario.
2. Elena es _____ joven española.
3. La señora Díaz es _____ profesora famosa.
4. Martín es _____ joven italiano.
5. Carmen es _____ amiga generosa.

MODELO   _El_ joven es _un_ alumno argentino.

6. _____ señorita es _____ persona generosa.
7. _____ señora es _____ profesora mexicana.
8. _____ profesor es _____ señor español.
9. _____ joven es de _____ ciudad colombiana.
10. _____ alumna es _____ señorita de Toronto.

3. Plurals of Articles and Nouns

	DEFINITE ARTICLE		INDEFINITE ARTICLE	
MASCULINE	los	*the*	unos	*some*
FEMININE	las	*the*	unas	*some*

Always use a plural article with a plural noun. Remember the following rules when making nouns plural.

Add **-s** to nouns ending in a vowel.

el alum**no** → **los** alumno**s**   la mes**a** → **las** mes**as**

Add **-es** to nouns ending in a consonant.

la ciuda**d** → **las** ciuda**des**   el profeso**r** → **los** profeso**res**

A noun that ends in **-z** changes the **z** to **c** before adding **-es.**

el lápi**z** → **los** lápi**ces**   la vo**z** (*voice*) → **las** vo**ces**

A noun that ends in **-n** or **-s** with an accent mark on the last syllable must drop the accent mark in the plural.

la conversa**ción** → **las** conversa**ciones**   el portu**gués** → **los** portu**gueses**

Práctica

A. Cambie usted al plural. *(Change to the plural.)*

1. una conversación   3. la ciudad   5. un lápiz   7. un papel
2. el mapa   4. el español   6. la pizarra   8. la mesa

B. Cambie usted al singular.

1. los portugueses   3. unos días   5. unos señores   7. unas lecciones
2. los profesores   4. las clases   6. los lápices   8. las puertas

4. Agreement and Position of Adjectives

All adjectives in Spanish agree in gender and number with the nouns they modify. Adjectives ending in **-o** change the **o** to **a** when they modify a feminine noun.

un amigo hispánic**o**   **una** universidad hispánic**a**

Adjectives not ending in **-o** remain the same when modifying a singular noun, whether masculine or feminine.

un libro especial (interesante)   **una** clase especial (interesante)

Adjectives of nationality are an exception. If they end in a consonant, you must add **-a** to create the feminine form.

un señor español (francés) → **una** señora español**a** (frances**a**)

To make an adjective plural, add **-s** if the adjective ends in a vowel, and **-es** if it ends in a consonant.

el alumno inteligente → **los** alumnos inteligent**es**
una lección especial → **unas** lecciones especial**es**

Adjectives of nationality ending in a consonant add **-es** to form the masculine plural and **-as** to form the feminine plural.

muchos amigos portugues**es**   varias (*several*) universidades español**as**

Note that all articles precede the nouns they modify. Similarly, adjectives indicating quantity and number (**muchos, varias**) also precede. Most descriptive adjectives (**interesante, francés, inteligente**) follow the noun.

Práctica

A. Cambie usted según el modelo.

MODELO   Es _____ señorita _____ . (francés) →
         Es una señorita francesa.

1. Con el adjetivo **generoso:**

   a. Es _____ amiga _____ .
   b. Es _____ alumno _____ .
   c. Es _____ señora _____ .
   d. Es _____ profesor _____ .

2. Con el adjetivo **francés:**

   a. Es _____ universidad _____ .
   b. Es _____ amigo _____ .
   c. María es _____ señorita _____ .
   d. Es _____ ciudad _____ .

B. Cambie usted según el modelo.

MODELO   Los alumnos son (*are*) inteligentes. (alumnas) →
         Las alumnas son inteligentes.

1. Todos (*all*) los lápices son nuevos.

   a. sillas   b. mapas   c. alumnas   d. dibujos   e. cuadernos   f. mesas

2. Los alumnos son inteligentes.

   a. profesoras   b. señores   c. señoras   d. profesores

C. Identificaciones. *After studying the words next to the map, cover them and identify the countries and their languages by the numbers on the map.*

Now use the numbers given here as a guide to the formation of sentences, according to the model. The first number is a cue to the nationality of the student you will talk about; the second number will tell you where the student is studying. Finally, add information on the courses the student is studying in the capital city. Refer to the map and to the names of subjects in **Palabras fáciles** *(page 28).*

MODELO   1—4 → Un alumno español (Una alumna española) estudia en Inglaterra.
                 Estudia inglés, historia y literatura en Londres.

a. 5—4   b. 1—6   c. 3—2   d. 4—3   e. 5—1   f. 2—6

Europa: Países y capitales

1. **España**
   el español
   la española
2. **Portugal**
   el portugués
   la portuguesa
3. **Francia**
   el francés
   la francesa
4. **Inglaterra**
   el inglés
   la inglesa
5. **Alemania**
   el alemán
   la alemana
6. **Italia**
   el italiano
   la italiana

⌂*The masculine forms (**el español, el alemán,** etc.) refer to the language of a country: Spanish, German, etc. In addition, the masculine and feminine forms (**el español / la española, el alemán / la alemana,** etc.) refer to the inhabitants of a country:* the Spaniard / the Spanish woman, the German man / woman, *and so on.*⌂

5. Subject Pronouns

SINGULAR		PLURAL	
yo	*I*	nosotros, -as	*we*
tú	*you (fam.)*	vosotros, -as	*you (fam.)*
usted	*you (pol.)*	ustedes	*you (pol.)*
él	*he*	ellos	*they*
ella	*she*	ellas	*they*

In Spanish there is no word for *it* as a subject.

Es importante.   *It is important.*

Except for **ustedes,** the plural pronouns are either masculine or feminine according to the gender of the group they refer to. If the group includes males and females, the masculine form is used.

¿Estudian Isabel y Tomás con Juana? No, **ellos** estudian con Carmen.

   Vosotros, the plural of **tú,** is used extensively in Spain but rarely in Hispanic America. There, **ustedes** serves as the plural of both **tú** and **usted.** Note that **usted** is usually abbreviated to **Ud.** or **Vd.,** and **ustedes** to **Uds.** or **Vds.**

Práctica

Cambie Ud. según el modelo.

MODELO   Carlos y Tomás → ellos

1. Carmen y María   3. Tomás y Virginia   5. Ud. y la señora Díaz
2. Juan y Ricardo   4. Carmela y Juan   6. Uds. y yo

6. Regular Verbs of the First Conjugation

Spanish verbs are divided into three conjugations, according to the ending of the infinitive.[2] Verbs ending in **-ar** belong to the first conjugation; those ending in **-er** and **-ir** to the second and third, respectively. Examples of verbs in each of these conjugations are **estudiar** (*to study*), **comprender** (*to understand*), and **vivir** (*to live*).

   The present tense of first-conjugation verbs is formed by dropping the **-ar** ending of the infinitive and adding the following endings:

SINGULAR	PLURAL
-o	**-amos**
-as	**-áis**
-a	**-an**

The majority of **-ar** verbs are regular; that is, they follow this general pattern.

---

[2]The infinitive is the form of the verb listed in dictionaries as the main entry. Its equivalent in English is the form preceded by *to: to* speak, *to* study, *to* work.

HABLAR *(TO SPEAK)*

SINGULAR	(yo) hab**lo** (tú) hab**las** (él, ella, usted) hab**la**	*I speak* *you speak* *he, she speaks; you speak*
PLURAL	(nosotros, -as) hab**lamos** (vosotros, -as) hab**láis** (ellos, ellas, ustedes) hab**lan**	*we speak* *you speak* *they, you speak*

NOTE 1: The Spanish present tense has three possible English translations.

hablo = *I speak, I am speaking, I do speak*

NOTE 2: Subject pronouns are usually omitted in Spanish, since the verb endings frequently indicate the subject.

Estudi**o** español hoy.   *I study Spanish today.*
Hab**las** inglés.   *You speak English.*

NOTE 3: To make a sentence negative in Spanish, place **no** before the verb.

Ellas **no** trabajan mañana.   *They do not work (are not working) tomorrow.*

Práctica

A. Complete Ud. según el modelo.

MODELO   *Ella* estudia con Tomás. (Yo) → (Yo) estudio con Tomás.

1. (hablar)   *Los alumnos* hablan en clase.
   Tú / Ellas / Yo / Ud. / Nosotros
2. (conversar) *(Yo)* converso con una amiga de París.
   Ellos / Ud. / Nosotras / Tú / Uds.
3. (practicar) *(Nosotros)* practicamos el español.
   Carlos / Él / Nosotros / Ellas / Yo
4. (trabajar)   *Uds.* trabajan en la ciudad.
   Tú / Isabel / Ud. / Yo / Las jóvenes[3]
5. (estudiar)   *(Yo)* estudio inglés y francés.
   Nosotros / Él / Tú / Uds. / Vosotros

Be sure that you can now quickly give all six forms of the verbs presented on pages 25 and 27.

---

[3]**Joven** becomes **jóvenes** in the plural; an accent is required to maintain the word's pronunciation, since the plural form adds an extra syllable.

En un laboratorio de física, de la
Universidad de Puerto Rico.

Sybil Shelton/Peter Arnold, Inc.

B. Complete Ud. según el modelo.

MODELO   Roberto / entrar en / clase → Roberto entra en la clase.

1. profesor / enseñar / universidad
2. alumnos / pronunciar / bien en español
3. nosotros / charlar / amigos
4. ¿qué / preguntar / Ud.?
5. Jacinto / no contestar / español

6. jóvenes / trabajar en / pizarra
7. Uds. / usar / lápices y bolígrafos
8. vosotros / no practicar / palabras
9. yo / entrar en / biblioteca
10. tú / no enseñar / francés

Repaso

⌘In this section you will practice important material from previous lessons.⌘

A. Pronuncie Ud.

ca: California, café
que: Roque, Velázquez
qui: mosquito, tequila
co: Colombia, Coronado
cu: Cuba, cucaracha

ga: García, Galicia
gue: San Miguel, guerrilla
gui: guitarra, Guinea
go: Gómez, amigo
gu: laguna, gusto

ja: Jalisco, San Jacinto
ge (je): Los Ángeles, Jesús
gi (ji): Gibraltar, Jiménez
jo: José, Joaquín
ju: julio, junio

za: Zapata, Zaragoza
ce: Cervantes, Centro América
ci: San Francisco, Valencia
zo: Arizona, horizonte
zu: azul, azúcar

B. Complete Ud. en español.

—Buenos _____ . ¿Cómo está Ud.?
—Muy _____ , gracias. ¿ _____ Ud.?

—_____ así. ¿De _____ es Ud.?
—Yo _____ de Honduras. ¿Cómo se llama Ud.?
—Yo _____ Alberto Ramírez.
—_____ luego, señor Ramírez.
—Hasta _____ , señorita.

CONVERSACIÓN

TEXTO: *Compañeros* de clase   Classmates

Isabel y Tomás entran en la biblioteca y charlan con Carlos.

TOMÁS: Buenas tardes, Carlos.
CARLOS: Hola, Tomás... Tú eres Isabel Maraval, ¿no? Yo me llamo Carlos
        Romeralo.
ISABEL: *Mucho gusto.*   Pleased to meet you.
CARLOS: *Igualmente.* ¿De dónde eres tú?   The same here.
ISABEL: Soy de la Ciudad de México. ¿Y tú?
CARLOS: Soy de Los Ángeles. ¿Qué estudias?
ISABEL: *Lenguas extranjeras.*   Languages / foreign
CARLOS: *¿Cuáles?*   Which ones?
ISABEL: Estudio inglés y también francés.
CARLOS: *¿Por qué* estudias dos lenguas?   Why
ISABEL: *Porque deseo* enseñar lenguas en la universidad.   Because / I want
CARLOS: ¿Cómo *preparas* las lecciones de francés?   do you prepare
ISABEL: *Siempre* uso un libro de texto y varios diccionarios.   Always
CARLOS: ¿Con quién practicas el inglés?
ISABEL: Practico *todos los días* con un amigo muy *simpático.*   every day / charming
CARLOS: ¿Quién es?
ISABEL: Tomás. Es *alegre* y *también* muy *amable.*   happy / also / friendly
CARLOS: *¡Qué suerte tiene Tomás!*   How lucky Tomás is!

Cultural Notes

1. Hispanic universities are divided into several autonomous colleges
   called **Facultades.** Every large university has a **Facultad de Filosofía
   y Letras** (*College of Arts and Letters*), a **Facultad de Medicina,** and
   so on.

```
┌─────────────────────────────────────────────────────────────────┐
│  Biblioteca  Universitaria  de  Madrid                            │
│                                          Sig.ª............Regr.º..........│
│       PRESTAMO DE LIBROS                 Autor .......................... │
│                                          Titulo ......................... │
│  AUTOR........................           Nombre ......................... │
│                                          Fecha .......................... │
│  Regr.º ..............  Vol. ...........                                   │
│                                                                   │
│  Sig.ª ..................................                         │
│                                                                   │
│                TITULO                                             │
│  ...............................................................  │
│  Nombre  del  lector ........................................... │
│  Domicilio ..................................................... │
│  Núm.  del  carnet ..........................        Firma,       │
│         ┌ Recibido ..........................                     │
│  Fecha. < Devuelto ..........................                     │
│         └ Pago de multa.                                         │
└─────────────────────────────────────────────────────────────────┘
```

2. Normally students in a Hispanic university take a prescribed course of study in their major area, with few electives. The school year is a single unit; it is not divided into semesters or quarters. Usually students take the final examination for each course three or four weeks after the end of classes. If they pass, they receive credit for the course. If they fail, generally no grade is registered on their transcripts, and they must retake the exam at a future date. Students have been known to retake an examination three or four times. A few, in fact, never graduate because they are unable to pass a certain course.

3. A common pattern of studies in the Hispanic world calls for six years of elementary school followed by six years of high school. College work generally begins at age sixteen or seventeen and may last from four to six years, depending on the student's specialization. Normally all university work is of a specialized nature, since the general studies offered in the first two years at a U.S. university are part of the Hispanic high school curriculum.

Práctica

A. Presentaciones. *(Introductions.)*

    1. *This dialog is modeled after the* **Texto.**
      Yo: Me llamo _____ .
      Ud.: Mucho _____ .
      Yo: Igualmente. ¿De dónde _____ ?
      Ud.: _____ .
      Yo: ¿Qué estudia _____ ?
      Ud.: _____ .

2. *This dialog is left totally to your imagination. How long can you keep the conversation going?*

Yo: Buenos días, _____ .

Tú: _____ .

Yo: _____ .

B. Invente Ud. oraciones con los verbos indicados. *(Invent sentences with the verbs given.)*

1. conversar / charlar

2. entrar (en) / estudiar

3. preguntar / contestar
   usar / enseñar

4. preparar / practicar
   desear / pronunciar

C. Prepare Ud. monólogos. *Use the questions as a guide.*

1. a. ¿Quién es Ud.?   b. ¿De dónde es Ud.?   c. ¿Qué estudia Ud.?   d. ¿Cómo prepara Ud. las lecciones?   e. ¿Con quiénes practica Ud. el español? f. ¿Desea Ud. hablar bien el español?

2. a. ¿Entras tú en la clase con el profesor?   b. ¿Con quiénes charlas en la clase? c. ¿Dónde preparas las lecciones?   d. ¿Qué lenguas estudias?   e. ¿Dónde estudias las lecciones de español?

D. N. I. n.° ....   CURSO 1974 - 75

Facultad de Ciencias Políticas y Sociología

Sección de ....

1.er apellido *Azuaje*

2.° apellido *Inglessis*   } Nombre *Ana Beatriz*

Fecha y lugar de nacimiento *Marzo 21, 1957 Mérida Venezuela*

Nombre de los padres *Ramón Azuaje y Lourdes Inglessis*

Domicilio familiar: calle/plaza *Calle Los Nevados* n.° *2-5* Teléf. *23659*

Localidad *Santa María*   Provincia *Mérida*

Profesión del padre *profesor*

Residencia del alumno durante el curso *(Véase domicilio familiar)*
                                                              Teléf.

Trabaja el alumno si/<u>no</u>. Profesión .... Horario

Curso en el que está matriculado (1) *Sociología*

(1) Si tiene asignaturas de más de un curso, indíquese el más avanzado.

D. **Preguntas.** *Examine the ID cards on this page and answer the following questions.*

1. ¿Cómo se llama la señorita?
2. ¿De qué país es?
3. ¿En qué facultad (*school*) estudia?
4. ¿Trabaja la alumna?

1. ¿En qué universidad estudia el alumno?
2. ¿Qué estudia?
3. ¿Cómo se llama la facultad?

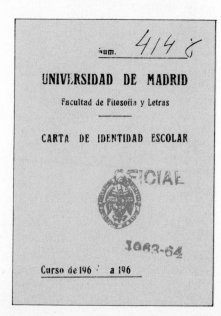

núm. *4148*

UNIVERSIDAD DE MADRID

Facultad de Filosofía y Letras

___

CARTA DE IDENTIDAD ESCOLAR

OFICIAL

1963-64

Curso de 196   a 196

Comunicación

❋ *This section provides reinforcement of previously studied material and offers opportunities for you to express yourself more freely.*❋

A. Entrevistas. *(Interviews.) Interview several of your classmates, using these questions and any others you can think of.*

1. ¿Cómo te llamas tú?
2. ¿Qué libros usas en la clase?
3. ¿Qué lenguas hablas todos los días?
4. ¿Dónde practicas el español?
5. ¿Enseñas el español?
6. ¿Siempre trabajas mucho?
7. ¿También estudias mucho?
8. ¿Cómo se llama un amigo (una amiga) muy simpático (simpática)?
9. ¿Eres tú una persona alegre?
10. ¿Eres siempre amable también?

B. Invente Ud. diálogos con un compañero (una compañera) de clase.

1. Ud. entra en la biblioteca y charla con un amigo (una amiga).
2. Ud. conversa con el profesor (la profesora) de la clase de español.
3. Ud. habla con un alumno nuevo (una alumna nueva).

C. Descripciones. *Working with your classmates, take turns making complete statements about each drawing. See who can make the last statement that contains new information about the drawing.*

1.

2.

Vocabulario activo

❈*You must have an active command of all the words in the* **Vocabulario activo** *list before beginning the next lesson. These words are divided into grammatical categories, as appropriate, to facilitate review and self-testing. The definite article is given for every noun, as is the feminine form for all adjectives.*❈

ADJETIVOS

alegre happy, joyful
amable friendly
mucho, -a much, a lot of, many
nuevo, -a new
simpático, -a nice, likeable
todo, -a all
varios, -as several

ADVERBIOS

ahora now
aquí here
hoy today
mucho a lot, much; _____ **gusto** pleased to meet you
siempre always
también also
todos los días every day

INTERROGATIVOS

¿cuándo? when?
¿dónde? where?
¿por qué? why?
¿qué? what?
¿quién(es)? who?

SUSTANTIVOS

el **alumno** / la **alumna** student
la **biblioteca** library
el **bolígrafo** (ballpoint) pen
la **ciudad** city
la **clase** class; **sala de** _____ classroom
el **cuaderno** notebook
el **día** day
el **dibujo** drawing
el **español** Spanish
el **inglés** English
el **joven** / la **joven** young man / young woman
el **lápiz** pencil
la **lengua** language
el **libro** book
el **mapa** map
la **mesa** table
la **palabra** word
el **papel** paper
la **pizarra** chalkboard
la **puerta** door
la **silla** chair
la **universidad** university

VERBOS

contestar to answer
conversar to converse, chat
charlar to chat
desear to want, desire
enseñar to teach
entrar (en) to enter
estudiar to study
hablar to speak
practicar to practice
preguntar to ask
preparar to prepare
pronunciar to pronounce
trabajar to work
usar to use

EXPRESIONES ÚTILES

con with
de about
en in, into, at
porque because

En la Villa de Guadalupe, México, un señor lee el periódico de la mañana mientras espera a (*he waits for*) los clientes. En su (*his*) tienda vende regalos de muchos tipos: muñecas (*dolls*), cestas (*baskets*) y pájaros (*birds*), entre otras cosas.

La ciudad

Esaias Baitel/VIVA/Woodfin Camp & Associates

Alberto Galiceá Rivera/Fotográfica

GRÁFICOS

En el centro *(Downtown)*

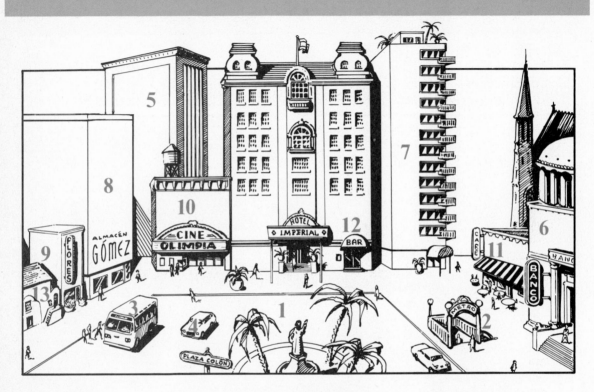

1. la calle
2. el metro
3. el autobús (el camión)[1]
4. el automóvil (el coche, el carro, el auto)
5. el edificio *(building)*
6. el banco
7. la casa de apartamentos
8. el almacén
9. la tienda
10. el cine
11. el restaurante (el café, la cafetería)
12. el bar
13. la casa

Práctica

A. Identificaciones.

    1. Vehículos (de transporte)

      a. ____ b. ____ c. ____ d. ____

---

[1]The Spanish words used to refer to some very common objects sometimes vary greatly from country to country. **Motivos de conversación** will give you optional vocabulary in some of these cases. For example, the word **auto** is commonly used in Spanish America; **carro** and **camión** are heard in Mexico and the Caribbean; **coche** and **autobús** are used in Spain.

2. Edificios

a. ____   b. ____   c. ____   d. ____

3. ¿Dónde comer (*to eat*)?

a. ____   b. ____   c. ____   d. ____

B. ¿Sí o no? *(True or false?) These sentences refer to the drawing on page 44.*

1. El cine se llama Cine Colón.
2. Un autobús entra en la plaza.
3. Muchos señores trabajan en el banco.
4. El hotel se llama Hotel Velázquez.
5. Unos amigos conversan en un café de la calle principal.
6. Una profesora enseña en el almacén.
7. Un taxi entra en el restaurante.
8. Muchas personas usan el metro de la plaza.

En una tienda

1. el dependiente
2. la clienta
3. el reloj

bueno (*good*)
malo (*bad*)
caro (*expensive*)
barato (*cheap*)
grande (*large*)
pequeño (*small*)

PRESENT TENSE

miro	*I look at*
mira	*you (he/she) look(s) at*
necesito	*I need*
necesita	*you (he/she) need(s)*
compro	*I buy*
compra	*you (he/she) buy(s)*
vendo	*I sell*
vende	*you (he/she) sell(s)*
me gusta[2]	*I like*
le gusta	*you (he/she) like(s)*
me gustan	*I like*
le gustan	*you (he/she) like(s)*

---

[2]For the moment just memorize these constructions. You will find a full explanation of them in **Gramática esencial 50**. **Me (le) gusta** refers to liking one thing; **me (le) gustan,** to liking more than one thing.

Me (le) gusta el perfume.   *I (he/she) like(s) the perfume.*
Me (le) gustan los relojes.   *I (he/she) like(s) the watches.*

Memopráctica

Say new verb forms repeatedly and quickly in the different persons. First, *I* . . . , then *you* . . . . After you learn all the forms, use other combinations. Frequent repetition is the key. New verbs are often presented in *I-you* pairs in this text. Emphasizing this association will help you quickly memorize the verb forms and their meanings and learn to use them naturally in conversation.

La clienta mira los *regalos*.   gifts

EL DEPENDIENTE: Buenos días, señorita. ¿Qué desea Ud.?

LA CLIENTA: Necesito comprar un regalo bueno, barato... y pequeño.

EL DEPENDIENTE: Bueno, aquí vendo *de todo. A ver...* ¿Le gusta el cuadro?   everything / Let's see
No es muy caro.

LA CLIENTA: Sí, me gusta; no es un cuadro malo, *pero* es muy   but
grande.

EL DEPENDIENTE: Un perfume francés es un regalo pequeño y bueno.

LA CLIENTA: Pero... el regalo es *para* un joven.   for

EL DEPENDIENTE: ¡Aaaah! *Entonces* necesita mirar los relojes, los   Then
bolígrafos y las cámaras fotográficas. ¡También *son*   they are
buenos regalos!

Práctica

A. Conteste Ud. en español.

1. ¿Qué mira la clienta?
2. ¿Qué pregunta el dependiente?
3. ¿Qué necesita comprar la señorita?
4. ¿Por qué no compra el cuadro?
5. ¿Qué vende también el dependiente?
6. ¿Por qué no compra el perfume francés la clienta?

7. En general, ¿compra Ud. regalos baratos o caros?
8. ¿Necesita Ud. un reloj? (¿Pronuncia Ud. bien la palabra «reloj»?)
9. ¿Dónde compra Ud. cuadernos, papel, lápices, etcétera?
10. ¿Vende Ud. libros?
11. ¿Usa Ud. un perfume caro o barato?
12. ¿Le gustan los perfumes franceses?
13. ¿Le gustan los cuadros de Picasso?
14. ¿Con quién habla Ud. en una tienda?

B. Complete Ud. *You should be able to give all six persons of the conjugation of any regular* **-ar** *verb.*

    1. *...necesitar* un reloj nuevo. (Yo / Él / Tú)

    2. *...mirar* cuadros y dibujos en la Tienda Ruiz. (Uds. / Nosotros / Yo)

    3. *...comprar* regalos buenos y baratos. (Los clientes / Tú / Vosotros)

C. Antónimos. *Answer the questions, using an adjective that means the opposite of the one used in the question.*

    1. ¿Compra Ud. regalos malos? (No, yo...)   3. ¿Le gustan los perfumes caros?

    2. ¿Necesita Ud. un cuadro grande?

Opinión personal

PRESENT TENSE	
abro	*I open*
abre	*you (he/she) open(s)*
leo	*I read*
lee	*you (he/she) read(s)*
escribo	*I write*
escribe	*you (he/she) write(s)*
tomo	*I take, drink*
toma	*you (he/she) take(s), drink(s)*
discuto	*I discuss*
discute	*you (he/she) discuss(es)*
como	*I eat*
come	*you (he/she) eat(s)*

1. el hombre	**3.** la mujer	**5.** el café	viejo (*old*)
2. el periódico	**4.** la carta	**6.** el sándwich	joven (*young*)

En el *café* un hombre abre un periódico y lee el editorial. Una mujer escribe una carta. Un hombre viejo toma *vino* y discute las *noticias* del[3] día con un amigo joven del *barrio*. El joven come un sándwich y toma café.

cafe (restaurant)
wine / happenings
district

—No me gusta la *política*. No me gusta el presidente. No me gusta el *rey*. No me gusta...

politics / king

---

[3]**Del** is a contraction of **de** + **el**; it means *of the* or *from the* (see **Gramática esencial 7**).

Práctica

A. Conteste Ud. en español.

1. ¿Qué abre el hombre y qué lee?
2. ¿Qué escribe la mujer?
3. ¿Qué toma el hombre viejo?
4. ¿Qué come el amigo joven?
5. ¿Qué discute el hombre viejo con el joven?

6. ¿Qué lee Ud. todos los días?
7. ¿Escribe Ud. cartas en clase?
8. ¿Qué discute Ud. con los amigos?
9. ¿Qué come Ud. en un café o en un restaurante? ¿un sándwich? ¿una hamburguesa?
10. ¿Qué toma Ud. en un restaurante, generalmente? ¿vino? ¿cerveza (*beer*)? ¿una Coca Cola?

B. Conteste Ud. en español.

1. ¿Qué mira Ud. (en la calle / en una tienda)?
2. ¿Qué compra Ud. (en una tienda / en la plaza del centro)?
3. ¿Qué come Ud. (en un café / en un restaurante)?
4. ¿Qué toma Ud. (en casa / en un bar)?

C. Conversación. *With a classmate take turns asking each other these questions. Verb cues for the answers are given below. Only the questioner's book should be open. You should recognize new* **tú** *verb forms in questions 6–10.*

1. ¿Qué periódico compras?
2. ¿Qué miras en el centro?
3. ¿Dónde trabajas?
4. ¿Qué tomas en un café?
5. ¿Qué necesitas hoy?

6. ¿Qué comes en un restaurante?
7. ¿Qué lees en un periódico?
8. ¿Qué escribes a un amigo?
9. ¿Qué discutes con los amigos?
10. ¿Qué abres en la clase?

Verb cues: 1. Compro   2. Miro   3. Trabajo   4. Tomo   5. Necesito   6. Como
7. Leo   8. Escribo   9. Discuto   10. Abro

Palabras fáciles

In English and in Spanish, adverbs can be derived from adjectives. The English adverbial ending *-ly* corresponds to **-mente** in Spanish. If the Spanish adjective ends in **-o,** the **o** is changed to **a** before adding **-mente.**

ENGLISH ADJECTIVE	SPANISH ADJECTIVE	SPANISH ADVERB
special	especial	especialmente
generous	generoso, -a	generosamente
probable	probable	probablemente
real	real	realmente
sincere	sincero, -a	sinceramente

Práctica

A. Exprese Ud. adverbios en español.

1. normal   2. posible   3. natural   4. rápido   5. necesario   6. completo

B. Pronuncie Ud. *In this section you will practice the pronunciation of cognates that appear throughout the lesson.*

1. el hotel
2. la avenida
3. el bar
4. el editorial
5. la cafetería
6. el cliente / la clienta
7. favorito
8. fotográfico, -a
9. moderno, -a
10. el presidente
11. el perfume
12. la plaza
13. el tráfico
14. el sándwich
15. la siesta

Memopráctica

Association is an important key to memorization. When learning new Spanish words, relate them to other Spanish words you already know: **trabajo** (a noun) and **trabajar** (a verb), for example. At times the meaning of a Spanish word can be guessed or recalled by associating it with a less common English word. For example, **fácil** looks like *facility*. What do you think **fácil** might mean?

GRAMÁTICA ESENCIAL

7. More on the Definite Article

A. There are only two contractions in Spanish: **a** + **el** = **al**; **de** + **el** = **del**.

BUT: a la   de la
     a los   de los
     a las   de las

Hablan **al** profesor.   *They speak to the instructor.*
Conversan de las noticias **del** día.   *They're talking about the news of the day.*
BUT: Estudian el mapa **de las** Américas.   *They're studying the map of the Americas.*

B. Nouns used in a general sense are preceded by the definite article.

El hombre es un animal inteligente.   *Man is an intelligent animal.*
Me gustan **los** autos (carros) modernos.   *I like modern cars.*

C. There is no standard practice regarding the use of the definite article with the names of certain countries. Many native speakers of Spanish will use the article with the names of these countries.

la Argentina	el Ecuador	el Paraguay
el Brasil	los Estados Unidos	el Perú
el Canadá	el Japón	el Uruguay

BUT: España, Francia, Italia, etc.
Note that the definite article is part of the name of **El Salvador.**

D. The definite article is used with titles except in direct address.

El profesor Sánchez es de México.   *Professor Sánchez is from Mexico.*
El capitán García es un amigo muy bueno.   *Captain García is a very good friend.*
BUT: Señorita López, ¿de dónde es Ud.?   *Miss López, where are you from?*

Práctica

A. Cambie Ud. según los modelos.

MODELO   El profesor habla a __los__ alumnos.

1. _____ amigos
2. _____ clase
3. _____ hombre
4. _____ mujer
5. _____ señoritas
6. _____ joven

MODELO   Hablan __del__ alumno.

7. _____ cámara
8. _____ regalo
9. _____ clases
10. _____ tienda
11. _____ cuadros
12. _____ restaurante

B. ¿Con o sin el artículo definido? *Give the definite article, as needed.*

1. Yo como en _____ centro de la ciudad.
2. _____ doctor Fernández es de Buenos Aires.
3. _____ hombre es un animal social.
4. _____ Japón es un país muy moderno.
5. Madrid es la capital de _____ España.
6. ¿Le gusta _____ cerveza?

7. No me gustan todos _____ verbos nuevos.
8. Buenos días, _____ señorita Garza.

Answers: 1. el   2. El   3. El   4. El   5. none   6. la   7. los   8. none

8. Impersonal Verb *hay*

This verb means both *there is* and *there are*. As a question it expresses *is there? / are there?* In negative sentences **no** is placed immediately before **hay**.

En las tiendas de la calle Molina no **hay** objetos caros. ¿Por quéno **hay**?
In the stores on Molina Street, there aren't expensive objects. Why aren't there (any)?

¿**Hay** un cine en la calle Florida? No, no **hay**.
Is there a movie house on Florida Street? No, there isn't (any).

Práctica

A. Exprese Ud. en español las palabras entre paréntesis.

1. En el café (*there are*) dos señoras.
2. ¿(*Is there*) un periódico aquí?
3. (*There are*) muchos edificios famosos en la avenida Juárez.
4. ¿(*Aren't there*) cámaras fotográficas en los almacenes?
5. (*There is*) una muchacha mexicana en la clase.
6. (*There are no*) restaurantes en la universidad.

B. Descripciones. *Turn back to the drawings indicated and describe in detail what you see there.*

1. ¿Qué hay en la clase? (página 24)
2. ¿Qué hay en la mesa del estudiante? (página 25)
3. ¿Qué hay en el centro? (página 44)
4. ¿Qué hay en la tienda? (página 45)
5. ¿Qué hay en el café? (página 47)

9. Regular Verbs of the Second and Third Conjugations

The present indicative of second and third conjugation verbs (**-er** and **-ir** verbs, respectively) is formed by dropping the endings of the infinitive and adding the endings shown in boldface in the chart on page 52.

COMER (*TO EAT*)		VIVIR (*TO LIVE*)	
com**o**	*I eat*	viv**o**	*I live*
com**es**	*you eat*	viv**es**	*you live*
com**e**	*he, she eats; you eat*	viv**e**	*he, she lives; you live*
com**emos**	*we eat*	viv**imos**	*we live*
com**éis**	*you eat*	viv**ís**	*you live*
com**en**	*they, you eat*	viv**en**	*they, you live*

Other verbs of these conjugations that you have already used include the following:

Second conjugation: **leer** (*to read*), **vender** (*to sell*)

Third conjugation: **abrir** (*to open*), **discutir** (*to discuss*), **escribir** (*to write*)

En las calles de Madrid hay muchos quioscos (*stands*) donde venden periódicos, libros y revistas. Cada mañana la gente compra y lee el *ABC*, *El País*, *Ya* o posiblemente otro periódico importante de la capital.

Tiers/Monkmeyer

Práctica

A. Use Ud. los verbos con los sujetos indicados. *(Use the verbs with the subjects given.)*

MODELO Ellas / Ud. *leer* el periódico. → Ellas leen el periódico.
Ud. lee el periódico.

Yo / Nosotros
Ud. / Ellas
Tú / Él
Ella / Nosotros
Yo / Uds.
Ellos / Vosotros

  1. *vender* muchos cuadros.
  2. *escribir* una carta.
  3. *tomar* café.
  4. *discutir* las noticias del día.
  5. *comer* en una cafetería.
  6. *mirar* los edificios comerciales.
  7. no *vivir* en la calle Florida.
  8. *necesitar* un mapa de España.
  9. *entrar* en la casa.
10. *leer* las cartas.
11. *abrir* el periódico.
12. *comprar* cuadernos.

B. Cambie Ud. al plural.

MODELO (él) habla → (ellos) hablan

1. leo
2. (él) desea
3. miras
4. (ella) discute
5. (él) come
6. (Ud.) enseña
7. (ella) toma
8. abro

C. Cambie Ud. al singular.

MODELO (Uds.) venden → (Ud.) vende

1. vivimos
2. (ellos) compran
3. (Uds.) entran
4. vendemos
5. trabajamos
6. usan
7. (Uds.) escriben
8. conversáis

D. Complete Ud.

1. Los dos com_____ en el café.
2. (Yo) Escrib_____ en la clase.
3. (Ellos) Discut_____ las noticias.
4. (Yo) Contest_____ en español.
5. Elena y yo le_____ en la biblioteca.
6. ¿No dese_____ (tú) charlar con ella?
7. ¿Con quiénes viv_____ (Uds.)?
8. (Yo) Me llam_____ Carlos.
9. Un muchacho vend_____ lápices.
10. ¿Dónde trabaj_____ (tú)?

E. Exprese Ud. en español las palabras entre paréntesis y, después, conteste las preguntas. *Use the infinitive you translate in column A to complete the question in column B.*

A	B
1. ¿Le gusta (*to read*)?	¿Qué le gusta _____ ?
2. ¿Le gusta (*to eat*)?	¿Qué le gusta _____ ?
3. ¿Le gusta (*to discuss*) con los amigos?	¿Qué le gusta _____ con los amigos?
4. ¿Le gusta (*to write*)?	¿Qué le gusta _____ ?
5. ¿Le gusta (*to work*)?	¿Dónde le gusta _____ ?

10. Irregular Presents: *Hacer, decir, tener, venir*

These verbs do not follow the patterns of regular **-er** and **-ir** verbs, so it is necessary to memorize them. Note that all four have a common feature, the **g** in the first person singular.

-ER: HACER *(TO MAKE; TO DO)*	-IR: DECIR *(TO TELL, SAY)*	-ER: TENER *(TO HAVE)*	-IR: VENIR *(TO COME)*
hago	digo	tengo	vengo
haces	dices	tienes	vienes
hace	dice	tiene	viene
hacemos	decimos	tenemos	venimos
hacéis	decís	tenéis	venís
hacen	dicen	tienen	vienen

Práctica

A. Complete Ud.

1. (tener)   Yo / Tú / Ellos _____ un restaurante favorito.
2. (decir)   ¿Qué _____ él / tú / Uds.?
3. (venir)   ¿ _____ tú / él / ellos hoy?
4. (hacer)   Nosotros / Vosotros / Yo _____ el café hoy, ¿no?
5. (tomar)   Ellos / Nosotros / Yo _____ vino.
6. (leer)   Él / Nosotras / Uds. _____ la lección.
7. (discutir)   Carmen / Los amigos / Nosotros _____ las noticias del día.
8. (comer)   Juanita y Alberto / Yo / Nosotras _____ en una cafetería.

B. Conteste Ud. *Note that questions with **hacer** usually require a different verb in the answer.*

1. ¿Qué hacemos en la clase?
2. ¿Qué hacen Uds. en una tienda?
3. ¿Qué hace Ud. en el centro?
4. ¿Qué haces tú ahora?
5. ¿Qué hacen los muchachos en la biblioteca?

C. Invente Ud. oraciones.

1. yo / tener / tienda favorita
2. yo / decir / «Buenos días»
3. ellos / venir / a la plaza

4. Uds. / no contestar / en inglés
5. nosotros / discutir / el periódico
6. tú / hacer / los sándwiches

11. Telling Time

A. To express time in the present, use **es** with one o'clock and **son** with all other hours.

Es la una.

Son las nueve.

NOTE: The definite article **la** is used with the first hour and **las** with all others because **hora** (*hour*) and **horas** are understood.

B. To express *quarter* and *half hour,* Spanish uses **cuarto** and **media,** respectively. Use **y** to refer to fractions of time up to the half hour; after the half hour use **menos** with the next hour.

Es la una **y** cuarto.

Es la una **y media.**

Son las diez **menos** diez y ocho.

C. References to hours may be clarified by adding the phrases **de la mañana** (A.M.), **de la tarde** (P.M.), **de la noche** (P.M.), and **en punto** (*on the dot*).

Son las nueve de la mañana (noche).   *It is nine o'clock in the morning (at night).*
Son las cinco de la tarde.   *It is five o'clock in the afternoon.*
Son las doce en punto.   *It is twelve o'clock on the dot.*

D. Use **a la...** or **a las...** to indicate *at* what time something will happen.

Vienen a las dos.   *They are coming at two o'clock.*
Como todos los días a la una y media.   *I eat every day at one-thirty.*

Práctica

A. ¿Qué hora es? Use Ud. **de la mañana, de la tarde** y **de la noche,** según las indicaciones.

P.M.
1.

Son las _____ .

P.M.
2.

Es la _____ .

P.M.
3.

Son las _____ .

A.M.
4.

Es la _____ .

A.M.
5.

_____ .

P.M.
6.

_____ .

A.M.
7.

_____ .

P.M.
8.

_____ .

B. Conteste Ud.

1. ¿A qué hora come Ud.?
2. ¿Cuántas (*How many*) horas estudia Ud. todos los días?
3. ¿A qué hora le gusta tomar café?
4. ¿A qué hora entra Ud. en la clase de español?
5. ¿A qué hora le gusta leer el periódico?

C. Conversación. *Student A states an hour and asks Student B what he or she does at that time. Student B responds, using the correct form of one or more of the cues given below.*

MODELO   ESTUDIANTE A: Son las seis de la tarde. ¿Qué haces a las seis de la tarde?
             ESTUDIANTE B: Como en la cafetería a las seis de la tarde.

PALABRAS ÚTILES

de la noche	estudiar	en la biblioteca
de la tarde	trabajar	la lección de español
de la mañana	comer	con unos amigos
en punto	preparar	un periódico
	comprar	una carta
	leer	una cámara fotográfica
	escribir	un cuaderno y un bolígrafo
	conversar	en el centro
		con el dependiente
		las noticias

Repaso

A. Pregunte Ud. a otro alumno si... *(Ask another student if . . .)*

MODELO contesta las preguntas en español → —¿Contestas las preguntas en español?
—¿Sí, contesto las preguntas en español.

1. estudia español todos los días
2. trabaja en la biblioteca
3. desea hablar dos lenguas
4. prepara bien las lecciones
5. charla con los compañeros de la clase

B. Sustantivos y adjetivos. Cambie Ud. según los modelos.

MODELO bueno / amigas → buenas amigas

1. mucho (clases / papeles / gusto)
2. varios (ciudades / países / mapas)

MODELO Hablan de las profesoras nuevas. (barrio) →Hablan del *barrio* nuevo.

3. palabras   4. alumnos   5. tienda   6. muchacha   7. profesores   8. auto

CONVERSACIÓN

TEXTO: *Pasando el rato*

Passing the time (of day), killing time

En los barrios de una típica ciudad hispánica siempre hay bares favoritos. Aquí los buenos amigos charlan y toman café, vino o cerveza. *Otros* comen *mientras escuchan* discusiones sobre la política del país o sobre el horrible tráfico de automóviles y taxis en las calles de la ciudad.

or / Others
while / they listen to

«El Toro Negro» es un bar típico en donde dos o tres amigos pasan el rato, por[4] la tarde, a la hora de la siesta.

Una tarde entra don[5] Enrique, un amigo viejo que trabaja en un banco. —¿Uds. aquí?—dice. —Pero, ¿cuándo trabajan Uds.?

—Por la mañana... y por la noche.

—Y ¿qué hacen Uds. ahora?

Un *muchacho* contesta—Pasando el rato—. Sí,... dice *otro* compañero,—porque la *vida* es *corta*... y la *muerte* es larga.[6]

fellow (boy) / another
life / short / death

---

[4]When referring to parts of the day, use **en** or **por: en (por) la mañana (noche)** *(in the morning [evening])*. If the hour is given, use **de: a las cuatro de la tarde** *(at four o'clock in the afternoon)*.

[5]**Don** and **doña** are untranslatable titles of respect used before first names: **Buenas tardes, doña Julia.** *(Good afternoon, [Miss] Julia.)*

[6]**Largo** is a deceptive cognate in Spanish; it means *long*, not *large*.

Cultural Notes

1. The various neighborhoods of a large city are called **barrios** in Spanish. In the Hispanic world the word **barrio** refers to the area in which the houses, apartments, parks, shops, cafés, and other small businesses are clustered together in a unit.

2. "Taking a siesta" is probably the oldest and staunchest of Hispanic customs. In many parts of the Hispanic world, stores and businesses still close from 1:00 or 1:30 P.M. to 4:00 or 4:30 P.M. every day, thus allowing the employees time for a leisurely family meal and, perhaps, a nap. To compensate, businesses often stay open late, until 7 or 8 P.M. Many businesses, however, only allow their employees a short lunch break, and many large department stores are open all day.

3. A Hispanic **bar** is often a coffee shop or restaurant, since the consumption of wine is a regular part of a Hispanic meal. However, many bars serve primarily wine and **tapas** (a variety of hot and cold hors d'oeuvres) because Hispanic people like to snack with friends between meals. A **cafetería** is a coffee shop, not a *cafeteria* in the English sense.

Los buenos amigos conversan y toman vino o cerveza en un bar de Málaga. Málaga, ciudad importante del sur (*south*) de España, es famosa por sus (*its*) vinos.

Peter Menzel/Stock, Boston

4. **Pluriempleo** (*having several jobs*) is a fact of life for many people in the Hispanic world. Many families could not survive on only one paycheck. Consequently, it is not uncommon for some people to work at odd hours, sometimes only in the morning and/or late in the evening.

5. The Spanish sense of humor can be dry and subtle, especially when someone is being impertinent, like the young man who has the last word in the dialog you just read.

Práctica

A. Reconstrucción del texto. *The following cues should help you restate the major points of the* **Texto.** *Add as many details from memory as you can. Talk about the* **Texto** *but without memorizing it word for word.*

MODELO   amigos / charlar → Los buenos amigos charlan en el bar.

1. barrio / ciudad / bar
2. amigos / charlar
3. tomar / vino / cerveza
4. comer / escuchar / discusiones

5. pasar / horas
6. amigo / entrar
7. preguntar / hacer
8. vida / corta

B. Conteste Ud.

1. ¿Qué toman los buenos amigos en un bar?
2. ¿Qué discuten allí (*there*)?
3. ¿Cuándo es la «hora» de la siesta?

4. ¿Quién es don Enrique y qué pregunta él?
5. ¿Qué contesta un muchacho?
6. ¿Qué dice otro amigo?

C. ¿Cómo pasa Ud. el rato? Invente Ud. varias oraciones para cada situación.

1. En una cafetería   (charlar / tomar / comer)
2. En la calle   (conversar / comprar / discutir)
3. En una tienda   (mirar / pasar / trabajar)

Comunicación

A. Invente Ud. oraciones con las palabras indicadas en los dibujos de la página 60.

MODELO   escribir / la profesora → La profesora escribe en la pizarra.

1. estudiar / la clase

2. comprar / la tienda

3. tomar / el bar

4. mirar / la calle

5. comer / el restaurante

6. vivir / la ciudad

7. discutir / los amigos

8. trabajar / los alumnos

B. ¿Hay más? *In one minute, make as many statements as you can about one of the following drawings. After you have finished, challenge other students to add to what you have said by asking,* **¿Hay más?**

1.

2.

C. Pregunte Ud. a otro alumno...

1. en qué calle vive
2. qué toma en la mañana (por la tarde)
3. cuántas clases tiene
4. a qué hora viene a la clase de español
5. qué expresión le gusta usar en español
6. qué periódico(s) compra
7. cuándo lee el periódico
8. qué discute con los amigos
9. qué mira en el centro de la ciudad
10. dónde come por la tarde (en la noche)

Tell the class what you learned about your classmate from this interview.

Vocabulario activo

ADJETIVOS

barato, -a cheap
bueno, -a good
caro, -a expensive
grande large, big
largo, -a long
malo, -a bad
otro, -a other, another
pequeño, -a small
viejo, -a old

LA HORA

de (en, por) la mañana (tarde, noche) in the morning (afternoon, evening)
¿qué hora es? what time is it?

SUSTANTIVOS

el **almacén** department store
el **autobús** bus
el **automóvil (coche)** car
el **banco** bank
el **barrio** district

el **café** coffee; café
la **calle** street
la **carta** letter
la **casa (de apartamentos)** (apartment) house
el **centro** downtown
la **cerveza** beer
el **cine** movies, movie theater
el **cuadro** painting
el **dependiente**/la **dependienta** clerk
el **edificio** building
el **hombre** man
el **metro** subway
el **muchacho** / la **muchacha** boy/girl; young fellow/gal
la **mujer** woman
las **noticias** news

el **país** country
el **periódico** newspaper
el **regalo** present, gift
el **reloj** watch, clock
el **restaurante** restaurant
la **tienda** store, shop
el **vino** wine

VERBOS

abrir to open
comer to eat
comprar to buy
decir to say; to tell
discutir to discuss; to argue
escribir to write
escuchar to listen (to)
hacer to make; to do
leer to read
mirar to watch; to look (at)
necesitar to need

pasar to pass, spend (time); _____ **el rato** to kill time
tener to have
tomar to take; to drink
vender to sell
venir to come
vivir to live

EXPRESIONES ÚTILES

a at, to
¿cuántos, -as? how many
en casa at home
hay there is, there are
me gusta(n) I like; **le gusta(n)** you (he/she) like(s)
o or
para for
pero but

NÚMEROS: **uno, dos, tres, cuatro, cinco, seis, siete, ocho, nueve, diez, once, doce, trece, catorce, quince, diez y seis, diez y siete, diez y ocho, diez y nueve, veinte, treinta**

En un almacén enorme de la Ciudad de México el cliente hace sus (_his_) compras en un ambiente (_environment_) moderno y atractivo. Aquí venden ropa, discos, radios y muchos otros artículos.

¿Desea Ud. un traje? ¿una camisa quizá (_perhaps_)? Son elegantes pero no muy caros. ¿No le gusta la corbata o el chaleco?

LECCIÓN TRES

La ropa

traje con chaleco 11995

traje con chaleco 11995

Owen Franken/Stock, Boston

Peter Menzel

GRÁFICOS

Trajes y vestidos *(Suits and Dresses)*

1. el sombrero
2. la camisa
3. la chaqueta
4. los pantalones
5. el calcetín
6. el zapato
7. el abrigo
8. el bolso
9. la falda
10. la bota
11. las medias

Práctica

A. ¿Tiene Ud. buena memoria? *Cover the vocabulary list and give the names of the numbered articles of clothing in the drawing.*

B. Conteste Ud.

1. ¿Tiene Ud. dos trajes (vestidos)?
2. ¿Dónde compra Ud. chaquetas y pantalones?
3. ¿Discute Ud. la ropa de los amigos (las amigas)?
4. ¿Dónde venden bolsos?
5. ¿Qué ropa nueva necesita Ud.?
6. ¿Hay tiendas de ropa en la calle donde Ud. vive? ¿Cómo se llaman?
7. ¿A qué hora abren los grandes almacenes del centro?
8. ¿En qué tiendas sólo *(only)* le gusta pasar el rato (mirar pero no comprar)?

Memopráctica

In memorizing new material, you are more likely to be successful if you develop systematic study habits. For example, jot down on a slip of paper some new words from tomorrow's lesson and begin going over them as you leave class today. Frequent reviews of these new words throughout the day will fix them more firmly in your mind than will a single, lengthy study period. Give yourself 24 hours to absorb the new material—not just an hour or two before the next class.

Víctor da un paseo *(Victor Takes a Walk)*

rico *(rich)*
pobre *(poor)*
contento *(contented, happy)*
triste *(sad)*
alto *(tall)*
bajo *(short)*

PRESENT TENSE	
estoy	*I am*
está	*you are (he/she is)*
voy	*I go*
va	*you (he/she) go(es)*
soy	*I am*
es	*you are (he/she is)*
doy	*I give*
da	*you (he/she) give(s)*
llevar	*to wear*

ÓSCAR: ¿Estás triste?

VÍCTOR: No, estoy preocupado porque voy a *hacerle mala impresión a* Julita hoy *si* llevo *esta* ropa vieja. — to make a bad impression on / if / this

ÓSCAR: ¡Hombre! ¿Por qué no llevas *mi* traje *azul*? — my / blue

VÍCTOR: Pero es para una persona alta, y yo soy *un poco* bajo. — a little

ÓSCAR: *Entonces*, ¿por qué no usas los pantalones azules? También *te* doy el suéter pequeño *que* tengo aquí. — Well then / to you / that

VÍCTOR: ¡Excelente idea! Eres un buen amigo.

Práctica

1. ¿Quién es rico? ¿Quién es pobre?
2. ¿Está triste Óscar?
3. ¿Por qué va a hacer mala impresión Víctor?
4. ¿Qué ropa no usa Óscar?
5. ¿Qué da Óscar a Víctor?
6. Al final, ¿está contento Víctor? ¿Por qué?

7. ¿Es Ud. rico (rica) o pobre?
8. ¿Está Ud. contento (contenta) o triste ahora?
9. ¿Va Ud. a los grandes almacenes con frecuencia?
10. ¿Con quién da Ud. paseos (*do you take walks*)?
11. ¿Es Ud. bajo (baja) o alto (alta)?
12. ¿Qué ropa lleva Ud. hoy?

Venta especial en el Almacén Neptuno

1. la blusa
2. el precio

el dinero *(money)*
el dólar *(dollar)*
ayer *(yesterday)*

MORE VERBS

gastar	*to spend*
ganar	*to earn*
caminar	*to walk*
llegar	*to arrive*
pagar	*to pay*

Miguel necesita una chaqueta pero desea gastar *poco* dinero porque no   little
gana mucho. Camina rápidamente por la calle Ochoa. *Pronto* llega al   Soon
Almacén Neptuno y entra.

MIGUEL: Necesito una chaqueta.

EL DEPENDIENTE: *Esta* chaqueta azul es *hermosa*, ¿no?   This / attractive

MIGUEL: Sí, pero me gusta la chaqueta *roja. ¿Cuál* es el precio?   red / What

EL DEPENDIENTE: $29,00[1] es el precio de ayer, pero el precio de hoy es
$22,00.

MIGUEL: *¿Cuánto?*   How much?

EL DEPENDIENTE: $22,00.

MIGUEL: Es un poco cara.

EL DEPENDIENTE: No, señor. ¡Es barata y muy elegante!

Miguel paga los $22,00 y dice *después*: ¡*Qué suerte*!   afterward / What
luck!

Práctica

A. Conteste Ud.

1. ¿Dónde hay una venta hoy?
2. ¿Qué ropas tienen precios especiales allí (*there*)?
3. ¿Qué dice de la chaqueta azul el dependiente?
4. ¿Cuál es el precio de la chaqueta roja?
5. ¿Compra Miguel la chaqueta roja?
6. ¿Qué dice Miguel después?

7. ¿Gana Ud. mucho o poco dinero?
8. ¿Le gusta gastar dinero? ¿Compra Ud. mucha ropa?
9. Cuando Ud. va a un almacén en la mañana, ¿a qué hora llega generalmente?
10. ¿Cuánto dinero gana un dependiente en una hora? ¿en un día?
11. ¿Le gustan las chaquetas rojas o las chaquetas azules?
12. Si Ud. paga $22,00 por una chaqueta, ¿es cara?

EL CORTE INGLES

SI NO QUEDA PLENAMENTE SATISFECHO
LE DEVOLVEREMOS SU DINERO

EL CORTE INGLES

NECESITARA ESTE TICKET, PARA HACER
CUALQUIER POSIBLE RECLAMACION

B. Antónimos. *Give the opposites of the following words.*

| 1. ayer | 3. comprar | 5. alto | 7. malo | 9. rico |
| 2. barato | 4. contento | 6. grande | 8. mucho | 10. viejo |

C. Invente Ud. una conversación según el modelo. *Use the cues at the left for questions to ask
a classmate. Your partner will use the cues at the right to form answers.*

MODELO   sombrero / camisa
¿gastar / usar?
UD.: ¿Gastas mucho en sombreros y camisas?
AMIGO: En camisas, sí, pero no uso sombrero.

1. zapatos / abrigo

PREGUNTAS	RESPUESTAS
a. ¿Dónde / mirar / comprar?	tienda / almacén / en el centro
b. ¿Quién / desear / llevar?	compañero / pobre / bajo
c. ¿Cuánto / pagar / ganar?	$29 / $22 / suerte

[1]Note that Spanish uses a comma in numbers where English uses a decimal point.

2. vestido / traje

	PREGUNTAS	RESPUESTAS
a.	¿Qué / mirar / necesitar?	vestido / traje / suéter
b.	¿Qué / vender / comprar?	azul / rojo / nuevo
c.	¿Qué / desear / llevar?	viejo / alto / grande

D. Repaso de adjetivos. ¿Qué palabra no forma un grupo lógico con las otras dos?

1. alegre   contento   bajo
2. pequeño   elegante   grande
3. triste   caro   contento
4. largo   alto   diferente
5. generoso   pobre   rico
6. joven   nuevo   viejo
7. alto   barato   caro
8. inteligente simpático   amable

Palabras fáciles

Words ending in *-ty* in English end in **-dad** or **-tad** in Spanish. They are always feminine.

ENGLISH	SPANISH
faculty	la facultad
fraternity	la fraternidad
identity	la identidad
liberty	la libertad

Práctica

A. Exprese Ud. en español.

1. intensity   2. reality   3. sincerity   4. university   5. clarity   6. responsibility

B. Pronuncie Ud.

1. el color
2. con frecuencia
3. el dólar
4. elegante
5. especial
6. excelente
7. la expresión
8. el horror
9. la impresión
10. interesante
11. la persona
12. razonable
13. la situación
14. el taxi
15. visitar

GRAMÁTICA ESENCIAL

12. Irregular Presents: *Estar, ser; dar, ir*

In the **Gráficos** section of this lesson, you learned the **yo** and **usted** forms of these irregular verbs. Now learn the remaining persons. Note that all four share one irregularity, the **-oy** ending of the first person singular.

ESTAR (TO BE)	SER (TO BE)	DAR (TO GIVE)	IR[2] (TO GO)
estoy	soy	doy	voy
estás	eres	das	vas
está	es	da	va
estamos	somos	damos	vamos
estáis	sois	dais	vais
están	son	dan	van

Práctica

A. Dé (*Give*) oraciones completas con **ser** o **estar** y los adjetivos indicados.

1. **ser** con **simpático, -a -os, -as**
   a. las alumnas c. María e. Juan y Teresa
   b. nosotros d. tú f. Uds. (Juan y Pedro)

2. **estar** con **contento, -a, -os, -as**
   a. ella c. yo e. Amalia y Alfredo
   b. nosotros d. vosotros f. tú

B. Cambie Ud. según los modelos.

MODELO _____ dar dinero a _____ (ella / el dependiente) →
  Ella da dinero al dependiente.

1. tú / una compañera
2. nosotros / los pobres
3. yo / el joven
4. Uds. / las seis muchachas
5. él / la clienta
6. vosotros / el profesor

[2]**¿Dónde?** becomes **¿adónde?** (or **¿a dónde?**) with verbs of motion such as **ir**: **¿Adónde va Ud.?** (*Where are you going [to]?*).

⊠*This time you supply the correct definite article.* ⊠

MODELO   _____ ir a _____   (ella / cine) →
           Ella va al cine.

1. yo / café   4. tú / Almacén Palacios
2. Juan y Luis / bar   5. Uds. / Edificio Ruiz
3. nosotras / tienda   6. la mujer / Banco Nacional de Comercio

C. **Preguntas rápidas.** *With a classmate ask the following questions and check the answers your partner gives. Your partner should answer with his or her book closed. Later reverse roles. Try to change from one verb form to another as quickly as possible.*

PREGUNTAS	RESPUESTAS
1. ¿Va Ud. al cine?	Sí, voy al cine.
2. ¿Van las muchachas a las tiendas?	Sí, las muchachas van a las tiendas.
3. ¿Da Ud. un paseo con los amigos (las amigas)?	Sí, doy (No, no doy) un paseo con los amigos (las amigas).
4. ¿Eres estudiante?	Sí, soy estudiante.
5. ¿Llevas un traje azul?	Sí, llevo (No, no llevo) un traje azul.
6. ¿Trabajan Uds. mucho?	Sí, trabajamos mucho.
7. ¿Dan Uds. lecciones de español?	No, no damos lecciones de español.
8. ¿Van Uds. al almacén hoy?	Sí, vamos al almacén hoy.
9. ¿Tienes muchas clases hoy?	Sí, tengo (No, no tengo) muchas clases hoy?
10. ¿Están Uds. en México ahora?	No, no estamos en México ahora.
11. ¿Son Uds. colombianos?	No, no somos colombianos.
12. ¿Está Ud. contento (contenta)?	Sí, estoy (No, no estoy) contento (contenta).
13. ¿Trabaja Ud. por la noche?	Sí, trabajo por la noche.
14. ¿Vienes a la clase de español todos los días?	No, no vengo a la clase de español todos los días.
15. ¿Venden Uds. bolsos?	No, no vendemos bolsos.

⊠*You can continue this drill by creating questions of your own.*⊠

13. *Ser* Used to Express Identification, Origin, and Possession

The verb **ser** is used to indicate that one noun or pronoun (the name of a thing, person, concept, or event) is equal to another noun or pronoun.

José es alumno. (José = alumno)
Yo soy dependiente. (yo = dependiente)

Note in the examples that the noun or pronoun that precedes the verb and the one that follows the verb refer to the same person (**José = alumno, yo = dependiente**).

When **ser** is used to tell where a person or thing is from, it is followed by the preposition **de.**

Carmela es de Toluca.   *Carmela is from Toluca.*
Nosotros somos del Canadá.   *We're from Canada.*

A form of **ser** with the preposition **de** also expresses possession in Spanish.

El cuaderno es de María.   *The notebook is María's.*
¿Las botas? Son de la señora Andújar.   *The boots? They are Mrs. Andújar's. (They belong to Mrs. Andújar.)*

14. *Estar* Used to Express Location

The verb **estar** (often followed by the preposition **en**) is used to express location.

Ernesto está en la calle.   *Ernesto is in the street.*
¿Dónde está el Cine Valentino?   *Where is the Valentino movie theater?*

Práctica

¿**Ser** o **estar**?

1. Josefa _____ mexicana.
2. Él _____ en la calle.
3. Ellas _____ las alumnas del Sr. Gómez.
4. ¿ _____ Ud. de Bogotá?
5. Luis _____ un muchacho simpático.
6. La Moncloa _____ el barrio de los estudiantes.
7. Tú _____ en la clase.
8. Juan y María no _____ norteamericanos.
9. Ellos _____ de Guadalajara.
10. ¿Dónde _____ el sombrero de Carolina?

15. *Ser* and *estar* with Adjectives

When used with adjectives **ser** expresses a characteristic that one considers usually applicable to the thing or person mentioned. **Estar** with adjectives usually indicates that some *change* has taken place; it points to a quality that is not expected. For this reason, **estar** is also used in connection with unexpected sensations, in which case it may express *to feel, to taste, to look,* and so on. Compare:

SER: USUAL TRAITS OR CHARACTERISTICS	ESTAR: CHANGEABLE TRAITS OR CHARACTERISTICS
El hielo es frío. *Ice is cold.*	La sopa está caliente. *The soup is hot.*
Mis vestidos son azules. *My dresses are blue.*	El cielo está azul. *The sky is blue.*

Notice how the use of **estar** rather than **ser** conveys change or surprise in the following examples.

SER	ESTAR
Patricia es simpática. (**Simpática** is considered a usual characteristic of Patricia's personality.)	¡Está tan simpática hoy! (**Simpática** is thought of as not being a usual trait of the person in question here.)
La señora Gómez es pobre. (**Pobre** is conceived as a quality usually applicable to Mrs. Gómez.)	La señora Ruiz está muy pobre. (**Pobre** here expresses a condition that was not expected; prior to this she had not been poor.)
Dolores tiene muchos amigos y es feliz. (**Feliz**—meaning *happy*—is seen as a characteristic of Dolores's nature.)	Dolores es «Miss Universo»; ¡está feliz! (**Está feliz** here means *she looks* or *seems happy.*)
El café es siempre bueno aquí. (Coffee is always good here.)	El café está bueno. (This particular coffee tastes good.)

NOTE 1: The adjective **contento** always expresses a change and the outer manifestations of that change; it can only be used with **estar,** even when the adverb **siempre** is present.

Ellos están muy contentos.   *They are very happy (look very satisfied).*

NOTE 2: **¿Cómo es...?** calls for a description of the essential nature of something.

¿Cómo es el profesor?   *What is the teacher like?*

¿Cómo está... ? inquires about the health or condition of someone or something.

¿Cómo está el muchacho?   *How is the boy (feeling)?*

Práctica

¿**Ser** o **estar**?

1. (*The children are crying.*) Los muchachos _____ muy tristes.
2. (*Rodolfo has just lost everything in the stock market.*) Rodolfo _____ pobre.
3. (*María has just been given a fellowship.*) María _____ muy alegre.
4. (*After tasting.*) El café _____ bueno.
5. (*Referring to a usual trait.*) La profesora _____ muy amable.
6. (*I am making a supposedly logical association between Spanish and degree of interest.*) La clase de español _____ interesante.
7. (*I look at Juan's face and am surprised.*) Juan _____ muy viejo.
8. (*I have known Pedro for many years and therefore can say of him:*) Pedro _____ rico.
9. (*I notice that today Juanita is exuberant.*) Juanita _____ contenta.
10. (*That girl has a quick mind.*) Ella _____ muy inteligente.

16. *Ser* and *estar:* Two Meanings

You can use both **ser** and **estar** with certain adjectives, depending on the meaning you wish to convey. Compare the following examples.

SER	ESTAR
Su amigo es aburrido. *Your friend is boring.*	Su amigo está aburrido. *Your friend is bored.*
El muchacho es muy cansado. *The boy is very tiresome.*	El muchacho está muy cansado. *The boy is very tired.*
La señorita es lista. *The young lady is smart.*	La señorita está lista. *The young lady is ready.*
Carlos es malo. *Carlos is bad (evil).*	Carlos está malo. *Carlos is ill.*

Práctica

A. ¿**Ser** o **estar**?

1. (*It is raining; there is nothing to do.*) Juan _____ aburrido.
2. (*I have packed all my bags.*) Yo _____ listo.
3. (*Elena is in the hospital.*) Dicen que _____ mala.

4. (*Your friend is a bore.*) Él ____ cansado.
5. (*He is a devious individual.*) Él ____ malo.
6. (*You never have anything interesting to say.*) Tú ____ aburrido.
7. (*We have worked very hard.*) Nosotros ____ cansados.
8. (*He is very sharp.*) Él ____ muy listo.
9. (*They are always very nice.*) Ellas ____ amables.
10. (*María is beaming!*) ¡Ella ____ contenta!

B. Situaciones. *Using a form of* **ser** *or* **estar,** *invent complete sentences that justify or explain the basic statement given.*

MODELO   Basic statement: No hablo español en la calle.
          Possible explanations: No *estoy* en España (México).
                                 No *soy* español (española) o mexicano (mexicana).

1. No tengo dinero.
2. Trabajo por la mañana, por la tarde y por la noche. ¡Ay!
3. Presento (*I present*) la lección en la clase.
4. Juanita vive en Caracas.
5. Miro el reloj con horror.
6. Patricia da blusas y faldas a varias amigas.
7. Roberto viene a la clase, pero no estudia. Dice que no le gusta el español.
8. Rosario siempre prepara todas las lecciones.

C. Exprese Ud. en español.

1. Are you sad?   3. He is the clerk.   5. I'm very bored.
2. We are not from here.   4. Pepe, are you ready?   6. They are in the street.

Repaso

A. Números y horas.

1. Exprese Ud. en español.
   a. 30 − 20 = ?   c. 7 + 4 = ?   e. 2 + 4 + 6 = ?
   b. 19 − 6 = ?   d. 14 + 13 = ?   f. 1 + 17 = ?

2. ¿Qué hora es?

a.
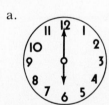

b.

c.
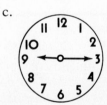

d. 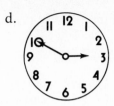   e.    f.

3. ¿Qué haces a cada (*each*) hora? *Referring to the times given in Exercise 1 and, using these cues, ask a classmate questions.*

MODELO   estar / ¿cómo? →   UD.: ¿Cómo estás a las dos de la mañana?
AMIGO: Estoy muy cansado a las dos de la mañana.

a. estudiar / ¿qué?   d. leer / ¿cómo se llama el libro, el periódico, etcétera?
b. comer / ¿dónde?   e. gastar / ¿cuánto?
c. charlar / ¿con quiénes?   f. estar / ¿cómo estás?

B. Conversación. Invente Ud. preguntas con los verbos indicados. Otro estudiante contesta.

MODELO   necesitar →   UD.: ¿Necesitas zapatos nuevos?
AMIGO: Sí, necesito zapatos nuevos, pero no tengo dinero.

1. preguntar   3. pronunciar   5. decir   7. hacer   9. tomar
2. preparar   4. trabajar   6. escribir   8. leer   10. venir

CONVERSACIÓN

TEXTO: De compras

Carmela y Marisa, *su* compañera de clase, están en la calle Bolívar. Van a tomar el autobús al centro de la ciudad. Hablan *mientras* cruzan la calle.

her
while

CARMELA: *¿Qué te pasa?* ¿Estás enferma?

What's wrong?

MARISA: No, sólo estoy un poco cansada hoy. Pero siempre me gusta *ir de compras*.

to go shopping

CARMELA: ¿Adónde vamos *primero*?

first

MARISA: Deseo mirar en la Tienda Marbella. Es pequeña, pero elegante. Hoy tienen una venta especial de suéteres, faldas, bolsos y blusas allí.

CARMELA: ¿Por qué no visitamos los Almacenes Ruiz? Son *más grandes* y la ropa es *menos* cara... los precios son muy razonables. Necesito comprar una chaqueta *blanca, pantalones vaqueros* y botas *negras*.

larger ("more large")
less
white / bluejeans
black

MARISA: En Marbella hay zapatos de varios colores. Son muy her-
         mosos. ¡Y los vestidos!

CARMELA: No, no, no. Los vestidos, para otro día. Hoy tengo muy poco
         dinero.

MARISA: ¿Por qué no usas el plan Marbella? Es más fácil pagar *a plazos*.   by installments

CARMELA: ¡Nooo! Es mucho más *difícil*, porque *resulta* más caro.   difficult / it turns out
                                                                                    (to be)

Cultural Notes

1. Clothing is very important in Hispanic life because it is an index of a
   person's social position. In large cities the more popular fashions are
   European in style. Many people are very style conscious even though
   they have only small wardrobes. They may prefer to buy a few
   well-made garments in a fashionable boutique or from a tailor. There
   are, of course, many large department stores that offer ready-to-wear
   items at a wide range of prices.

2. Traditionally, Hispanic students dressed very formally. Years ago, for
   example, young men were expected to wear a suit and tie to classes,
   and even when attending a picnic. However, in recent years dress
   codes have been relaxed considerably. Today many college students
   attend classes in jeans and sandals, much like their North American
   counterparts.

3. In the country and in small towns, one can still occasionally see
   picturesque handmade clothes, particularly in nations with large
   Indian populations such as Bolivia, Ecuador, and Guatemala.

George Holton/Photo Researchers, Inc.

Algunos (*Some*) indios todavía llevan
ropa tradicional hecha a mano (*made by
hand*). Estos (*These*) jóvenes de Písac,
Perú, tienen sombreros muy originales y
ponchos de brillantes colores.

Práctica

A. ¿Sí o no? *Do **not** refer to the **Texto** as you check your comprehension of it; these statements are purposely out of order.*

1. La Tienda Marbella vende ropa muy cara.
2. Carmela no va de compras hoy porque está cansada.
3. Carmela y Marisa hablan mientras cruzan la calle.
4. Los Almacenes Ruiz son muy grandes.
5. Las dos señoritas van al centro en taxi.
6. Carmela necesita comprar una chaqueta blanca, pantalones vaqueros y botas negras.
7. En Marbella hay zapatos de varios colores.
8. Es más barato pagar a plazos.

Can you correct the false statements?

B. Conteste Ud.

1. ¿Qué ropa necesita Ud. comprar?
2. ¿Tiene Ud. una tienda favorita? ¿Cómo se llama? ¿Dónde está?
3. ¿Qué lleva Ud. cuando va a una fiesta? ¿cuando hay un *picnic*?
4. ¿Gasta Ud. mucho o poco en los almacenes de la ciudad?
5. ¿Dónde venden vestidos (trajes) elegantes?
6. ¿Adónde va Ud. cuando desea comprar ropa cara?
7. ¿Viene Ud. a clase con pantalones vaqueros?
8. ¿Cuándo usa Ud. zapatos caros?
9. ¿Usa Ud. sombrero?
10. ¿Dónde venden ropa barata?

C. Ahora Carmela y Marisa están en el centro. Hablan con una dependienta en los Almacenes Ruiz. ¿Qué hacen y dicen las tres personas del dibujo? Invente Ud. oraciones completas y use los verbos indicados.

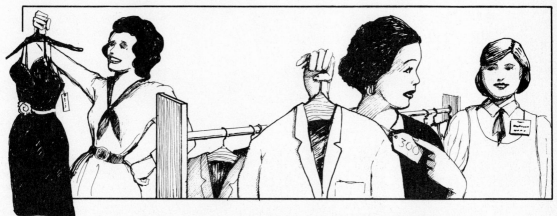

llevar / pagar / mirar / necesitar / tener / discutir

D. Conversación. Invente Ud. preguntas con las palabras indicadas. Otro estudiante contesta.

1. ¿...desea mirar / Carmela / elegantes?
2. ¿Quién / comprar / una chaqueta?
3. ¿...visitar / almacén / buenos precios?
4. ¿Qué / llevar / ahora?
5. ¿Quiénes / tener / venta?

6. ¿Le gusta / ir / centro?
7. ¿Miras / ropa...?
8. ¿Quién / gastar / poco?
9. ¿Por qué / gastar poco?
10. ¿Dónde / zapatos / medias?

Comunicación

A. Situaciones. Ud. desea ir de compras y pregunta a un amigo (una amiga)...

1. Where is there a good, large department store in the city?
2. Where is there a sale today?
3. Do they sell clothes on the installment plan?
4. What stores are expensive?
5. What do you need for the coming school year?
6. What is the price of the blue jacket?

Los trajes más ligeros del verano, desde 6.500 pts.

Libertad total

Flexibles, sueltos, cómodos.

El Corte Inglés

B. Preguntas y respuestas con **ser** y **estar**. *In the answers try to add more information to complete the meaning.*

MODELO   rico, -a → ESTUDIANTE A: ¿Eres rica (rico)?
ESTUDIANTE B: No, no soy rica (rico). Gano poco dinero.

1. triste	4. simpático, -a	7. aburrido, -a	9. feliz
2. cansado, -a	5. contento, -a	8. inteligente	10. alto, -a
3. enfermo, -a	6. listo, -a		

C. El Corte Inglés es un almacén muy popular de Madrid. Conteste Ud. a base del anuncio de la página 78.

1. ¿Qué vende el Corte Inglés, según el anuncio de la página 78?   2. ¿Cómo son los trajes?   3. ¿Cuál es el precio de los trajes en pesetas?   4. ¿Cuántos hombres hay en la foto?   5. ¿Qué ropa llevan?

Vocabulario activo

ADJETIVOS

aburrido, -a bored; boring
alto, -a tall
azul blue
bajo, -a short
blanco, -a white
cansado, -a tired; tiresome
contento, -a happy, satisfied
difícil difficult
enfermo, -a sick
fácil easy
feliz happy, joyful
hermoso, -a beautiful, attractive
joven young
listo, -a smart, clever
negro, -a black
pobre poor
poco, -a little
rico, -a rich
rojo, -a red
triste sad

ADVERBIOS

allí there
ayer yesterday
después afterward; later
entonces then

más more
menos less
poco little, not very; **un ____** a little
primero first
pronto soon
sólo only
tan so

SUSTANTIVOS

el **abrigo** overcoat
la **blusa** blouse
el **bolso** purse
la **bota** boot
el **calcetín** sock
la **camisa** shirt
la **chaqueta** jacket
el **dinero** money
la **falda** skirt
las **medias** stockings
los **pantalones** pants
el **precio** price
la **ropa** clothes, clothing
el **sombrero** hat
el **traje** suit
la **venta** sale
el **vestido** dress
el **zapato** shoe

VERBOS

caminar to walk
cruzar to cross
dar to give
estar to be
ganar to earn
gastar to spend
ir to go
llegar to arrive
llevar to wear; to carry
pagar to pay
ser to be

EXPRESIONES ÚTILES

¿adónde? (¿a dónde?) where to?
¿cómo es? what is (he/she/it) like?
¿cuál? what?, which?
¿cuánto, -a? how much?
dar un paseo to take a walk
de compras shopping; **ir ____** to go shopping
mientras while
que that, who (*relative pronoun*)
si if

LECTURA: Una calle interesante de Buenos Aires

⊠*The purpose of the English commentary that accompanies the* **Lectura** *(reading) is to teach you some techniques and provide suggestions and information to help you learn to read in Spanish: when to guess the meaning of a word; when to compare a word or structure with its English counterpart; words or phrases that you should remember because you've seen them before; the function words have in a sentence. The numbered items in the Spanish text are new words for which translations are given at the end of the* **Lectura**. *Try to guess their meanings before you consult the translations.*⊠

No vivo en la Calle Florida porque° es un centro comercial, pero con frecuencia° doy paseos allí porque siempre me gusta mirar a la gente.[1]

Hombres y mujeres llevan buena ropa porque para ellos es muy importante hacer buena impresión. La ropa expresa el buen° gusto y la posición social de cada[2] persona.

Compro el periódico y leo o discuto con los amigos las noticias del día. A veces° tomo un aperitivo, o voy a° comer en un restaurante no muy caro.

También me gusta mirar la enorme variedad de artículos que venden en las tiendas: cámaras fotográficas, trajes, vestidos, faldas, chaquetas, perfumes, etcétera.

Hay una tienda de especial interés para las señoras. Allí venden zapatos de todos los colores imaginables. ¡Es impresionante!°

En otras tiendas venden objetos artísticos, que son una tremenda tentación. Como° no tengo dinero, miro... pero no compro. En justa° compensación, voy a una cafetería muy grande donde como° pasteles[3] con helado,[4] o tomo una deliciosa taza° de café brasileño. Esto[5] es el máximo de mi «extravagancia».

porque: Never confuse **porque** with the interrogative **¿por qué?**

con frecuencia: Can you guess what it means? In Spanish many adverbial phrases begin with **con**. Can you guess these: **con facilidad, con gusto, con rapidez?**

buen: You know **bueno**. Can you guess the meaning of **buen?**—of **gusto?** What "*good* _____*"* might clothes express?

veces: This is the plural of **vez** (*time*). Can you tell why the **z** of the singular becomes **c** in the plural?

voy a: The **ir** + **a** + *infinitive* construction means *to go to* (do something). What does **voy a comer** mean?

impresionante: This word is quite similar to its English counterpart. Guess its meaning!

Como: This **como** means *as* or *since*.

justa: This is a cognate, but to help you guess its meaning, decide whether it is a verb, noun, or adjective. How do you know?

como: Is this **como** a noun, verb, or other part of speech? How can you tell?

taza: If you examine carefully the context in which this new word is used, you can guess its meaning.

⊠**Reading Hints: (1)** *Always be aware of the grammatical function of words in a sentence. For example:* **como** (adverb) = as, since; **como** (verb) = I eat. **(2)** *Learn all the cognates presented here and try to make them part of your active vocabulary.*⊠

---

[1]people [2]each [3]pastries [4]ice cream [5]This

Robert Rattner/Kay Reese & Associates

La Calle Florida de Buenos Aires es un centro comercial. Tiene muchas tiendas elegantes donde es posible comprar cualquier cosa (*anything*). La gente (*people*) viene aquí para pasear (*to stroll*), charlar con amigos y hacer compras.

Cultural Notes

1. The **paseo** is a popular tradition in the Hispanic world. It is an evening stroll along the main streets or around a park to chat with friends and occasionally to sip a drink at a sidewalk café. This custom is such an integral part of the everyday social life of the community that the sidewalks may be literally jammed with people every evening.

2. The more fashionable streets of a city are the preferred areas for the **paseo.** People from all over the city may get dressed up and go there in order to see and be seen. **La Calle Florida** in **Buenos Aires** is such a street. It is a popular mall, paved with artistic tiles and lined with elegant shops. The people who are seen there expect to be associated with its glamor and social status.

Práctica

A. Conteste Ud.

1. ¿Qué es la Calle Florida?
2. ¿Qué discute el narrador (*narrator*) con los amigos?
3. ¿A qué restaurante va?
4. ¿Qué artículos ve en las tiendas?
5. ¿Qué expresa la ropa?
6. ¿Qué tienda es de especial interés para las señoras?
7. ¿Qué come el narrador?
8. ¿Qué toma él?

B. Exprese Ud. en español.

1. ice cream   2. each   3. frequently   4. impressive   5. pastries   6. good taste

Repaso visual

⊠ *This section always repeats the drawings that accompany the minidialogs in the previous three lessons. Without referring back, invent as many sentences as you can about the actions suggested in each drawing. No specific cues are given, but you might want to keep in mind some of the following questions.* ⊠

Comente Ud.

1. ¿Qué hay en el dibujo?
2. ¿Dónde están los señores?
3. ¿Qué hora es?
4. ¿Son españoles los muchachos?
5. ¿Qué compra la señorita?
6. ¿Cómo son las mujeres?
7. ¿Cuál es el precio de la chaqueta?
8. etcétera

You may want to do this review with a friend. Each of you could invent questions on different drawings to ask each other.

1.

2.

3.

4.

5.

6.

Self-test 1

A. ¿**El** o **la**?

1. clase   2. lápiz   3. papel   4. pantalón   5. ciudad

B. Use Ud. el pronombre que corresponde a cada (*each*) verbo.

1. ____ comes en un restaurante.   3. ____ trabajáis mucho, ¿no?
2. ____ practico en clase.   4. ____ no tenemos libros.

C. Use Ud. la forma correcta del verbo.

1. (venir)   ¿A qué hora ____ yo a la universidad?
2. (discutir)   ¿Con quién ____ nosotros las noticias?
3. (Gastar)   ¿ ____ ellas mucho?
4. (contestar)   En clase Uds. ____ en español.
5. (Ser)   ¿ ____ vosotros ricos?
6. (escribir)   Los dos ____ el ejercicio.
7. (llevar)   Juanita y María ____ vestidos hermosos.
8. (decir)   Cuando entro, ¿qué ____ yo a los alumnos?
9. (gustar)   No me ____ los sombreros.
10. (Ir)   ¿ ____ Uds. a clases?

D. Exprese Ud. en español.

1. 12 − 5 = 7
2. 6 + 9 = 15
3. 8 + 21 = 29

4.

5.

E. Use Ud. la forma correcta de **ser** o **estar.**

1. ¿Por qué _____ Marisa contenta?
2. Su automóvil _____ hermoso.
3. Nosotras _____ cansadas.
4. Ellas _____ doctoras famosas.
5. Tiene un vestido nuevo; _____ feliz.
6. Uds. _____ del Canadá, ¿no?
7. ¿Dónde _____ los Almacenes Ruiz?
8. La fiesta _____ aburrida.
9. No tienen dinero; _____ muy pobres.
10. ¿Cómo _____ los profesores? ¿simpáticos? ¿alegres?

F. Exprese Ud. en español.

1. What is your name?   2. Good-bye! Until tomorrow!   3. Good afternoon, madam.

G. Conteste Ud.

1. ¿Tiene Ud. clases todos los días?
2. ¿Dónde lee Ud. las noticias?
3. ¿Qué hace Ud. en la clase?
4. ¿Le gusta dar un paseo con los amigos?
5. Cuando Ud. invita a un amigo (una amiga) al cine, ¿gasta mucho?

H. Vocabulario. Complete Ud.

1. (*good prices*) Siempre tienen _____ .
2. (*Where*) ¿ _____ vive Ud.?
3. (*difficult*) Las preguntas no son _____ .
4. (*cheap but good*) Compramos dos bolsos _____ .
5. (*Do you teach several classes?*) Señoritas, ¿ _____ ?
6. (*because they are*) No compramos bolsos _____ caros.
7. (*At what time*) ¿ _____ estudia Ud.?
8. (*young and smart*) Tienen una profesora _____ .

Sevilla es la capital de Andalucía, una región muy importante del sur de España. Siempre hace sol (*it's sunny*) en Andalucía. Bueno..., casi (*almost*) siempre. A propósito (*By the way*), ¿tiene Ud. paraguas?

Puerto Vallarta, en la costa occidental de México, ofrece (*offers*) largas playas (*beaches*) con hermosas palmeras y mucho sol.

LECCIÓN CUATRO

Tiempo y fechas

Peter Menzel

Peter Menzel

GRÁFICOS

Meses y estaciones *(Months and Seasons)*

Práctica

Conteste Ud.

1. ¿Qué meses tienen treinta días?
2. ¿Qué meses tienen treinta y un días?
3. ¿Cuáles son los meses de verano? ¿otoño?
4. ¿Cuántos meses hay en un año?
5. ¿Qué mes no es muy largo?

6. ¿Qué estación del año le gusta mucho?
7. ¿En qué meses no lleva Ud. abrigo?
8. ¿En qué meses le gusta dar paseos?
9. ¿En qué meses está Ud. triste?
10. ¿En qué meses no estudia Ud. español?

El calendario: Días de la semana

FEBRERO

LUNES	MARTES	MIÉRCOLES	JUEVES	VIERNES	SÁBADO[1]	DOMINGO
		1	2	3	4	5
6	7	8	9	10	11	12
13	14	15	16	17	18	19
20	21	22	23	24	25	26
27	28					

Memopráctica

You can be a creative learner by inventing your own charts and graphs to relate words. For example, in the presentation of the months and seasons, the drawing resembles a year's clock showing visual relationships among the vocabulary items. Go back to previous lessons and try to organize some groups of words visually.

Práctica

Conteste Ud.

1. ¿Qué día es hoy? ¿mañana?
2. Si hoy es viernes, ¿qué día es mañana?
3. Según el calendario, ¿de qué mes hablamos? ¿Por qué?
4. ¿Cuántos martes hay en este (this) mes?
5. ¿Qué día de la semana le gusta mucho?
6. ¿Qué día no le gusta?
7. ¿En qué días no trabajamos?
8. ¿En qué días de la semana tiene Ud. clases de español?

[1]**Sábado** and **domingo** are made plural by adding **s: los sábados, los domingos.** The other five days of the week have the same form for both singular and plural; only the articles will change (**el → los**). *On* with days of the week is expressed in Spanish by the definite article (never with **en**): **No trabajo el sábado.** (*I don't work on Saturday.*)

Invitación

POLITE COMMANDS

-ar:	mirar		
	miro	¡(no) mire!	*(don't) look!*
-er:	leer		
	leo	¡(no) lea!	*(don't) read!*
-ir:	escribir		
	escribo	¡(no) escriba!	*(don't) write!*
	venir		
	vengo	¡(no) venga!	*(don't) come!*

1. el jefe   **2.** la secretaria   **3.** la fecha

EL JEFE:	¿Qué día de la semana es el 26 de *este* mes?[2]	this
LA SECRETARIA:	*Yo creo* que es el lunes *próximo*... (Mira el calendario.)	I believe / next
	Pues, sí.	Well (Why)
EL JEFE:	¿Verdad? Entonces, mire Ud.... El lunes no lea *ni* escriba	or
	Ud. la correspondencia y venga...	
LA SECRETARIA:	¿Adónde, señor?	
EL JEFE:	...a mi casa. Es una fecha muy importante.	
LA SECRETARIA:	¿Importante? ¿Por qué?	
EL JEFE:	Porque es el *cumpleaños* de mi *esposa* y vamos a tener	birthday / wife
	una fiesta en casa. Va a ser un día muy especial.	
LA SECRETARIA:	¡Ah! Gracias por la invitación. *Acepto* con gusto.	I accept

Práctica

A. Conteste Ud.

1. ¿Qué pregunta el jefe?
2. ¿Qué contesta la secretaria?
3. ¿Por qué es el 26 una fecha importante?
4. ¿Acepta la invitación la secretaria?

---

[2]Except for the first (**primero**) of the month, use cardinal numbers to express dates.
Hoy es el primero (dos, diez, veintidós) de mayo.   *Today is the first (second, tenth, twenty-second) of May.*
Mi cumpleaños es el martes, primero de julio.   *My birthday is Tuesday, the first of July.*

5. ¿Cuándo es el cumpleaños
de Ud.?

6. ¿Le gusta ir a fiestas?

7. ¿Cuál es la fecha de hoy?

8. ¿Siempre acepta Ud. las invitaciones
con gusto?

B. ¿Tiene Ud. buena memoria? *Give affirmative and negative command forms for the following*
verbs.

1. mirar   2. leer   3. escribir   4. venir

Invitación a comer

PRESENT PARTICIPLE

-ar: buscar
buscando   *looking for*[3]

-er: hacer
haciendo   *doing*
llover
lloviendo   *raining*

-ir: admitir
admitiendo   *admitting*

1. el impermeable   **2.** el paraguas

ELIO: ¿Qué estás haciendo?

PABLO: Estoy buscando el impermeable y el paraguas. *Tengo que salir* y   I have to go out
está lloviendo.

ELIO: ¿Por qué no *esperas* un poco más?   you wait

PABLO: *Lo siento,* pero es imposible. *Tengo mucha hambre.*   I'm sorry / I'm very
hungry

ELIO: Hay una solución muy fácil... Comes aquí.

PABLO: Pero...

ELIO: No admito excusas. *¡Y punto!*   Case closed!

---

[3]The preposition *for* is included in the meaning of the Spanish verb **buscar: Busco un cuaderno.** (*I'm looking for*
a notebook.)

Práctica

Conteste Ud.

1. ¿Qué está haciendo Pablo?
2. ¿Por qué necesita el impermeable?
3. ¿Por qué no espera un poco?
4. ¿Qué dice Elio?

5. ¿A qué hora tiene Ud. hambre?
6. ¿Qué hace Ud. cuando tiene hambre?
7. ¿Cuándo usa Ud. paraguas?
8. ¿Qué lleva Ud. cuando está lloviendo?

Palabras fáciles

Adjectives ending in *-ive* in English end in **-ivo** (**-iva**) in Spanish:

ENGLISH	SPANISH
active	activo
passive	pasivo
subjective	subjetivo

Práctica

A. Exprese Ud. en español. *The last two items need an additional change. Can you figure it out from the examples given above?*

    1. festive   2. negative   3. positive   4. relative   5. objective   6. effective

B. Pronuncie Ud.

1. central	3. la excusa	5. la multitud	7. la parte	9. la secretaria
2. enorme	4. el espectáculo	6. el origen	8. religioso	10. la visita

GRAMÁTICA ESENCIAL

17. Polite Commands

Formal (polite) singular commands are formed by taking the first person singular of the present tense, dropping the **-o**, and adding the "opposite" vowel (**e** for **-ar** verbs and **a** for **-er** and **-ir** verbs).

Formal plural commands are formed by adding the opposite vowel plus **-n.** If the command is negative, put **no** before the verb.

hablar	hablø	¡hable Ud.!	¡hablen Uds.!	*speak!*
comer	comø	¡coma Ud.!	¡coman Uds.!	*eat!*
abrir	abrø	¡abra Ud.!	¡abran Uds.!	*open!*
decir	digø	¡diga Ud.!	¡digan Uds.!	*say (tell)!*
hacer	hagø	¡haga Ud.!	¡hagan Uds.!	*do (make)!*
venir	vengø	¡venga Ud.!	¡vengan Uds.!	*come!*

Note that **Ud.** and **Uds.** are generally used with the command forms.

A few irregular verbs do not follow the above pattern; you'll learn them later.

Práctica

A. Complete Ud.

	SINGULAR CON **UD.**	PLURAL CON **UDS.**
1. trabajar	_____	_____
2. escribir	_____	_____
3. discutir	no _____	_____
4. decir	_____	_____
5. vender	_____	no _____
6. venir	_____	_____
7. leer	_____	_____
8. enseñar	no _____	_____
9. tener	_____	no _____
10. gastar	no _____	_____

B. Mandatos. *(Commands.)* Complete Ud. según el modelo.

MODELO El estudiante come en la clase. → No coma Ud. en la clase.

1. El muchacho habla cuando el jefe habla.
   No _____ Ud. cuando el jefe habla.
2. Dos jóvenes charlan en la clase.
   No _____ Uds. en la clase.
3. Un señor trabaja por la noche.
   No _____ Ud. por la noche.
4. Dos señores viejos discuten las malas noticias.
   No _____ Uds. las malas noticias.
5. El señor hace el café primero.
   No _____ Ud. el café primero.
6. Ella dice «buenos días» a Jacques.
   No _____ Ud. «buenos días» a Jacques; él sólo habla francés.

18. Present Participle and Progressive Forms

Present participle is the name given in English to the verb form ending in *-ing*. Its Spanish counterpart has the following endings: **-ando** for **-ar** verbs and **-iendo** for **-er** and **-ir** verbs.[4]

esperar esperando *waiting (for)*   discutir discutiendo *discussing*
aprender aprendiendo *learning*

The present tense in Spanish can also express progressive meaning: **Escribo una carta.** (*I am writing a letter.*) However, to emphasize an action in progress, use a form of **estar** followed by a present participle.

Estoy escribiendo una carta.   *I am writing a letter. (right now)*
Ellos están discutiendo.   *They are arguing (discussing). (at this moment)*
BUT: Ella sale en enero.   *She is leaving in January. (action **not** in progress now)*

Verbs of motion cannot be used in the progressive with **estar.** Use simple tenses instead.

I am going. Voy.   *She is entering.* Ella entra.   *They are coming.* Vienen.

Práctica

A. Cambie Ud. según los modelos.

MODELOS   Hablamos. → Estamos hablando.
          ¿Qué come Ud.? → ¿Qué está comiendo?

1. Vivo en una casa vieja.
2. Converso con María.
3. Él discute con dos muchachos.
4. Enseñamos francés.
5. Esperan en la clase.
6. ¿Qué hace Ud.?
7. Ellos miran el programa.
8. ¿Con quiénes charlan ellas?

B. Conteste Ud. según el modelo.

MODELO   ¿Qué practica Ud.? (los verbos) → Estoy practicando los verbos.

1. ¿Cuándo estudian los muchachos? (ahora)
2. ¿Qué aprenden Uds. ahora? (los verbos irregulares)
3. ¿Dónde trabaja Ud. ahora? (en la biblioteca)
4. ¿Dónde pasan ellos la tarde? (en el bar)
5. ¿Ganas mucho o poco ahora? (muy poco)

C. Oraciones y mandatos. *Following the cues given, a classmate will invent a sentence that contains a present participle. Respond to the statement with an appropriate command* (**Ud.** *or* **Uds.***).*

---

[4]Some present participles are irregular: **creer** → **creyendo, leer** → **leyendo, decir** → **diciendo, venir** → **viniendo, ir** → **yendo.**

MODELO   estudiantes / hablar → AMIGO: Dos estudiantes están hablando en la clase.
UD.: No hablen Uds. en la clase.

1. amiga / comprar
2. compañeros / discutir
3. yo / no aprender
4. las señoritas / leer

5. el profesor (la profesora) / pronunciar
6. nosotros / no trabajar
7. el dependiente / vender
8. tres amigos / tomar

19. Demonstrative Adjectives

	MASCULINE	FEMININE
this *these*	este estos	esta estas
that *those*	ese esos	esa esas
that *those*	aquel aquellos	aquella aquellas

Esta falda es muy barata.
This skirt (near the speaker) is very cheap.

Ese muchacho trabaja en el almacén.
That boy (near the person spoken to) works in the department store.

Voy a comprar aquella chaqueta.
I am going to buy that jacket (distant from both persons).

Práctica

A. Complete Ud.

¿Este, esta, estos o estas?

1. Yo vengo mucho a _____ restaurante.
2. ¿Qué desea _____ cliente?
3. Ellos esperan _____ autobús.
4. El señor Juárez vive en _____ ciudad.
5. Yo no estudio en la biblioteca mucho _____ días.

¿Ese, esa, esos o esas?

1. conversaciones   2. edificios   3. café   4. paraguas   5. almacenes

¿Aquel, aquella, aquellos o aquellas?

1. relojes   2. cuadro   3. mujeres   4. hombre   5. medias

B. Un juego (*game*). *A scavenger hunt: With a classmate suggest cues for each other to use to construct sentences with demonstrative adjectives. Review the articles included in the hunt, notice the location of each article, and read the models carefully before beginning.*

STUDENT A

1. pen	4. raincoat
2. shoes	5. stockings
3. painting	6. drawing

ITEMS DISTANT FROM
BOTH SPEAKERS

1. suit	6. letter
2. socks	7. gifts
3. shirt	8. hat
4. newspaper	9. jacket
5. books	10. chairs

STUDENT B

1. blackboard	4. map
2. watch	5. boots
3. cameras	6. table

MODELO   ESTUDIANTE A: pen / suit / boots
            ESTUDIANTE B: Yo busco **ese** bolígrafo, **aquel** traje y **estas** botas.
                  ⊠ *(***Bolígrafo*** is near the person spoken to, ***traje*** is distant from both speakers, and ***botas*** are near the speaker.)* ⊠

MODELO   ESTUDIANTE B: raincoat / newspaper / shirt
            ESTUDIANTE A: Yo busco **este** impermeable, **aquel** periódico y **aquella** camisa.
                  ⊠ *(***Impermeable*** is near the speaker, and both ***periódico*** and ***camisa*** are distant from both speakers.)* ⊠

1. ESTUDIANTE A: painting / watch / table   3. ESTUDIANTE A: map / stockings / chairs
2. ESTUDIANTE B: books / hat / drawing   4. ESTUDIANTE B: jacket / pen / gifts

Now select your own cues.

20. Demonstrative Pronouns

A demonstrative pronoun, like other pronouns, takes the place of a noun. Compare these sentences, noting the written accent on the pronouns.

DEMONSTRATIVE ADJECTIVE	DEMONSTRATIVE PRONOUN
Este traje es caro.	**Éste** es caro.
This suit is expensive.	*This one is expensive.*

The demonstrative pronoun agrees with the understood noun in number and gender.

ese vestido → ése *(masculine singular)*
aquellas clientas → aquéllas *(feminine plural)*

The neuter demonstrative pronouns **esto, eso,** and **aquello** refer to an idea or a concept whose gender is unknown. They carry no written accent.

No me gusta eso.   *I don't like that (matter).*

Práctica

A. Cambie Ud. según el modelo.

MODELO   Esta blusa es de Carolina. → Ésta es de Carolina.

1. Estos pantalones son muy caros.   3. Aquellas casas son grandes.
2. Estos trajes son de Jorge.   4. Esas camisas son de los Almacenes Ruiz.

MODELO   Este bolso es caro, pero _____ es barato. →
         Este bolso es caro, pero ése es barato.

1. Estos regalos me gustan, pero _____ , no.
2. Estos jóvenes compran mucho, pero _____ sólo miran.
3. Estas faldas son muy modernas, pero _____ , no.
4. Este vestido no es elegante, pero _____ , sí.

B. Exprese Ud. en español.

1. This is interesting.   6. this summer
2. What is that?   7. those bosses
3. Aren't you learning this?   8. those dates
4. I don't like this.   9. this evening (night)
5. that umbrella   10. these raincoats

21. Shortened Adjectives

The adjectives **bueno** and **malo** may precede or follow the noun. If they follow a noun, they mean *good* and *bad* in a moral sense. However, if they precede a noun, their moral connotation is softened somewhat. If they precede a masculine singular noun, they drop the final **-o.** This shortening does not take place with the feminine form.

un hombre malo (bueno)	*an evil (good) man*
una(s) amiga(s) buena(s)	*a (several) good friend(s)*

un mal (buen) hombre	*a bad (fine) man*
una(s) buena(s) amiga(s)	*a (several) fine friend(s)*

Grande, which means *large* when following a noun, is shortened to **gran** when it precedes a noun; it then means *great* or *famous.*

Vivo en una casa grande.	*I live in a big house.*
Es una gran profesora.	*She is a great (famous) teacher.*

Práctica

Use Ud. la forma correcta de los adjetivos indicados.

1. (malo)   a. Tengo dos alumnos _____ .
            b. No es un _____ muchacho.
2. (grande) a. Es una puerta muy _____ .
            b. Es un _____ hombre.
3. (bueno) a. Rosa hace un _____ café.
            b. Ella es una _____ profesora.
4. (malo)   a. Tenemos noticias _____ .
            b. Creo que Juan va a escribir un _____ examen.
5. (bueno) a. Tienen un _____ cine.
            b. Es un compañero muy _____ .

22. Idioms with *tener*

Several idioms with **tener** refer to sensations of the body.

tener calor   *to be hot*
  Tengo calor.   *I am hot.*

tener frío   *to be cold*
  ¿Tienes frío?   *Are you cold?*

tener hambre   *to be hungry*
  Ahora tenemos hambre.   *We are hungry now.*

tener sed   *to be thirsty*
  Tienen mucha[5] sed.   *They are very thirsty.*

tener sueño   *to be sleepy*
  Tiene sueño.   *He is sleepy.*

  Other idioms with **tener** include the following.

tener _____ años   *to be _____ years old*
  ¿Cuántos años tiene Ud.?   *How old are you?*
  Tengo veinte y tres.   *I am twenty-three.*

tener que   *to have to*
  Yo tengo que hacer eso.   *I have to do that.*

tener razón, no tener razón   *to be right, to be wrong*
  Uds. tienen razón.   *You are right.*
  Pues, no tenemos razón.   *Well, we're wrong.*

---

[5]All idioms with **tener** contain nouns. Spanish speakers literally say, for example, *I have thirst.* Therefore, if they wish to intensify the idiom, they must use the adjective **mucho, -a.**

Práctica

A. Complete Ud. con un modismo (*idiom*) con **tener.**

1. Si no uso ropa de invierno en diciembre en Alaska, _____ .
2. En verano nosotros _____ .
3. Ella come mucho cuando _____ .
4. Yo no deseo comer porque _____ .
5. Siempre tomamos Coca Cola cuando _____ .
6. Son las once de la noche y nosotros _____ .

B. Conteste Ud.

1. ¿Cuántos años tienes tú?
2. ¿Qué tenemos que hacer cuando hay un examen?
3. Cuando Ud. discute con el profesor, ¿tiene él siempre razón?
4. ¿Qué tiene Ud. que aprender en esta lección?
5. ¿Tienes sueño en la clase de español?
6. ¿Por qué llevas abrigo en invierno?

23. Idioms with *hacer*

The following **hacer** idioms describe the weather.

hacer calor   *to be hot*
En verano hace calor aquí.   *In summer it is hot here.*

hacer fresco   *to be cool*
En otoño hace fresco.   *In fall it is cool.*

hacer frío   *to be cold*
En invierno hace mucho frío.   *In winter it is very cold.*

hacer sol   *to be sunny*
Hoy hace mucho sol.   *Today is a very sunny day.*

hacer viento   *to be windy*
En primavera hace viento.   *In spring it is windy.*

hacer _____ tiempo   *to be _____ weather*
¿Qué tiempo hace allí?   *What's the weather like there?*
Hace (muy) buen (mal) tiempo.   *The weather is (very) good (bad).*

Note that most of these idioms can also be used with **mucho, -a.**

Práctica

A. Conteste Ud.

1. ¿Qué tiempo hace hoy?
2. ¿Dónde hace sol casi (*almost*) siempre?
3. ¿En qué estados del país hace frío en invierno?
4. ¿Qué ciudad es famosa por el viento que hace allí?
5. ¿Le gusta si hace mucho calor o mucho frío?
6. ¿Cuándo hace fresco en Colorado? ¿en la Florida?
7. ¿Lleva Ud. abrigo en invierno? ¿Por qué?
8. ¿En qué meses hace fresco generalmente?

B. Invente Ud. oraciones originales, usando modismos con **hacer** y **tener.**

1. calor	3. hambre	5. razón	7. buen tiempo
2. frío	4. sed	6. fresco	8. sueño

En Pamplona, España, los toros corren libres por la calle en dirección de la plaza de toros. Una enorme multitud de jóvenes acompaña a los toros por la calle. Naturalmente a esa hora las tiendas están cerradas.

M. J. Dain/Magnum

Repaso

¿**Ser** o **estar**?

1. Anselmo es un buen amigo; ____ muy simpático.
2. Rosita es una persona alegre, pero hoy ____ triste.
3. Él da muy poco dinero a los pobres. ¿Por qué no ____ más generoso?
4. Antonio y yo tenemos poco dinero; ____ pobres.
5. La vida (*life*) de ese estudiante ____ diferente.
6. La señora de Ramírez siempre habla con todos. ____ una persona feliz.
7. La profesora contesta a todas las preguntas de la clase; ____ amable.
8. Ellos no ____ contentos hoy porque hace mucho frío.
9. Las clases ____ muy largas.
10. Yo creo que todos los muchachos y muchachas ____ hermosos.

CONVERSACIÓN

TEXTO: La fiesta de San Fermín

«Uno[6] de enero, dos de febrero,
tres de marzo, cuatro de abril,
cinco de mayo, seis de junio,
siete de julio, San Fermín... »

Estos versos son parte de una *canción* tradicional que celebra el *comienzo* de la famosa fiesta de San Fermín, entre el 7 y el 17 de julio en Pamplona, España. *Durante* estos diez días de gran *alegría*, todos *cantan*, *bailan* y toman mucho vino con amigas, *novias*, esposas y... *solos*.

    Todas las mañanas, a las siete en punto, seis toros *corren libres* por una calle en dirección de la *plaza de toros,* que está al otro *lado* de la ciudad. Una enorme multitud de jóvenes *acompaña* a los toros por la calle. Naturalmente a esa hora las tiendas están *cerradas*.

    Esta mañana estoy mirando el espectáculo en la plaza central. Un hombre pasa por la plaza y *grita* alegremente:

—¡*Viva* San Fermín! ¡Viva! No crea Ud. que esto es... efecto del vino. ¡No! Estoy bien,... pero muy bien. ¡Viva yooo!

    Dicen que la fiesta de San Fermín tiene orígenes religiosos, pero ahora es principalmente una explosión de vitalidad personal.

song
beginning
During / happiness / sing
dance / girlfriends / alone
run free
bullring / side
accompanies
closed

shouts
Hooray for (Long live)

---

[6]The rhythm of this song requires the use of **uno** in the first line, rather than the more usual **primero.**

Cultural Notes

1. San Fermín is the patron saint of Pamplona, a city located not far from the Pyrenees Mountains in northeastern Spain. The festival, held annually in San Fermín's honor, was first popularized for English readers in Ernest Hemingway's novel *The Sun Also Rises*.

2. The running of the bulls through the streets of Pamplona, in front of boarded-up shops and just beneath balconies crowded with anxious spectators, is a dramatic way to move the bulls from the holding pens to the bullring for the bullfight that is the culmination of the festive activities each day.

3. **Fiestas** are traditionally an important aspect of life in Spain's towns and villages. Everyone eagerly anticipates this joyous break from the hard work and tedium of everyday life. Most festivals have their origins in religious celebrations: Christmas, Easter, All Saints' Day, and days set aside to honor individual saints. Every city and town generally has its own **fiesta**, lasting from one or two days to as many as ten. Few rival Pamplona's in terms of the entire public's daily participation.

Práctica

A. Reconstrucción del **Texto.**

MODELO   señor / decir / ¡Viva! → Un señor viejo dice «¡Viva yo!».

1. canción / celebrar / fiesta
2. fiesta / diez días / alegría
3. cantar / bailar / tomar
4. todos los días / toros / correr
5. plaza / estar / lado
6. multitud / jóvenes / acompañar
7. hora / tiendas / cerradas
8. estoy mirando / espectáculo / plaza central
9. hombre / pasar / ¡Vivaaa... !
10. San Fermín / orígenes / explosión

Now try to reconstruct several paragraphs, using only a minimal number of cues.

Paragraph 1: celebrar / cantar / bailar   Paragraph 3: orígenes / espectáculo / ¡viva!
Paragraph 2: toros / plaza / multitud

B. Conteste Ud. *These questions are purposely out of order to test your comprehension of the* **Texto.** *Try to formulate answers as quickly as possible. You may have to go over them several times.*

1. ¿Qué ciudad celebra esta fiesta?
2. ¿Qué personas corren por las calles? ¿Por qué?
3. ¿Qué dice el hombre alegre que pasa por la plaza central?
4. ¿Dónde está la plaza de toros?
5. ¿Entran los toros en las tiendas?
6. ¿Qué hacen todos durante la fiesta?
7. ¿Cuál es la fecha de la Fiesta de San Fermín?

8. ¿Es una fiesta religiosa?

9. ¿Es San Fermín una fiesta de un día?

10. ¿Cuáles son los diferentes meses que presenta la canción?

C. ¿Qué hacen Uds. en la Fiesta de San Fermín? *Imagine that you and your friends are participating in the Pamplona festival. Invent your own cues if you wish. Use present progressives when appropriate.*

MODELO   escuchar / canción →
        Estoy (Estamos) escuchando todas las canciones tradicionales de la ciudad.

1. celebrar / julio
2. bailar / amigos (amigas)
3. mirar / toros

4. correr / con otros
5. acompañar / plaza de toros
6. pasar por / un bar

7. creer / explosión
8. aprender / alegría

Comunicación

A. Una semana típica. *Tell what you or a friend does in a typical week. Use the infinitives given to describe different activities.*

lunes	martes	miércoles	jueves	viernes	sábado	domingo
preparar	buscar	creer	esperar	trabajar	gastar	ir a
aprender	leer	hacer	comer	llegar	pagar	venir

B. Planes personales. *With a classmate discuss your personal plans in relation to the following periods of time. Your friend will make a comment on what you say.*

MODELO   ¿en invierno?
        UD.: Este invierno voy a visitar a un amigo en California. Tiene una casa muy grande.
        AMIGO: Tú y yo somos buenos amigos. Deseo ir también.

1. ¿en setiembre?
2. ¿en diciembre?

3. ¿en verano?
4. ¿el domingo?

5. ¿en primavera?
6. ¿en la semana de exámenes?

C. Problemas. *A classmate states a problem and you tell him or her what to do to solve it. (This is not a translation drill, so don't limit yourselves to just the words given. Your conversation will be somewhat formal since so far you know only the **Ud./Uds.** commands.)*

MODELO   I'm cold. / Wear this coat. →   AMIGO: Tengo mucho frío.
                                  UD: Lleve Ud. este abrigo. Yo tengo calor.

1. It's raining. / Take this raincoat.
2. I'm very hungry. / Eat that sandwich.
3. I have to go now. / No, wait a little while yet.

4. You're having a party at home? / Yes, do you want to come? Don't write any more letters.
5. I don't have to study today. / Then don't study.

D. Teatro. *With a classmate present one of the minidialogs (p. 88 or p. 89) to the class. Try to change it a little.*

Vocabulario activo

ADJETIVOS

buen (shortened form of **bueno**) good
gran (shortened form of **grande**) great, famous
mal (shortened form of **malo**) bad
próximo, -a next
solo, -a alone

LAS ESTACIONES

el **invierno** winter
el **otoño** fall
la **primavera** spring
el **verano** summer

SUSTANTIVOS

el **año** year
la **canción** song
el **cumpleaños** birthday
el **esposo** / la **esposa** husband / wife
la **fecha** date
el **gusto** pleasure
el **impermeable** raincoat

el **jefe** / la **jefa** boss
el **lado** side
el **mes** month
el **novio** / la **novia** boyfriend / girl friend
el **paraguas** umbrella

VERBOS

acompañar to accompany
aprender to learn
bailar to dance
buscar to look for
cantar to sing
celebrar to celebrate
correr to run
creer to believe, think
esperar to wait (for)

EXPRESIONES ÚTILES

durante during
entre between, among
hacer (buen [mal]) **tiempo** to be (good [bad]) weather
_____ **calor** to be hot

_____ **fresco** to be cool
_____ **frío** to be cold
_____ **sol** to be sunny
_____ **viento** to be windy
llover: está lloviendo it's raining
por (in exchange) for; through, along
pues well, why
tener... años to be . . . years old
_____ **calor** to be hot
_____ **frío** to be cold
_____ **hambre** to be hungry
_____ **razón** to be right; **no** _____ **razón** to be wrong
_____ **sed** to be thirsty
_____ **sueño** to be sleepy
tener que + *infinitive* to have to (do something)
¿Qué tiempo hace hoy? What's the weather like today?
¿verdad? really?, right?

DEMOSTRATIVOS: **este, esta, estos, estas; ese, esa, esos, esas; aquel, aquella, aquellos, aquellas**

DÍAS DE LA SEMANA: **lunes, martes, miércoles, jueves, viernes, sábado, domingo**

MESES DEL AÑO: **enero, febrero, marzo, abril, mayo, junio, julio, agosto, se(p)tiembre, octubre, noviembre, diciembre**

Para muchos hispanos, la familia es «lo primero». Esta familia grande está en el Parque de Chapultepéc, de la Ciudad de México. La abuela charla con sus hijos y los nietos comen entre los árboles del parque.
No todas las familias hispanas son grandes. Esta madre y su hija son de Mexicali, México.

La familia

Paul Fusco/Magnum

Peter Menzel

GRÁFICOS

Parientes[1] de tres generaciones

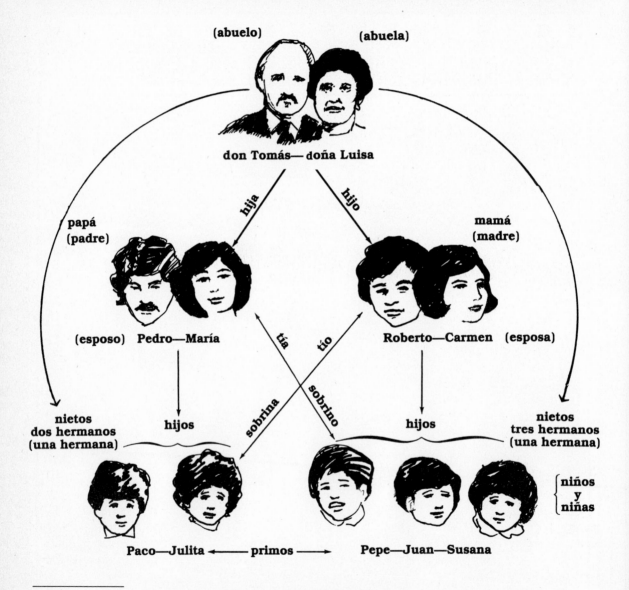

(abuelo)   (abuela)

don Tomás— doña Luisa

hija   hijo

papá   mamá
(padre)   (madre)

(esposo) Pedro—María   tía   tío   Roberto—Carmen (esposa)

nietos   nietos
dos hermanos   sobrina   sobrino   tres hermanos
(una hermana)   hijos   hijos   (una hermana)

Paco—Julita ◄——— primos ———► Pepe—Juan—Susana

niños
y
niñas

---

[1]**Parientes** is a false cognate. It means *relatives*, not *parents*. *Parents* is expressed in Spanish as **padres.**

Práctica

A. Estudie Ud. el dibujo y conteste las preguntas.

 1. ¿Cómo se llama el abuelo de Paco y Julita?
 2. ¿Quién es la esposa de don Tomás?
 3. ¿Cuántos sobrinos tienen Pedro y María?
 4. ¿Cómo se llama la prima de Paco y Julita?
 5. ¿Cuántos hermanos tiene Susana?
 6. ¿Quiénes son los tíos de Paco y Julita?
 7. ¿Cuántos nietos hay en la familia?
 8. ¿Qué familia tiene más hijos?
 9. ¿Cuántas generaciones hay en el dibujo?
10. ¿Hay más mujeres o más hombres en la familia?

B. Complete Ud. usando adjetivos.

MODELO   El tío _____ . → El tío Juan es muy amable.

 1. Los abuelos _____ .   4. Pedro y María _____ .
 2. Los padres de María _____ .   5. Doña Luisa _____ .
 3. La familia _____ .

C. Conteste Ud.

 1. ¿Cuántas hermanas tienes?
 2. ¿Cómo se llaman? (Mis hermanas...)
 3. ¿Cuántos primos tienes?
 4. ¿Tienes parientes famosos?
 5. ¿Cómo es tu (*your*) abuela (abuelo)? (Mi abuela...)
 6. ¿Dónde vive ella (él)?
 7. ¿Hay muchos nietos en tu familia? (En mi familia...)
 8. ¿Son niños o niñas?
 9. ¿Cómo es tu padre (madre)? (Mi padre...)

Memopráctica

In order to relate the learning of Spanish to your everyday living, try to think of the appropriate Spanish vocabulary when you are walking down the street, visiting a store, having coffee in a restaurant, and so on. You can even practice the new words mentally by placing yourself in imaginary scenes. For example, imagine that you are **don Tomás** or **doña Luisa** and describe your family.

Un padre joven

PRESENT TENSE	
conozco	*I know, am acquainted with*
conoces	*you know*
sé	*I know (a fact)*
sabes	*you know (a fact)*
veo	*I see*
ves	*you see*

1. la farmacia
2. la frutería
3. la muñeca
4. el sombrero de vaquero
5. la ventana (*window*)

LORENA: ¿Conoces a² ese joven? Es *mi* primo Ramón.

ELENA: No, no conozco a *tu* primo. ¿Es *soltero*?

LORENA: No, no. Es *casado*, ¿sabes?, y tiene una niña muy *bonita* y un niño que *ya* va a la *escuela*. *Por eso lo* ves en estas tiendas los sábados.

ELENA: ¡Es un papá muy joven y responsable!, ¿verdad?

my
your / bachelor
married (a married man) / pretty
already / school / For that reason / him

Práctica

A. ¿Adónde va el papá y por qué?

1. Un niño dice: «¡Fruta, fruta!» Por eso el papá va _____ .
2. La niña está ahora enferma. El papá tiene que ir _____ .
3. El niño desea un regalo. El papá compra _____ .
4. El papá también compra un regalo para la niña. Compra _____ .

---

²Do not translate this "personal **a**"; it indicates that a person is the direct object of the verb. The construction will be explained in detail in **Gramática esencial 25.**

B. Imagine que Ud. es Elena y tiene que contestar las preguntas de Lorena.

1. ¿Conoces a ese joven?
2. ¿Sabes si Ramón es casado o soltero?
3. ¿Conoces tú estas tiendas?
4. ¿Qué ves en la ventana de la tienda para niños?
5. ¿Sabes cuántos hijos tiene Ramón?

Visita de los parientes

	PRESENT TENSE
salgo	*I leave, go out*
sales	*you leave, go out*
pongo	*I put*
pones	*you put*
traigo	*I bring*
traes	*you bring*
oigo	*I hear*
oyes	*you hear*

1. el mantel   **2.** las flores   **3.** los platos   **4.** el vaso   **5.** la botella

LUIS: En verano mis parientes vienen *a casa* con frecuencia. Entonces   to our house
no salgo con los amigos.

OLGA: ¿Por qué no?

LUIS: Porque todos trabajamos *en casa:* mis padres, mis hermanos y yo.   at home
Cada día, por ejemplo, mientras mi hermana *mayor* pone el man-   Every (Each) / older
tel nuevo y los platos, Juanita, mi hermana *menor*, trae flores a la   younger
mesa.

OLGA: ¿Y tú?

LUIS: Yo tengo que acompañar a mi tía Mercedes, que no oye bien.

OLGA: Y... ¿cómo conversas con ella si no oye?

LUIS: ¡A gritos!   By shouting!

Práctica

A. Conteste Ud.

1. ¿Cuándo no sale Luis con los amigos?
2. ¿Quiénes vienen a casa entonces?
3. ¿Qué hacen el padre y los hermanos en la casa?
4. ¿Y qué hace Luis?
5. ¿A quién[3] (*whom*) tiene que acompañar? ¿Por qué?

6. ¿Tienes hermanas mayores? ¿menores?
7. ¿Sales de casa cuando vienen parientes?
8. ¿Dónde pones el mantel?
9. ¿Qué traes a la mesa?
10. ¿Oyes siempre bien?

B. ¿Qué palabra no forma un grupo lógico con las otras dos?

1. hija / mantel / sobrina
2. soltero / casado / escuela
3. flores / vasos / platos
4. pariente / casa / tienda
5. nieto / oye / hijo
6. bonito / menor / mayor
7. esposa / papá / padre
8. tío / primo / botella

C. Complete Ud.

1. ¿Qué traes a la mesa?

    a. ____ b. ____ c. ____ d. ____

2. ¿Quiénes están en el dibujo de la página 107?

    a. ____ b. ____ c. ____ d. ____

3. El papá va a tres tiendas:

    a. ____ b. ____ c. ____

Palabras fáciles

Many words ending in *-ure* in English end in **-ura** in Spanish.

ENGLISH	SPANISH
adventure	aventura
agriculture	agricultura
architecture	arquitectura

---

[3]Always use the personal **a** before **quien** when it is a direct object. Compare:

¿Quién viene?   *Who (subject) is coming?*
¿A quién llamas?   *Whom (direct object) are you calling?*

Práctica

A. Exprese Ud. en español.

   1. literature   2. caricature   3. figure   4. temperature   5. culture   6. posture

B. Pronuncie Ud.

   1. contrario   3. la familia   5. el número   7. el monólogo
   2. el grupo   4. la generación   6. el presente   8. los verbos

GRAMÁTICA ESENCIAL

24. Irregular Present Tense of *conocer, saber, oír, poner, salir, traer, ver*

In the **Gráficos** section of this lesson, you learned two forms of seven irregular verbs. Six are irregular only in the first person singular. Now learn the complete conjugations.

conocer: conozco, conoces, conoce, conocemos, conocéis, conocen
saber: **sé,** sabes, sabe, sabemos, sabéis, saben

Conocer means *to know* in the sense of being acquainted or familiar with a person, a city, and so on. **Saber** means *to know* a fact, *to know* how to do something (**sé leer** = *I know how to read*), or *to know* something by heart.

oír: **oigo, oyes, oye,** oímos, oís, **oyen**
poner: **pongo,** pones, pone, ponemos, ponéis, ponen
salir: **salgo,** sales, sale, salimos, salís, salen
traer: **traigo,** traes, trae, traemos, traéis, traen
ver: **veo,** ves, ve, vemos, veis, ven

In addition to the **g** in the **yo** form, **oír** has another change: the **i** of the present tense endings changes to **y** in three of the six persons of the conjugation. This change always occurs when **i** comes between two vowels. For this reason, the present participles of **oír** and **traer** are **oyendo** and **trayendo,** respectively, like **creer** (**creyendo**) and **leer** (**leyendo**).

Práctica

A. Cambie Ud. según el modelo.

   MODELO   Él viene a la una. (Yo / Nosotros) → (Yo) Vengo a la una.
                                         (Nosotros) Venimos a la una.

1. Ud. sabe que la niña está enferma. (Él / Yo / Nosotros)
2. Él da dinero a la universidad. (Nosotros / Vosotros / Yo)
3. Ella pone el mantel aquí. (Las señoras / Nosotros / Yo)
4. Él ve a los muchachos los viernes. (Mis hijos / Yo / Elena)
5. (Nosotros) Salimos a las nueve en punto. (Yo / Tú / Ellas)
6. Ella no oye bien ahora. (Yo / Nosotros / Ellas)
7. Él trae un regalo para los nietos. (Yo / Ud. / Tú)
8. (Yo) No conozco la calle Florida. (Nosotros / Tú / Uds.)

B. Conteste Ud.

1. ¿Conoce Ud. un almacén grande?
2. ¿Trae Ud. un sándwich a la universidad?
3. ¿Qué ve Ud. en la biblioteca?
4. ¿Sabe Ud. cómo se llama el profesor (la profesora)?
5. ¿Va Ud. con frecuencia a una cafetería para tomar café con los amigos?
6. ¿Con quién sale Ud. cuando va al cine?
7. ¿Qué regalos damos a los niños?
8. ¿Pone Ud. mucho dinero en el banco?
9. ¿Oye Ud. siempre bien?
10. ¿Qué hace Ud. hoy a las tres?

25. Uses of the Preposition *a*

The preposition **a** is used in the following ways.

1. Before direct objects that refer to specific persons.

> Llaman a los abuelos.   *They call the grandparents.*
> Conocen a la hija de don Tomás.   *They know don Tomás's daughter.*
> BUT: No conozco la capital de Costa Rica.   *I don't know (am not familiar with) the capital of Costa Rica.*

The personal **a** is not generally used with **tener.**

> Tengo tres hijos.   *I have three sons.*

2. Certain verbs always take **a** when followed by an infinitive: **aprender, enseñar, invitar,** and verbs of motion like **ir, venir,** and **salir.**

> Ella aprende a hablar bien el español.   *She is learning to speak Spanish well.*
> Él no enseña a la clase a cantar porque   *He doesn't teach the class to sing, because*
>   no sabe cantar.   *he doesn't know how to sing.*
> Ellos van a estudiar ahora.   *They are going to study now.*

3. The phrase **vamos a** + *infinitive* means *Let's* or *We're going to* (do something).

> Vamos a comer ahora.   *Let's eat now. (We're going to eat now.)*

Práctica ✗ guy

¿Necesitamos la preposición **a** o no?

1. Siempre van __a__ la cafetería a la una.
2. Conozco __a__ Roberto Domínguez.
3. Deseamos _____ comprar otra ropa.
4. Visito __a__ los padres de Víctor en otoño.
5. Oigo __a__ los niños en el patio.

6. Vamos __a__ charlar con la señora García.
7. Leen _____ dos periódicos los domingos.
8. Ellos no conocen __a__ mis tíos.
9. Estoy aprendiendo __a__ bailar en la escuela.
10. ¿Quién invita __a__ los alumnos __a__ comer?

26. More on Polite Commands

You have already studied four irregular polite commands in Section 17: **diga Ud., haga Ud., tenga Ud.,** and **venga Ud.** The polite commands for **oír, poner, salir, traer,** and **ver** are also formed from the first person singular of the present tense: **oigo → oiga Ud., oigan Uds.; pongo → ponga Ud., pongan Uds.; salgo → salga Ud., salgan Uds.; traigo → traiga Ud., traigan Uds.; veo → vea Ud., vean Uds.** The following three verbs do not follow the same rule; their command forms must be memorized.

dar	¡dé Ud.!	¡den Uds.!	give!
ir	¡vaya Ud.!	¡vayan Uds.!	go!
ser	¡sea Ud.!	¡sean Uds.!	be!

✗ don't need to know

   Some commands have a spelling change in the command form to maintain the sound of the infinitive.[4]

c → qu	buscar	¡busque Ud.!	¡busquen Uds.!	*look!*
g → gu	llegar	¡llegue Ud.!	¡lleguen Uds.!	*arrive!*
z → c	cruzar	¡cruce Ud.!	¡crucen Uds.!	*cross!*

Práctica

A. Conteste Ud. según los modelos.

MODELOS   Deseo leer las noticias. → Pues, lea Ud. las noticias.
No deseamos contestar la carta. → Pues, no contesten Uds. la carta.

1. No deseamos cruzar esta calle.
2. Deseo ser actor.
3. Deseamos charlar con ella.
4. Deseamos ir en auto.

---

[4]The command forms of **conocer** (**conozca**) and **saber** (**sepa**) are also irregular. Their use will not be stressed in **Motivos de conversación.**

5. Deseamos decir adiós a todos.   8. Deseo buscar un nuevo apartamento.
6. Deseo traer a la tía Amalia.   9. Deseamos venir con los primos.
7. Deseo dar un paseo.   10. Deseo salir a la calle.

B. Cambie Ud. según los modelos.

MODELO   ESTUDIANTE A: ¿Vamos a comer ahora?
         ESTUDIANTE B: Coman Uds. ahora. Yo voy a comer después.

A   B
1. ¿Qué vamos a oír ahora?   _____ Uds. las noticias ahora. Yo
   Oigan Uds.   _____ otro programa después.
2. ¿Vamos a cruzar la calle?   _____ Uds. la calle con los niños. Yo
   Crucen Uds.   _____ después con los abuelos.
3. ¿Vamos más temprano?   _____ Ud. temprano. Yo tengo que
   Vayan Uds.   _____ más tarde.
4. ¿Vamos a traer flores? *Traiga Ud.*   _____ Ud. flores. Yo _____ otro regalo.
5. ¿Vamos a salir ahora? *Salgan Uds.*   _____ Uds. ahora. Yo _____ un poco después.

MODELO   ¿cuándo / ir / centro? → ESTUDIANTE A: ¿Cuándo vamos al centro?
                                   ESTUDIANTE B: No sé. Vayan Uds. ahora y yo voy
                                                 después de comer (*after eating*).

A   B
1. ¿qué / regalo / comprar?   mantel / muñeca
2. ¿dónde / buscar / sombrero?   Almacén Ruiz / tienda para niños
3. ¿cuándo / salir de / casa?   esta tarde / esta noche
4. ¿qué / poner / mesa?   botella / vasos
5. ¿a quiénes / ver / su casa?   abuelos / primos

27. Possessive Adjectives

mi, mis	*my*	nuestro, -a, -os, -as	*our*
tu, tus	*your (fam., sing.)*	vuestro, -a, -os, -as	*your*
su, sus	*his, her, your, its*	su, sus	*their, your (pl.)*

Possessive adjectives precede the noun they modify and agree with the thing possessed, not with the possessor.

Mi padre es de Montevideo.   *My father is from Montevideo.*
Tus niñas son bonitas.   *Your (little) girls are pretty.*
Nuestra hermana es Julieta.   *Our sister is Julieta.*
Sus parientes son simpáticos.   *Your (His, Her, Their) relatives are nice.*

Su and **sus** have more than one meaning. In order to clarify who the possessor is, you may use the following constructions.

su amigo = el amigo de él (de ella, de Ud., de ellos, de ellas, de Uds.)
sus amigas = las amigas de él (de ella, de Ud., de ellos, de ellas, de Uds.)

Práctica

A. Complete Ud. según el modelo y exprese en inglés.

> MODELO   (su)   Elena conversa con _____ hermanas. →
> Elena conversa con sus hermanas.
> *Elena chats with her sisters.*

1. (su)   Nicolás charla con _Sus_ amigos.
2. (su)   ¿Conoce Ud. a _Su_ hijo?
3. (Nuestro) _nuestra_ ciudad es hermosa.
4. (nuestro)   Hay muchos edificios altos en _nuestra_ calle.
5. (su)   María y Carolina vienen con _Sus_ sobrinos.
6. (Mi) _mis_ dos primos son solteros.
7. (Tu) _tu_ abuelo es un gran señor.
8. (su)   Cada una de _Sus_ primas tiene dos niños.

B. Cambie Ud. según los modelos.

> MODELO   *Yo* hablo de *mi* hermano menor. (Juana) →
> Juana habla de su hermano menor.

1. Nosotros   2. María y Tomás   3. Él   4. Ellas   5. Tú   6. Vosotros

> MODELO   *Ellos* dicen que *su* nieto es mexicano. (Yo) →
> Yo digo que mi nieto es mexicano.

7. Isabel   8. Ella   9. Los señores   10. Tú   11. Nosotros   12. Vosotros

28. Numbers: 30–100

30 treinta	50 cincuenta	70 setenta	90 noventa
40 cuarenta	60 sesenta	80 ochenta	100 cien(to)

Beginning with **treinta,** the multiples of ten end in **-a. Ciento** is shortened to **cien** when it is directly followed by a noun, whether masculine or feminine.

Hay ciento veinte y dos muchachos en la escuela.   *There are 122 children in the school.*
Hay cien mujeres (hombres) aquí.   *There are 100 women (men) here.*

Práctica

Exprese Ud. en español según los modelos.

MODELOS   22 + 14 = 36 (Veinte y dos más [*or:* y] catorce son treinta y seis.)
         88 − 23 = 65 (Ochenta y ocho menos veinte y tres son sesenta y cinco.)

1. 16 + 23 = _39_ .   3. 19 − 14 = _5_ .   5. 80 − 13 = _67_ .
2. 15 + 17 = _32_ .   4. 59 + 41 = _100_ .   6. 90 − 19 = _71_ .

Repaso

A. Interrogativos. ¿Cómo se dice en español? *Refer to the answers given below* **after** *you have tested yourself.*

1. how?   4. where?   7. who? *(sing.)*   10. which?   13. about what?
2. how much?   5. when?   8. who? *(pl.)*   11. where to?   14. from where?
3. how many?   6. what?   9. why?   12. with whom? *(pl.)*   15. to whom?

Answers: 1. ¿cómo?   2. ¿cuánto, -a?   3. ¿cuántos, -as?   4. ¿dónde?   5. ¿cuándo?
6. ¿qué?   7. ¿quién?   8. ¿quiénes?   9. ¿por qué?   10. ¿cuál, -es?   11. ¿adónde?
12. ¿con quiénes?   13. ¿de qué?   14. ¿de dónde?   15. ¿a quién, -es?

B. Modismos con **hacer.**

1. Necesito un abrigo hoy porque _hace frío_
2. Voy a llevar mi paraguas hoy porque_hace_ mal tiempo.
3. En primavera y en otoño llevo un suéter con frecuencia porque _hace fresco_ .
4. En verano_hace sol_ en California.
5. ¿Qué tiempo _hace_ en Alaska en invierno?

C. Modismos con **tener.**

1. Voy a comer un sándwich porque _tengo hambre_
2. Mi hermano desea tomar un vaso de agua (*water*). Dice que _tiene sed_
3. Nuestra clase va a tener un examen mañana. Por eso, ___ estudiar mucho hoy.
4. ¿Por qué no llevas un suéter? Porque_tiene calor tengo que_
5. ¿Cuántos años _tiene_ Ud.?   _tienes_   _tenemos_

D. Demostrativos. Exprese Ud. en español.

1. this raincoat_este impermeable_   5. this fruit _esta fruta_
2. that flower (*near person spoken to*)_esa flor_ 6. that glass (*near person spoken to*)_ese vaso_
3. that jacket (*distant from speaker and* 7. these windows _estas ventanas_
   person spoken to)_aquella jacketa_   8. those plates (*distant from speaker and*
4. these bottles _estas botellas_   *person spoken to*) _aquellos platos_

CONVERSACIÓN

TEXTO: La familia es *lo primero*

our most important
concern

CARLOS: ¿Cuántas personas hay en tu familia?

ISABEL: ¿No sabes?

CARLOS: Sólo conozco a tu padre.

ISABEL: *Es verdad.* Pues, hay trece: mis padres;[5] Teresita, mi hermana   That's right.
menor; los cinco hijos de Julia, mi hermana mayor, que son
nuestros sobrinos; y yo. ¡Ah!, también mis abuelos, quienes son
muy simpáticos, y mi tía Mercedes, quien es vieja y oye mal,
pero es muy lista y alegre. Ella siempre tiene un *chiste* nuevo.   joke

CARLOS: ¿No tienes un hermano casado?

ISABEL: Casado, no. Mi hermano Ramón tiene novia, pero es soltero.

CARLOS: ¿Y por qué vive Julia en tu casa?

ISABEL: Porque es *viuda* y, *como* no tiene esposo, sus niños son la res-   widow / since
ponsabilidad de toda nuestra familia.

CARLOS: *Comprendo.* ¡Son *tantos* tus parientes!... Una familia grande   I understand / so
pero feliz, ¿no?   many

ISABEL: Sí. La familia es lo primero.

Frank Siteman/The Picture Cube

**Los buenos amigos son siempre muy importantes, pero especialmente en España.
Aquí todos—amigos y parientes—celebran el cumpleaños de don Fermín. Están
comiendo tapas y bebiendo vino.**

---

[5]The masculine plural form of the names of family members can refer to people of both sexes: **padres** (*parents*),
sobrinos (*nieces and nephews*), **hijos** (*sons and daughters*), **abuelos** (*grandparents*), **niños** (*children*), **señores** (*Mr.
and Mrs.*), and so on.

Cultural Notes

1. In Hispanic America and Spain, the family is, generally speaking, a group consisting of the parents, their children, the grandparents, and several other relatives, all of whom may live in the same house. Traditionally family relationships are very close. A few select friends are included in the family circle.

2. The children live in direct contact with many older persons and are trained by them in matters of attitudes, manners, duties, language, and so on.

3. Hispanic families have not traditionally employed baby-sitters (**niñeras por hora**). Frequently it is the grandparents who look after the children if both parents work. Often very young children of two or three years of age attend schools called **maternales** from 9:00 A.M. to 3:00 or 4:00 P.M.

Práctica

A. Presente Ud. a la clase comentarios originales sobre los siguientes aspectos de la escena. *This is the family discussed in the **Texto**. When possible, invent additional details about the family.*

1. número de familias
2. los padres
3. los abuelos
4. la señora viuda
5. relaciones de familia entre los niños
6. número de nietos

B. Exprese Ud. lo contrario (*the opposite*) de las siguientes oraciones, según el modelo.

MODELO   Nuestro sobrino es muy alto. → Nuestro sobrino es bajo.

1. Ella tiene esposo.
2. Ellos son jóvenes.
3. Los abuelos viven en un hotel.
4. Mi hermano Javier es casado.

5. Ramón vive con la familia.
6. Julia es mi hermana menor.
7. Es una familia pequeña.
8. Mi tía Julia es muy rica.

C. Miembros de la familia. En la familia de Isabel hay tres personas muy interesantes: la tía Mercedes, el hermano Ramón y la hermana Julia. Prepare Ud. varias oraciones para decir a la clase por qué son interesantes.

D. Ahora escriba o diga Ud. a la clase varias oraciones sobre un miembro particularmente interesante de su familia. Ideas:

1. ¿Qué pariente es?
2. ¿Cómo se llama?
3. ¿Dónde vive?
4. ¿Cuántos años tiene?
5. ¿Qué hace?

6. ¿Dónde trabaja (estudia)?
7. ¿Es casado (casada)?
8. ¿Tiene hijos? ¿Cuántos?
9. ¿Cómo es? (alto, bajo, listo, simpático, alegre, etcétera)
10. ¿Es mayor (menor) que (*than*) Ud.?

Comunicación

A. Entrevistas. *Prepare several questions, based on one or more of the following groups of cues, to ask about a classmate's daily activities. Take notes during the interview and report what you learn to the class.*

1. qué trae a la clase hoy
2. qué ve en el centro
3. qué lee en el periódico
4. qué sabe de las noticias del día
5. cuándo sale de la casa
6. cuándo llega a casa

7. cuándo escribe cartas
8. cuándo no va a clases
9. dónde pone los cuadernos
10. dónde ve muchas botellas
11. dónde escucha música
12. dónde charla con varios amigos

B. Describa Ud. a la clase una persona famosa. *Your classmates will guess the identity of the person you describe.*

1. ¿Cómo es?
2. ¿Dónde vive?
3. ¿Quién(es) vive(n) con él (ella)?
4. ¿Cuántos niños tiene?

5. ¿Dónde trabaja?
6. ¿Gana mucho dinero?
7. ¿Cree Ud. que es listo (lista)?
8. ¿Qué dicen los periódicos de él (ella)?

C. Teatro. *With a classmate prepare a skit to present to the class on one of the following topics.*

1. Usted y su tía
   You are studying hard for an exam, but your aunt is lonely and wants to talk. She tells you about . . . You interrupt and explain that . . . Finally, she tells you a joke.

2. **Usted y su novio (novia)**
   Your boyfriend (girlfriend) wants to go to . . . and invites you to come along. You want to go, but your family is having a big celebration at home. Your friend insists, you insist, and finally . . .
3. **Usted y un amigo (una amiga)**
   You and a friend are talking about your cousin. The friend reminds you that he or she doesn't know your cousin and asks whether the cousin is married. You explain that your cousin is single. The friend asks . . . and you answer . . .

Vocabulario activo

ADJETIVOS

bonito, -a pretty
cada each, every
casado, -a married
mayor older
menor younger
soltero, -a single, unmarried

ADVERBIOS

mal badly, poorly
ya already

SUSTANTIVOS

el **abuelo** / la **abuela** grandfather / grandmother
la **botella** bottle
la **escuela** school
la **farmacia** pharmacy
la **flor** flower

la **fruta** fruit
el **hermano** / la **hermana** brother / sister
el **hijo** / la **hija** son / daughter
la **madre** mother
la **mamá** mama, mother
el **mantel** tablecloth
la **muñeca** doll
el **nieto** / la **nieta** grandson / granddaughter

el **niño** / la **niña** boy / girl
el **padre** father
los **padres** parents
el **papá** papa, father
los **parientes** relatives
el **plato** plate, dish
el **primo** / la **prima** cousin
el **sobrino** / la **sobrina** nephew / niece

el **tío** / la **tía** uncle / aunt
el **vaso** (drinking) glass
la **ventana** window

VERBOS

comprender to understand
conocer to know
invitar to invite
oír to hear
poner to put
saber to know
salir to leave, go out
traer to bring
ver to see

EXPRESIONES ÚTILES

a casa home (*after verbs of motion*)
lo primero the most important thing
por eso for that reason

NÚMEROS: **treinta, cuarenta, cincuenta, sesenta, setenta, ochenta, noventa, cien(to)**

POSESIVOS: **mi, mis; tu, tus; su, sus; nuestro, nuestra, nuestros, nuestras; vuestro, vuestra, vuestros, vuestras; su, sus**

La ópera de Buenos Aires. El cantante Plácido Domingo recibe grandes aplausos de los espectadores.
   Algunas (*Some*) diversiones del mundo hispánico son muy informales. Estas parejas están bailando en una discoteca de Oaxaca, México.

Diversiones

Gianfranco Gorgoni/Contact

Katherine A. Lambert

GRÁFICOS

Teatro y televisión

1. el disco
2. el tocadiscos
3. la grabadora
4. la cinta

5. el radio[1]
6. el (la) cantante
7. la telenovela *soap opera*

8. el programa de variedades
9. el anuncio comercial
10. el concierto

Práctica

A. Dé Ud. las palabras que corresponden a los siguientes números. *Cover the Spanish words.*

9, 2, 7, 1, 3, 6, 4, 10, 5, 8

B. Asociaciones. ¿Qué palabras asocia Ud. con los siguientes sustantivos?

1. programa de variedades
2. discos
3. televisión
4. telenovela
5. canción
6. cintas
7. concierto
8. cantante

---

[1]**El radio** is used in Hispanic America, **la radio** in Spain.

Lección de baile

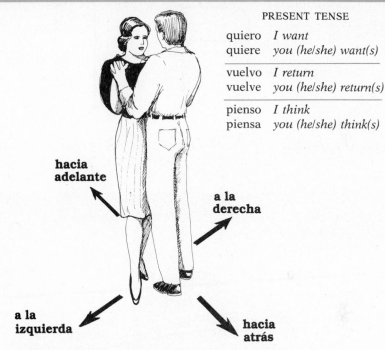

PRESENT TENSE

quiero	*I want*
quiere	*you (he/she) want(s)*
vuelvo	*I return*
vuelve	*you (he/she) return(s)*
pienso	*I think*
piensa	*you (he/she) think(s)*

hacia adelante

a la derecha

a la izquierda

hacia atrás

ELLA: ¿No baila Ud. bien? ¿Quiere aprender a bailar? Pues, mire. Primero *da un paso* a la izquierda y dos hacia adelante, *luego* uno a la derecha y dos hacia atrás. Después *da una vuelta* y vuelve al *comienzo*.

you take a step / then
you turn around
beginning

ÉL: Pero, señorita, ¿piensa Ud. que yo soy Juan Travolta? ¡No sé *bailar disco*!

to disco

Práctica

A. Complete Ud. las instrucciones.
   1. Primero, Ud. da un paso ~~a la izquierda~~
   2. Luego ~~uno a la~~ ~~derecha y dos hacia~~
   3. Después ~~da una vuelta y vuelve al comienzo~~
   4. Ahora, Ud. vuelve a ~~comienzo~~

B. Conteste Ud.

   1. ¿Le gustan los bailes modernos?
   2. ¿Qué piensa Ud. del «roc an' rol»? (Pienso que...)
   3. ¿Quiere Ud. bailar la noche del sábado?
   4. ¿A qué hora quiere salir para el baile?
   5. ¿A qué hora quiere volver a casa?

C. Explique Ud. los siguientes bailes. *The asterisk indicates the beginning; the numbers refer to the steps.*

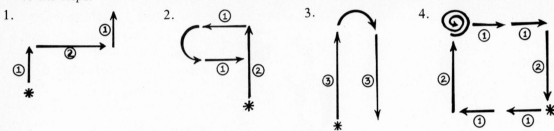

Ahora haga Ud. un plan de un baile para presentar a la clase.

Novelas y películas *(Novels and Movies)*

PRESENT TENSE	
prefiero	*I prefer*
prefiere	*you (he/she) prefer(s)*
puedo	*I can*
puede	*you (he/she) can*
duermo	*I sleep*
duerme	*you (he/she) sleep(s)*

ELLA: Prefiero leer novelas policíacas, pero *a veces* también leo novelas de ciencia ficción.   at times

ÉL: Yo no puedo leer... esas *cosas.* Prefiero ir al cine. Me gustan las películas *extranjeras...* de *amor.*   things / foreign / love

ELLA: ¡Bah! Todas son *iguales.* Con películas de amor yo siempre duermo... y es más barato *dormir* en casa.   equal (the same) / to sleep

Práctica

A. Conteste Ud.

1. ¿Quiénes charlan?
2. ¿Adónde van?
3. ¿Qué ve Ud. a la izquierda?
4. ¿Qué película van a ver todos?
5. ¿Le gustan las películas a la señorita?
6. ¿Qué novelas prefiere Ud. leer?
7. ¿Duerme Ud. en el cine?
8. ¿Qué tipo de películas prefiere Ud. ver?
9. ¿Qué programa policíaco es muy popular?
10. ¿Puede Ud. bailar muy bien?

B. ¿Qué sabe Ud. de sus amigos? Pregunte a otro estudiante...

1. qué bailes prefiere (el tango, el cha cha cha, la polca, el vals, el roc an' rol)
2. qué tipo de novelas lee
3. si vuelve al cine para ver una película varias veces
4. qué discos (cintas) quiere comprar
5. si duerme en el cine
6. cuántas novelas lee cada año
7. cuánto dinero puede gastar cada año en discos (cintas) y en ir al cine
8. qué cantantes prefiere y por qué
9. qué programas de televisión quiere ver
10. si va mucho al teatro, a la ópera, etcétera

C. Conteste Ud. a base del anuncio de la página 124.

1. ¿Cómo se llama la película?
2. ¿Cuál es el horario (*schedule*) de los sábados y domingos?
3. ¿Cuál es el número del teléfono del cine?
4. ¿Cómo se llama el cine?
5. ¿Es ésta la primera semana de la película?
6. ¿Cómo se llaman el primer actor y la primera actriz?
7. ¿Es una película sólo para mayores?
8. ¿Es responsable la empresa (*management*) de las reacciones del espectador?

Palabras fáciles

Some English adjectives ending in *-ic* have Spanish counterparts ending in **-ico** (**-ica**). Note that these words have an accent on the third-from-the-last syllable.

ENGLISH	SPANISH
scientific	científico
dramatic	dramático
electric	eléctrico

Práctica

A. Exprese Ud. en español.

1. artistic   2. pacific   3. historic   4. metric   5. poetic   6. organic

B. Pronuncie Ud.

1. la ciencia ficción   4. el concierto   7. el programa   9. la televisión
2. la comedia   5. el espectador   8. el teatro   10. la tragedia
3. corresponde   6. la ópera

GRAMÁTICA ESENCIAL

29. Stem-changing Verbs

Some verbs in Spanish change the stressed stem vowel of the infinitive in four of the six conjugated forms of the present tense. You used two of these forms in the first part of this lesson. As you learn the complete conjugation, it may be helpful to visualize the overall pattern as a capital L.

Verbs of all three conjugations show these stem changes.

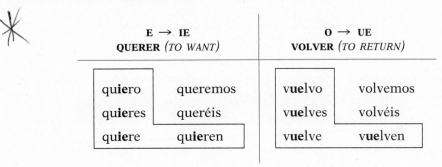

E → IE **QUERER** (TO WANT)		O → UE **VOLVER** (TO RETURN)	
quiero	queremos	vuelvo	volvemos
quieres	queréis	vuelves	volvéis
quiere	quieren	vuelve	vuelven

Other verbs with these changes include the following.

e → ie: comenzar — *to begin*
        entender — *to understand*
        pensar — *to think*
        preferir — *to prefer*

o → ue: almorzar — *to eat lunch*
        costar — *to cost*
        dormir — *to sleep*
        morir — *to die*
        poder — *to be able (to)*

NOTE: The verb **jugar** (*to play a game*) changes **u** to **ue**: **juego, juegas, juega, jugamos, jugáis, juegan. Llover** (*to rain*) and **nevar** (*to snow*) are used only in the third person singular.

Llueve. Nieva. *It is raining. It is snowing.*

A few **-ir** verbs change the stressed stem vowel of the infinitive to a single vowel: **e → i.**

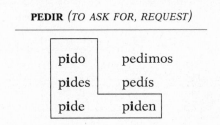

PEDIR (TO ASK FOR, REQUEST)	
pido	pedimos
pides	pedís
pide	piden

Other verbs with this change include **repetir** (*to repeat*) and **servir** (*to serve*).

In future lessons infinitives whose stressed stem vowel undergoes any change are presented as follows: **pensar (ie), volver (ue), servir (i).**

Memopráctica

Sometimes an artificial pattern will help you remember a particular conjugation or construction. For example, the L shape in the above presentation clearly illustrates the changes in stem-changing verbs. Try to create learning aids like this one whenever possible.

---

30. Polite Command Forms of Stem-changing Verbs

Stem-changing verbs also undergo the changes noted above in the polite command forms.

e → ie	o → ue	e → i
¡**pie**nse Ud.!	¡**vue**lva Ud.!	¡**pi**da Ud.!
¡**pie**nsen Uds.!	¡**vue**lvan Uds.!	¡**pi**dan Uds.!

Remember to make the spelling changes necessary to preserve the sound of the infinitive.

z → c	comenzar	¡comien**c**e Ud.!
g → gu	jugar	¡jue**gu**e Ud.!

---

31. Present Participle of Stem-changing Verbs

The following verbs change **e** to **i** or **o** to **u** in the stem of the present participle.

e → i			o → u		
pedir	→	**pi**diendo	*asking for*	dormir	→	d**u**rmiendo	*sleeping*
preferir	→	pref**i**riendo	*preferring*	morir	→	m**u**riendo	*dying*
repetir	→	rep**i**tiendo	*repeating*	poder	→	p**u**diendo	*being able*
servir	→	s**i**rviendo	*serving*				

Práctica

A. Aprenda Ud. los diálogos de memoria. *Pay particular attention to the words in italics.*

1.

—Angélica, *¿quieres* jugar² al ping pong?
—*Prefiero* no jugar hoy. *Quiero* salir, pues no *llueve*.

2.

—Aquí *sirven* muy buenos platos.
—Sí, pero *cuestan* mucho. Nosotros *servimos* los mismos (*same*) platos en casa.

3.

—¿Por qué no *pide* Ud. un biftec?
—No, gracias. Si como mucho, *duermo* mal.

4.

—¿Qué *piensa* Ud. de las fiestas de doña Clarines?
—Mire Ud. Cuando *vuelvo* a casa... tomo una aspirina.

²**Jugar** is followed by **a** before the name of the game being played: **Juego *al* tenis.**

5.

—¿Por qué *comienza* Ud. el trabajo a las siete en el almacén?
—Porque *almuerzo* en casa a las tres. Mi familia y yo siempre *almorzamos* juntos (*together*).

6.

—No *entiendo* por qué da Ud. paseos siempre por este barrio.
—Porque *puedo* tomar fotos muy interesantes aquí.

B. Reconstrucción de los minidiálogos. *Cover the preceding dialogs and recreate the mini-dialogs with a classmate. Look **only** at the drawings.*

C. Mandatos.

MODELO   ¿Quiere Ud. venir? → Pues, venga Ud.

1. ¿Quiere Ud. volver pronto? *Pues Vuelva Ud.*   5. ¿Quieren Uds. dormir más? *duerman Uds*
2. ¿Quieren Uds. comenzar ahora? *Comiencen*   6. ¿No quieren Uds. servir esos platos? *Sirvan*
3. ¿Quiere Ud. almorzar aquí? *Almuerze*   7. ¿Quiere Ud. pedir un biftec también? *pida*
4. ¿No quiere Ud. repetir las palabras? *repita*   8. ¿Quiere Ud. jugar con nosotros? *juegue*

D. Conteste Ud. según el modelo.

MODELO   ¿Va a cantar María? → Ya está cantando.

1. ¿Van a dormir los niños? *Ya estan durmiendo*   4. ¿Va él a pedir más dinero? *pidiendo*
2. ¿Va a servir el café Pepita? *sirviendo*   5. ¿Van Uds. a almorzar? *almorzando*
3. ¿Van a repetir ellos esos ejercicios? *Ya estan repitiendo*   6. ¿Va a nevar pronto? *nevando*

E. Complete Ud.

1. ¿A qué hora { almuerzan Uds.?   Nosotros *almorzamos*
                almuerza Ud.   Yo *almuerzo*

2. ¿Qué { prefieres   } hacer?   Yo *prefiero*
         { preferís   }   Nosotros *preferimos*

3. ¿No $\begin{cases} \text{entiende Ud.} \\ \text{entienden Uds.} \end{cases}$ la novela? Sí, yo _entiendo_ No, nosotros no _entendemos_

4. $\begin{cases} \text{¿Quieres} \\ \text{¿Queréis} \end{cases}$ ir al cine? Sí, yo _quiero_ Sí, nosotros _queremos_

5. ¿Cuánto $\begin{cases} \text{cuesta el teatro?} \\ \text{piden en el cine?} \end{cases}$ El teatro _cuesta_ En el cine _pide_

F. Complete Ud. con la forma correcta del verbo indicado.

1. (querer)   Tú no _quieres_ ir.
2. (preferir)   Julita _prefiere_ volver a casa.
3. (entender)   Uds. _entienden_ el drama.
4. (volver)   Ellos _vuelven_ al apartamento porque nieva mucho ahora.
5. (poder)   Nosotros no _podemos_ acompañar al cantante.
6. (pensar)   Nosotros _pensamos_ que la canción es estupenda.
7. (comenzar)   El profesor _comienza_ con una discusión del mapa.
8. (costar)   ¿Cuánto _cuesta_ el concierto?
9. (pedir)   Nosotros siempre _pedimos_ cerveza.
10. (servir)   Cecilia y yo ~~sirven~~ _servimos_ café y sándwiches.

32. Numbers: Hundreds, Thousands, and Millions

100 cien(to)	700 setecientos, -as	1.000.000 un millón
200 doscientos, -as	800 ochocientos, -as	2.000.000 dos millones
300 trescientos, -as	900 novecientos, -as	
400 cuatrocientos, -as	1.000 mil	
500 quinientos, -as	2.000 dos mil	
600 seiscientos, -as		

Pay special attention to the following series:

5, 50, 500   cinco, cincuenta, quinientos
6, 60, 600   seis, sesenta, seiscientos
7, 70, 700   siete, setenta, setecientos
8, 80, 800   ocho, ochenta, ochocientos
9, 90, 900   nueve, noventa, novecientos

NOTE 1: A period is used in Spanish in place of a comma to indicate thousands: 1.000; 17.361.210. Conversely, a comma is often used where English uses a decimal point: $3.036,41.

NOTE 2: Numerals above 1000 are never read in Spanish by hundreds: 1700 is always *one thousand seven hundred* and not *seventeen hundred*. The year 1976 is stated in Spanish as **mil novecientos setenta y seis.**

NOTE 3: **Millón** is always followed by **de** in Spanish if used in conjunction with a noun: **dos millones *de* discos.** BUT: **dos mil discos.** Note that **mil** is always singular: **mil, dos mil, tres mil**, etcétera.

Práctica

Exprese Ud. en español.

1. 101
2. 317
3. 569
4. 721
5. 1,250
6. 1,914
7. 1,000,000 books
8. 693 cars
9. 1977
10. 1776
11. 888 records
12. 999 tapes
13. 4,444
14. $110,239.00
15. 3,000,000 women

33. Ordinal Numbers

Ordinal numbers generally precede the nouns they modify and must agree with them in gender and number. Ordinal numbers are not common in Spanish beyond ten.

primero	*first*	sexto	*sixth*
segundo	*second*	séptimo	*seventh*
tercero	*third*	octavo	*eighth*
cuarto	*fourth*	noveno	*ninth*
quinto	*fifth*	décimo	*tenth*

Vivo en la Quinta Avenida. ¿Y Ud.?
I live on Fifth Avenue. And you?

Even these numerals are replaced at times by cardinals in everyday language.

Quiero examinar el volumen cinco.
I want to examine the fifth volume (volume five).

Remember that **primero** is used with dates to express the first of the month but that cardinal numbers are used for all other dates.

El primero (tres) de noviembre es mi cumpleaños.
The first (third) of November is my birthday.

NOTE: **Primero** and **tercero** are shortened to **primer** and **tercer** before a masculine singular noun: **primer autobús, tercer día.**

Práctica

Exprese Ud. en español.

1. (*the first dance*) Hoy yo puedo enseñar sólo _____ *el primer baile*
2. (*the sixth*) Es _____ concierto del año. *el sexto*
3. (*the fourth*) Mi silla está en _____ fila (*row*). *la cuarta fila*
4. (*the second of December*) Las fiestas comienzan _____ . *el segundo de Diciembre*
5. (*the third singer*) Ella va a ser _____ de este programa de variedades. *la tercera cantante*
6. (*the second soap opera*) Me gusta mucho _____ . *la segunda telenovela*
7. (*All the nine songs*) _____ son muy buenas. *Todas novenas canciones*
8. (*The fifth film*) _____ de la serie es muy buena. *La quinta película*

Repaso

A. ¿Necesitamos una palabra o no?

1. Yo no conozco _____ ese señor.
2. Ud. no trabaja _____ miércoles.
3. En esta escuela no enseñan _____ bailar.
4. No me gustan _____ novelas policíacas.
5. ¿Qué va Ud. _____ traer esta tarde?
6. Mis tíos viven en _____ Perú.
7. No comen frutas todos _____ días.
8. Este año estoy aprendiendo _____ bailar.
9. Quiero ver _____ el jefe.
10. Nuestro director es _____ señor Pimentel.

Teatro Jacinto Benavente
Butaca de Patio
Fila 6   N.° 1
Noche!
15 FEB. 1976
Gratos-D. Ramós de la Cruz, 12-Madrid-1.

B. Exprese Ud. en español.

1. (*good*) ¡Es un _____ tocadiscos!
2. (*great*) ¡Tiene que ser un _____ baile!
3. (*bad*) No es una _____ grabadora.
4. (*third*) Me gusta mucho el _____ disco.
5. (*good*) ¡El programa va a ser muy _____ !
6. (*first*) El _____ actor se llama José Luis Gómez.
7. (*large*) Ellos viven en aquella casa _____ .
8. (*third*) Es el _____ de agosto mañana.

TEATRO
GOYA
JUEGOS
DE
SOCIEDAD
J. JOSE ALONSO MILLAN

CONVERSACIÓN

TEXTO: Óscar invita a una amiga

PILAR: Hola, Óscar. ¿Qué hay?

ÓSCAR: Nada de nuevo. Estoy pensando *en* ir al cine. Hoy presentan «La   about
novia no vuelve». Dicen que la primera actriz es una italiana
«impresionante»... ¿Quieres ir?

PILAR: Prefiero ir al Teatro Español para ver una tragedia de García
Lorca. El *estreno* es hoy.   premiere

ÓSCAR: No es posible. No hay billetes[3] para hoy.

PILAR: Entonces podemos ir al Cine Olimpia para ver una película de
Buñuel.

ÓSCAR: Pero ya es tarde. La primera *función* comienza a las ocho. Y es   show(ing)
muy temprano para la segunda.

PILAR: Bueno, *sacamos* los billetes y *todavía* tenemos *tiempo* para tomar   we'll get / still / time
un refresco, ¿no?

ÓSCAR: ¡Buena idea! *¡Vamos!*   Let's go!

Cultural Notes

1. Most theaters in Spain present a performance at 7:00 P.M. and a
second one at 10:30 or 11:00. This usually allows time for the evening
meal either just after the first performance or just before the second.
Generally the entire family eats together (**en familia**) because this is
the traditional time for family members to discuss the events of the
day and to share their common interests.

2. Dating customs among young people have been liberalized
considerably over the past several years. Many young people still go
to the theater, movies, discos, and so on in groups. Otherwise, dating
habits are similar to our own.

3. Federico García Lorca (1898–1936) was a poet and playwright from
Granada. He is famous for his dramatic trilogy on women, *Yerma*,
Bodas de sangre, and *La casa de Bernarda Alba*. He was killed at the
outbreak of the Spanish Civil War.

4. Luis Buñuel was a famous Spanish film director. His pictures
(«Nazarín», «Los olvidados», «Viridiana», and «El encanto discreto de
la burguesía», among others) are satires of bourgeois society as well
as experiments in artistic expression.

---

[3]**Billete** is used in Spain to express *ticket;* **boleto** is more common in Hispanic America.

Mary Ellen Mark/Archive

El famoso director cinemático Luis
Buñuel da instrucciones a los actores
desde (*from*) un balcón español muy
típico.

Práctica

A. Complete Ud. *The Spanish answers below are given out of order. Try to provide an answer without first consulting them.*

1. Estoy _pensando_ en ir al cine.
2. Hoy presentan «*La novia no _vuelve_*
3. _Dicen_ que la primera actriz es italiana.
4. ¿ _Quieres_ ir al cine?
5. _Podemos_ ir al Teatro Español.
6. La primera función _comienza_ a las ocho.
7. _Prefiero_ ir al Cine Olimpia para ver una película de Buñuel.
8. Tenemos tiempo para _tomar_ un refresco.

Answers: podemos, comienza, dicen, pensando, quieres, vuelve, prefiero, tomar

B. Invitaciones. *In groups of three invent complete statements, using the cues given. The first student will extend an invitation, the second will accept it, and the third will reject it.*

EXTENDING	ACCEPTING	REJECTING
1. ir / cine	impresionante	tiempo
2. almorzar / en el centro	un buen restaurante	enfermo (enferma)
3. escuchar / concierto	famoso, -a	mucho trabajo
4. ver / tragedia	actor	tristes
5. ir / fiesta	vestido nuevo	mañana / examen

C. Conteste Ud.

1. Si el periódico dice de una película, «Sólo para mayores», ¿qué entiende Ud.?
2. ¿Qué piensa Ud. del cine de hoy? ¿de los programas de televisión de hoy? ¿de los programas de radio?

3. ¿Qué diversiones baratas (caras) hay en su ciudad? ¿Cuáles prefiere Ud.?
4. ¿Lleva Ud. ropa elegante cuando va al cine? ¿Por qué sí (no)?
5. ¿En qué países hacen buenas películas? ¿Le gustan las películas extranjeras? ¿Cuáles?

Comunicación

A. ¿Qué puede Ud. decir en relación con los siguientes temas (*topics*)? *The questions are given only as suggestions.*

1. cine / teatro
   (¿Cómo se llama? ¿Dónde está? ¿Es grande o pequeño? ¿Cómo vamos si no tenemos auto?)
2. película / comedia / drama
   (¿Qué películas le gustan más? ¿A qué hora prefiere Ud. ir? ¿Cuánto cuesta hoy ir al cine? ¿Quién paga?)

B. ¿Qué hacemos para organizar una fiesta? *Working in groups, plan a party for the class, using the cues given.*

MODELO   bailar → Vamos a bailar en casa de Marisela. Yo tengo buenos discos.

1. invitaciones   2. hora   3. bailes   4. refrescos   5. ¿dónde?   6. dinero

C. Entrevista. *Ask a classmate about his or her likes and dislikes in connection with the following cues.*

MODELO   ver / ópera →
          USTED: ¿Qué ópera le gusta ver?
          AMIGO: Yo no veo óperas porque no me gustan. Son muy largas y aburridas.

1. restaurante / pedir
2. película mala / dormir
3. anuncios comerciales / preferir
4. programa / leer
5. amigas / pensar
6. libros / estar cansado (cansada)
7. clase / comenzar
8. jóvenes / conversar

D. Diálogos. Use Ud. los verbos indicados para reproducir los diálogos.

1.

querer / preferir / llover

2.

servir / costar

3.

pedir / dormir

4.

pensar / volver

5.

comenzar / almorzar

6.

entender / poder

Vocabulario activo

ADJETIVOS

extranjero, -a foreign
mismo, -a same
policíaco, -a police,
  detective

ADVERBIOS

luego then, later
tarde late
temprano early
todavía still

SUSTANTIVOS

el **amor** love
el **baile** dance
el **billete (boleto)** ticket
  (*for a performance, and
  so on*)
el (la) **cantante** singer
la **cinta** tape
el **concierto** concert
el **disco** record (*musical*)
la **función** show,
  performance

la **grabadora** tape recorder
la **novela** novel
la **película** film, movie
el **programa (de
  variedades)** (variety)
  show
el (la) **radio** radio
el **refresco** refreshment;
  soft drink
la **telenovela** soap opera
el **tiempo** time
el **tocadiscos** record player
el **trabajo** work; job

VERBOS

almorzar (ue) to eat lunch
comenzar (ie) to begin
costar (ue) to cost
dormir (ue) to sleep
entender (ie) to understand
jugar (ue) to play (a game)
llover (ue) to rain
nevar (ie) to snow
pedir (i) to ask for, request

pensar (ie) to think
poder (ue) to be able
preferir (ie) to prefer
querer (ie) to want, wish
repetir (i) to repeat
servir (i) to serve
volver (ue) to return

EXPRESIONES ÚTILES

a la derecha to the right
a la izquierda to the left
a veces (vez → veces) at
  times
dar un paso to take a step
dar una vuelta to turn
  around
hacia toward; _____
  adelante forward; _____
  atrás backward

NÚMEROS: **cien(to), doscientos, trescientos, cuatrocientos, quinientos, seiscientos, setecientos,
  ochocientos, novecientos, mil, un millón**

  primer(o), segundo, tercer(o), cuarto, quinto, sexto, séptimo, octavo, noveno, décimo

grammar quiz

LECTURA: El ballet folklórico chicano

Gracia,° color y armonía. Éstas son las características fundamentales del programa de ballet folklórico presentado° por **Artes chicanas**, organización artística creada° en Denver, Colorado.

La función° es muy variada.° Uno de los números es un baile en honor del dios de los aztecas, Quetzalcóatl, mientras otros presentan danzas y canciones de diferentes estados mexicanos.

La coreografía del ballet está considerada° entre las mejores.[1] En el primer número, un bailarín° aparece[2] en el centro. Inmediatamente, percibimos° música de guitarras mientras diez bailarines entran, forman un círculo y extienden los brazos° para representar los pétalos de una flor. El efecto es impresionante. Después, un grupo de mariachis unen° voces y guitarras en la

---

[1]the best   [2]appears

gracia: If you need help guessing the meaning of this word, substitute another vowel for the **ia.** Which do you suppose it is?

presentado: Generally a **-ado** (**-ada**) or **-ido** (**-ida**) suffix indicates a past participle. Substitute an English *-ed* ending for these endings and guess the meaning.

creada: Concentrate on the first four letters of this word; put *-ed* in place of the final **-da** (not **-ada** this time) and try to guess the meaning.

función: Which meaning of **función** is intended here?

variada: Another **-ada** word.

considerada: This is another **-ada** word.

bailarín: You know **baile** and **bailar.**

percibimos: Obviously this is a verb. In guessing its meaning, substitute a **v** for the **b.**

brazos: What would dancers extend?

unen: Is this a noun, adjective, or verb?

Gracia, color y armonía. Éstas son las características principales del ballet folklórico. (Mexican National Tourist Council/Editorial Photocolor Archives)

representación de varias leyendas y mitos mexicanos. Todos los números presentados° por el ballet folklórico chicano son extraordinarios. Mirando el ballet, parece[3] que estamos en otro mundo.[4]

presentados: Don't let the plural fool you. Use the *-ed* ending in place of **-ados.**

El programa incluye° temas antiguos° y modernos, clásicos y románticos, religiosos y políticos. Hay un poco de todo, pero las notas predominantes son siempre tres: gracia, color y armonía.

incluye: Change **y** to another letter and guess this word's meaning.

antiguo: Think of English *antique,* in contrast to **modernos,** which appears in the next line. What do you think this word means?

⊠**Reading Hints:** (1) *Be imaginative when relating cognates. Sometimes you can guess a word's meaning because its first two or three letters are similar to the beginning of an English word.* (2) *Always read* beyond *a word that you don't know. Often the entire context will suggest its meaning. If words are presented in a series, you may grasp the general meaning even if you don't understand each word.* ⊠

Cultural Notes

1. **Quetzalcóatl** was the serpent god of the Aztecs. Its likeness can be seen on many of the shrines and pyramids constructed in and around what is now Mexico City.

2. **Chicano (chicana)** is the term used to designate a person of Mexican ancestry who was born in the United States. **Artes chicanas** is a professional organization run by **chicanos** to promote general awareness of **chicano** culture and art and to encourage professional involvement in such endeavors by **chicanos.**

3. **Mariachis** are the strolling singers and instrumentalists who, dressed in colorful **charro** outfits, entertain at fiestas, weddings, and other gatherings with popular and traditional Mexican songs. **Charro** refers to the Mexican cowboy's apparel: large **sombrero,** waistcoat and fancy shirt, tight trousers with bells or floral decorations on the side, and boots.

Quetzalcóatl, dios-serpiente de los aztecas, aparece en diferentes edificios de tiempos prehispánicos. En la foto: una estatua (*statue***) de las ruinas de Teotihuacán.** (Carl Frank/Photo Researchers, Inc.)

---

[3]it seems   [4]world

Práctica

A. *Without referring to the* **Lectura,** *decide which of these statements are true and which are false. The answers follow the exercises.*

   1. Gracia, color y armonía: éstas son las características fundamentales del ballet folklórico.
   2. El programa presenta danzas y canciones de diferentes estados norteamericanos.
   3. En el primer número, un bailarín aparece en el centro.
   4. Después, diez bailarines forman un círculo.
   5. Extienden los brazos para representar el océano.
   6. El programa incluye temas religiosos y políticos.
   7. Los temas del programa son siempre románticos.
   8. En el programa hay música de guitarras.
   9. Los mariachis unen voces y guitarras en la forma de una flor.
   10. El ballet alude a varias leyendas y mitos mexicanos.

Answers: 1. sí   2. no   3. sí   4. sí   5. no   6. sí   7. no   8. sí   9. no   10. sí

B. Exprese Ud. en español.

   1. immediately   2. different   3. legends   4. states   5. circle   6. guitar

Repaso visual

Invente Ud. dos oraciones completas sobre cada uno de los dibujos.

1.

2.

3.

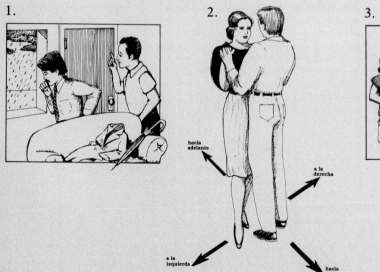

4.

5.

6.

Self-test 2

A. Complete Ud.

¿Este, esta, estos o estas?

1. Voy a trabajar con _____ hombre.
2. ¿Qué hacen Uds. _____ días?
3. ¿Por qué no vamos a _____ película?

¿Ese, esa, esos o esas?

4. _____ señores son famosos.
5. _____ cine es muy barato.
6. _____ señorita se llama Estela.

¿Ése, ésa, ésas, o ésos; éste, ésta, éstos o éstas?

7. Juan, quiero comprar un plato; quiero _____ que está allí.
8. Rafael, ¿tus libros son _____ que están allí?
9. Esa carta es para mi tío; ésta es para nosotros. Voy a leer _____ .

B. ¿Con o sin **a**?

1. Preferimos ver _____ una película.
2. Ellos hablan _____ sus amigos españoles.
3. Invite Ud. _____ su compañero.
4. No mire Ud. _____ esos cuadros.

C. Use Ud. la forma correcta del verbo.

1. (poder)   Ellas no _____ salir ahora.
2. (entender)   Yo _____ las dos lenguas muy bien.
3. (pensar)   En el cine él no _____ .
4. (querer)   Nosotros no _____ ir mañana.
5. (Volver)   ¿ _____ (tú) a casa tarde o temprano?
6. (salir)   Yo no _____ sola después de la cena.
7. (saber)   Yo no _____ dónde viven ellos.
8. (Conocer)   ¿ _____ Uds. al nuevo profesor?
9. (traer)   Yo siempre _____ discos a las fiestas.
10. (poner)   ¿Dónde _____ nosotros las flores?

D. Vocabulario. Complete Ud.

1. La hija de mi tía es mi _____ .
2. Todos mis hermanos, tíos y abuelos son mis _____ .
3. Mi hermano Ramón es soltero; no tiene _____ .
4. Isabel tiene siete años, Anita tiene cuatro y Julia tiene once. Julia es la hermana mayor, y Anita es la hermana _____ .
5. Si hoy es miércoles, mañana es _____ .
6. Diciembre, enero y febrero son los _____ de invierno.
7. Treinta y cuarenta son _____ .
8. Doscientos y trescientos son _____ .

E. Cambie Ud. al mandato.

MODELO   Uds. / cantar ahora → Canten Uds. ahora.

1. Ud. / venir temprano
2. Uds. / hablar con Raúl
3. Ud. / decidir pronto
4. Uds. / no comer con ellos
5. Uds. / buscar la farmacia
6. Ud. / no ir a esa escuela

F. Exprese Ud. en español.

1. the fifth child   2. the second show   3. the third grandson

G. Vocabulario. Complete Ud.

1. (*I am hungry*) Quiero comer porque _____ .
2. (*we are very cold*) Estamos en invierno y _____ .
3. (*the weather is good*) Vamos al centro porque _____ .
4. (*good*) Juan es un _____ muchacho.
5. (*doing*) ¿Qué estás _____ ?
6. (*I am looking for*) _____ mi impermeable.
7. (*Our*) _____ anuncios son muy originales.
8. (*She is sleeping*) _____ ahora. ¡Silencio!
9. (*Your* [*fam., sing.*]) _____ discos son muy interesantes.
10. (*My*) _____ novelas no cuestan mucho.

El béisbol es un deporte muy popular en México y en los países del Caribe. Este equipo representa uno de los barrios cubanos de Miami. Los jugadores están muy contentos porque ganaron (*they won*) el partido.

Los deportes

Jim Anderson/Woodfin Camp & Associates

Peter Menzel

GRÁFICOS

Ejercicio físico

SUSTANTIVOS	VERBOS
1. la caminata	hacer una _____
2. el ciclismo	andar en bicicleta[1]
3. el básquetbol	jugar (ue) a _____
4. el béisbol	jugar (ue) a _____
5. el golf	jugar (ue) a _____
6. el esquí	esquiar[2]
7. la pesca	pescar
8. la piscina	nadar

Práctica

A. Conteste Ud.

1. ¿Cuál es su deporte favorito?
2. ¿Con quién practica Ud. ese deporte?
3. ¿Qué deportes ve Ud. en la televisión?
4. ¿Qué deportes practicamos en invierno?
5. ¿Cuál es el deporte más popular de los Estados Unidos?
6. ¿En qué deporte es famoso Fernando Valenzuela?
7. ¿Adónde va Ud. cuando quiere andar en bicicleta?
8. ¿Hay piscina en la residencia (*dormitory*) en que Ud. vive?

Diviértase y Goce

SKI ACUATICO
BUCEO AUTONOMO
PASEO A CABALLO
PESCA
CACERIA
TENIS*
*(Vea a nuestro Director
de Relaciones Públicas)

Posada
Vallarta

---

[1]**Montar en bicicleta** and **pasear en bicicleta** are also used in many parts of the Spanish-speaking world.

[2]A written accent is required on the **i** of all but the first and second persons plural: **esquío, esquías, esquía, esquiamos, esquiáis, esquían.**

B. Conteste Ud. a base del anuncio de la página 142.

   1. ¿Cómo se llama este hotel?   2. ¿Qué diferentes actividades hay para el
turista?   3. ¿A quién tiene que ver el turista para tomar parte en estas actividades?

Un partido de fútbol[3] *(A Soccer Match)*

1. el jugador   2. el balón   3. un gol   4. la gente[5]

PRETERITE TENSE

-ar:	ganar	
	gané	*I won*
	ganó	*you (he/she) won*
	celebrar	
	celebré	*I celebrated*
	celebró	*you (he/she) celebrated*
-er:	beber	
	bebí	*I drank*
	bebió	*you (he/she) drank*
	comer	
	comí	*I ate*
	comió	*you (he/she) ate*
	ver	
	vi	*I saw*
	vio[4]	*you (he/she) saw*
-ir:	recibir	
	recibí	*I received*
	recibió	*you (he / she) received*

Querido Óscar,
   Recibí tu carta esta mañana. ¿Cómo estás? ¿Qué hay de nuevo?
   Anoche vi un partido de fútbol entre dos *equipos* internacionales. Uno
de los jugadores, el famoso Pelé, recibió una tremenda ovación *después
de meter*[6] un gol *casi* imposible: un *chute de espaldas* hacia la *puerta.* Su
equipo ganó fácilmente el partido. Mucha gente que vio el partido celebró la victoria con cerveza y vino. Yo *la* celebré también: bebí *algo* y
comí mucho *antes de* volver a casa.
                  Un *abrazo de* 𝒜𝓃𝓉𝑜𝓃𝒾𝑜

Dear

Last night / teams
after making
almost / backwards
  kick / gate
it / something
before
embrace (hug)

---

[3]In Spanish **fútbol** refers to *soccer.* North American *football* is generally called **fútbol (norte)americano** in the
Hispanic world.

[4]Accent marks are not used on these forms of **ver,** because they are one-syllable words.

[5]**Gente,** like English *group,* is used with a singular verb: **Sí, la gente cree eso.**

[6]In Spanish the verb form that follows a preposition is the infinitive, not the present participle as in English:
después de venir *(after coming),* **antes de hablar** *(before speaking).*

Práctica

A. Conteste Ud.

1. ¿Qué vio ayer Antonio?
2. ¿Cuándo recibió Pelé una tremenda ovación?
3. ¿Qué equipo ganó el partido?
4. ¿Qué celebró la gente?
5. ¿Cómo celebró la victoria Antonio?

B. Cambie Ud. según el modelo.

MODELO   Ud. comió algo. → Yo comí algo.

1. Ud. vio un excelente partido ayer.
2. Ud. recibió una tremenda ovación.
3. Ud. ganó fácilmente.
4. Ud. celebró la victoria.
5. Ud. bebió algo también.

C. Conteste Ud. *In items 4–6, see whether you can transfer the preterite endings you have learned to other verbs.*

1. ¿Cuándo vio Ud. un partido de fútbol (de fútbol americano)?
2. ¿Cómo se llama el equipo que ganó?
3. ¿Celebró Ud. la victoria? ¿Por qué sí (no)?
4. ¿Cuánto costó el billete?
5. ¿Invitó Ud. a un amigo (una amiga) a ir al partido?
6. ¿A qué hora volvió a casa?

¡Qué mala suerte!

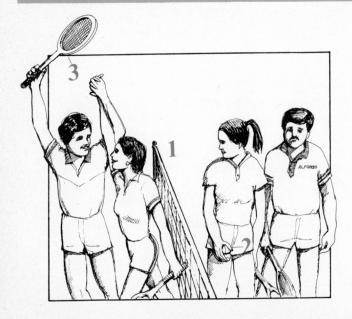

OTHER PRETERITES

comencé	*I began*
comenzó	*you (he/she) began*
compré	*I bought*
compró	*you (he/she) bought*
practiqué	*I practiced*
practicó	*you (he/she) practiced*
perdí	*I lost*
perdió	*you (he/she) lost*

1. la cancha (*court, field*)
2. la pelota
3. la raqueta

Yo comencé a jugar al tenis el año *pasado*. Compré una raqueta y tres   last
pelotas, y practiqué con un experto en una cancha de la universidad.
Este año gané varias veces, pero perdí el *campeonato*. ¡Qué mala suerte!   championship

Práctica

A. Conteste Ud.

1. ¿Cuándo comenzó a jugar al tenis Alfonso?
2. ¿Qué compró Alfonso?

3. ¿Con quién practicó?
4. ¿Ganó siempre?

B. ¿Qué hacen las personas de los dibujos? *Use the cues to expand your descriptions. Pretend that you are personally involved in the activities depicted.*

1.
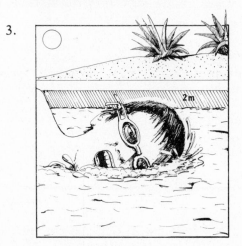

hacer buen tiempo / primavera

2.

junio / amigos / jugar

3.

agosto / calor / nadar

4.

andar / invierno / abrigos

5.

6.

béisbol / verano / sed

campo de golf / otoño / llover

C. **Un discurso** (*speech*). *Pretend you play tennis even if you don't! Go over your presentation several times in order to practice using new verb forms quickly and smoothly. Some ideas on which to base your speech are given here.*

1. ¿Cuándo comenzó a jugar al tenis?
2. ¿Dónde compró su raqueta?
3. ¿Cuánto costó?
4. ¿Cuántas veces juega cada semana?
5. ¿Con quién practica?
6. ¿Cuántas pelotas perdió el primer año?
7. ¿Cuántos partidos ganó o perdió durante el verano?
8. ¿Ganó el campeonato?

Palabras fáciles

Adjectives that end in *-ous* in English end in **-oso** (**-osa**) in Spanish.

ENGLISH	SPANISH
amorous	amoroso, -a
curious	curioso, -a
delicious	delicioso, -a
fabulous	fabuloso, -a
furious	furioso, -a

Práctica

A. Exprese Ud. en español.

1. (*a virtuous man*) El señor Paredes es ____ .
2. (*superstitious*) ¿Por qué eres tan ____ ? ~~curioso~~ supersticioso

3. (*contagious*)   Eso es muy _contagioso_   5. (*delicious*)   Estos platos son _delicioso_
4. (*a generous woman*)   Marisela es _generoso_

B. Pronuncie Ud.

1. el accidente	4. internacional	7. popular	10. tremendo
2. el club	5. necesario	8. la residencia	11. las vacaciones
3. el experto	6. la ovación	9. la satisfacción	12. la victoria

GRAMÁTICA ESENCIAL

34. The Preterite Tense

There are two simple past tenses in Spanish: the preterite and the imperfect (presented in **Lección 9**). The preterite expresses a past action that had a definite beginning and end. The duration of the action is unimportant; the essential thing is that the action is viewed by the speaker as being over and done with. Compare the preterite tense and the present tense below.

PRESENT		PRETERITE	
(yo) compro	*I buy, do buy, am buying*	(yo) compré	*I bought, did buy*
(Ud.) bebe	*you drink, do drink, are drinking*	(Ud.) bebió	*you drank, did drink*
(él) recibe	*he receives, does receive, is receiving*	(él) recibió	*he received, did receive*

In the **Gráficos** section of this lesson, you used the **yo** and **Ud.** (**él/ella**) preterite forms of some verbs. Now learn the other preterite endings.

-AR VERBS		**-ER, -IR** VERBS	
-é	-amos	-í	-imos
-aste	-asteis	-iste	-isteis
-ó	-aron	-ió	-ieron

BAJAR (*TO GO DOWN*)	**CORRER** (*TO RUN*)	**SUBIR** (*TO GO UP*)
baj**é**	corr**í**	sub**í**
baj**aste**	corr**iste**	sub**iste**
baj**ó**	corr**ió**	sub**ió**
baj**amos**	corr**imos**	sub**imos**
baj**asteis**	corr**isteis**	sub**isteis**
baj**aron**	corr**ieron**	sub**ieron**

The preterite endings of **-er** and **-ir** verbs are the same. The first person plural of **-ar** and **-ir** verbs (**bajamos, subimos**) has the same ending in both the preterite and the present. The context generally reveals which tense is intended.

Stem-changing verbs of the first and second conjugations (**-ar, -er**) do *not* change their stem vowels in the preterite.

PRESENT	PRETERITE
(yo) ent**ie**ndo	(yo) entendí
(Ud.) com**ie**nza	(Ud.) comenzó
(ellas) v**ue**lven	(ellas) volvieron

The spelling changes (**c → qu, g → gu, z → c**) you learned with commands in **Lección 4** also occur in the first person singular of the preterite: **practico → practiqué, llego → llegué, comienzo → comencé.** When it appears between two vowels, the **i** of the third person preterite endings **-ió** and **-ieron** changes to **y: creyó, creyeron; leyó, leyeron.**

Práctica

A. Complete Ud. en pretérito según el modelo.

MODELO   (comer)   Uds. _____ en el hotel. →
         Uds. comieron en el hotel.

1. (no entender) $\left\{\begin{array}{l}\text{Yo} \\ \text{Tú y Alberto} \\ \text{Mi madre y yo}\end{array}\right\}$ _____ el partido.

2. (pasar) $\left\{\begin{array}{l}\text{Yo} \\ \text{Uds.} \\ \text{Nosotros}\end{array}\right\}$ _____ el día andando en bicicleta.

3. (vivir) $\left\{\begin{array}{l}\text{Tú} \\ \text{Ella} \\ \text{Vosotros}\end{array}\right\}$ _____ en la capital.

4. (ver) $\left\{\begin{array}{l}\text{Ud. y Juan} \\ \text{Él} \\ \text{Ellos}\end{array}\right\}$ _____ un partido de básquetbol.

5. (comprender) $\left\{\begin{array}{l}\text{La muchacha} \\ \text{Mis amigos} \\ \text{Nosotros}\end{array}\right\}$ _____ ese deporte.

B. Transformaciones. *With a classmate take turns making the following changes as quickly as possible. Only the student giving the first verb form should have the text open. Answers are given to facilitate rapid correction. You can also study alone by covering the answers.*

presente → pretérito
MODELO   ESTUDIANTE A: hablan   → ESTUDIANTE B: hablaron

1. sube   → subió   4. vives   → viviste
2. entiendo   → entendí   5. escribimos → escribimos
3. charlo   → charlé   6. cree   → creyó

pretérito → presente
MODELO   ESTUDIANTE A: trabajaste   → ESTUDIANTE B: trabajas

1. salí   → salgo   4. bajaron   → bajan
2. bebimos   → bebemos   5. miré   → miro
3. entraste   → entras   6. leyó   → lee

mandatos → pretérito
MODELO   ESTUDIANTE A: ¡Estudie Ud.!   → ESTUDIANTE B: Ya estudié.

1. ¡Trabaje Ud.!   → Ya trabajé.   4. ¡Lea Ud.!   → Ya leí.
2. ¡Canten Uds.!   → Ya cantamos.   5. ¡Corra Ud.!   → Ya corrí.
3. ¡Practique Ud.! → Ya practiqué.   6. ¡Contesten Uds.! → Ya contestamos.

pretérito → mandato
MODELO   ESTUDIANTE A: No trabajé.   → ESTUDIANTE B: Pues, ¡trabaje Ud.!

1. No comí.   → Pues, ¡coma Ud.!   4. No salí.   → Pues, ¡salga Ud.!
2. No pagué.   → Pues, ¡pague Ud.!   5. No comenzamos   → Pues, ¡comiencen Uds.!
3. No bailamos. → Pues, ¡bailen Uds. 6. No almorcé.   → Pues, ¡almuerce Ud.!

Memopráctica

The memorization of verb forms may seem uninteresting, but the ability to use verbs accurately and automatically is one of the keys to real communication in a foreign language. Here are two hints that will make the time you spend practicing verb forms more profitable: (1) Make verb forms more meaningful by inventing your own brief contexts for them. For example, don't just repeat **hice/hizo.** Instead, practice these forms in short sentences: **¿Qué hizo Ud. ayer? Hice una caminata.** (2) Keep all the verb tenses you know fresh in your mind by reviewing the forms you already know while practicing the new forms: **hablo/hablé, como/comí,** and so on.

   Here are some brief contexts to help you practice the verb forms in the first set of items in Exercise B. Practice with these sentences, then make up your own contexts for the other verbs in the exercise.

1. Sube al coche.   4. ¿Vives aquí?
2. Entiendo todos los verbos. 5. Escribimos dos cartas.
3. Charlo con Juan.   6. Cree en Santa Claus.

35. Irregular Preterites: *Hacer, venir, dar, ir, ser*

Several common verbs do not follow the regular pattern for forming the preterite tense. However, these irregular preterites have certain features in common. For example, none bears an accent on the final syllable, and all of them form the preterite on an irregular stem.

hacer: hice, hiciste, hizo, hicimos, hicisteis, hicieron
venir: vine, viniste, vino, vinimos, vinisteis, vinieron
dar: di, diste, dio, dimos, disteis, dieron
ir / ser: fui, fuiste, fue, fuimos, fuisteis, fueron

NOTE 1: The verb **dar,** a first-conjugation (**-ar**) verb, takes the preterite endings of **-er/-ir** verbs.

NOTE 2: The preterite of **ir** is exactly like the preterite of **ser.** In Spanish, *I went* and *I was* are both (**yo**) **fui.**

Práctica

A. Complete Ud. en pretérito según el modelo.

MODELO   (dar)   Uds. _____ un paseo ayer. →
             Uds. dieron un paseo ayer.

1. (ir)
   {
   Yo
   Mi madre
   Ud.
   } _____ a nadar ayer.

2. (hacer)
   {
   Nosotras
   Uds.
   Tú
   } _____ una caminata hoy.

3. (dar)
   {
   Adriana
   Julita y su amigo
   Uds.
   } _____ dinero al niño.

4. (ser)
   {
   Los jugadores
   El gol
   El partido
   } _____ estupendo (-a, -os, -as).

5. (venir)
   {
   Tú y yo
   Ella y él
   Tú y Juan
   } _____ por la tarde.

B. Cambie Ud. al pretérito.

1. Hablo con uno de los jugadores. *hablé*   6. Ellas salen a la calle. *salieron*
2. Él es muy amable. *fue*   7. ¿Vienes al partido con tu novio? *viniste*
3. Nosotros nadamos todos los días. *nadamos*   8. Ellos dan una ovación al jugador. *dieron*
4. Ud. no juega al básquetbol. *jugó*   9. Nosotros vamos a la piscina. *fuimos*
5. ¿Qué hace Alberto? *hizo*   10. Vosotros sois los primeros. *fuisteis*

36. Stem Changes in the Preterite

Some **-ir** verbs change the **e** to **i** or the **o** to **u** in the third person singular and plural of the preterite.

SERVIR (I) *(TO SERVE)*	DORMIR (UE) *(TO SLEEP)*
serví	dormí
serviste	dormiste
sirvió	durmió
servimos	dormimos
servisteis	dormisteis
sirvieron	durmieron

Other verbs that you know undergo similar changes: **pedir** (**pidió, pidieron**), **preferir** (**prefirió, prefirieron**), **repetir** (**repitió, repitieron**). Two new verbs with these changes are **morir** (*to die*) (**murió, murieron**) and **sentir** (*to feel*) (**sintió, sintieron**).

Práctica

A. Complete Ud. en pretérito con el verbo indicado.

1. (preferir)   ¿Quiénes no _____ ir al teatro? *prefiriste* *preferiste* *prefirieron*
2. (servir)   Mi madre _____ unos sándwiches después del concierto. *sirvió*
3. (dormir)   ¿El niño sólo _____ tres horas anoche? *durmió*
4. (repetir)   El profesor no _____ las palabras del examen. *repitió*
5. (pedir)   Juanita _____ tres billetes para la primera función. *pidió*
6. (morir)   Tres jóvenes _____ en el accidente. *murieron*
7. (sentir)   Mi padre _____ gran satisfacción. *sintió*
8. (preferir)   Yo _____ invitar a todos mis amigos. *preferí*
9. (Entender)   ¿ _____ Ud. el juego (*game*)? *Entendió*
10. (almorzar)   ¿Con quién _____ Ud.? *almorzó*

B. Preguntas y respuestas. *Work in groups of three: student A asks a question; student B gives one answer; student C restates B's choice and then gives his or her own.*

MODELO   ¿Qué / ejercicios / repetir? — **Palabras fáciles** / preguntas del **Repaso** →
  ESTUDIANTE A: ¿Qué ejercicios repitieron Uds.?
  ESTUDIANTE B: Repetí las **Palabras fáciles.**
  ESTUDIANTE C: ¿Ud. repitió (¿Tú repetiste) las **Palabras fáciles?** Pues, yo repetí las preguntas del **Repaso.**

1. ¿qué / pedir / restaurante? — sándwich / café   *pidió*
2. ¿cuándo / volver / a casa? — a las ocho / a las once   *volvió*
3. ¿cuántas / horas / dormir? — cinco / nueve   *durmió*   *sirvió*
4. ¿a quiénes / servir? — a los otros estudiantes / al presidente de la universidad
5. ¿qué / regalos / preferir? — sombrero / mantel   *prefirió*
6. ¿qué / sentir / con esa película? — alegría (*happiness*) / horror   *sintió*

C. Conteste Ud.   *Yo*

1. ¿Qué hiciste ayer por la tarde?   *hice el trabajo*   *trabajé*
2. ¿Adónde fuiste anoche?   *fue a casa*
3. ¿Cuándo hablaste con tus padres?   *hablé*
4. ¿Cuánto tiempo estudiaste anoche?   *estudié*
5. ¿Qué escribiste ayer?   *escribí*
6. ¿Dónde comiste esta mañana?   *comí*
7. ¿Cuántas cartas recibiste hoy?   *recibí*
8. ¿Qué compraste esta semana?   *compré*
9. ¿Cuántas horas dormiste anoche?   *dormí*
10. ¿Qué preparaste para la clase hoy?   *preparé*
11. ¿Dónde trabajaste el verano pasado?   *trabajé*
12. ¿Qué aprendiste en esta clase ayer?   *aprendí*
13. ¿Con quiénes saliste anoche?   *salí*

37. *Por* and *para* Contrasted

Por and **para** are similar in meaning; both express English *for*, among other meanings. However, as in the case of **ser** and **estar,** apparently identical translations often have fundamentally different meanings.

A. Movement versus destination

POR	TYPE OF MOVEMENT
along	Él corre por la calle. *He runs along the street.*
through (by)	Ella entró por la puerta principal. *She entered through the main door.*

PARA	GOAL OF MOVEMENT
for	Él sale para Lima mañana. *He leaves for Lima tomorrow.*

The following diagrams illustrate the differences presented above.

por   **para**

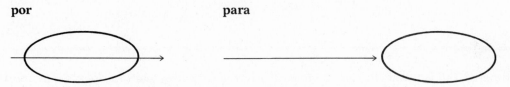

B. Duration of time versus specific moment

POR	PERIOD OF TIME
for, during	Va a estar en la ciudad por varios días. *He is going to be in the city for several days.*

PARA	POINT IN TIME, DEADLINE
for, by	Tengo que hacer el trabajo para el lunes. *I have to do the work by Monday.*

The following diagram illustrates the two concepts graphically. Assume that each division is one day.

lunes

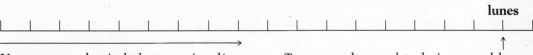

Va a estar en la ciudad por varios días.   Tengo que hacer el trabajo para el lunes.

C. Other uses of **para**

1. *for* (with someone or something in mind)
   El regalo es **para** su madre.
   The present is for his mother.
2. *in order to*
   Es necesario practicar mucho **para** hablar bien el español.
   It is necessary to practice a lot in order to speak Spanish well.

D. Other uses of **por**

1. to indicate exchange
   Voy a dar cien pesos **por** ese cuadro.
   I am going to give one hundred pesos for that painting.
2. to imply replacement
   Hoy trabajo **por** mi padre.
   Today I'm working for (instead of) my father.

Práctica

A. ¿**Por** o **para**? *Tell whether the italicized word(s) would be* **por** *or* **para** *in Spanish. Do* **not** *translate the sentences.*

1. She left *by* the main door. ~~para~~ por
2. We will do it *for* his sake. para
3. He came down *in order to* consult her. para
4. These fruits are *for* our lunch. para
5. They were walking *along* Fifth Avenue. por
6. He lent me his car *for* two days. por
7. He ran *through* the park. por
8. The telegram is *for* Mary. para
9. I wouldn't give them ten cents *for* that picture. por
10. This is very good *for* your illness. para

B. ¿**Por** o **para**? Lea Ud. la oración completa.

1. No quiere salir para Bogotá antes de enero.
2. Aquí tenemos un regalo para tu esposa.
3. Pase Ud. por aquí, don Felipe; no espere Ud. más.
4. Tengo que ganar más dinero para comprar una casa.
5. Lean Uds. esto para mañana.
6. Salen para Tejas el domingo.
7. Di diez dólares por esta raqueta.
8. Viene por la calle cantando en español.
9. Mi padre no puede ir hoy; por eso yo voy a hablar por él.
10. Ellos vivieron en Lima por muchos años.

Repaso

A. Verbos. Exprese Ud. en español.

1. I run
2. they came
3. we entered
4. they are (here)
5. she hears
6. you (**Uds.**) took
7. I looked for
8. we paid
9. I swam
10. you (**Uds.**) began
11. they wrote
12. we watched
13. I understand
14. you (**vosotros**) bring
15. we opened

16. I said	21. you (**Ud.**) did	26. I requested (asked for)
17. you (**tú**) went	22. you (**tú**) ate	27. I have
18. I arrived	23. they sang	28. we listened
19. we study	24. he slept	29. he receives
20. they eat lunch	25. we believe	30. don't discuss! (**Uds.**)

Answers: 1. corro   2. vinieron   3. entramos   4. están   5. oye   6. tomaron
7. busqué   8. pagamos   9. nadé   10. comenzaron   11. escribieron   12. miramos
13. entiendo   14. traéis   15. abrimos   16. dije   17. fuiste   18. llegué
19. estudiamos   20. almuerzan   21. hizo   22. comiste   23. cantaron   24. durmió
25. creemos   26. pedí   27. tengo   28. escuchamos   29. recibe   30. ¡no discutan!

B. Posesivos. Use Ud. los posesivos indicados en la columna A con tres sustantivos del grupo B.

A	B	
1. my	a. ciudad	g. mapa
2. our	b. lápiz	h. países
3. their	c. padres	i. flores
4. your *(fam., sing.)*	d. reloj	j. canción
5. his	e. deporte	k. calcetines
6. her	f. coches	l. tocadiscos

CONVERSACIÓN

TEXTO: Fin de semana

ADRIANA: ¿Qué hiciste este *fin de semana*, Julita?   weekend

JULITA: El viernes por la mañana vinieron mis primos. Ese día, por la tarde, dimos un paseo y después fuimos a nadar al Club de San Bernardo.

ADRIANA: ¿Por qué fueron a ese club?

JULITA: Porque tiene una hermosa piscina. Como *me encanta* el esquí   I love
acuático, el sábado por la mañana fuimos al *lago*. Ahí[7] *alquilan*   water / lake / they rent
botes.   boats

ADRIANA: ¡*Qué lindo*! El esquí acuático es mi deporte favorito también.   How nice!

JULITA: Por la tarde hicimos una caminata por las *montañas* que fue   mountains
estupenda, y por la noche vimos una película.

---

[7]Both **allí** and **ahí** mean *there*, but **ahí** is sometimes used in a more precise sense:

¿Qué tienes ahí?   *What do you have (right) there?*
¿Qué ves allí?   *What do you see over there?*

ADRIANA: ¿Y qué hicieron el domingo?

JULITA: Yo dormí casi toda la mañana, pero, por la tarde, *viajamos* a la   we traveled
capital. Allí vimos un partido de fútbol y, cuando *terminó*,   it ended
fuimos a comer. Volvimos a casa anoche a las once. ¡Ay! *¡Qué
vida!* Y tú, ¿qué hiciste? ¿adónde fuiste?   What a life!

ADRIANA: No salí de casa. Pasé todo el fin de semana estudiando química.

Cultural Notes

1. In most Hispanic countries **el fútbol** is the national sport, often generating impassioned loyalties. At times, in fact, it seems that a country's national honor is at stake on the playing field.

2. Currently **el fútbol americano** is gaining in popularity in some Hispanic countries, just as soccer is becoming increasingly popular in this country.

3. Soccer and basketball (plus baseball in Mexico and the Caribbean area) are popular spectator sports in many Hispanic countries. However, the participation of the general public in such sports as jogging, tennis, and racquetball is not as extensive as in North America and Europe. People are, however, much more accustomed to walking than we are. It is not uncommon for a person to take several walks every day and, in the course of conversing with a friend, walk halfway across the city.

Práctica

A. **El fin de semana de Julita.** *Select the activity from column B that corresponds to the times indicated in column A. Don't refer back to the dialog.*

A	B
viernes	
1. por la mañana	a. Hicimos una caminata por las montañas.
2. por la tarde	b. Viajamos a la capital para ver un partido de fútbol.
3. después	c. Dormí.
sábado	d. Comimos en el hotel.
4. por la mañana	e. Vinieron mis primos.
5. por la tarde	f. Volvimos a casa.
6. por la noche	g. Dimos un paseo.
domingo	h. Fuimos a nadar al Club de San Bernardo.
7. casi toda la mañana	i. Fuimos al lago.
8. por la tarde	j. Vimos una película.
9. a las seis	
10. a las once	

Hoy día mucha gente participa activamente en diferentes deportes. Aquí dos jóvenes de la capital mexicana andan en bicicleta, mientras sus compañeros practican el «footing». Los grandes parques de la ciudad son sitios muy buenos para tales (*such*) deportes.

Beryl Goldberg

B. El fin de semana de Ud. *Following the time sequence given in column A above, tell the class what you did last weekend (or on a special vacation weekend you remember). Try to use two or more sentences for each time indicated.*

C. Preguntas.

1. ¿Cuál es su deporte (equipo, jugador) favorito?
2. ¿Dónde le gusta a Ud. nadar (correr, pescar, hacer una caminata)?
3. ¿En qué estación jugamos al béisbol (esquiamos, nadamos, pescamos, andamos en bicicleta)?
4. ¿Qué refrescos toma Ud. cuando va a un partido de fútbol?
5. ¿Qué deportes prefieren las mujeres? ¿Y los hombres?
6. ¿Qué equipos de béisbol (fútbol, básquetbol) le gustan más? ¿Por qué?
7. ¿Le gusta la pesca? ¿Cree Ud. que es realmente un deporte?
8. ¿Qué necesita Ud. para jugar al tenis? ¿Y al fútbol?

Comunicación

A. Teatro. *With a classmate invent a skit similar to* **Fin de semana** *for presentation to the class. One of you stayed at home and can only ask questions. The other did many things and is bubbling with enthusiasm. Try to think of a funny ending. Some possible questions are given here.*

  1. ¿Qué hiciste?   3. ¿A quiénes viste?   5. ¿Cuándo volviste a casa?
  2. ¿Adónde fuiste?   4. ¿Dónde dormiste?   6. ¿Qué hiciste entonces?

B. Identificaciones. *Prepare and present clues on a sport or a famous sports figure for the class to identify.*

 MODELO 1. Es un señor que gana mucho dinero. 2. No es una persona muy grande. 3. Es un joven un poco violento. 4. Juega al tenis y no le gusta perder. 5. Gana muchos campeonatos. 6. Tiene que comprar muchas raquetas nuevas.

Answer: Se llama John McEnroe.

Vocabulario activo

ADJETIVOS

pasado, -a last (*with expressions of time*)

ADVERBIOS

anoche last night
antes de before
casi almost
después de after, afterward

SUSTANTIVOS

el **balón** ball
el **básquetbol** basketball
el **béisbol** baseball
la **caminata: hacer una _____** to hike (to go hiking)
el **campeonato** championship
la **cancha** tennis court
el **ciclismo** cycling
el **deporte** sport

el **equipo** team
el **esquí** skiing, ski
el **fútbol** soccer; football
la **gente** people
el **gol** goal
el **golf** golf
el **jugador** / la **jugadora** player
la **montaña** mountain
el **partido** match, game
la **pelota** ball
la **pesca** fishing
la **piscina** swimming pool
la **raqueta** racket
el **tenis** tennis
las **vacaciones** vacation
la **vida** life

VERBOS

andar to walk; **_____ en bicicleta** to ride a bicycle
bajar to go down

beber to drink
esquiar to ski
ganar to win
morir (ue) to die
nadar to swim
perder (ie) to lose
pescar to fish
recibir to receive
sentir (ie) to feel
subir to go up
viajar to travel

EXPRESIONES ÚTILES

el **fin de semana** weekend
me (le) encanta I (he/she/you) love(s)
¡no me diga! don't tell me! you don't say!
todo, -a (el día, la mañana, la noche) all (day, morning, night) long

---

La «casa» donde uno vive puede ser un rancho, una hacienda tradicional o una casa grande con jardines y patios. Sin embargo (*However*), la mayoría (*majority*) de los españoles viven en apartamentos. El antiguo pero elegante edificio de apartamentos está en Valencia, en el sureste de España. La casa ultramoderna es de un artista de Asunción, la capital del Paraguay.

LECCIÓN OCHO

La casa

Klaus D. Francke/Peter Arnold, Inc.

foto du Monde/The Picture Cube

GRÁFICOS

Habitaciones y muebles *(Rooms and Furniture)*

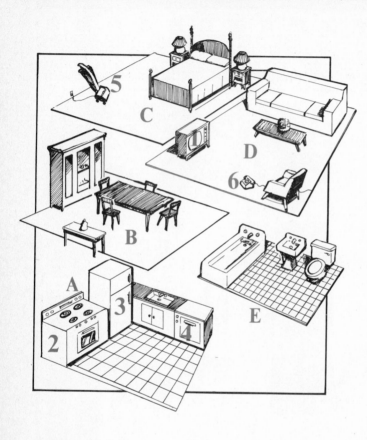

SUSTANTIVOS	VERBOS
las habitaciones	
A. la cocina	cocinar *(to cook)*
B. el comedor	cenar *(to eat dinner,*
C. la alcoba	*supper)*
D. la sala de	descansar *(to rest)*
estar	fumar cigarrillos *(to*
E. el cuarto	*smoke cigarettes)*
de baño	limpiar *(to clean)*
los aparatos	
(eléctricos)	
1. el televisor	apagar/encender (ie)
2. la cocina	*(to turn off/to*
eléctrica	*turn on)*
3. el refrigerador	
4. el lavaplatos	lavar *(to wash)*
5. la aspiradora	
6. el teléfono	llamar por teléfono
	(to call)

Práctica

A. Conteste Ud.

1. ¿Dónde recibimos a los amigos?
2. ¿En qué habitación necesitamos una mesa y sillas?
3. ¿Qué encendemos cuando deseamos ver un buen programa?
4. ¿Qué necesitamos para preparar diferentes platos?

5. ¿Dónde lava Ud. los platos?
6. ¿En qué habitación duerme Ud.?
7. ¿Dónde lee Ud. el periódico?
8. ¿En qué habitación mira su familia la televisión?

B. **Asociaciones.** ¿Qué muebles o aparatos usa Ud. para...

1. cenar? 3. lavar los platos? 5. limpiar la sala de estar?
2. mirar las noticias? 4. mirar la televisión? 6. llamar a un amigo?

C. ¿Qué palabras del grupo B asocia Ud. con los verbos de la columna A?

A	B		
1. cocinar	a. vaso	f. cigarrillo	k. tocadiscos
2. encender	b. televisor	g. falda	l. año
3. fumar	c. pelota	h. venta	m. cancha
4. lavar	d. jefe	i. fecha	n. paraguas
	e. mantel	j. país	o. plato

Answers: If your answers are the following, you are remembering vocabulary very well: 1. o
2. b, k 3. f 4. a, e, g, o.

Vida doméstica

**DIRECT OBJECT
PRONOUNS**

lo *it (masc.)*
la *it (fem.)*
los *them (masc.)*
las *them (fem.)*

1. el estante
2. el sillón
3. el escritorio
4. la máquina de escribir

LA ESPOSA: Juan, ¿dónde está la *libreta de cheques*? checkbook
EL ESPOSO: La usé ayer en el *despacho*. Creo que está en el estante... o en office
el sillón.
LA ESPOSA: ¿Y mi bolígrafo?
EL ESPOSO: Pues..., lo vi en el sofá esta mañana.
LA ESPOSA: ¿Y dónde están las *cuentas*? bills
EL ESPOSO: Las *dejé* en el escritorio, *debajo del* teléfono. I left / under the
LA ESPOSA: La otra máquina de escribir no está en el despacho.
EL ESPOSO: ¡Ah, sí! La llevé al *sótano* para limpiarla. basement
LA ESPOSA: ¡*Vaya, vaya*! ¿Y dónde tienes la *cabeza*? Well, really! / head

Práctica

A. Cambie Ud. según el modelo.

MODELO   Vi el nuevo sillón. → Lo vi.

1. Usé la libreta de cheques ayer. *La usé*
2. Dejé las cuentas en el escritorio. *Las dejé*
3. Vi el bolígrafo esta mañana. *Lo vi*
4. Llevé la máquina de escribir al sótano. *La llevé*
5. Compré el bolso. *Lo compré*
6. Limpié la cocina. *La limpié*
7. Encendí el televisor. *Lo encendí*
8. Lavé los platos. *Los lavé*

B. Preguntas y respuestas. *With a classmate invent questions based on the items in Exercise A. Your classmate will answer, trying to respond as quickly as possible without looking at the book. Reverse roles for items 5–8.*

MODELO   ¿Viste... → ESTUDIANTE A: ¿Viste el nuevo sillón?
                        ESTUDIANTE B: Sí, yo lo vi.

1. ¿Usaste...
2. ¿Dejaste...
3. ¿Viste...
4. ¿Llevaste...
5. ¿Compraste...
6. ¿Limpiaste...
7. ¿Encendiste...
8. ¿Lavaste...

El turista inocente

IRREGULAR PRETERITES	
estuve	*I was*
estuviste	*you were*
traje	*I brought*
trajiste	*you brought*
puse	*I put*
pusiste	*you put*
tuve	*I had*
tuviste	*you had*
dije	*I said*
dijiste	*you said*

1. la alfombra   3. el armario   5. la lámpara
2. la cama   4. la cómoda   6. el paquete

LA NIETA: Sé que estuviste *de vacaciones* en Marruecos, abuelo.   on vacation
EL ABUELO: Sí, y traje dos *cosas* para tu alcoba. ¿Por qué no abres el   things
            paquete?
LA NIETA: ¡Ah! Una preciosa lámpara de metal... que voy a poner *sobre*   on top of
            mi cómoda.

EL ABUELO: Y mira, ya puse una pequeña alfombra oriental entre tu
cama y el armario.

LA NIETA: ¡Ay, abuelo! ¡Eres una *joya*!   jewel

EL ABUELO: Tuve que ir a un bazar especial, ¿sabes? Un amigo dijo que
es el *lugar* favorito de los *extranjeros* con mucho dinero... ¡y   place / foreigners
también de los turistas inocentes!

Memopráctica

The rapid use of related vocabulary items is an effective aid to memorization. For example, relate furniture with rooms, functions (using verbs), and other pieces of furniture. When watching television, you need a **silla**, **sillón**, **sofá**, or **cama** and perhaps a **lámpara** and **mesa** in addition to the **televisor**, and you'll use the verbs **mirar** and **ver**. Practice with a classmate: test each other orally according to categories and functions, and create a context (using a complete sentence) for each word.

Práctica

A. Conteste Ud. Imagine que Ud. es el abuelo y tiene que contestar las preguntas de la nieta.

1. ¿Dónde estuviste de vacaciones?   4. ¿Adónde tuviste que ir?
2. ¿Qué trajiste para mi alcoba?   5. ¿Qué dijo un amigo?
3. ¿Dónde pusiste la pequeña alfombra?

B. ¿Qué verbos asocia Ud. con estos objetos? Invente Ud. oraciones.

1. cocina eléctrica   5. lámpara   8. lavaplatos
2. televisor   6. cama   9. teléfono
3. sillón   7. libreta de cheques 10. paquete
4. comedor

C. Pregunte Ud. a otro estudiante...

1. quién usa la aspiradora en su casa   4. qué enciende en la sala de estar
2. qué apaga cuando sale de casa   5. quién limpia su habitación
3. si lava los platos todos los días

D. Un juego (*game*). *Each of three classmates will write on a slip of paper the name of one appliance or piece of furniture. The three should confer among themselves to avoid listing the same item. You will take all three slips of paper, but will look at only one. Your task is to find out which classmate listed that item. Here are some questions you can ask. Answers should be truthful and should include only* **sí** *or* **no**.

1. ¿Es un aparato eléctrico?   3. ¿Apaga Ud. este aparato por la noche?
2. ¿Usa Ud. este mueble en la cocina   4. ¿Lava Ud. este mueble con frecuencia?
   (alcoba)?   5. ¿Descansa (Duerme) Ud. en este mueble?

Palabras fáciles

Many English nouns and adjectives ending in *-al* have exactly the same ending in Spanish. Pronounce the Spanish words below, paying particular attention to the last syllable, which must bear the stress.

ENGLISH	SPANISH	ENGLISH	SPANISH
animal	animal	*mineral*	mineral
capital	capital	*occidental*	occidental
federal	federal	*principal*	principal
material	material	*social*	social

A few English nouns and adjectives ending in *-al* contain a double consonant. Note that their Spanish equivalents do not. Again, pronounce the Spanish words.

ENGLISH	SPANISH	ENGLISH	SPANISH
annual	anual	*intellectual*	intelectual
commercial	comercial	*occasional*	ocasional
official	oficial		

Práctica

A. Exprese Ud. en español.

1. (*the principal streets*) Éstas son _____ .
2. (*oriental*) Ella es _____ .
3. (*radical ideas*) Tienen _____ .
4. (*artificial*) Son flores _____ .
5. (*personal problems*) Ésos son _____ .

B. Pronuncie Ud.

1. automático
2. el bazar
3. económico
4. eléctrico
5. inmediatamente
6. inocente
7. el metal
8. el método
9. oriental
10. suficiente
11. el teléfono
12. los turistas

GRAMÁTICA ESENCIAL

38. Direct Object Pronouns

These pronouns take the place of nouns that function as direct objects. In the **Gráficos** section you already used these direct object pronouns to refer to things: **lo, la, los, las.** They may also refer to people. Here are all the direct object pronouns.

	SINGULAR			PLURAL
me	*me*		nos	*us*
te	*you (fam.)*		os	*you (fam.)*
lo[1]	*him/you (pol.)/it*		los	*them/you (pol.)*
la	*her/you (pol.)/it*		las	*them/you (pol.)*

El profesor **me** llamó anoche.   *The professor called **me** last night.*
Ellos no **nos** consultan.   *They don't consult **us**.*
¿Quién **te** invitó?   *Who invited **you** (fam., sing.)?*
Ya no **os** necesita.   *He no longer needs **you** (fam., pl.).*
¿Dónde está tu abrigo? No **lo** veo.   *Where is your coat? I don't see **it**.*
¿La pelota? **La** perdí.   *The ball? I lost **it**.*
¿Los paquetes? ¿No **los** tienes tú?   *The packages? Don't you have **them**?*
¿Sus libretas de cheques? ¡No **las** veo yo!   *Their checkbooks? I don't see **them**!*

NOTE: The direct object answers the question *whom?* or *what?* For example: *He buys foreign products.* Question: *He buys what?* Answer: *foreign products* (the direct object). *María called Juan.* Question: *María called whom?* Answer: *Juan* (the direct object).

Práctica

A. Cambie Ud. según los modelos.

MODELO   Vi *las instrucciones.* → Las vi.

1. Miran *el lavaplatos.* Los miran   4. Yo visité a *mis sobrinos.* Los visité or les
2. Ella compró *la cómoda.* La compró   Él limpió *la cocina.* La limpió
3. Yo vendí *los dos sillones.* Los vendí   6. Encendió *las dos lámparas.* Las encendió

MODELO   ¿Lavaste *la ropa?* → Sí, la lavé.

7. ¿Llevaste *tu suéter?* Lo llevé   10. ¿Dejaste *el paquete* en el estante? Lo dejé
8. ¿Compraste *los zapatos?* Los compré   11. ¿Gastaste *diez y seis dólares?* Los gasté
9. ¿Viste *al nuevo jefe?* Lo vi   12. ¿Acompañaste *a la dueña?* La acompañé

B. Exprese Ud. en español.

※ *Remember that **for** in item 3 is included in the verb in Spanish.* ※

1. They saw us.
2. I called you (*fam. sing.*).
3. She is looking for me.
4. Her sister? I know her well.
5. He invites you (*pol., pl., fem.*) each year.
6. They are watching you (*fam., pl.*).
7. I am cleaning them (*masc.*).
8. She turned it (*masc.*) off.

---

[1]In Spain, the direct object pronouns **le** and **les** are frequently used to express *him, them,* and *you* (*masc.*).

39. Position of Direct Object Pronouns

Direct object pronouns precede conjugated verbs and negative commands. These pronouns follow and are attached to affirmative commands; they also may follow and be attached to infinitives and present participles.

¿Cuándo **los** lava Ud.?   *When do you wash them?*
No **lo** compre Ud.   *Don't buy it.*
¡Vénda**los** Ud.!   *Sell them!*
Felipe no quiere ver**me**.   *Philip does not want to see me.*
Ella está llamándo**te**.   *She is calling you.*

NOTE 1: In the case of present participles and affirmative commands, note that an accent mark must be added in order to preserve the stress pattern of the original verb form.

NOTE 2: When there is an infinitive or a present participle, as in the last two examples above, the pronoun in most cases may also precede the conjugated verb, as in the following examples.

Felipe no **me** quiere ver.   *Philip does not want to see me.*
Ella **te** está llamando.   *She is calling you.*

Práctica

Cambie Ud. según los modelos.

MODELO   Quiero limpiar *el despacho*.   (with affirmative command)
            Pues, límpielo Ud.

1. Quiero ver *ese partido*.
2. Quiero ganar *dinero*.
3. Prefiero encender *la lámpara*.
4. Quiero comprar *esa alfombra*.
5. Quiero llamar *a León* por teléfono.

MODELO   ¿Prefiere Ud. ver *ese programa* ahora?   (with infinitive)
            Sí, prefiero verlo ahora.

6. ¿Quiere Ud. comprar *ese armario*?
7. ¿Pueden Uds. comprender *las noticias de hoy*?
8. ¿Prefiere Ud. ver *al jefe*?
9. ¿Quiere ella invitar *a sus amigos colombianos*?
10. ¿Vas a llamar *a tu padre*?

MODELO   Él escribe *una carta*.   (with present participle)
            Él está escribiéndola.

11. Mi madre hace *el café*.
12. Yo canto *las dos canciones*.
13. Julita paga *las cuentas*.
14. Las señoritas estudian *los cuadros de El Greco*.
15. Los padres buscan *una cómoda elegante*.

MODELO   No llame Ud. *a Juan.*   (with negative command)
No lo llame.

16. No compre Ud. *el vestido.*
17. No venda Ud. *la cómoda.*
18. No llame Ud. *a los señores Buero.*

19. No mire Ud. *las fotos.*
20. No visite Ud. *a sus parientes.*
21. No use Ud. *la aspiradora.*

40. Irregular Preterites: *Decir, traer; poner, querer; estar, tener*

These verbs are grouped according to the dominant consonant in their preterite forms.

-j-
- **decir:** dije, dijiste, dijo, dijimos, dijisteis, dijeron
- **traer:** traje, trajiste, trajo, trajimos, trajisteis, trajeron

-s-
- **poner:** puse, pusiste, puso, pusimos, pusisteis, pusieron
- **querer:** quise, quisiste, quiso, quisimos, quisisteis, quisieron

-v-
- **estar:** estuve, estuviste, estuvo, estuvimos, estuvisteis, estuvieron
- **tener:** tuve, tuviste, tuvo, tuvimos, tuvisteis, tuvieron

NOTE 1: There is no **i** in the endings of **dijeron** and **trajeron**.
NOTE 2: There are other irregular preterites that are not emphasized in **Motivos de conversación: poder (pude, pudiste, pudo,** and so on), **saber (supe, supiste, supo,** and so on).

Memopráctica

The following drill is intended to help you learn to make automatic responses, an essential skill for speaking a foreign language. Going over this kind of exercise just once is not enough. Repeat the sentences until you can give the new verb forms automatically. Check your active command of these forms by creating similar drills of your own. Learning to give verb forms quickly can be fun if you make it a game.

Práctica

Complete Ud. según los modelos.

MODELO   Cuando (yo) estuve en Colombia, hice muchas excursiones.

1. Cuando nosotros _estuvimos_ en el Perú _hicimos_ 3. Cuando ella _estuvo_ en el Brasil _hizo_.
2. Cuando Uds. ____ en la Argentina ____ .   4. Cuando tú ____ en el Ecuador ____ .

estuvieron   _hicieron_   _estuviste_   _hiciste_

MODELO   Ellos vinieron inmediatamente y lo pusieron en la mesa.

5. Nosotros _vinimos_ inmediatamente y lo _pusimos_   7. Tú _viniste_ inmediatamente y lo _pusiste_
6. Vosotros _vinisteis_ inmediatamente y lo _pusisteis_   8. Yo _vine_ inmediatamente y lo _puse_.

MODELO   Él dijo eso, pero yo no quise contestar.

9. Ellas _dijeron_ eso, pero tú _quisiste_   11. Nosotros _dijimos_ eso, pero vosotros _quisisteis_
10. Yo _dije_ eso, pero Uds. _quisieron_   12. Ellos _dijeron_ eso, pero nosotros _quisimos_

MODELO   Ellas trajeron esa alfombra y yo tuve que usarla.

13. Él _trajo_ esa alfombra y nosotros _tuvimos_   15. Nosotros _trajimos_ esa cómoda y ellos _tuvieron_
14. Ellos _trajeron_ ese televisor y yo _tuve_   16. Juanita y yo _trajimos_ la lámpara y Ud. _tuvo_

41. Familiar Commands

A. Affirmative commands with regular verbs
The affirmative command with **tú** is spelled the same as the third person singular of
the present indicative tense. Compare (**él**) **escucha** (*he listens*) with **¡escucha tú!**
(*listen!*).

-**ar:** mirar   ¡mira (tú)!   *look!*
-**er:** beber   ¡bebe (tú)!   *drink!*
-**ir:** escribir   ¡escribe (tú)!   *write!*

B. Affirmative commands with irregular verbs
The irregular familiar commands must be memorized.[2] Here are the most common.

decir   ¡di (tú)!   *say, tell!*   salir   ¡sal (tú)!   *leave!*
hacer   ¡haz (tú)!   *do, make!*   tener   ¡ten (tú)!   *have!*
ir   ¡ve (tú)!   *go!*   venir   ¡ven (tú)!   *come!*
poner   ¡pon (tú)!   *put, place!*

C. Negative commands
The negative command with **tú** uses the forms you learned earlier for **usted** plus a
final **-s.** Compare these **Ud.** and **tú** commands.

	WITH UD.	WITH TÚ
Regular Verbs	¡no trabaje Ud.!	¡no trabajes tú!
	¡no coma Ud.!	¡no comas tú!
	¡no escriba Ud.!	¡no escribas tú!
Irregular Verbs	¡no diga Ud.!	¡no digas tú!
	¡no salga Ud.!	¡no salgas tú!
	¡no venga Ud.!	¡no vengas tú!

---

[2]Since the irregular familiar commands are one-syllable words, they bear no written accent mark when an
object pronoun is joined to them: **dilo, ponla,** etc.

Práctica

A. Cambie Ud. según los modelos.

MODELO ¡Cocine Ud.! → ¡Cocina tú!

1. ¡Descanse Ud.! *descansa*
2. ¡Duerma Ud.! *Duerme*
3. ¡Lea Ud.! *Lee*
4. ¡Pague Ud.! *Paga*
5. ¡Repita Ud.! *repite*
6. ¡Venga Ud.! *Ven*
7. ¡Salga Ud.! *Sal*
8. ¡Ponga Ud.! *pon*
9. ¡Diga Ud.! *di*
10. ¡Vaya Ud.! *ve*

MODELO subir → ¡No subas tú!

11. descansar *descanses*
12. dormir *Duermas*
13. leer *Leas*
14. pagar *Pagues*
15. repetir *repitas*
16. venir *Vengas*
17. salir *salgas*
18. poner *pongas*
19. decir *digas*
20. ir *vayas*

B. Dé Ud. la forma indicada del mandato.

1. (Hacer) ¡ *Haz* tú ... on
2. (vender) ¡No *vendan* Uds.!
3. (venir) ¡No *vengas* tú!
4. (creer) ¡No *creas* tú!
5. (Pedir) ¡ *pida* Ud.!
6. (Decir) ¡ *di* tú!
7. (traer) ¡No *traigas* tú!
8. (ir) ¡No *vayas* tú!
9. (Almorzar) ¡ *almuerza* tú!
10. (poner) ¡No *ponga* Ud.!
11. (Salir) ¡ *Sal* tú!
12. (Ir) ¡ *Ve* tú!

Repaso

A. Pretéritos. *Give the indicated forms of the preterite. The first one is done for you.*

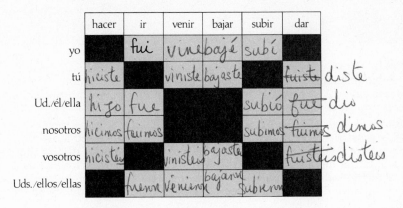

	hacer	ir	venir	bajar	subir	dar
yo		fui	vine	bajé	subí	
tú	hiciste		viniste	bajaste		fuiste diste
Ud./él/ella	hizo	fue			subió	fue dio
nosotros	hicimos	fuimos			subimos	fuimos dimos
vosotros	hicisteis		vinisteis	bajasteis		fuisteis disteis
Uds./ellos/ellas		fueron	vinieron	bajaron	subieron	

B. Palabras fáciles. Exprese Ud. en español.

1. generalization
2. really
3. effective
4. literature
5. identity
6. dramatic
7. liberty
8. curious
9. rapidly
10. culture
11. furious
12. commercial

CONVERSACIÓN

TEXTO: Buscando un piso

FELISA: Buenos días, señor. Deseamos ver el *piso* que Ud. *alquila.*

EL DUEÑO: Ah, sí. Pueden verlo inmediatamente.

JULIÁN: Muy bien.

(Los tres entran en el piso.)

EL DUEÑO: *Como* pueden ver, este piso tiene una alcoba, sala-comedor, cuarto de baño y una cocina muy moderna donde es un *placer* cocinar. Otra cosa: la cocina eléctrica *se limpia* automáticamente.

JULIÁN: ¿Cuánto es el *alquiler?*

EL DUEÑO: Dos mil pesos *mensuales,* con *agua caliente,* pero *sin luz.*

FELISA: ¿Y la *calefacción?*

EL DUEÑO: La pagamos nosotros. Aquí no van a tener frío.

JULIÁN: Díganos, señor, ¿y los muebles?

EL DUEÑO: Miren: no hay televisor ni radio, pero aquí en la sala hay un sofá y un sillón. Ahora voy a encender la luz de la alcoba.

FELISA: Ven, Julián... *A propósito,* señor, hay algo que no dije antes: tenemos un *gatito...*

EL DUEÑO: ¿Gatos? No los permitimos aquí, señora. Niños en casa, sí; animales, no.

apartment / are renting, have for rent
Owner

As
pleasure
cleans itself

rent

monthly / hot water / without light (electricity)
heat

By the way
kitten

Cultural Notes

1. Originally the word **piso** meant an entire floor, intended for purchase by the occupants. At present a **piso** is more like a unit in our condominiums. An apartment, furnished and for rent, is a relatively new concept in most Hispanic countries.

2. The more expensive **pisos** normally face a **patio.** In this way street noise is greatly reduced. Less desirable **pisos** face the street. Most families have clotheslines strung across the inner **patio** for drying the laundry. In the higher floors of an apartment building, the clothesline is attached to pulleys on opposite sides of the **patio.** As clothes are hung from a window or balcony, the line is pulled to one side or the other.

3. It is traditional for each apartment building to have a doorman or doorwoman (**portero** or **portera**), who distributes the mail, does minor maintenance, and is responsible for the security of the building.

4. An **armario** is a freestanding piece of furniture with shelves, drawers, and pegs. Some have room for clothes hangers and serve as closets.

Apartamentos para obreros (*workers*) en Barcelona, España. Generalmente hay
garaje en el sótano y pequeñas tiendas en la planta baja (*ground floor*).

Práctica

A. Pidiendo información. *You, a prospective renter, ask a landlord (your classmate) the
following questions. He or she will respond with the text closed.*

USTED	EL DUEÑO / LA DUEÑA
1. ¿Qué habitaciones tiene el piso?	_____
2. ¿Cómo es la cocina?	_____
3. ¿Es necesario limpiar la cocina eléctrica?	_____
4. ¿Cuántos cuartos de baño hay?	_____
5. ¿Cuánto es el alquiler?	_____
6. ¿Quién paga la calefacción?	_____
7. ¿Qué muebles hay en la sala de estar?	_____
8. ¿Es posible tener un gatito?	_____

B. Conteste Ud. las preguntas, imaginando que Ud. vive en su propio (*own*) piso. O use las
preguntas para entrevistar (*to interview*) a un compañero de clase.

1. ¿Cuándo alquilaste tu piso? ¿Lo buscaste mucho tiempo?
2. ¿Qué muebles tiene el piso? ¿Qué otros muebles necesitas comprar? ¿Dónde
   venden muebles a precios muy buenos?

3. ¿Qué haces para preparar una fiesta? ¿Qué refrescos compras? ¿Dónde los pones?

4. ¿Adónde vas para descansar? ¿para dormir? ¿para escribir un cheque?

5. ¿Qué usas para leer por la noche? ¿para lavar los platos? ¿para limpiar las alfombras?

C. Su presupuesto (*budget*) personal. Haga Ud. un cálculo de sus cuentas mensuales. *Exchange budgets with a classmate and offer each other advice on how to solve your respective financial problems. Some questions an economic adviser might ask are given at the end.*

MI PRESUPUESTO

Casa
1. el alquiler
2. la luz (la electricidad)
3. la calefacción
4. el agua caliente
5. el teléfono: a. la cuenta básica b. llamadas (*calls*) a larga distancia

Comidas (*Meals*)
1. en casa
2. en restaurantes

Vida personal
1. ropa: a. nuevas compras (*purchases*)
        b. limpieza (lavado) en seco (*dry cleaning*)
2. diversiones: a. cine, teatro, discos, etcétera
             b. mis vacaciones
3. estudios: a. libros, papel, etcétera
         b. clases especiales

Preguntas posibles: 1. ¿Qué problemas económicos tiene Ud. ahora? 2. ¿Cómo es posible gastar menos dinero? 3. ¿Cree Ud. que, en el futuro, vamos a gastar más o menos? ¿Por qué? 4. ¿Es posible ganar más dinero? ¿Cómo? 5. ¿Paga Ud. las cuentas mensuales de la luz, la calefacción y el agua? ¿Las paga el dueño? ¿Qué método prefiere Ud. y por qué? 6. ¿Va a tener que buscar otro piso? ¿Por qué?

D. Conteste Ud. a base del anuncio de esta página.

1. ¿En qué calles están estos pisos? 2. ¿Dónde deja el comprador su coche? 3. ¿Qué oportunidades deportivas hay? 4. ¿Cuántos años tiene el comprador para pagar el piso?

Comunicación

A. En colaboración con un compañero, presente Ud. en la clase un diálogo por teléfono. *Use the cues in the model, if necessary, and invent dialogs related to the situations given below it.*

MODELO

	ESTUDIANTE A	ESTUDIANTE B

ESTUDIANTE A

—¿Aló? (*Hello*)

—_____

—Pues, mire Ud. Mi hijo (hija) no está
en casa. Fue...

—_____

—Yo creo que...

—_____

—Él (Ella)...

ESTUDIANTE B

—_____

—Buenos días, señor Buero. Aquí habla
Juan (Juanita) López. ¿Está en casa
Adelita (Alberto)?

—_____

—¿Sabe Ud. cuándo vuelve?

—_____

—Yo quiero invitarlo (invitarla) a...

—Muchas gracias, adiós.

Situaciones

1. Ud. quiere ir a nadar con un amigo (una amiga), pero él (ella) no está en casa. Fue
   a buscar un piso con otro compañero.
2. Ud. llama a un amigo porque necesita unos dólares. Ud. no tiene suficiente dinero
   para pagar el alquiler de su piso este mes. Pero el padre de su amigo contesta el
   teléfono.
3. Ud. tiene una pequeña alfombra oriental que quiere vender. Ud. llama a un amigo,
   pero tiene que hablar con su padre.

B. Instrucciones. *Imagine that you left your apartment hurriedly. Call your roommate to tell him
   or her to do several chores. Use command forms and add a touch of originality to your
   instructions.*

   MODELO   lavar los platos → Lava tú los platos; yo no tuve tiempo.

   1. apagar la luz de la alcoba
   2. usar la aspiradora en la sala de estar
   3. pagar el alquiler
   4. limpiar la cocina
   5. *Include other actions of your own
      invention.*

C. Presentación a la clase. Prepare Ud., con un compañero, un diálogo sobre uno o más de
   los siguientes dibujos. *The verb cues are only suggestions. Include some command forms:
   don't sleep anymore, don't smoke, clean this, do that, and so on.*

1.

hacer / encender / dormir

2.

fumar / cocinar / cenar

3.
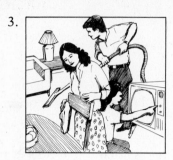

limpiar / lavar / encender

4.

descansar / charlar / beber

Vocabulario activo

SUSTANTIVOS

el **agua (caliente)** (hot)
water
la **alcoba** bedroom
la **alfombra** rug
el **alquiler** rent
los **aparatos (eléctricos)**
(electrical) appliances
el **armario** closet
la **aspiradora** vacuum
cleaner
la **calefacción** heat
la **cama** bed
la **cocina** kitchen; _____
eléctrica stove, range
el **comedor** dining room
la **cómoda** chest of drawers
el **cuarto de baño**
bathroom
la **cuenta** bill
el **despacho** office
el **dueño** / la **dueña** owner
el **escritorio** desk

el **estante** bookshelf,
bookcase
el **gatito (gato)** kitten (cat)
la **habitación** room
la **lámpara** lamp
el **lavaplatos** dishwasher
la **libreta de cheques**
checkbook
la **luz** light; electricity
la **máquina de escribir**
typewriter
los **muebles** (pieces of)
furniture
el **paquete** package
el **piso** floor; apartment
el **refrigerador** refrigerator
la **sala (de estar)** living
room
el **sillón** easy chair
el **sofá** sofa, couch
el **sótano** basement
el **teléfono** telephone
el **televisor** television set

VERBOS

apagar to turn off (_an_
appliance)
cenar to eat dinner
(supper)
cocinar to cook
dejar to let, leave
descansar to rest
encender (ie) to turn on (_an_
appliance)
fumar to smoke
lavar to wash
limpiar to clean
llamar to call
permitir to permit

EXPRESIONES ÚTILES

como since, as
debajo de under,
underneath
sin without
sobre on (top of)

Dicen que el Mercado Libertad, de Guadalajara, México, es el mercado más grande
del mundo bajo un solo techo (_under one roof_). En los diferentes puestos (_stalls_)
del mercado uno puede encontrar (_find_) frutas o legumbres de todas clases..., y a
buenos precios.
   Siempre es agradable terminar el almuerzo con un delicioso café, como hace este
caballero barcelonés (de Barcelona).

La comida

Evelyn Hofer/Archive

Martin Litton/Photo Researchers, Inc.

GRÁFICOS

Frutas, legumbres y carnes

FRUTAS

la banana / el plátano[1]
  (*banana*)
la manzana (*apple*)
el melón (*melon*)
la naranja (*orange*)

LEGUMBRES

los frijoles (*beans*)
los guisantes (*peas*)
la lechuga (*lettuce*)
la patata / la papa (*potato*)
el tomate (*tomato*)

CARNES

el biftec (*beefsteak*)
la carne de cerdo (*pork*)
la carne de cordero (*lamb*)
la carne de vaca (*beef*)
la chuleta (*chop*)
el pescado (*fish*)
el pollo (*chicken*)

Utensilios para comer y beber

1. el plato
2. la taza (*cup*)
3. la copa (para el vino)
4. el vaso (para el agua)
5. el cuchillo
6. la cuchara
7. el tenedor
8. la servilleta

---

[1]There is great variety in the names of fruits and vegetables throughout the Hispanic world. **Motivos de conversación** will include the most common words. When two words are equally common (as with **banana/plátano, patata/papa**), both will be listed.

Práctica

A. ¿Tiene Ud. buena memoria? Cubra (*cover*) las listas de palabras y dé el nombre (*name*) de los varios objetos.

B. Asociaciones. *Read the following items to a classmate to see if he or she can quickly identify each one as a* **fruta** (F), **legumbre** (L), **carne** (C), **or utensilio** (U). *Cover the answers if you are studying alone.*

1. plátano	(F)		9. naranja	(F)
2. copa	(U)		10. lechuga	(L)
3. pollo	(C)		11. papa	(L)
4. cuchillo	(U)		12. taza	(U)
5. chuleta	(C)		13. cerdo	(C)
6. guisantes	(L)		14. pescado	(C)
7. cordero	(C)		15. tenedor	(U)
8. cuchara	(U)		16. servilleta	(U)

C. Complete Ud.

1. Para hacer una buena ensalada, es necesario comprar _____ .
2. Los países centroamericanos exportan enormes cantidades de _____ .
3. El pastel (*pie*) favorito de los norteamericanos es el pastel de _____ .
4. Por la mañana me gusta tomar jugo (*juice*) de _____ .
5. Cuando invito a mis amigos, preparo carne de vaca y dos legumbres: _____ y _____ .

D. Conteste Ud.

1. ¿Prefiere Ud. carne de cerdo o carne de vaca?
2. ¿Cuál le gusta más, el pescado o el pollo?
3. ¿Cuántas veces come Ud. carne (pescado, pollo) cada semana?
4. ¿Qué carne comió Ud. anoche?
5. ¿Cuáles son sus legumbres (frutas) favoritas?
6. ¿Dónde las compra Ud.?
7. ¿Qué le gusta preparar cuando invita a sus amigos?
8. ¿Cuánto cuesta una buena chuleta de cerdo (cordero) ahora?
9. ¿En qué meses son relativamente baratos los tomates (los melones)?
10. ¿Qué utensilios usa Ud. cuando come un biftec (guisantes, papas)?

Memopráctica

If you find it easier to learn by seeing than by hearing, you may find it helpful to *write down* the new words and constructions that you are practicing.

Buen apetito

IMPERFECT TENSE

-ar: tomar

(yo) tomaba	*I took, had (used to take, have)*
(tú) tomabas	*you took, had (used to take, have)*
(él) tomaba	*he took, had (used to take, have)*

-er: comer

(yo) comía	*I ate, used to eat*
(tú) comías	*you ate, used to eat*
(él) comía	*he ate, used to eat*

-ir: vivir

(yo) vivía	*I lived, used to live*
(tú) vivías	*you lived, used to live*
(él) vivía	*he lived, used to live*

1. el café con leche	**3.** los huevos	**5.** el jamón
2. el bollo	**4.** las tostadas	**6.** el queso

NICANOR: ¿Qué tomabas para el *desayuno* en España?   breakfast
RENATO: Café con *leche* y un bollo.   milk
NICANOR: Comías poco, ¿no? Cuando yo vivía en México, siempre comía
huevos rancheros,[2] tostadas, frijoles, jamón, queso...
RENATO: ¡Hombre! Eso no es un desayuno. ¡Es un *almuerzo*,... o una   lunch
cena!   dinner

Práctica

A. Conteste Ud.

1. En España, ¿qué tomaba Renato para el desayuno?
2. ¿Dónde vivía Nicanor antes?
3. ¿Qué comía allí?
4. ¿Cree Renato que eso es un buen desayuno?

---

[2]Scrambled eggs with chili peppers and tomatoes.

B. Hablando del pasado. *Think of your grade school days as you answer these questions. Questions 5–8 include other regular imperfect tense verbs. Can you recognize and use them?*

1. ¿Dónde vivías con tu familia?
2. ¿Qué tomabas para el desayuno?
3. ¿Qué comías para el almuerzo?
4. Y ¿qué comías para la cena?

5. ¿En qué escuela estudiabas?
6. ¿Dónde trabajaba tu padre (madre)?
7. ¿Qué deportes practicabas?
8. ¿Qué discos (libros, ropas) comprabas?

Lógica infantil

<table>
<tr><td></td><td>INDIRECT OBJECT
PRONOUNS</td></tr>
<tr><td>me</td><td>*(to) me*</td></tr>
<tr><td>te</td><td>*(to) you*</td></tr>
<tr><td>le</td><td>*(to) you*
(to) him
(to) her</td></tr>
</table>

1. el pan
2. la mantequilla
3. el aceite
4. el jugo de naranja

CLAUDITA: Don Arsenio, mi mami necesita pan, mantequilla, aceite... También dice que *le hacen falta* jugo de naranja, patatas...　　she needs

DON ARSENIO: Espera, niña... No me das tiempo para escribir.

CLAUDITA: Y mi mami quiere saber también si puede pagarle a Ud. mañana.

DON ARSENIO: Y sin dinero, ¿cómo voy a comer yo?

CLAUDITA: Nosotros le *damos* parte de la comida.　　we (can) give

DON ARSENIO: Entonces, ¿me invitan a cenar? ¡Me encanta tu lógica, niña! ¿Quién te enseñó a ser tan lista?

Práctica

A. Conteste Ud. *Questions 5–8 require that you invent details.*

1. ¿Quién habló con don Arsenio? *Claudita*
2. ¿Qué compró la niña?
3. ¿Por qué no vino la mamá a la tienda?
4. ¿Qué le dijo don Arsenio a la niña?
5. ¿Cuántos años tiene la niña, probablemente?

6. ¿Cree Ud. que la familia de Claudita es grande o pequeña? ¿Por qué?
7. ¿Cree Ud. que la familia de Claudita es rica?
8. ¿Cree Ud. que don Arsenio es buena persona? ¿Por qué sí (no)?

B. Reconstrucción del diálogo. *With a classmate complete this dialog. Try to add some original touches.*

PREGUNTAS

1. ¿Qué deseaba Ud.?
2. ¿Otra cosa?
3. Espere Ud. No me da...
4. Pero, entonces, ¿cómo...?
5. ¿Me invitan...?

RESPUESTAS

1. Me hace(n) falta...
2. También necesito...
3. ¿Puedo pagarle...?
4. Le damos...
5. Pues, ¡sí! Ud...

Palabras fáciles

Words that end in *-ance, -ence* in English end in **-ancia, -encia** in Spanish. These words are usually feminine in Spanish.

ENGLISH	SPANISH
abundance	abundancia
distance	distancia
intelligence	inteligencia
presence	presencia

Práctica

A. Exprese Ud. en español.

1. importance   2. elegance   3. ignorance   4. influence   5. difference   6. violence

B. Pronuncie Ud.

1. absoluto	4. delicioso	7. la forma	10. el misterio	13. el silencio
2. la abundancia	5. diferente	8. la fruta	11. el momento	14. la víctima
3. el autobús	6. exportan	9. la milla	12. el objeto	15. las vitaminas

GRAMÁTICA ESENCIAL

42. Basic Meanings of the Imperfect Tense

You learned the preterite in **Lección 7.** The imperfect tense is the second simple past tense in Spanish, and it is used to express the actions and states described below.

A. Continued or repeated actions in the past without any indication of their beginning or end
   The English equivalent is often expressed by the past progressive (*was working, were singing,* and so on), by the phrase *used to + verb,* or by *would* when it means *over and over.*

   Yo cenaba cuando él entró.   *I was having supper when he entered.*
   Ella trabajaba los domingos.   *She used to work on Sundays.*
   Caminaba cinco millas los sábados.   *She would (used to) walk five miles on Saturdays.*

B. Time of day in the past

   Eran las diez cuando volvieron.   *It was ten o'clock when they returned.*

C. Mental or emotional actions and states (*I thought, I wished, I wanted, I feared,* and so on)
   In most cases these processes are conceived as not having a definite beginning or a definite end.

   Ella deseaba jugar al tenis.   *She wanted to play tennis.*
   Yo creía que Ud. era más inteligente.   *I thought that you were more intelligent.*

   However, if a particular instant is expressed or implied, the preterite is used.

   (En ese momento) pensé que era   *(At that moment) I thought it was*
   mi prima.   *my cousin.*

43. Regular Endings of the Imperfect Tense

The imperfect tense is formed by attaching the following endings to the *stem of the infinitive.* In the **Gráficos** section of this lesson, you used the **yo, tú,** and **Ud. (él/ella)** forms of several verbs. Now learn the other imperfect tense endings for regular verbs.

-AR VERBS		-ER, -IR VERBS	
-aba	-ábamos	-ía	-íamos
-abas	-abais	-ías	-íais
-aba	-aban	-ía	-ían

VIAJAR (TO TRAVEL)	CREER (TO BELIEVE)	SALIR (TO LEAVE)
viajaba	creía	salía
viajabas	creías	salías
viajaba	creía	salía
viajábamos	creíamos	salíamos
viajabais	creíais	salíais
viajaban	creían	salían

The imperfect endings of **-er** and **-ir** verbs are the same. Stem-changing verbs do *not* change their stem vowels in the imperfect.

PRESENT	IMPERFECT
(yo) **pie**nso	(yo) pensaba
(Ud.) **vue**lve	(Ud.) volvía
(ellos) **si**rven	(ellos) servían

NOTE: The accent is used on the first person plural endings of **-ar** verbs (**-ábamos**) and on the **-i-** in all **-er/-ir** endings.

Práctica

A. Use Ud. el imperfecto en las personas indicadas.

1. *Nosotros* visitábamos a Ramón con frecuencia.
   Yo / Tú / Ellos / Uds. / Vosotros *visitaba, visitabas, visitaban, visitaban, visitábamos*

2. *Ellos* siempre comían un postre (*dessert*) y tomaban café.
   Tú / Tú y yo / Ud. / Yo / Uds. *comías, comíamos, comía, comía, comían*

3. *Yo* ganaba el dinero y *él* lo gastaba.
   Tú *ganabas* y nosotros *gastábamos*
   Ellos *ganaban* yo *gastaba*
   Nosotros *ganábamos* y tú *gastabas*

4. *Yo* lo entendía cuando *él* lo enseñaba.
   Tú *entendías* ella *enseñaba*
   Uds. *entendían* nosotros *enseñábamos*
   Yo *entendía* Ud. *enseñaba*

B. Transformaciones. *With a classmate take turns making the following changes as quickly as possible. Cover the answer column if you are studying alone.*

presente → imperfecto
MODELO   ESTUDIANTE A: trabajo → ESTUDIANTE B: trabajaba

1. hablas → hablabas
2. tengo → tenía
3. salimos → salíamos
4. charla → charlaba
5. sienten → sentían
6. haces → hacías
7. doy → daba
8. prefieres → preferías
9. digo → decía

pretérito → imperfecto

MODELO   ESTUDIANTE A: tuvimos   →   ESTUDIANTE B: teníamos

※ *Remember that the imperfect form contains the stem of the infinitive.* ※

1. estuve → estaba   6. contestamos → contestábamos
2. trajo → traía   7. salieron → salían
3. murieron → morían   8. pidió → pedía
4. dijimos → decíamos   9. almorcé → almorzaba
5. entraste → entrabas   10. escribiste → escribías

44. Irregular Imperfects: *Ir, ser, ver*

ir: iba, ibas, iba, íbamos, ibais, iban

ser: era, eras, era, éramos, erais, eran

ver: veía, veías, veía, veíamos, veíais, veían

NOTE: The imperfect of **hay** is also irregular: **había;** just as **hay** means *there is* or *there are,* **había** means *there was* or *there were.*

Había muchos estudiantes allí.   *There were many students there.*

Práctica

A. Complete Ud. la oración con la forma apropiada de los verbos en cursiva (*italics*).

—¿Qué hacía Ud. cuando era niño (niña)?
—Cuando era niño (niña), yo...

1. *tomar* Coca Cola y no vino   4. no *poder* salir solo (sola)
2. *ir* a la ciudad con mis padres   5. siempre *salir* a la calle con mi padre
3. *ver* la televisión

—Cuando estaba enfermo (enferma), ¿qué hacía Ud.?
—Cuando estaba enfermo, yo...

6. no *salir* a la calle   8. *dormir* mucho   10. no *jugar* con los amigos
7. *comer* muy poco   9. no *ir* a clases

B. Exprese Ud. en imperfecto.

1. Son muy ricos. *Eran*   6. Ésa es la solución. *era*   11. Pienso que están *pensaba*
2. Ella está cansada. *estaba*   7. No podéis esquiar. *podías*   aburridos. *estaban*
3. Creemos que él es más   8. Visitan a sus abuelos. *visitaban* 12. Ve a mucha gente. *veía*
   bajo. *Creíamos*   9. Soy un hombre feliz. *era*   13. Se llama Carmen. *llamaba*
4. Ellos van al teatro. *iban*   10. Vemos la televisión. *Veíamos*   14. Vamos a Buenos Aires.
5. Yo no veo a María. *veía*   *Íbamos*

45. Preterite and Imperfect Contrasted

A. The preterite expresses a past action that had a beginning and an end. Even if the action lasted a long time, it is still viewed as a single completed event.

Viví en Centroamérica tres años.   *I lived in Central America for three years.*

   The imperfect, by contrast, expresses a continuous action in the past without any indication of its beginning or end.

Yo vivía en Centroamérica.   *I was living (used to live) in Central America.*

   When there are two past actions in the same sentence, it is possible to express one of them in the imperfect and the other in the preterite.

Llovía cuando salí de casa.   *It was raining when I left the house.*
Yo estudiaba cuando él entró.   *I was studying when he entered.*

Note that the ongoing action (the first one) is in the imperfect; the completed event (the second one) is in the preterite.

B. The preterite narrates past actions, while the imperfect depicts or characterizes qualities or states. In other words, the preterite narrates and the imperfect describes.

Las casas de ese barrio tenían hermosos patios.
The houses in that district had beautiful patios.

El general vino, vio y conquistó.
The general came, saw, and conquered.

Práctica

A. ¿Pretérito o imperfecto? *The correct answers are given below so that you can see clearly the contrast between the preterite and the imperfect.*

   Mi hermana y yo **(1)** (dar un paseo) por la calle charlando y mirando a la gente cuando **(2)** (salir) de su casa nuestro amigo Jorge. Lo **(3)** (invitar) a andar con nosotros. Él **(4)** (estar) triste; mi hermana le **(5)** (preguntar) por qué. Jorge **(6)** (no querer) hablar. En ese momento Jorge **(7)** (ver) a un policía que **(8)** (entrar) en el pequeño café «La Cantina Alegre». Sin decir una palabra, Jorge **(9)** (tomar) un autobús, y nos **(10)** (dejar) solos. ¡Qué misterio!

Answers: 1. dábamos un paseo (*continuous action = were taking a walk*)   **2.** salió (*action not lasting though time*)   **3.** invitamos (*same as 2*)   **4.** estaba (*continuous emotional state*)   **5.** preguntó (*instantaneous action*)   **6.** no quería (= *he did not want to;* no quiso = *he refused to*)   **7.** vio (*another instantaneous action*)   **8.** entraba (= *was entering; action conceived as lasting through time*)   **9.** tomó (*action without duration*)   **10.** dejó (*same as 9*)

B. ¿Pretérito o imperfecto? *Read the following passage in English and tell whether you would use the imperfect or the preterite for the italicized verbs. Do* **not** *translate the passage.*

(1) I *arrived* late at my office this morning. Four patients (2) *were* already in the waiting room. One (3) *was* Mr. Johnson. (4) I *grumbled* to myself because (5) he *came* to see me every Friday. There (6) *was* nothing wrong with him! Anyway, the nurse (7) *brought* him into the examining room, and (8) I *listened* to his latest complaints. (9) I *prescribed* more sugar pills, and (10) he *left* happy.

C. ¿Pretérito o imperfecto? Dé Ud. la forma correcta de los verbos entre paréntesis.

Yo soy novelista. El otro día (1) (trabajar) en mi estudio cuando una voz (*voice*) femenina me (2) (llamar). ¡Imposible! (3) (Escuchar) con atención. Silencio absoluto. (4) (Bajar) a la cocina y (5) (encender) la luz. Nada (*Not a sound*). Como (6) (tener) sueño, (7) (tomar) dos tazas de café. (8) (Desear) terminar mi novela, «Julia». (9) ¿(Ser) yo víctima de mis creaciones literarias?

D. Entrevista. Pregunte a un compañero qué hacía y cómo era cuando era más joven.

MODELO   cuántas horas / estudiar →
         ¿Cuántas horas estudiabas todos los días cuando eras más joven?

1. dónde / trabajar
2. cuántos amigos / tener
3. qué discos / gustarte
4. qué programas / ver
5. qué deportes / preferir
6. ser / alto (alta)
7. ser / listo (lista)
8. ganar / mucho dinero
9. viajar / países extranjeros

46. Indirect Object Pronouns

An indirect object (noun or pronoun) is one that can be introduced by the prepositions *to* or *for*. For example, in the sentence *"He gave the boy a dollar," the boy* is an indirect object, since one can say *"He gave a dollar to the boy."*

In the **Gráficos** section you used the singular indirect object pronouns. Here are all of them.

me	*to me, for me*	nos	*to us, for us*
te	*to you, for you (fam.)*	os	*to you, for you (fam.)*
le	*to him, for him* *to her, for her* *to you, for you (pol., sing.)*	les	*to them, for them (masc.)* *to them, for them (fem.)* *to you, for you (pol., pl.)*

NOTE: In Spanish the indirect object pronoun is frequently used even when the indirect object noun to which it refers is expressed.

Él **les** habla a **los alumnos.**   *He speaks (to them) to the students.*

47. Position of Indirect Object Pronouns

The same principles governing the position of direct object pronouns apply to indirect object pronouns (see Section 39). They precede conjugated verbs and negative commands and may follow and be attached to infinitives and present participles. They *must* follow and be attached to affirmative commands.

Le dan diez dólares cada semana.   *They give her ten dollars every week.*

No les venda Ud. (a ellos) ese automóvil.   *Don't sell them that car.*

¿Va Ud. a decirle a ella dónde está Juan? }
¿Le va Ud. a decir a ella dónde está Juan? }   *Are you going to tell her where Juan is?*

Está enseñándole italiano. }
Le está enseñando italiano. }   *She is teaching him Italian.*

¡Háblame, Juan!   *Speak to me, Juan!*

Note that in the second and third examples the meaning of the indirect object is clarified by a prepositional phrase (**a ellos, a ella**).

Práctica

A. Cambie Ud. según el modelo.

MODELO   Habla (a la muchacha). → Le habla.

1. Escribo una carta (a mi padre). *Le escribo*
2. Hablamos (a la profesora). *Le hablamos*
3. Da un reloj (a Isabel). *Le da*
4. Dijeron «¡Buenos días!» (a una señorita venezolana). *Le dijeron*
5. Dimos la camisa (a Juan). *Le dimos*
6. Escribimos (a nuestros amigos). *Les*
7. Hablaba (al cliente). *Le hablaba*
8. Enseñaba literatura (a sus alumnos). *Les enseñaba*

B. Exprese Ud. en español.

dar 1. (*is giving me*) Ella _____ una lección hoy. *me da*
escribir 2. (*She writes us*) _____ tres cartas cada semana. *Ella nos escribe*
decir 3. (*I'm telling you* [*fam., sing.*]) ¡ _____ que no quiero comer pescado! *Te digo*
preparar 4. (*He's preparing . . . for me*) _____ la cena hoy. *Me prepara*
limpiar 5. (*They're cleaning . . . for us*) _____ el cuarto. *Nos limpian*
pagar 6. (*pays . . . for him*) Su padre _____ el alquiler. *Le paga*

C. Pronombres. *Read the sentence and insert the pronoun in the proper place.*

MODELO   (te)   Yo digo eso. → Yo te digo eso.

1. (nos)   Ellos servían excelentes comidas.
2. (le)   Querían dar la noticia a mi hermana.
3. (te)   ¿Preguntó eso María?
4. (os)   Invito a una cena típica.
5. (les)   Compre Ud. las legumbres.
6. (le)   ¿Qué ibas a decir?
7. (nos)   Pero, ¿quiénes van a hablar hoy?
8. (les)   No pregunten Uds. dónde almuerzan.

D. Cambie Ud. según el modelo. *The words in parentheses tell you to whom the indirect object pronoun refers.*

MODELO   (hijas)   ...hablé... →
          Les hablé a ellas.

1. (señoritas)   El jefe... *les* dijo... quién era.   ~~les~~
2. (señoras)   La muchacha... *les* sirvió... el almuerzo.
3. (amiga)   ¿*Le* escribió... María?
4. (sobrino)   El abuelo *le* trajo... estos regalos.
5. (dependiente)   ¿Qué *le* dieron... los clientes?
6. (amigos)   *Les* pregunté... si querían ir a la oficina.
7. (María y Carmen)   ¿Qué... *les* decía... Juan?
8. (señora)   Don Carlos... *le* explicó... el problema.

Repaso

A. Dé Ud. los siguientes mandatos. *Some are polite and some are familiar.*

1. (poner)   Juan, _____ tú las servilletas y tazas en la mesa.   *Pon*
2. (decir)   No me _____ Ud. que no quiere salir.   *diga*
3. (venir)   Niña, no _____ con esas excusas.   *ven*
4. (Cocinar)   ¡ _____ Ud. con aceite!   *Cocine*
5. (salir)   Muchacho, _____ de aquí inmediatamente.   *sal*
6. (ir)   No _____ Uds. a la primera función.   ~~vayan~~ *vayan*

B. Vocabulario. ¿Qué palabra no forma un grupo lógico con las otras dos?

1. despacho   escritorio   bollo
2. huevo   abrigo   impermeable
3. apagar   limpiar   encender
4. pesca   pelota   pescado
5. sofá   sillón   sótano
6. cena   cancha   carne
7. papá   papa   lechuga
8. falda   baile   canción

CONVERSACIÓN

TEXTO: Una típica comida española

Mi amigo Ramón vivía con su familia en la avenida de la Moncloa.[3] Cada vez que yo iba a comer a su casa, siempre me servían dos platos. El primero, *por ejemplo*, consistía en pescado, *sopa*, legumbres o una tortilla española,[4] y el segundo (o principal) en un *filete* con *patatas fritas*, o *arroz* con pollo, o jamón con huevos. Siempre comíamos mucho pan, pero *nunca* veía mantequilla en la mesa. La ensalada venía después del plato principal y, generalmente, era de lechuga y tomate. Bebíamos muy poca agua y nunca tomábamos café hasta después del postre, que casi siempre era fruta o *flan*.

    Había dos diferencias importantes que yo notaba entre la comida española y *la norteamericana:* el *uso repetido* del aceite para preparar la comida y la abundancia de vitaminas en forma de frutas y legumbres *frescas*... y también en forma de vino o sangría.[5] ¡Estupenda idea!

for example / soup
fillet of beef / French fries
rice
never

custard

U.S. food / repeated
  use

fresh

Cultural Notes

1. In the Hispanic world many people order wine with their meal in a restaurant. In wine-producing countries, choosing the right wine is very important. Few people drink plain water. Abstainers usually order mineral water, fruit juice, or a soft drink. Practically no one asks for ice.

2. At home, it is common for people in Hispanic countries to have a rather simple breakfast (**el desayuno**): coffee with milk, or tea, and a bun or some crackers, with or without marmalade. In Spain, lunch (**el almuerzo**, also called **la comida**) is at 2 P.M. and is the most important.

---

[3]The Moncloa district is located in northwestern Madrid and encompasses the university campus. This section of the city is known for its boulevards, parks, and promenades.

[4]**Tortilla española** recipe:

(1) 3/4 cup olive oil	(2) 4 eggs
4 sliced potatoes	2 tblsp. fresh parsley
2 small onions, sliced	1/4 tsp. ground pepper
1–2 cloves of garlic	1 tsp. salt

Over medium setting fry potatoes, onions, and garlic in a medium skillet. Shake skillet continuously and fry until golden brown (10–12 minutes). Add egg mixture. After it sets, turn omelet over and cook for 2 more minutes.

[5]**Sangría** recipe: 1/2 gal. red wine; 1/4 cup sugar; 1 cup fresh or canned peaches, sliced; 1 banana, sliced; 1 can (6 oz.) frozen orange juice; 1/2 cup lemon juice; 1 cup carbonated lemon soda.

meal of the day. Supper (**la cena**) is lighter and is generally served in the evening, sometimes quite late. This explains why young and old like to have a **merienda** (hors d'oeuvres, sandwiches, and so on, and a glass of wine or a cup of coffee) in the late afternoon, at 5, 6, or 7 P.M. In Hispanic America breakfast tends to be a bit heavier. The evening meal is served a little earlier, from 7 to 9 P.M., depending on the country and the locale (rural or urban).

3. In Hispanic America many very tasty "national" dishes are included on restaurant menus: a **cazuela** is a kind of stew; **empanadas** are meat pies; and **ceviche** is raw fish in lemon juice. When you order, it is a good idea to ask if the food contains **ají** or **chile** (hot chili pepper).

Práctica

A. Invente Ud. una oración original empleando las palabras indicadas.

MODELO   amigo / comer / casa →
         Un amigo me invitó a comer en su casa.

1. Ramón / familia / avenida de la Moncloa
2. comida típica / servir / dos platos
3. primer plato / pescado / sopa o legumbres
4. segundo plato / filete / patatas (arroz)
5. siempre / pan / mantequilla
6. ensalada / lechuga / tomate
7. beber / agua / café
8. postre / fruta / flan
9. diferencias / aceite / vitaminas
10. frutas y legumbres / vino / sangría

Los mercados al aire libre son comunes en muchos pueblos hispánicos. Aquí en Pátzcuaro, México, dos señoras regatean (*bargain*) sobre el precio de las legumbres.

Carl Frank/Photo Researchers, Inc.

LECTURA: Las posadas (The Inns)

«Las posadas» es una canción tradicional mexicana que recrea° el drama de la Noche Buena,[1] cuando María y José no pudieron° entrar° en la posada del pueblo. Por esta razón,° tuvieron que pasar la noche en un establo° en donde nació° el niño Jesús.

Durante los días que preceden a la Navidad°, los mexicanos conmemoran este drama de° la siguiente manera: un grupo de personas cantan «Las posadas» enfrente de° la casa de un amigo. En la canción San José pregunta:

—¿Quién puede dar posada° a estos pobres peregrinos?[2]

El dueño de la posada contesta:

—No damos posada a desconocidos°.

En la canción, el dueño de la posada les dice varias veces a los cantantes que no pueden entrar. Pero por fin[3] comprende que los peregrinos son María y José, les abre la puerta y los recibe en su corazón.[4] Entonces el amigo los invita a tomar pasteles y refrescos.

Los cantantes repiten la canción cada° noche enfrente de las casas de diferentes amigos.

recrea: **Crear** means *to create*. The prefix **re** = *to do something again*.

no pudieron: Translate this irregular preterite of **poder** as *did not manage to*.

entrar: Often the best translation is a more colloquial one. Do you know another way of saying *to enter*?

Por esta razón: You should be able to tell the meaning of **razón**.

establo: In Spanish no word begins with **s** + consonant. Can you guess this word if you ignore the initial **e**?

nació: The context should tell you the meaning of this word.

Navidad: In Spanish one can say both **Navidad** and **Natividad**. At times Spanish employs a "little word" where English requires none. This is the case in **preceden a la Navidad.** Conversely, English may require a "little word" where Spanish does not. Example: *to look for* = **buscar.** Finally, there may be an exact correspondence of "little words" in both languages: **enfrente de** = *in front of*. Pay close attention to all prepositions, especially those that take on different meanings in a particular construction. Example: **de la siguiente manera** = *in the following manner*.

posada: Observe that when used in an idiom (**dar posada**), the word **posada** takes on a slightly different meaning.

desconocidos: In the middle of this word is the verb **conocer**. The prefix **des** means *dis* or *un* in English.

cada: You've seen this word before. It is best to learn common words as early as possible.

✺**Reading Hint:** *Pay attention to the components of a word:* **des-, conoc-, -idos.** *Often they provide clues to meaning.* ✺

Cultural Note

The celebration of Christmas in some Hispanic countries traditionally begins several days prior to December 25. Many people still pay nightly visits to different friends, singing **Las posadas** and recreating the scene described in the reading. For many the celebration also extends beyond Christmas Day since, according to Hispanic tradition, the **Reyes Magos** (*Three Wise Men*) deliver gifts to children on Epiphany (January 6).

---

[1]Christmas Eve   [2]pilgrims   [3]finally   [4]heart

La gente de Jocotepec, México, celebra las Navidades con pintorescos nacimientos tradicionales.

Práctica

A. Complete Ud.

1. «Las posadas» es una _____ .
2. Recrea el drama de _____ .
3. María y José no pudieron entrar _____ .
4. Tuvieron que pasar la noche en _____ .
5. Allí nació el _____ .

B. ¿Sí o no?

1. Los amigos cantan una canción extranjera.
2. Los cantantes toman pasteles y refrescos.
3. El dueño no da posada a desconocidos.
4. Los peregrinos son amigos del dueño.
5. Todo esto ocurre el día de la Navidad.

C. ¿Tiene Ud. buena voz?

Noche de paz (*Night of Peace = Silent Night*)

Noche de paz, noche de amor,
todo duerme en derredor,[5]
sólo suenan[6] en la oscuridad
armonías de felicidad,
armonías de paz. (bis[7])

Noche de paz, noche de amor,
todo duerme en derredor,
sobre el divino Niño Jesús
una estrella[8] esparce[9] su luz,
brilla[10] sobre el Rey.[11] (bis)

---

[5](all) around [6]sound (resound) [7]repeat [8]star [9]scatters [10]shines [11]King

Repaso visual

¿Qué puede Ud. decir sobre los siguientes dibujos? *Try to use preterites and imperfects as you recreate these scenes.*

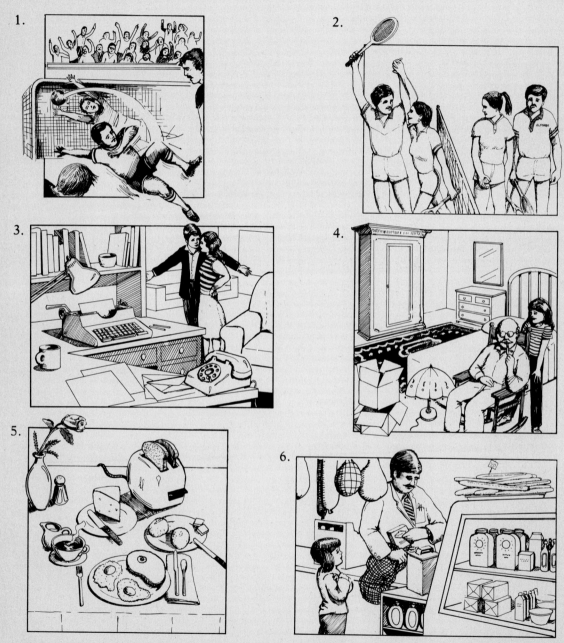

Self-test 3

A. ¿Dónde ponemos el pronombre?

　1. (*you, pol. fem.*)　Quiero... recibir... en mi casa.
　2. (*her*)　Yo... estaba... esperando... en la calle.
　3. (*him*)　Si... viene... diga... que estoy enfermo.
　4. (*to them, masc.*)　Yo... no... di... un regalo.
　5. (*it, fem.*)　Yo... sé... que ella... compró... ayer.

B. ¿Pretérito o imperfecto?

　(1) (Llover) cuando yo **(2)** (salir) de casa. Por eso **(3)** (volver) para buscar el paraguas. **(4)** (No estar) en el armario. ¡Qué demonios! Sin duda (*doubt*) mi hermano lo **(5)** (tener). En ese momento **(6)** (decidir) llamar un taxi.

C. Exprese Ud. en español las palabras entre paréntesis.

　1. (*it*)　La ciudad es interesante. Quiero visitar _____ .
　2. (*to them*)　Ayer _____ hablé en la plaza.
　3. (*for me*)　Va a escribir _____ una buena recomendación.
　4. (*them*)　Las habitaciones son hermosas. Vamos a ver _____ .

D. Exprese Ud. en español las palabras entre paréntesis.

　1. (*used to go*)　Ella _____ al mercado los sábados.
　2. (*did you go*)　¿Cuándo _____ a la universidad ayer?
　3. (*did you put it*)　¿Dónde _____ ?
　4. (*I was*)　Compré dos vestidos cuando _____ en Buenos Aires.
　5. (*asking for*)　Ellos están _____ mucho dinero.

E. ¿**Por** o **para**?

　1. Enrique sale _____ Colombia hoy.
　2. Ésta es la lección _____ mañana.
　3. Siempre viene _____ la calle con su amiga Isabel.
　4. Va a estar aquí _____ una semana.
　5. El regalo es _____ Juanita.

F. Exprese Ud. en español las palabras entre paréntesis.

　1. (*I practiced*)　Ayer _____ con Julián y Patricia.
　2. (*didn't you bring*)　¿Por qué _____ (tú) tu raqueta?
　3. (*sleeping*)　Yo lo vi _____ en el sofá.
　4. (*did not say*)　Ellos _____ cuándo compraron la casa.
　5. (*was*)　Ella siempre _____ una excelente alumna.

G. Dé Ud. los mandatos de los verbos indicados.

　1. (escribir)　No _____ Ud.　　3. (Mirar)　_____ tú.　　5. (entrar)　¡No _____ Ud.!
　2. (hacer)　¡No _____ Ud.!　　4. (Poner)　_____ tú.　　6. (Salir)　¡ _____ tú!

H. Vocabulario. Exprese Ud. en español.

1. the cup 3. the pork 5. the people 7. the room 9. to hike
2. the supper 4. without 6. to cook 8. vacation 10. to travel

I. Preguntas. ¿Qué puede Ud. decir para contestar las siguientes preguntas?

1. ¿En qué habitación mira Ud. la televisión?
2. ¿Cómo paga Ud., generalmente, las cuentas mensuales?
3. ¿Qué muebles hay en la sala de estar?
4. ¿Qué legumbres prefiere Ud.?

"Las posadas" (music and text) from *Cancionero de la Escuela Española de Middlebury College*, Middlebury, Vermont.

---

[12]**Por más que digáis** No matter how much (how repeatedly) you may say   [13]**Cielo** Heaven   [14]**mesón** inn; **sigan adelante** keep on going   [15]**rendidos** exhausted   [16]**de andar** from walking   [17]**amada** beloved
[18]**no sea algún tunante** unless you are a highwayman (bandit)

El tráfico del Periférico (*Expressway*) cerca de Ciudad Satélite (en la Ciudad de México) es impresionante.

Esta señorita policía ayuda a los turistas en el Zócalo, la plaza central de la Ciudad de México. Lleva una insignia especial que indica qué lenguas sabe hablar.

LECCIÓN DIEZ

Coches y carreteras

Peter Menzel

David Mangurian

GRÁFICOS

El automóvil

1. el asiento
2. el volante
3. los frenos
4. el acelerador
5. el chófer
6. las llantas
7. las ruedas
8. los faros
9. la gasolinera
10. el motor

Práctica

A. Cubra Ud. (*Cover*) la lista y dé la palabra que corresponde a cada número del dibujo.

B. ¿Tiene Ud. buena memoria? *Select the Spanish word pertaining to automobiles that would be most directly involved in the following situations.*

1. Una muchacha cruza la calle; lee una carta y no mira el tráfico. Un auto viene rápidamente.

   a. cine   b. asiento   c. frenos

2. Son las once de la noche. Vuelvo a casa en auto, pero no voy por las calles principales porque no veo muy bien ahora.

   a. calcetines   b. faros   c. cerveza

3. Anoche tuve que dormir en el coche.

   a. guisante   b. asiento   c. volante

4. No sé qué hacían esos jóvenes con mi carro, pero ahora tengo que ir al garaje.

   a. llantas   b. cuadros   c. acelerador

5. Ese señor salió del bar y subió a su auto. Él es la causa del accidente.

   a. país   b. ruedas   c. chófer

6. Ese carro entró muy rápidamente en la otra calle porque había mucho tráfico.

   a. acelerador   b. edificio   c. frenos

7. Yo sé cuál es la parte más importante de un auto.

   a. estante   b. volante   c. cantante

8. Un lado del coche estaba inclinado. Bajé para examinar la parte exterior del coche.

   a. ruedas   b. uvas   c. volante

Buscando la carretera

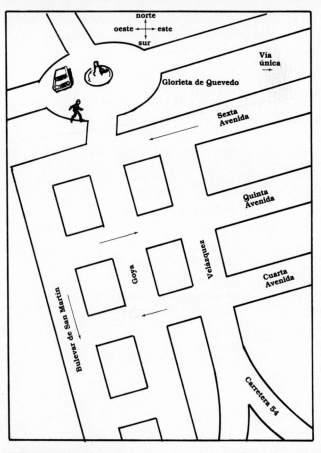

PRESENT PERFECT TENSE

-ar: examinar
he examinado	*I have examined*
ha examinado	*you have examined*

-er: comprender
he comprendido	*I have understood*
ha comprendido	*you have understood*

-ir: venir
he venido	*I have come*
ha venido	*you have come*

la avenida
el bulevar[1]
la carretera / la autopista
   (*highway* / *superhighway*)
la esquina (*corner*)
la glorieta

---

[1]**Bulevar** is now used in many cities to designate a wide street divided by a tree-lined promenade. **Paseo** has a similar meaning. **Glorietas**, traffic circles, are common in the Hispanic world.

EL *VIAJERO*:	He examinado este mapa con *cuidado*, pero parece que no lo he comprendido. ¿Cómo llego a la carretera 54?	traveler / care
EL *PEATÓN*:	Ud. ha venido *mal*. Entre Ud. ahí, en la calle Goya. Después *siga Ud. todo derecho* hasta llegar a la esquina con la Quinta Avenida. Ahí *doble* Ud. a la izquierda, después a la derecha en la calle Velázquez y entre después en la carretera. Lea Ud. los *letreros*.	pedestrian / the wrong way go straight ahead turn street signs
EL VIAJERO:	Muchas gracias, ¿eh? Adiós.	
EL PEATÓN:	*De nada.* ¡Ah! ¡Un momento! ¡Caramba!... La Quinta Avenida *está en obras*.	You're welcome is closed for repairs

Práctica

A. Conteste Ud.

1. ¿Cómo se llama la glorieta?
2. ¿Cuántas calles salen de la glorieta?
3. ¿Qué calles del mapa van al este? ¿al sur?
4. ¿En qué dirección va la Quinta Avenida?
5. ¿Puede Ud. ir al oeste por la calle Velázquez?

B. Conteste Ud. afirmativamente.

1. ¿Ha venido Ud. temprano a clases hoy?
2. ¿Ha llegado Ud. a la universidad en autobús?
3. ¿Ha examinado Ud. el mapa?
4. ¿Lo ha comprendido Ud.?

El inocente

IRREGULAR PAST PARTICIPLES

hacer: hecho
     he hecho   *I have done*
     ha hecho   *you have done*

ver: visto
     he visto   *I have seen*
     ha visto   *you have seen*

decir: dicho
     he dicho   *I have said*
     ha dicho   *you have said*

1. la acera
2. la luz de tráfico
3. el camión
4. la camioneta
5. la señal de tráfico

LA POLICÍA: Pero, hombre, ¿qué ha hecho Ud.? ¡Ud. ha subido a la acera!

TOMÁS: ¡Pero si² yo no he visto la acera! ¿Quién ha dicho eso?

LA POLICÍA: ¿*Tampoco* ha visto Ud. este camión?   Neither

TOMÁS: Pues sí, pero cuando iba a *parar, frente a* la luz de tráfico, un   to stop / in front of
tigre y una señorita muy elegante cruzaban la calle... y...

LA POLICÍA: La verdad es que Ud. *no debe manejar* porque ha bebido   shouldn't drive
demasiado. Está *borracho*.   too much / drunk

TOMÁS: ¿Quién, yo?

Práctica

A. Conteste Ud.

    1. ¿Adónde ha subido Tomás?

    2. ¿Ha visto el camión?

    3. Según Tomás, ¿quiénes han cruzado la calle?

    4. ¿Por qué ha dicho la policía que Tomás no debe manejar?

    5. ¿Ha bebido mucho Tomás? ¿Qué cree Ud.?

    6. ¿Qué ha hecho Ud. esta mañana?

    7. ¿Ha dicho Ud. siempre la verdad?

    8. ¿Ha bebido Ud. mucha cerveza alguna vez (*ever*)? ¿Cuándo?

    9. ¿Ha manejado Ud. cuando ha bebido mucha cerveza?

    10. ¿Ha visto Ud. un tigre en la calle?

B. Diga Ud. el nombre de los objetos indicados.

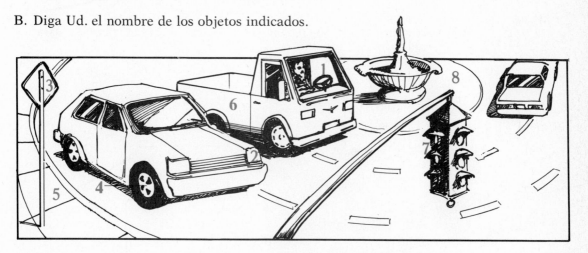

C. Teatro: Un choque. *Act out an accident like that in the minidialog, making up an original ending if possible.*

---

²**Si** has no English equivalent in this sentence.

D. Pregúntele Ud. a un amigo (una amiga)...

1. si tiene coche (camioneta)   4. si ha tenido un choque
2. cuándo lo compró   5. cuántas millas puede viajar con un litro de gasolina
3. cuánto costó   6. si otras personas manejan su auto

Palabras fáciles

Word family. *Since you know the basic meaning of* **poner,** *you should be able to give the meanings of the following words. Hint: Think of the English suffix* **-pose,** *as in* **suppose.**

Práctica

A. Exprese Ud. en inglés.

1. componer   3. disponer   5. deponer   7. suponer
2. descomponer   4. oponer   6. proponer   8. presuponer

B. Pronuncie Ud.

1. el anuncio   6. la gasolina   11. el plan
2. el automóvil   7. inspeccionar   12. el problema
3. la causa   8. el kilómetro   13. prometer
4. los cinturones de seguridad   9. el litro   14. el tigre
5. el garaje   10. las llantas radiales   15. el volante ajustable

David S. Strickler/The Picture Cube

En una gasolinera española. El litro de «super» ya cuesta más de un dólar.

Memopráctica

Memorization is an important part of learning a second language, but ... what exactly should you memorize? It is best to memorize the patterns, lists, and model sentences given in your textbook. In this way, you can be sure that the concepts and words you're practicing are correct. It can be more risky to memorize your class notes, since you just might have written words down incorrectly.

GRAMÁTICA ESENCIAL

48. The Perfect Tenses

A. The present tense of the auxiliary verb **haber** (*to have*) is formed as follows:

he	hemos
has	habéis
ha	han

To form regular past participles, drop the infinitive ending and add **-ado** for **-ar** verbs and **-ido** for **-er** and **-ir** verbs.

-ar: examinar	→	examin**ado**	*examined*
-er: entender	→	entend**ido**	*understood*
-ir: salir	→	sal**ido**	*gone out*

Combine a form of **haber** with the past participle of another verb to form the present perfect tense.

-AR: DAR		-ER: SER		-IR:[3] RECIBIR	
he dado	*I have given*	he sido	*I have been, and so on*	he recibido	*I have received, and so on*
has dado	*you have given*	has sido		has recibido	
ha dado	*he/she (you) has (have) given*	ha sido		ha recibido	
hemos dado	*we have given*	hemos sido		hemos recibido	
habéis dado	*you have given*	habéis sido		habéis recibido	
han dado	*they (you) have given*	han sido		han recibido	

---

[3]**-Er** and **-ir** verbs whose stems end with a strong vowel (**a**, **e**, or **o**) require a written accent on the **i** of the past participle ending: **leer** → **leído**, **traer** → **traído**, **oír** → **oído**.

NOTE 1: To make a present perfect verb negative, place **no** before the form of **haber.**

Juan **no ha** hablado.   *Juan has not spoken.*

NOTE 2: Place all object pronouns before the helping verb. If the sentence is negative, **no** precedes the object pronoun.

Él (**no**) **me lo** ha dado.   *He has (not) given it to me.*

NOTE 3: To form a question in the present perfect, put the subject after the past participle.

¿Han venido las señoras?   *Have the ladies come?*
¿Ha lavado Juan los platos?   *Has Juan washed the plates?*

B. Once you have learned the present perfect, you can easily form the pluperfect (*I had given, he had given,* and so on). Just combine the imperfect of **haber** (**había, habías, había, habíamos, habíais, habían**) with the past participle of another verb.

había preparado	*I had prepared*	habíamos charlado	*we had chatted*
habías traído	*you had brought*	habíais bebido	*you had drunk*
no había comido	*he had not eaten*	no habían chocado	*they had not collided*

Práctica

A. Repita Ud. las oraciones, dando el participio pasado del verbo entre paréntesis.

1. He (estar) tres días en Acapulco.
2. Tú has (ir) en auto, ¿no?
3. Ella ha (salir) en la camioneta.
4. Todos han (jugar) al tenis.
5. Yo he (beber) demasiado y no debo manejar.
6. Alberto y Enrique han (manejar) el auto nuevo.

B. Cambie Ud. según el modelo.

MODELO   Yo *he* comprado un auto nuevo.   (Ellos) →
         Ellos han comprado un auto nuevo.

1. ¿A qué hora *has* venido tú? (él / Ud. / ellas)
2. Él *ha* chocado con un camión. (Tú / Yo / Nosotros)
3. Yo *he* pagado el alquiler del coche. (Ella / Nosotras / Ellos)

C. Cambie Ud. según los modelos.

Presente → Presente perfecto
MODELO   Adela aparca allí. → Adela ha aparcado allí.

1. Tomás enciende la lámpara.
2. Yo limpio las alfombras.

3. Nosotros le dejamos tres llantas.
4. Ellos van a esa gasolinera.

Pretérito → Presente perfecto

MODELO   Carlos dobló en la esquina. → Carlos ha doblado en la esquina.

5. Sintió gran satisfacción.
6. Subieron por esta acera.

7. Crucé la calle para examinar el letrero.
8. Ganamos el partido.

D. Conteste Ud. *With a classmate take turns asking each other these questions. Answer affirmatively and try to respond quickly.*

1. ¿Ha aparcado él?
2. ¿Han manejado Uds.?
3. ¿Ha viajado Ud.?
4. ¿Has perdido el mapa de las carreteras?
5. ¿Ha chocado Ud. con el camión?

6. ¿Has doblado a la derecha?
7. ¿Habéis esquiado hoy?
8. ¿Han nadado Uds.?
9. ¿He recibido cartas?
10. ¿Has bajado a la glorieta?

E. Conteste Ud.

1. ¿Qué hemos estudiado hoy?
2. ¿A qué hora has llegado tú a clase?
3. ¿Qué han leído Uds. hoy?
4. ¿Ha venido Ud. en su auto a la clase?
5. ¿Ha hablado Ud. por teléfono con sus padres esta semana?
6. ¿Dónde ha trabajado Ud.?

49. Irregular Past Participles

There are a few irregular past participles in Spanish, most of which are given below. You can now form the past participle for every verb studied in this text.

abrir:	abierto	*opened*		**morir:**	muerto	*died*
decir:	dicho	*said, told*		**poner:**	puesto	*put, placed*
escribir:	escrito	*written*		**ver:**	visto	*seen*
hacer:	hecho	*done, made*		**volver:**	vuelto	*returned*

Práctica

Cambie Ud. según el modelo.

MODELO   Él *volvió* a casa sin poder usar los frenos. →
Él ha vuelto a casa sin poder usar los frenos.

1. Vio al nuevo chófer.
2. Escribimos varias cartas de amor.
3. Dijiste la verdad.
4. Hacen un cambio en el motor.
5. Tres jóvenes murieron en el accidente.

6. Abrieron la puerta para examinar el acelerador.
7. Puse la aspiradora en esa habitación.
8. Volví a la piscina por el Bulevar de San Martín.

50. *Gustar*

You have already used **me gusta(n), te gusta(n),** and **le gusta(n)** to express *I like, you like,* and *he/she likes.* Here is the complete conjugation of **gustar** in the present tense with all of the indirect object pronouns. You will have no trouble using **gustar** correctly if you think of it not as meaning *I like,* but as expressing the idea that something *is pleasing* (*to me, him, you, us, etc.*).

1. One thing is pleasing (*to me, you, him, us, etc.*)

I like	Me gusta
You like	Te gusta
You (he/she) like(s)	Le gusta
We like	Nos gusta
You like	Os gusta
They like	Les gusta

} este periódico.

2. Several things are pleasing (*to me, you, him, us, etc.*)

Me gustan
Te gustan
Le gustan
Nos gustan
Os gustan
Les gustan

} estas camionetas.

Note the following relationships:

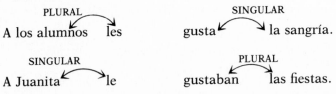

PLURAL   SINGULAR
A los alumnos   les   gusta   la sangría.

SINGULAR   PLURAL
A Juanita   le   gustaban   las fiestas.

Nº 193700

FORM. 168-C

Recibo para el enterante
ESTACIONAMIENTO
Parque Nacional Zoológico

«LA AURORA»
Guatemala, C. A.

Q0.25   Veinticinco
Centavos
de Quetzal

Agradecemos su contribución;
sin ella no sería posible ninguna mejora en éste su parque.
Asociación C. A. de Historia
Natural.

T. T. - 600 T.-O. 2623 - 25-9-74

Other verbs and phrases in similar constructions include **encantar** (*to love* something), **hacer falta** (*to need* something), and **interesar** (*to be interested in* something).

Nos encanta manejar en las autopistas.	*We love to drive on superhighways.*
Le hacen falta dos libros más.	*He needs two more books.*
¿No te interesan los coches?	*Aren't you interested in cars?*

Práctica

A. Exprese Ud. en español según el modelo. *State that something is pleasing to someone.*

MODELO   (*to him*)   el cuadro → Le gusta el cuadro.

1. (*to me*)	el filete		4. (*to us*)	los guisantes
	las naranjas			el pescado
2. (*to you, pol. pl.*)	el invierno		5. (*to them*)	la carne de cordero
	las películas inglesas			el verano y el otoño
3. (*to him*)	esos asientos			
	las camionetas			

B. Dé Ud. la forma correcta del verbo **gustar** en el imperfecto, pensando en el sujeto indicado.

1. (*she*)	la falda		3. (*they*)	esas raquetas nuevas
	esas medias			estas novelas policíacas
2. (*I*)	ese camión		4. (*we*)	las señales nuevas
	los coches			la telenovela

C. Conteste Ud.

1. ¿Qué te interesa más, comprar un coche o poner tu dinero en el banco? ¿Por qué?
2. ¿Qué coche realmente te encanta? ¿Por qué?
3. ¿Te hace falta un coche? Explica por qué.
4. ¿Te interesa un viaje a Centro América? ¿Por qué sí (no)?
5. ¿Te encanta vivir en la ciudad? ¿Por qué sí (no)?
6. ¿Qué te hace falta para preparar una ensalada de frutas?

51. Two Object Pronouns

When an indirect and a direct object pronoun appear together, the indirect always precedes the direct.

Él **me lo** dio.   *He gave it to me.*
Ella no quiere explicár**telo**.   *She does not want to explain it to you.*
No **nos lo** lea.   *Don't read it to us.*

Práctica

A. ¿Dónde debe Ud. poner los pronombres?

1. (me las) El policía... da...
2. (nos la) Tomás... llevó... esta mañana...
3. (te lo) El hombre... no... quería... dar...
4. (me los) Juanita... compró... en México...
5. (nos lo) Él... está... escribiendo...
6. (os lo) Yo... digo... para no... tener problemas después.

B. Cambie Ud. a la forma negativa según los modelos.

MODELOS   Cómpremelo Ud. → No me lo compre Ud.
                Cómprenmelo Uds. → No me lo compren Uds.

1. Déjemelo Ud.   4. Enséñemelo Ud.   7. Escríbanmelas Uds.
2. Cómprenoslo Ud.   5. Preséntenmelo Uds.   8. Ábranmelo Uds.
3. Prepárenosla Ud.   6. Llévenmelos Uds.

52. *Se* with Direct Object Pronoun

If both object pronouns are in the third person, whether singular or plural, the indirect object pronoun changes from **le (les)** to **se.** Study the following examples.

Le dimos **el mapa al chófer.**

       Se   **lo** dimos.   *We gave it to him.*

Les dimos **la gasolina a las muchachas.**

       Se   **la** dimos.   *We gave it to them.*

Le dimos **los pantalones a Juan.**

       Se   **los** **dimos.**   *We gave them to him.*

Les dimos **las noticias a las señoritas.**

       Se   **las** dimos.   *We gave them to them.*

This pattern also applies, of course, to any other combinations of third persons, singular or plural: *them to you* (*sing.*), *it to you* (*pl.*), *you to them* (*masc.*), *her to them* (*fem.*), and so on.

NOTE: If the meaning of **se** is unclear, clarify it with a prepositional phrase (**a Ud., a él, a ella,** etc.), as explained in Section 46.

    Se lo dimos a ellas.   *We gave it to them.*

Práctica

A. Cambie Ud. según el modelo.

    MODELO   Le vendí *el mapa* al viajero. → Se __lo__ vendí.

1. Le presenté *la cuenta* al cliente. Se _____ presenté.
2. Le escribí *una carta* a mi hermana. Se _____ escribí.
3. Le indicaron *la luz de tráfico* al pobre chófer. Se _____ indicaron.
4. Le di *el armario* a mi hija. Se _____ di.
5. Le dio *las dos máquinas de escribir* a su amigo. Se _____ dio.

6. Le explicamos *el motor* al peatón.   Se ＿＿＿ explicamos.
7. Les serví *melón* a mis primos.   Se ＿＿＿ serví.
8. Le vendimos *las naranjas* a Felipe.   Se ＿＿＿ vendimos.

Memopráctica

Try to single out the most important element in an exercise instead of being distracted by secondary issues. For example, in Exercise B you must give two object pronouns. Since the indirect object pronoun will always be **se** in these combinations, concentrate on the direct object pronoun only.

B. **¿Se lo, se la, se los** o **se las?**

MODELO   Le dio *un dólar a Juan.* →   _Se_ _lo_ dio.

1. Le enseñó *la llanta al jefe.* ＿＿＿ ＿＿＿ enseñó.
2. Le dio *una grabadora a su hijo.* ＿＿＿ ＿＿＿ dio.
3. Les vendió *los plátanos a los niños.* ＿＿＿ ＿＿＿ vendió.
4. Les explicamos *la excursión a las muchachas.* ＿＿＿ ＿＿＿ explicamos.
5. Les alquilamos *el piso a los dos.* ＿＿＿ ＿＿＿ alquilamos.
6. Le presenté *el plan a la clase.* ＿＿＿ ＿＿＿ presenté.
7. Les escribí *dos cartas a mis parientes.* ＿＿＿ ＿＿＿ escribí.
8. Les dimos *explicaciones a los turistas* en inglés. ＿＿＿ ＿＿＿ dimos en inglés.

C. Cambie Ud. según los modelos.

MODELO   Quiero explicarle *mi problema a Juanita.* →
        Quiero explicárselo. (*two objects after an infinitive*)

1. Prefieren servirle *la cena a mi abuelo.*
2. Ellos quieren darles *dinero a todos sus hijos.*
3. Nosotros deseamos pagarle *los cincuenta pesos al agente.*

MODELO   Está enseñándoles *inglés a sus hijos.* →
        Está enseñándoselo. (*two objects after a present participle*)

4. Está explicándole *el precio a los clientes.*
5. Está dándole *explicaciones a Carmen.*
6. Está vendiéndole *un mantel a la señorita.*

MODELO   Enséñele Ud. *la señal de tráfico.* →
        Enséñesela. (*two objects after an affirmative command*)

7. Véndale Ud. *la carne a esta señora.*
8. Sírvale *la comida a María.*
9. Llévele Ud. *la ropa al dependiente* con cuidado.

MODELO   No les lleve Ud. *esos regalos a sus sobrinos.* →
          No se los lleve Ud. (*two objects with a negative command*)

10. No le venda Ud. *esas servilletas a ese turista.*
11. No les escriba Ud. *cartas muy largas a sus clientes.*
12. No le lleve Ud. *el menú a ese señor.*

Repaso

DIRECT OBJECT PRONOUNS

SINGULAR		PLURAL	
me	*me*	nos	*us*
te	*you (fam.)*	os	*you (fam., pl.)*
lo	*you (pol.), him, it (masc.)*	los	*them, you (masc., pl.)*
la	*you (pol.), her, it (fem.)*	las	*them, you (fem., pl.)*

INDIRECT OBJECT PRONOUNS

SINGULAR		PLURAL	
me	*to me, for me*	nos	*to us, for us*
te	*to you, for you (fam.)*	os	*to you, for you (fam.)*
le	*to him, for him* *to her, for her* *to you, for you (pol., sing.)*	les	*to them, for them (masc.)* *to them, for them (fem.)* *to you, for you (pol., pl.)*

A. Exprese Ud. en español. *Try not to refer to the charts just given.*

1. (*him*)   Nosotros _____ vimos ayer caminando hacia el norte por la autopista 54.
2. (*them, fem.*) _____ acompañamos a la gasolinera.
3. (*her*) ¿ _____ conoces?
4. (*it, fem.*) No _____ entiendo.
5. (*us*) Él _____ invita cada verano.
6. (*you, fam., sing.*)   No _____ recibo hoy.

B. ¿Objeto directo o indirecto?

1. (al cliente) No _____ dijeron la verdad.
2. (a Alberto) Van a invitar _____ .
3. (a las señoritas) _____ di los bollos.
4. (a ti) No _____ creo, niño.

5. (a mí) ¿Por qué _____ da Ud. todos los paquetes?
6. (a ella) ¿No _____ llamaste cuando estuviste allí?
7. (al dueño) Págue _____ el alquiler a él.
8. (a Uds.) ¿ _____ conoce ella a todos?

CONVERSACIÓN

TEXTO: Una señorita policía inspecciona coches

LA POLICÍA: *Haga Ud. el favor de* aparcar aquí, *fuera de* la carretera.	Please / off
EL JOVEN: Sí, señorita.	
LA POLICÍA: Vamos a ver... Encienda Ud. los faros, por favor.	
EL JOVEN: ¿Y ahora?	
LA POLICÍA: Ahora, *marche hacia atrás*. Gracias.	back up (go in reverse)
EL JOVEN: ¿*Algo más*?	Anything else?
LA POLICÍA: *Haga girar* el volante hacia la izquierda y hacia la derecha... ¿Sabía Ud. que las llantas de este lado están *bastante gastadas*?	Turn quite worn
EL JOVEN: ¿*De veras*? Voy a comprar otras muy pronto. Se lo *prometo*. ¿Es todo?	Really? / I promise
LA POLICÍA: ¿Tiene Ud. el *carnet*[4] *de manejar*?	driver's license
EL JOVEN: Ahora mismo se lo doy. (Buscando y pensando: ¿Dónde *diablos* lo puse?)	the devil
LA POLICÍA: ¿Ud. maneja sin carnet? Entonces tiene que pagar una *multa*.	fine
EL JOVEN: ¡Qué mala suerte tengo! ¡*Hoy día* dan multas por todo!	Nowadays

Cultural Notes

1. Pursuit and detention are not common traffic enforcement procedures in many Hispanic countries. Officers usually monitor passing traffic by standing at the side of the highway. Traffic violations are frequently documented by time photography, and the violator may receive a ticket by mail a month later.

2. A parking disc left by a motorist on the dashboard of a parked car is an effective way to control parking in certain zones. In these areas a police monitor will leave a parking ticket on a car if the parking disc is not visible through the windshield and if the beginning or termination time is not correct.

---

[4]Pronounced: **carné.**

Práctica

A. Conteste Ud.

1. ¿Dónde aparca el joven su auto? ¿Por qué?
2. ¿Qué órdenes le da la señorita policía?
3. ¿Cómo están las llantas del auto? ¿Lo sabía el joven? ¿Qué promete él hacer?
4. ¿Qué le pide la señorita entonces?
5. ¿Por qué dice el joven «¡Qué mala suerte tengo!»?

B. Conteste Ud.

1. ¿Sabe Ud. manejar?
2. ¿Cuándo aprendió Ud. a manejar?
3. ¿Dónde aprendió Ud. a manejar?
4. ¿Quién le enseñó a manejar?
5. ¿Cuál es la velocidad máxima permitida en las carreteras nacionales? (kilómetros o millas por hora)
6. ¿Qué usa Ud. para manejar de noche (*at night*)?
7. ¿Cuánto cuesta la gasolina ahora? (por litro o galón)
8. ¿Quiénes inspeccionan coches aquí?

C. ¿Qué dice Ud. en estas situaciones?

1. Tell someone to park off the road.
2. Tell someone to back up.
3. Let someone know that his or her tires are in bad shape.
4. State that you are going to buy new tires.
5. Inquire about a driver's license.
6. What do you say when you have lost something?
7. Announce that a fine is forthcoming.
8. Use an exclamation to express your feelings about a bad situation.

D. Haga Ud. un mapa. *Make a large street plan of your city or neighborhood showing the main roads and highways and some important locations. Ask classmates to do the following:*

1. Using the preterite, tell how he or she got from one place to another.
2. Using commands, tell a friend how to get from one location to another.
3. Using the imperfect, tell how he or she used to go from one place to another.

Comunicación

A. Lea Ud. el anuncio de la Compañía ASTRO. Luego aprenda Ud. de memoria las expresiones y palabras nuevas. ¡Ud. va a presentar este anuncio «por televisión» sin el libro!

¡Gran venta de ASTROMÓVILES, *desde* el 15 de diciembre hasta Año Nuevo! ¡*Ver para creer*!

— Asientos elegantes
— Frenos supereficientes
— Volante ajustable
— Llantas radiales
— *Cinturones de seguridad*

¡Increíble! 12 kilómetros por litro en la ciudad. ¿Qué necesita Ud. para ser feliz? ¡Maneje Ud. un nuevo ASTROMÓVIL!

from

Seeing is believing! (You've got to see them to believe them.)

Seat belts

B. Comprando un automóvil. *With another student play the roles of car salesperson and client. The* **vendedor (vendedora)** *will ask questions, and the prospective buyer will answer.*

1. ¿comprar / automóvil / nuevo?
2. ¿cuánto / desear / pagar?
3. ¿tener / color / favorito?
4. ¿encantar / autos / grandes?
5. ¿manejar / ciudad / carreteras?

C. Ud. es el (la) policía. Dígale a un compañero (una compañera) de clase, quien va a ser el (la) chófer, qué debe hacer en estas situaciones. Vea Ud. las sugerencias entre paréntesis.

MODELO   Ha llovido mucho esta mañana; un señor viejo no puede parar su auto muy bien. El (La) policía dice: «Si Ud. quiere parar cuando llueve, use Ud. los frenos con cuidado varias veces, no sólo una vez.»

1. Es invierno; el chófer no puede ver bien. (volver a casa / no manejar ahora)
2. Un señor ha bebido demasiado. (bajar del coche / andar bien)
3. Un joven no tiene su carnet de manejar. (acompañarme a la estación / llamar a sus padres)
4. Un niño juega en la calle. (su abuela / peligroso [*dangerous*])
5. Hay un choque de automóviles. (estar borracho / pagar una multa)

D. Conteste Ud. a base de este anuncio.

1. Según el anuncio, ¿qué carrera (*race*) ha ganado Renault?   2. ¿Es importante eso? ¿Por qué sí (no)?   3. ¿Qué otros coches están en la misma clasificación general?
4. ¿Cuántos participantes había en la carrera?

RENAULT VENCEDOR ABSOLUTO

RENAULT ha batido todos los récords de velocidad y distancia

Distancia: 5.044,530 Km. a una media de 210,188 Km/h.
Vuelta más rápida: 3 minutos 34,5 segundos a una velocidad de 228,923 Km/h.

Un **RENAULT V-6** Turbo ha ganado las 24 Horas de Le Mans.
Ha ganado la robusta mecánica **RENAULT**.
En la máxima prueba de resistencia del mundo, el equipo **RENAULT-ELF** ha superado a los otros 55 participantes empeñados en conseguir la victoria final.
Un triunfo total.
En definitiva, quienes han ganado, han sido los conductores de cualquier modelo **RENAULT**. Porque de la tecnología vencedora de las 24 Horas de Le Mans, se benefician cada uno de los vehículos **RENAULT**, si mañana vemos alguno presumiendo un poco comprendámoslo, en cierta medida, a su estilo, lo está celebrando.

CLASIFICACION GENERAL
1.º **RENAULT-ALPINE** A-442-B Jaussaud-Pironi
2.º A CINCO VUELTAS PORSCHE-936 Wollek-Barth-Ickx
3.º A CINCO VUELTAS PORSCHE-936 Haywood-Gregg-Joesl
4.º A ONCE VUELTAS RENAULT ALPINE A-442 Ragnotti-Frequelin-Dolhem-Jabouille

 RENAULT

Régie Renault—France—1978

Vocabulario activo

ADJETIVOS

borracho, -a drunk

ADVERBIOS

bastante enough; quite, rather
demasiado too (much)

PUNTOS CARDINALES

el **este** east
el **norte** north
el **oeste** west
el **sur** south

SUSTANTIVOS

el **acelerador** gas pedal
la **acera** sidewalk
el **asiento** seat
la **autopista** expressway
la **avenida** avenue
el **bulevar** boulevard
el **camión** truck
la **camioneta** station wagon
el **carnet de manejar** driver's license

la **carretera** highway
el (la) **chófer** driver
el **choque** collision
la **esquina** corner
el **faro** headlight
los **frenos** brakes
la **gasolina** gas
la **gasolinera** gas station
la **glorieta** traffic circle
el **letrero** (road/street) sign
la **luz de tráfico** traffic light
la **llanta** tire
el **motor** motor
la **multa** fine
el **peatón** pedestrian
el **policía** policeman; **la señorita _____** policewoman
la **rueda** wheel
la **señal de tráfico** traffic sign
la **verdad** truth
el **viajero** / la **viajera** traveler
el **volante** steering wheel

VERBOS

chocar to collide, crash
deber must, ought to (*do something*)
doblar to turn
encantar to love (*something*)
explicar to explain
gustar to be pleasing
hacer falta to need
interesar to be interested in
manejar to drive
parar to stop
prometer to promise

EXPRESIONES ÚTILES

con cuidado carefully, with care
de nada you're welcome
hoy día nowadays
todo derecho straight ahead

¡Qué alegría estar con todos o estar sola!

LECCIÓN ONCE

La persona

Jesus Carlos/Peter Arnold, Inc.

United Nations Photo

GRÁFICOS

El cuerpo humano

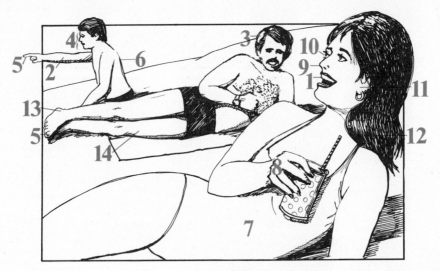

1. la boca (*mouth*)
2. el brazo (*arm*)
3. la cabeza (*head*)
4. la cara (*face*)
5. el dedo (dedo del pie) (*finger / toe*)

6. la espalda (*back*)
7. el estómago (*stomach*)
8. la mano (*hand*)
9. la nariz (*nose*)
10. el ojo (*eye*)

11. la oreja (*ear*)
12. el pelo (*hair*)
13. el pie (*foot*)
14. la pierna (*leg*)

Práctica

A. Cubra Ud. (*Cover*) la lista y dé la palabra que corresponde a cada número del dibujo.

B. Complete Ud.

1. Para ver es necesario usar los _____ .
2. Yo uso el tenedor con los _____ de la _____ .
3. Cuando hablo, yo abro la _____ .
4. Como con las _____ .
5. Llevo sombrero en la _____ .
6. Los jugadores de fútbol hispánico no pueden usar los _____ y las _____ .
7. La persona que siempre come mucho tiene un enorme _____ .
8. El elefante tiene dos grandes _____ .

Voy a una fiesta

REFLEXIVE VERBS

afeitarse   *to shave (oneself)*
  me afeito   *I shave (myself)*
  te afeitas   *you shave (yourself)*

bañarse   *to bathe*
  me baño   *I bathe*
  te bañas   *you bathe*

ponerse   *to put on (clothes)*
  me pongo   *I put on*
  te pones   *you put on*

peinarse   *to comb (one's hair)*
  me peino   *I comb (my hair)*
  te peinas   *you comb (your hair)*

1. el espejo   **2.** el jabón

   Tengo que ir a una recepción. Me afeito, me baño, me pongo la ropa más elegante que tengo y después me peino. Estoy listo.
   Miro el calendario y veo, con horror, que la fiesta no es hoy. ¡Fue el domingo pasado!

Práctica

Conteste Ud. *Answer questions 1–4 as if you were the person in the narrative.*

1. ¿Qué tengo que hacer?
2. ¿Qué hago primero?
3. ¿Qué me pongo y qué hago después?
4. ¿Qué veo cuando miro el calendario?
5. ¿Qué ropa te pones para ir a una recepción?
6. ¿Te afeitas todos los días?
7. ¿Te gusta bañarte todos los días? ¿Qué jabón usas?
8. ¿En qué te miras para peinarte?

Un sueño *(A Dream)*

STEM-CHANGING REFLEXIVE VERBS

EN PRESENTE	EN PRETÉRITO
sentarse (ie) *to sit down*	
me siento	me senté
se sienta	se sentó
acostarse (ue) *to go to bed*	
me acuesto	me acosté
se acuesta	se acostó
dormirse (ue) *to fall asleep*	
me duermo	me dormí
se duerme	se durmió
despertarse (ie) *to wake up*	
me despierto	me desperté
se despierta	se despertó

1. la hierba
2. la isla
3. la palmera
4. la playa
5. la ola

Después del almuerzo fui a la universidad. Me senté en la hierba para estudiar, pero luego me acosté *un rato* para *repasar* mentalmente la lección de español. Muy pronto me dormí. *Soñé* que estaba en una isla del Mar Caribe. Había grandes palmeras, enormes olas, una playa magnífica...

Cuando me desperté eran... ¡las dos y media! ¡La clase de español había comenzado a las dos!

(for) a while / to review
I dreamed

Práctica

A. Conteste Ud. *Answer questions 1–5 as if you were the person in the narrative.*

1. ¿Cuándo fue a la universidad?
2. ¿Dónde se sentó?
3. ¿Por qué se acostó en la hierba?
4. ¿Qué soñó?
5. ¿A qué hora se despertó?

6. ¿Se despertó Ud. temprano hoy?
7. ¿A qué hora se acostó Ud. anoche?
8. ¿Se durmió Ud. inmediatamente?
9. No la vi ayer. ¿Dónde se sentó Ud.?
10. ¿Qué soñó Ud. anoche?

B. **¿Qué hacen?** *Use the new reflexive verbs you just learned to tell what these people are doing. Can you add a word or two in each case to expand the situation? Describe at least four of the drawings in the preterite.*

1.

2.

3.

4.

5.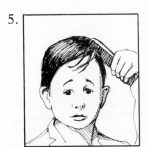

6.

7.

8.

C. **Soñando.** *Develop and present to the class a description of a funny or serious personal dream using some of the following cues.*

1. montañas / invierno / esquiar
2. palmeras / olas / playas
3. examen final / repasar / no dormir

4. frijoles / carne de cerdo / estómago
5. tigre / policía / borracho

Palabras fáciles

You can increase your vocabulary by associating verbs with related nouns, nouns with adjectives, and so on.

Práctica

A. Pronuncie Ud.

1. el aire
2. comunicar
3. considerable
4. en contexto
5. expresarse
6. el favor
7. humano
8. indicar
9. intergaláctico
10. irritado
11. magnífico
12. naturalmente
13. la paciencia
14. la palmera
15. la recepción

B. **Verbos y sustantivos.** *Read the words in both columns and try to guess the meanings of any words you don't know. Then cover the verbs and give the related nouns from memory. Then reverse the process.*

VERBOS	SUSTANTIVOS
1. almorzar (ue)	a. el almuerzo
2. bañarse	b. el baño
3. caminar	c. la caminata
4. cenar	d. la cena
5. cocinar	e. la cocina
6. comer	f. la comida, el comedor
7. escribir	g. el escritorio
8. lavar	h. el lavaplatos
9. preguntar	i. la pregunta
10. viajar	j. el viajero
11. sentarse (ie)	k. el asiento
12. visitar	l. la visita

GRAMÁTICA ESENCIAL

53. Reflexive Pronouns

In Spanish reflexive pronouns correspond to the subject pronouns, as indicated in the following chart.

SINGULAR		PLURAL	
(yo)	**me**	(nosotros)	**nos**
(tú)	**te**	(vosotros)	**os**
(Ud.)		(Uds.)	
(él)	**se**	(ellos)	**se**
(ella)		(ellas)	

Reflexive pronouns are used when the action of the verb is directed at the subject of the sentence; the action of the verb is *not* directed at the direct object. Compare:

REFLEXIVE EXPRESSION		NONREFLEXIVE EXPRESSION	
Me levanto.	*I get up.*	Levanto la silla.	*I'm lifting the chair.*
¿Te bañas?	*Are you bathing?*	¿Bañas a los niños?	*Are you bathing the children?*

Some Spanish verbs, like **lavarse**, are expressed reflexively in English with the word *self* (*selves*): **Se lava.** *He is washing himself.* Other verbs must simply be memorized as having reflexive meaning in Spanish since they are not expressed reflexively in English: **acostarse** (**ue**) (*to go to bed*), **bañarse** (*to bathe*), **despertarse** (**ie**) (*to wake up),* **levantarse** (*to get up*). Some verbs, used reflexively, indicate a change often expressed in English with *to get* or *become:* **Se cansaron.** *They got tired.* **Se perdieron.** *They got lost.* The reflexive may also indicate a slight change in the meaning of the verb: **Durmió ocho horas.** *He slept (for) eight hours.* **Se durmió a las ocho.** *He fell asleep at eight o'clock.*

When a stem-changing verb is used reflexively, you must keep in mind both the change in pronoun and the change in the root of the verb.

Me desp**ie**rto temprano.   *I wake up early.*
Se ac**ue**sta.   *He goes to bed.*
Se s**i**ntió mal.   *She felt bad.*
No **se** d**u**rmieron hasta las once.   *They didn't fall asleep until eleven.*

You can identify verbs used reflexively in Spanish by the **se** attached to the end of the infinitive. Other verbs used reflexively in this lesson include **afeitarse** (*to shave*), **llamarse** (*to be named, called*), **peinarse** (*to comb one's hair*), **ponerse** (*to put on clothing*), **sentarse** (**ie**) (*to sit down*), and **sentirse** (**ie**) (*to feel*). Remember, however, that almost any Spanish verb can be used with reflexive meaning: **admirar** (*to admire*) → **admirarse** (*to admire oneself*), **mirar** (*to look at*) → **mirarse** (*to look at oneself*), **preguntar** (*to ask*) → **preguntarse** (*to ask oneself*), and so on.

Práctica

A. Cambie Ud. según los modelos.

MODELOS   *Me acuesto* a las once. (Tú) → Tú te acuestas a las once.
             Me acosté a las once. (Tú) → Tú te acostaste a las once.

1. Yo *me siento* en la cama.
   Tú / Nosotros / Ud. / Él
2. Él *se afeita* con agua fría.
   Ellos / Yo / Tú / Ud.
3. Ud. *se peina* temprano.
   Teresa y yo / Ellas / Yo / Tú
4. Los niños *se duermen* pronto.
   Nosotras / Yo / Uds. / Vosotros

B. Complete Ud.

	CON EL REFLEXIVO	SIN EL REFLEXIVO
En presente		
1. despertar(se)	Yo ____ y abro los ojos.	Yo ____ a los niños.
2. llamar(se)	Él ____ Juan Gómez.	Él ____ por teléfono.
3. peinar(se)	Ella ____ cien veces.	Ella ____ a las tres muchachas.
4. lavar(se)	¿Tú no ____ nunca?	Yo ____ los cuchillos y las cucharas.
En pretérito		
5. sentar(se)	Ellas ____ en la hierba.	Yo ____ a los dos niños en la misma silla.
6. dormir(se)	¿Ud. no ____ hasta la una?	Ella ____ ocho horas anoche.
7. sentir(se)	Ella ____ enferma.	Yo ____ gran satisfacción.
8. acostar(se)	Yo ____ temprano.	La madre ____ a la niña a las ocho.

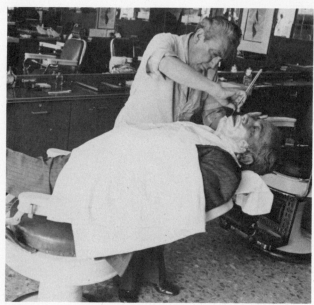

Este barbero de Puebla, México tiene
mucho cuidado (*care*) cuando afeita a un
cliente.

Cary Wolinsky/Stock, Boston

C. Dé Ud. la forma apropiada del verbo. *Be sure to use the right reflexive pronoun.*

1. (lavarse)   Juan y Pablo ____ ____ la cara antes de afeitarse.
2. (preguntarse)   Nosotros ____ ____ si es posible hacer el viaje a la isla antes de junio.
3. (peinarse)   Algunos muchachos no ____ ____ el pelo nunca.
4. (levantarse)   Los niños ____ ____ cuando yo los llamo.
5. (admirarse)   Ese hombre ____ ____ mucho. ¿Por qué? ¡Tiene el estómago enorme!
6. (acostarse)   Tú y yo ____ ____ un poco tarde anoche.
7. (bañarse)   ¿ ____ ____ Ud. todos los días el año pasado?
8. (sentarse)   ¿Por qué no ____ ____ él en esa silla cuando llegó?
9. (despertarse)   Uds. ____ ____ a las siete, ¿verdad?
10. (afeitarse)   Él ____ ____ con agua fría. Ahora tiene frío, naturalmente.

D. Conteste Ud.

1. ¿Dónde se lava Ud.? ¿Se lava la cara con jabón?
2. ¿Por qué se sienta Ud. a la mesa? ¿Come con las dos manos sobre la mesa?
3. ¿A qué hora se afeita Ud.?
4. ¿Es difícil o fácil peinarse? ¿Por qué?
5. ¿A qué hora te despiertas tú?
6. ¿A qué hora se levanta Ud. los lunes y los martes?
7. ¿Se baña Ud. con agua fría?
8. ¿Cómo se sintió Ud. anoche?

9. ¿A qué hora se acostó Ud. anoche?
10. ¿Se durmió Ud. pronto? ¿Por qué sí (no)?
11. ¿Se levantaba Ud. siempre temprano cuando era joven?
12. ¿Qué ropa se puso Ud. ayer por la mañana?
13. ¿Qué ves en la playa? ¿en una isla?
14. ¿Puede Ud. describir un sueño a la clase?
15. ¿Qué partes del cuerpo usa Ud. para caminar? ¿para comer? ¿para jugar al tenis?

54. Position of Reflexive Pronouns

These pronouns, like direct and indirect object pronouns, precede most conjugated verbs and negative commands. However, they follow and are attached to affirmative commands, and may follow and be attached to infinitives and present participles as well.

PRECEDING

Tú siempre **te** despiertas temprano.   (*declarative statement*)
You always wake up early.

¿Por qué no **se** sienten bien?   (*interrogative statement*)
Why don't they feel good?

No **se** levante.   (*negative command*)
Don't get up.

FOLLOWING AND ATTACHED

Siénte**se** Ud. aquí, por favor.   (*affirmative command*)
Sit here, please.

PRECEDING OR FOLLOWING

Juanita no $\begin{cases} \textbf{se} \text{ quiere acostar.} \\ \text{quiere acostar} \textbf{se.} \end{cases}$ (*before conjugated verb; after infinitive*)
Juanita doesn't want to go to bed.

Los muchachos $\begin{cases} \textbf{se} \text{ están sentando en este momento.} \\ \text{están sentándo} \textbf{se} \text{ en este momento.} \end{cases}$ (*before conjugated verb; after present participle*)
The boys are sitting down at this instant.

Práctica

A. Cambie Ud. según el modelo.

MODELOS   ¿Quiere Ud. prepararse? →
           Pues, prepárese Ud.   (*affirmative command*)

           ¿No quiere Ud. prepararse? →
           Pues, no se prepare Ud.   (*negative command*)

1. ¿Quiere Ud. levantarse?   5. ¿No quiere Ud. bañarse?
2. ¿Quiere Ud. peinarse?   6. ¿No quiere Ud. sentarse?
3. ¿Quiere Ud. lavarse?   7. ¿No quiere Ud. acostarse?
4. ¿Quiere Ud. afeitarse?   8. ¿No quiere Ud. mirarse?

B. Dé Ud. la forma apropiada del verbo. *Be sure to use the right reflexive pronoun.*

MODELO   (prepararse) →
         Nosotros deseamos prepararnos para el examen.   (*infinitive*)

1. (lavarse) Preferimos ____ con agua   5. (sentarse) Deseo ____ aquí con
   caliente.   todos.
2. (levantarse) No me gusta ____   6. (afeitarse) No queremos ____ todos
   temprano.   los días.
3. (acostarse) Ellas prefieren ____ a   7. (peinarse) Él no puede ____ porque
   las diez.   no tiene pelo.
4. (ponerse la ropa) Yo quiero ____   8. (bañarse) Me dicen que tú no
   ahora.   quieres ____ .

C. Cambie Ud. según el modelo.

MODELO   Me lavo. → Estoy lavándome. (*present participle*)

1. Tú te afeitas con agua fría, ¿verdad?   5. Él se peina en el cuarto de baño.
2. Él se prepara para los exámenes.   6. ¿Quién se sienta allí?
3. Nosotros nos levantamos a las ocho.   7. Me acuesto ahora.
4. Te lavas las manos.   8. Ellas se ponen ropa elegante.

55. Affirmatives and Negatives

	AFFIRMATIVES		NEGATIVES	
USED WITHOUT A NOUN	algo alguien	*something* *someone,* *anyone*	nada nadie	*nothing* *nobody*
USED WITH A NOUN	algún, -a, -os, -as	*some, any*	ningún, -a (*plurals* *are rarely used*)	*no, not any*
USED WITH A VERB	siempre también	*always* *also*	jamás⎫ nunca⎭ tampoco	*never, not ever* *neither, not either*

Alguien refers to an unexpected person.

¿Ha venido alguien?   *Has anyone come?*
No, no ha venido nadie.   *No, no one (nobody) has come.*

The personal **a** is required when **alguien** or **nadie** is a direct object.

¿Viste a alguien aquí?   *Did you see someone here?*
No, no vi a nadie.   *No, I didn't see anybody.*

The affirmative **algún** (**-a, -os, -as**) has four forms; in the negative the plurals of **ningún** (**-a**) are rarely used.

Tengo suerte algunas veces.   *I am lucky sometimes.*
¿No tienes ningún billete?   *Don't you have any bills (money)?*

All the negatives in the chart above can be placed either before or after the verb. If they are placed after the verb, **no** must precede the verb. The resulting double or triple negative, while incorrect in English, is necessary in Spanish.

No lo veo nunca. (*or:* Nunca lo veo).   *I never see him.*
No me dice nunca nada.   *He never tells me anything.*
—A mí[1] no me gustan nada las tempestades de invierno. —Y a mí tampoco.
"I don't like winter storms at all." "I don't either."

Práctica

A. Cambie Ud. según los modelos.

MODELO   Nunca me toma la mano. → No me toma la mano nunca.

1. Nunca cierra los ojos.
2. Tampoco me dice eso.
3. Nadie viene hoy.
4. Ninguna joven se mira en el espejo.
5. Nada le gusta.

MODELO   No la mira ningún niño. → Ningún niño la mira.

1. No ven nunca palmeras.
2. No llamaron a nadie.
3. Ese muchacho no sabe nada.
4. No iba jamás a la playa.
5. Mi sueño no me enseña nada tampoco.

B. Conteste Ud. las preguntas empleando un negativo.

1. ¿Hay alguien aquí?
2. ¿Ha traído Ud. algo para nuestra clase?
3. ¿Viene Ud. a clases los sábados?
4. ¿Hay aquí un restaurante barato y bueno?
5. ¿Sabe Ud. algo de los indios del Paraguay?
6. ¿Viaja Ud. en autobús o en taxi?
7. ¿Ha escrito Ud. a alguien en España?
8. ¿Quién sabe cómo es la vida intergaláctica?
9. ¿Le encanta a Ud. trabajar durante las vacaciones?

---

[1]Indirect object pronouns can be emphasized or clarified by adding the following prepositional phrases: **a mí me..., a ti te..., a Ud. (él/ella) le..., a nosotros nos..., a vosotros os..., a Uds. (ellos/ellas) les...**.

Repaso

A. Verbos. *Give the present, preterite, and imperfect forms of the following verbs with the subjects indicated.*

1. yo: comenzar   3. ellas: traer   5. Ud.: sentir
2. nosotros: acostarse   4. tú: hacer   6. él: venir

B. Más verbos. *Give the present and past participles of the verbs listed below.*

1. venir   3. sentarse   5. ir
2. morir   4. buscar   6. volver

CONVERSACIÓN

TEXTO: Gestos y ademanes[2] del *mundo* hispánico

world

Muchos de nosotros, a veces, nos expresamos haciendo gestos con la cara y ademanes con la cabeza y con las manos. Por ejemplo, podemos decir «adiós» poniendo la palma de la mano *hacia arriba*, antes de *mover* los dedos rápidamente. Para decir «venga Ud.» en español, ponemos la mano *hacia abajo* (no hacia arriba) y movemos los dedos hacia el cuerpo.

upward / moving

downward

Si alguien nos pregunta si algo nos gusta y queremos contestarle que «un poco», se lo comunicamos moviendo un lado de la mano derecha hacia arriba y el otro hacia abajo. Si nos sentimos irritados, levantamos las dos manos *por encima de* la cabeza. Y si algo no nos gusta nada, bajamos inmediatamente brazos y manos, como *cortando* el aire.

above

cutting

Si queremos indicarle a otra persona nuestra *desaprobación*, levantamos el dedo índice y lo movemos de un lado a otro rápidamente. Si necesitamos un momento más para hacer algo, levantamos el dedo índice y el *pulgar* juntos con un pequeño espacio entre ellos.

disapproval

thumb

Hay otros gestos y ademanes de considerable importancia cultural, pero es necesario aprenderlos en contexto y... en persona.

---

[2]**Gestos** are facial expressions, while **ademanes** (*sing.:* **ademán**) are head and arm movements.

Inge Morath/Magnum

En un desfile (*parade*) de
Pamplona este señor se
viste (*is dressed*) con ajos.

Cultural Notes

1. Gestures are very important in the Hispanic world. Some gestures are
   obvious, adding emphasis to what is being said; others are subtle,
   adding positive or negative nuances to the verbal message they
   accompany. Be careful when you begin to use this physical
   "vocabulary"—it is easy to overuse gestures or to use them at the
   wrong time. Note how Hispanics you know use gestures and try to
   follow their lead.

2. Because gestures are so frequently used by Spanish speakers, a
   Hispanic person may seem highly excited or angry when, in fact, he
   or she is simply more expressive about what he or she is saying than
   is customary for English speakers. Some years ago a diplomatic
   "incident" occurred when a well-known North American coach
   probably interpreted incorrectly a policeman's insistent tapping of his
   finger on the coach's chest as an act of physical aggression. The
   policeman, accustomed to standing very close to the person spoken
   to, and even to touching the other person when appropriate, was just
   underscoring physically the point he was making verbally.

Práctica

A. Explique Ud. cada gesto.

 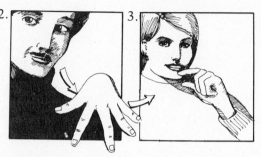

B. Conteste Ud.

1. ¿Cómo dice Ud. «adiós» a otra persona con la mano en México? ¿y en los Estados Unidos?
2. Explique Ud. cómo puede indicar con la mano que algo le gusta sólo un poco.
3. Cuando estamos hablando español, ¿cómo comunicamos a otra persona que nos sentimos irritados?
4. ¿Cree Ud. que es importante saber usar gestos y expresarse con la cara? ¿Por qué sí (no)?
5. ¿Cómo es posible indicar nuestra desaprobación?
6. ¿Qué hace Ud. para pedir más tiempo?

C. Invente Ud. oraciones asociando verbos reflexivos (en pretérito o imperfecto) con las siguientes ideas.

MODELO   Ellos _____ en la hierba. →
         Ellos se sentaron en la hierba.

1. El domingo Raúl y yo _____ a las dos de la mañana.
2. Yo _____ muy pronto porque estaba cansado (cansada).
3. El lunes Fausto y yo _____ a las siete para ir a clases.
4. ¿Es verdad que Ud. no _____ el pelo nunca?
5. Yo _____ a la mesa, en el comedor, para comer.
6. En el momento de salir, ella _____ en el espejo.

D. Por la mañana

1. Using as many of the reflexive verbs presented in this chapter as possible, make a list of infinitives that could be used to describe what you do during a typical morning.
2. After you have completed the list, use conjugated forms of the verbs and add other necessary details to describe a typical morning in your life.
3. Use all of the verb tenses you have learned so far to express what you did yesterday morning (preterite), what you are doing right now (present progressive), and what you did this morning (present perfect).

4. Use your list of verbs to describe a typical morning in the lives of others: **sus padres, otro miembro de la clase, el profesor (la profesora)**.
5. Use the verbs to ask a classmate questions about a typical morning in his or her life.

Comunicación

A. Análisis de mi persona. *Complete sentences 1–4* **as if** *you demonstrated good qualities in the indicated situations.*

1. Cuando tengo que hablar con personas no muy amables, _____ .
2. Cuando tengo que hacer algo que no me gusta, _____ .
3. A veces me levanto temprano el sábado y el domingo porque _____ .
4. Sé que es necesario saber vivir con las ideas de otros; por eso _____ .

Complete sentences 5–8 **as if** *you demonstrated negative qualities in these situations.*

5. Cuando no quiero estudiar, _____ .
6. Si me invitan a un restaurante elegante y veo que hay platos muy caros, _____ .
7. Si alguien habla demasiado sobre cosas sin interés, _____ .
8. Soy persona de poca paciencia. Por ejemplo: _____ .

B. ¿Qué hacer en estas circunstancias? Prepare Ud. varias respuestas en colaboración con un compañero (una compañera).

1. Si invito a un amigo (una amiga) al cine y no tengo dinero, _____ .
   ¿Y tú? _____
2. Si alguien me visita cuando estoy muy cansado (cansada), _____ .
   ¿Y tú? _____
3. Si me llaman por teléfono cuando estoy bañándome, _____ .
   ¿Y tú? _____
4. Cuando una persona que gasta demasiado me pide dinero, _____ .
   ¿Y tú? _____

C. Prepare Ud. una breve descripción sobre los siguientes temas para presentar a la clase.

1. Un día muy interesante   2. Cómo me preparo para ir a una fiesta

D. En colaboración con un compañero (una compañera), invente Ud. anécdotas cómicas para contar a la clase.

MODELO   espejo / oreja →
          Ayer me miré en el espejo y vi que sólo tenía una oreja. Le pregunté a mi
          madre por qué. Ella me dijo que mi padre no tenía ninguna. Una oreja es
          algo... Es un caso de evolución.

1. palmera / olas   2. ojo / estómago   3. isla / hierba   4. dedo (del pie) / viaje

Vocabulario activo

AFIRMATIVOS Y NEGATIVOS

algo something
alguien someone
algún, -o, -a, -os, -as some, any
jamás ever, never
nada nothing
nadie nobody
ningún, -o, -a no one, none
nunca never
tampoco neither, not either

SUSTANTIVOS

la **boca** mouth
el **brazo** arm
la **cabeza** head
la **cara** face
el **cuerpo** body
el **dedo** finger; _____ **del pie** toe
la **espalda** back

el **espejo** mirror
el **estómago** stomach
la **hierba** grass
la **isla** island
el **jabón** soap
la **mano** hand
la **nariz** nose
el **ojo** eye
la **ola** wave
la **oreja** ear
la **palmera** palm tree
el **pelo** hair
el **pie** foot
la **pierna** leg
la **playa** beach
el **sueño** dream

VERBOS

acostarse (ue) to go to bed
afeitarse to shave (oneself)
bañarse to bathe (oneself)
despertarse (ie) to wake up

dormirse (ue) to fall asleep
lavarse to wash (oneself)
levantarse to get up
llamarse to be named, called
mover (ue) to move
peinarse to comb one's hair
ponerse to put on (clothing)
repasar to review
sentarse (ie) to sit down
sentirse (ie) to feel
soñar (ue) (con) to dream (about)

EXPRESIONES ÚTILES

abajo down; **hacia** _____ downward
arriba above, up; **hacia** _____ upward
por encima de above, over

En la selva de Luguillo, Puerto Rico.
   Esta montaña, llamada Cotopaxi, está cerca de Quito, la capital del Ecuador. Tiene más de 6.000 metros (19.700 pies) de altura (*height*) y es el volcán activo más alto del mundo.

LECCIÓN DOCE

La naturaleza

Peter Menzel/Stock, Boston

Bob Kelley/Photo Researchers, Inc.

GRÁFICOS

Cielo y tierra *(Earth and Sky)*

1. el sol
2. la nube
3. la luna

4. la estrella
5. la colina, la loma
6. el valle

7. el río
8. el lago
9. el árbol

10. el océano

Práctica

A. ¿Qué palabras puede Ud. asociar con los siguientes sustantivos?

1. El agua: a. _____   b. _____   c. _____
2. El cielo: a. _____   b. _____   c. _____
              d. _____
3. La tierra: a. _____   b. _____   c. _____
              d. _____

B. Conteste Ud.

1. ¿Qué puede Ud. ver en el cielo durante la noche?
2. ¿De qué color son el sol, las nubes y el cielo?
3. ¿Qué océanos ha visto Ud.?
4. ¿Cómo se llaman los lagos más grandes de este país?
5. ¿Dónde hay grandes árboles?
6. ¿Cuáles son los ríos más grandes de este país?

Un viaje a Colombia

FUTURE TENSE

-ar: tomar
      tomaré   *I will take*
      tomarás   *you will take*
      tomará   *you (he/she) will take*

-er: ser
      seré   *I will be*
      serás   *you will be*
      será   *you (he/she) will be*

-ir: ir
      iré   *I will go*
      irás   *you will go*
      irá   *you (he/she) will go*

la costa (*coast*)
la selva (*jungle*)
el mar (*sea*)

José habla con un agente de viajes.

JOSÉ: Pronto iré a visitar a un amigo que vive en Cartagena, Colombia. Será un viaje corto, pero quiero saber qué puedo ver y hacer allí.

EL AGENTE: Sin duda Ud. deseará ver las montañas, *ya que* Bogotá está en la Cordillera Oriental de esta sección de los Andes.   since

JOSÉ: Será muy interesante. *Tomaré sol* en la playa, pero me *gustaría* además ver la selva.   I will sunbathe / would like

EL AGENTE: La selva está al sureste, pero le será casi imposible llegar al interior.

JOSÉ: ¿Por qué?

EL AGENTE: Porque está muy *lejos*, es caro... ¡y muy *peligroso*!   far away / dangerous

Práctica

A. Conteste Ud.

1. ¿Adónde irá José? ¿Por qué?
2. Según el agente, ¿qué deseará visitar José?
3. ¿Qué tomará José en la playa?
4. ¿Le será posible ver la selva en Colombia?

5. ¿Adónde irá Ud. durante sus vacaciones?
6. ¿Visitará Ud. las montañas o la playa? ¿Por qué?
7. ¿Qué otras cosas verá Ud. allí?
8. ¿Cuándo volverá Ud. a casa?

B. Haga Ud. un mapa de la región donde Ud. vive y diga...

1. cómo es el clima allí
2. si la temperatura es muy alta o baja, generalmente
3. si es una región fría, árida, tropical o templada (*temperate*)
4. qué tiempo hace durante las diferentes estaciones
5. cómo es la geografía (montañas, ríos, valles, lagos, playas, etcétera)

Hablando de fenómenos y desastres naturales

CONDITIONAL TENSE

-ar: dar		
	daría	*I would give*
	darías	*you would give*
	daría	*you (he/she) would give*

-er: ser		
	sería	*I would be*
	serías	*you would be*
	sería	*you (he/she) would be*

-ir: preferir		
	preferiría	*I would prefer*
	preferirías	*you would prefer*
	preferiría	*you (he/she) would prefer*

1. el terremoto
2. el ciclón
3. el huracán
4. el relámpago
5. la lluvia
6. la nieve
7. el volcán

LA *MAESTRA:* Paco, ¿cuál te daría más *miedo*, una *tempestad* con *truenos*, relámpagos y mucha lluvia, o una tormenta de nieve con *fuertes* vientos?

PACO: No sé... Realmente no me gustaría *ni* la una *ni* la otra.

teacher / fear / storm / thunder

strong
(n)either . . . (n)or

LA MAESTRA: ¿Y qué desastre crees que sería *peor*, un terremoto, un ciclón   worse
o un huracán?

PACO: Yo creo que un huracán.

LA MAESTRA: No. El peor desastre ha sido tu *último* examen. ¡Casi pre-   last
feriría ver que viene un huracán y no leer otro examen
igual!

Práctica

A. Conteste Ud.

1. ¿Qué desastres naturales menciona la maestra?
2. ¿Cuál le gustaría a Paco?
3. ¿Qué diferentes tempestades describe la maestra?
4. Según la maestra, ¿cuál es el peor desastre?

B. Conteste Ud.

1. Durante una tempestad... ¿Qué vería Ud.? ¿Qué oiría Ud.? ¿Qué llevaría Ud.?
2. Durante un terremoto... ¿Qué no haría Ud.? ¿Qué ropa buscaría Ud.? ¿Adónde
iría Ud.?

C. Pregúntele Ud. a un compañero (una compañera)...

1. adónde iría para nadar
2. dónde le gustaría esquiar
3. cómo se llaman los diferentes océanos
4. cuáles son los ríos más famosos del mundo
5. cuándo va a la playa y qué hace allí
6. qué países del mundo tienen terremotos

D. Identificaciones. ¿Qué sustantivos asocia Ud. con los siguientes nombres?

1. Gibraltar
2. los Andes
3. el Amazonas
4. el Orinoco
5. Popocatépetl
6. las Filipinas

Palabras fáciles

Some Spanish nouns can be formed by adding **-ada** (for **-ar** verbs) and **-ida** (for **-er** and **-ir**
verbs) to the infinitive stem.

INFINITIVE STEM		NOUN	
entrar:	entr-	entrada	*entrance*
comer:	com-	comida	*meal*

Práctica

A. ¿Qué significan estos sustantivos?

1. bebida	3. llegada	5. parada	7. subida
2. corrida	4. mirada	6. salida	8. venida

Answers: 1. drink   2. bullfight   3. arrival   4. look   5. stop (bus stop)   6. exit
7. ascent   8. coming

B. Pronuncie Ud.

1. artificialmente	5. el desierto	9. majestuoso	13. rosas espléndidas
2. el agente	6. el dinosaurio	10. la poesía	14. la temperatura
3. brillante	7. el fenómeno	11. el planeta	15. violetas delicadas
4. cocodrilo	8. el interior	12. el proverbio	

GRAMÁTICA ESENCIAL

56. Future of Regular Verbs

All regular verbs in Spanish form the future by adding the endings on the left to the infinitive:

		ENTRAR	VOLVER	ABRIR
-é	-emos	entraré	volveré	abriré
		entrarás	volverás	abrirás
-ás	-éis	entrará	volverá	abrirá
-á	-án	entraremos	volveremos	abriremos
		entraréis	volveréis	abriréis
		entrarán	volverán	abrirán

The future is the tense expressed with the auxiliaries *will* and *shall* in English.

Abriré la tienda mañana.   *I shall open the store tomorrow.*
Volveremos pronto.   *We will return soon.*

NOTE: In conversational Spanish the present tense is often used to refer to the immediate future, especially when an adverb of time (**mañana, esta tarde,** etc.) makes future meaning clear.

Te veo mañana.   *I'll see you tomorrow.*

Memopráctica

Try to relate new verb forms to ones you already know. For example, when learning the future endings, relate the infinitive to the present tense endings of **haber: (yo) leer + (h)e = yo leeré, (tú) leer + (h)as = tú leerás,** and so on. Forming associations of this kind will make learning verb forms easier and will help you to see all verbs as part of a general verbal system in Spanish.

Práctica

A. Ejercicio de sustitución.

1. *Ella* comprará un camión.
   Ud. / Nosotros / Ellos
2. *Él* venderá chaquetas.
   Nosotros / Ellos / Vosotros
3. *Tú* irás al centro.
   Yo / Las muchachas / Nosotras
4. *Ellas* cruzarán la calle.
   Uds. / Yo / Tú

B. Cambie Ud. los verbos al futuro.

MODELO   Él *toma* el sol. → Él tomará el sol.

1. Los Fernández viven en ese valle.
2. Federico y Ernesto son mis compañeros.
3. Tú vuelves del río muy cansado.
4. Esa mujer maneja bien.
5. ¿Cómo celebran Uds. el Año Nuevo?
6. ¿Por qué vas a la selva?
7. ¿Cuándo llega tu mamá de las montañas?
8. Ellos buscan en el mapa el volcán que se llama «El Chichón».
9. Esas llantas cuestan mucho.
10. No le gustan esos deportes.

Castilla, España, tierra de castillos (*castles*) y recuerdos.

Evelyn Hofer/Archive

C. Pregunte Ud. a un compañero (una compañera)...

1. a quiénes verá el fin de semana
2. qué comprará esta semana
3. qué preparará para la cena esta noche
4. adónde irá este verano
5. si organizará una fiesta pronto
6. cuánto dinero necesitará este semestre
7. adónde viajará este año
8. si invitará a un alumno (una alumna) de esta clase a bailar

57. Conditional of Regular Verbs

All regular verbs in Spanish form the conditional by adding the endings on the left to the infinitive. When pronouncing these forms, be careful to stress the accented **í**.

		DEJAR	BEBER	PREFERIR
-ía	-íamos	dejaría	bebería	preferiría
		dejarías	beberías	preferirías
-ías	-ías	dejaría	bebería	preferiría
-ía	-ían	dejaríamos	beberíamos	preferiríamos
		dejaríais	beberíais	preferiríais
		dejarían	beberían	preferirían

Memopráctica

Relate the conditional endings to the imperfect endings. They are exactly the same. Remember, however, that the conditional endings are attached to the infinitive, not just to the infinitive stem.

The conditional expresses English *would + verb.*

Yo lo dejaría en casa.   *I would leave it at home.*
Preferiríamos nadar en el mar ahora.   *We would prefer to swim in the sea now.*

NOTE: When *would* means *used to*, the imperfect tense, and not the conditional, is used.

En esa época íbamos a pescar en el lago todos los domingos.
At that time we would go (used to go) fishing at the lake every Sunday.

A past tense is used with the conditional, just as the present tense relates to the future.

Dijo (Decía) que iría.   *He said (used to say) that he would go.*
Dice que irá.   *He says that he will go.*

B. Exprese Ud. en español.

1. the sixth shoe
2. the tenth concert
3. the second dish (plate)
4. 450 women
5. $2,800,123.00
6. 3,000 shirts

CONVERSACIÓN

TEXTO: Pan y poesía

Tengo un *pan*.

¿Qué puedo hacer con él? Un antiguo proverbio me dice que debo comer la *mitad* y vender la otra para comprar flores. ¿Por qué? Porque el hombre no vive sólo de pan.

Yo vendería, pues, una mitad. Pero, no compraría flores. Compraría sus *semillas* y las plantaría en buena tierra. En unas semanas, las semillas se transformarían en hierba, en flores y en árboles que todos podríamos admirar.

Entre las flores habría rosas espléndidas y violetas delicadas. *De día todo el mundo* vería su *hermosura;* de noche *se cubrirían ante* la luna y las estrellas. Las flores llenarían valles y colinas, desiertos y montañas con sus brillantes colores.

Allí los majestuosos árboles... pero ése sería otro *cuento*. Además, hoy *no me queda más* pan.

loaf of bread

half

seeds

During the day
everyone / beauty / they would cover themselves / before (in the presence of)
story
I have no more

Cultural Notes

1. An old Spanish saying states that during one's lifetime a person should have a child, write a book, and plant a tree. Most people can't fulfill such goals, but the mere existence of such a saying illustrates the traditional Spanish concern for creativity in all its forms: the biological, the intellectual, and the natural realms.

2. Poetry about nature is an important manifestation of Hispanic creativity. The following segment from "El viaje definitivo" by the Spaniard Juan Ramón Jiménez (1881–1958) relates the poet's meditations on death to the humble things of his everyday life. All of nature, he tells us sadly, will continue to be just as it is after his death, or be renovated in unchanging succession, with no feeling for his demise.

El viaje definitivo

Y yo me iré; y estaré solo, sin hogar, sin árbol verde, sin pozo blanco,
sin cielo azul y plácido...
Y se quedarán los pájaros cantando.

The final journey

And I will depart and will be all alone, with no home, no green tree, no whitewashed well, no blue, placid sky . . .
And the birds will keep on singing.

Práctica

A. Complete Ud. según el **Texto.**

1. Un antiguo proverbio me dice que _____ .
2. El hombre no vive sólo _____ .
3. No compraría flores, sino que _____ .
4. Las semillas se transformarían en _____ .
5. Todo el mundo vería su hermosura _____ .
6. Las flores llenarían _____ .

B. Reconstrucción del **Texto.** *From memory reconstruct the three main paragraphs of the text using the following cues.*

1. proverbio: decir / comer / vender   3. flores: ver / cubrirse / llenar
2. semillas: comprar / plantar / transformarse

C. ¿De qué hablamos? *In groups of three, invent cues for your classmates to guess what natural phenomenon or place you are talking about.*

MODELO   1. Es un río.   3. Está en una selva tropical.
            2. Es muy grande.   4. Este río cruza una gran parte del Brasil.

¿Cómo se llama? El Río Amazonas.

POSIBILIDADES:

1. isla / cerca de la Florida / su capital es La Habana...
2. hay mucho viento / el viento se agita (*whirls*) en dirección circular...
3. la tierra se mueve / es muy peligroso estar en una ciudad en estos momentos...

Comunicación

A. Hablando de mañana. *Describe your future plans concerning the following topics; use verbs in the future.*

MODELO   la familia   → Tendré un esposo (una esposa) inteligente y tres niños
                            hermosos y listos... como yo.

1. su vida personal   2. sus estudios   3. el futuro de este planeta

B. Invente Ud. respuestas. *Try to demonstrate your sense of humor in your answers; share the answers with your classmates. Some cues are provided.*

MODELO   ¿Qué diría un cocodrilo (*crocodile*) que necesita zapatos nuevos?
               comprar / preferir / hermano
               Yo quiero comprar zapatos nuevos. Prefiero ésos, pero, ¿son parte del cuerpo de mi hermano?

1. ¿Qué le diría un dinosaurio grande a su hijo?
   tener miedo (*to be afraid*) / vivir / futuro
2. ¿Por qué diría el orangután que el hombre tiene problemas?
   hablar / tener coches / no vivir en árboles
3. ¿Qué le diría un tigre a la señorita que lleva un abrigo que antes fue el «abrigo» de su hermano?
   cubrirse / morir / triste
4. ¿Qué diría una vaca (*cow*) completamente cansada de dar leche gratis?
   trabajar mucho / ganar más dinero / muchos hijos
5. ¿Qué diría un cerdo (*pig*) que ve un sándwich de queso... y jamón?
   tener hambre / comer / hermano

C. Chismes. (*Gossip.*) *A classmate will invent a sentence using the future; you will pass the comment along to another classmate using the conditional.*

MODELO   dar / algo → COMPAÑERO: ¿Sabes? Juan le dará algo a Isabel.
   UD.: Isabel, María dijo que Juan te daría algo.

1. comprar / flores
2. invitar / al cine
3. dar / dinero
4. ir con... / a un baile
5. salir / en su coche

Vocabulario activo

ADJETIVOS
peligroso, -a dangerous
último, -a last; latest

ADVERBIOS
lejos far
peor worse; worst

CONJUNCIONES
sino but
sino que but (rather)

SUSTANTIVOS
el **árbol** tree
el **ciclón** cyclone
el **cielo** sky
el **clima** climate
la **colina** (la **loma**) hill
la **costa** coast
el **cuento** story; short story
el **desastre** disaster

la **estrella** star
la **hermosura** beauty
el **huracán** hurricane
el **lago** lake
la **luna** moon
la **lluvia** rain
el **maestro** / la **maestra** teacher
el **mar** sea
la **mitad** half
el **mundo** world
la **nieve** snow
la **nube** cloud
el **océano** ocean
el **relámpago** lightning bolt
el **río** river
la **selva** jungle
la **semilla** seed
el **sol** sun
la **tempestad** storm

el **terremoto** earthquake
la **tierra** earth
el **trueno** thunder
el **valle** valley
el **viaje** trip
el **volcán** volcano

VERBOS
cubrir to cover
llenar to fill
plantar to plant
transformarse to transform oneself

EXPRESIONES ÚTILES
además besides
miedo: dar _____ to make someone afraid; **tener** _____ to be afraid
sin duda without a doubt
todo el mundo everyone

LECTURA: Impresiones de Acapulco

Cara°

¡Acapulco! Nombre exótico y también poético. Esta ciudad mexicana es el lugar° de recreo de los artistas de cine y de los turistas ricos. Tiene hoteles modernos, campos° de golf y elegantes residencias. Pero todos podemos considerarnos ricos si hemos tenido la oportunidad de contemplar la incomparable naturaleza° de Acapulco. Sus playas son hermosas y sus lagunas tienen peces° de casi todos los colores: amarillos,[1] rojos, azules...

Otro de los aspectos naturales más impresionantes de este lugar son sus verdes montañas, que llegan hasta el mar. La más famosa se llama La Quebrada. Parece un gigante que intentó[2] salir de las entrañas[3] de la tierra y del cual[4] lo único[5] que vemos ahora son sus dedos retorcidos.[6]

Todos los días nadadores° mexicanos y extranjeros se lanzan[7] al mar desde La Quebrada. Hay rocas° a diferentes alturas° que les sirven de pedestal. Tienen que lanzarse cuando las olas están muy bajas, porque cuando entran en el agua, tres o cuatro segundos después, las olas estarán más altas.

Muchos dirían que la naturaleza tropical de Acapulco es incomparable. Al mediodía,[8] las nubes flotan en el cielo y las brisas° marinas refrescan° las calles y las casas. Pero el momento de más esplendor es, quizá,[9] en la tarde, cuando el sol desaparece en el horizonte del Pacífico. Entonces el paisaje[10] es extraordinario, especialmente cuando vemos la silueta de las palmeras y las olas del mar iluminadas por los colores de un fantástico crepúsculo.[11]

Cara: What would be a better translation than *face* if you were thinking of one side of a coin?

lugar: You should be able to guess the meaning of this noun from context.

campos: This word might suggest *camp* to you, but the word **golf** should reveal its meaning in this context.

naturaleza: You should be able to guess this word. Look closely at the context.

peces: Can you relate this to *Pisces*? The singular form is **pez.** What multicolored things would you find in a lagoon?

nadadores: Can you relate **nadador** to **nadar** as you would, for example, **jugador** to **jugar**?

rocas: What English word does this sound like?

alturas: This word is the noun that corresponds to the adjective **alto.** What do you think it means?

brisas: What English word does this sound like?

refrescan: Relate this verb to the noun **refresco** and to the context.

[1]yellows   [2]attempted   [3]bowels   [4]of which   [5]the only thing   [6]twisted   [7]dive   [8]noon   [9]perhaps
[10]countryside, landscape   [11]twilight

Cruz°

Pero también hay otro Acapulco, la ciudad de los
pobres: hombres con familia numerosa que
trabajan en hoteles y restaurantes; indios que
vienen a vender sus productos en los mercados de
la ciudad; niños que piden limosna[12] por las
calles. Este Acapulco presenta un increíble
contraste con el otro Acapulco de las playas y
palmeras y de los hoteles de lujo.[13]

    Cara y cruz. Es imposible ver la una sin ver la
otra. ¿Cómo podemos reconciliar las dos?

**⌧Reading Hint: Relate different forms of the same root word. Examples:
nadar / nadador, alto / altura, pez (peces) / pescado. ⌧**

Cruz: If **cara** means *heads,* what does this
word mean?

Los símbolos de Acapulco son sus hermosos hoteles, sus verdes palmeras y sus
magníficas playas y lagunas.

Marilu Pease/Monkmeyer

[12]alms   [13]luxury

Cultural Notes

1. La Quebrada is the name of the cliff from which the famous high divers of Acapulco perform. Since **quebrar** means *to break*, the name itself suggests the abrupt edge left when something is broken off something else.

2. Mexico, as well as other parts of the Hispanic world, is having severe economic difficulties. As Mexican oil revenues fall, the value of the **peso** plummets, Mexico's foreign debt becomes increasingly unbearable, and the prices for food staples keep going up. President Miguel de la Madrid has imposed strict measures to deal with this crisis, but only time will tell how satisfactorily the government can solve such problems.

Práctica

A. ¿Qué palabra puede completar correctamente cada oración?

1. Mucha gente dice que la _____ tropical de Acapulco es incomparable.
   a. brisa   b. naturaleza   c. silueta

2. Las tranquilas lagunas contienen _____ amarillos, rojos y azules.
   a. dedos   b. peces   c. cielos

3. El color del cielo es extraordinario en la tarde, cuando desaparece _____ .
   a. la luna   b. el sol   c. el mar

4. Vemos la silueta de las _____ y las olas del mar.
   a. palmeras   b. nubes   c. playas

5. Las brisas _____ calles y casas.
   a. flotan   b. refrescan   c. lanzan

6. La Quebrada parece ser los _____ retorcidos de un gigante.
   a. nadadores   b. campos   c. dedos

7. Los _____ se lanzan al mar desde La Quebrada.
   a. nadadores   b. peces   c. árboles

8. Si las olas están _____ ahora, en tres o cuatro segundos estarán más altas.
   a. lejanas   b. bajas   c. azules

B. Conteste Ud.

1. ¿Cómo se llama la montaña que parece ser un gigante?
2. ¿Qué es lo único que vemos ahora del «gigante»?
3. ¿De qué color son los peces?
4. ¿Dónde hay peces?

5. ¿Quiénes se lanzan al mar?
6. ¿Qué les sirve de pedestal?
7. ¿Qué siluetas vemos en el cielo a las siete de la tarde?
8. ¿De qué color es el horizonte entonces?

Repaso visual

Invente Ud. dos oraciones completas sobre cada uno de los dibujos.

1.

2.

3.

Self-test 4

A. Use Ud. pronombres para reemplazar (*replace*) el objeto directo y también el objeto indirecto.

MODELO   Le doy *el dinero a mi padre.*   → Se lo doy.

1. Roberto le da *el regalo a su hermana.*
2. Escríbales Ud. *una carta a sus padres.*
3. Están dándole *los cincuenta pesos al dependiente.*
4. Don José le ha comprado *un automóvil a su hija.*
5. Les mandamos *las noticias a cien clientes.*

B. Dé Ud. la forma apropiada de los verbos entre paréntesis.

1. (levantarse) ¿A qué hora _____ tú esta mañana?
2. (afeitarse)   Quiero _____ antes de las ocho.
3. (bañarse)   Yo estoy _____ ahora.
4. (ponerse)   ¿Por qué no _____ Ud. sombrero ayer?
5. (acostarse)   Nosotros _____ tarde anoche.

C. Cambie Ud. según los modelos.

MODELO   Uds. cocinan hoy.   →   Uds. cocinarán hoy.

1. Él no puede contestar.
2. Nosotros salimos mañana para Asunción.
3. ¿A qué hora vienen ellas?
4. ¿Qué hacen Uds. hoy?
5. Ella no quiere hablarme.
6. Juan no sabe la respuesta.

MODELO   ¿Uds. hablan con ellos?   →   ¿Uds. hablarían con ellos?

7. ¿A qué hora tienes que ir?
8. ¿Dónde ponen Uds. los documentos?
9. ¿Qué le dices en ese caso?
10. ¿Saben Uds. hacerlo rápidamente?
11. ¿Dónde prefieres trabajar?

D. ¿**Pero, sino** o **sino que**?

1. (*but to run*)   No le gusta nadar _____ .
2. (*but instead I will review*)   No saldré a la calle _____ el vocabulario.
3. (*but we will go*)   No tenemos tiempo, _____ .
4. (*but I will buy*)   No creo en la suerte, _____ un billete de lotería.
5. (*but his aunt and uncle*)   No llamó a sus padres _____ .

E. Complete Ud.

1. Antes de comprar un automóvil, es necesario aprender a _____ .
2. El auto tiene cuatro _____ radiales.
3. Cuando me lavo no uso _____ fría.
4. Cuando viajamos en coche por la noche, es necesario tener buenos _____ .
5. Podemos ver el sol y la luna en el _____ .

F. Exprese Ud. en español las palabras en inglés.

1. (*he has written*)   ¿Es verdad que _____ dos libros?
2. (*I never see him.*)   Entonces me dijo: —_____ .
3. (*She has not told me*)   _____ qué va a hacer mañana.
4. (*Do they like*)   ¿ _____ esquiar aquí?
5. (*We haven't seen her.*)   _____ . ¿Y Uds.?
6. (*I liked*)   _____ los dos conciertos mucho.
7. (*Have you opened*)   ¿ _____ la tienda, Juan? Si no, tienes que hacerlo pronto.
8. (*liters*)   Yo compré treinta _____ de gasolina.
9. (*traveler*)   El _____ no podía entender el mapa de la ciudad.
10. (*corner*)   —¿Dónde está la gasolinera? —En aquella _____ .

G. Conteste Ud. negativamente.

1. ¿Conoce Ud. a alguien de las Islas Filipinas?
2. ¿Vienes siempre con tu madre?
3. ¿Lo vas a hacer también?
4. ¿Haces algo para tus parientes?
5. ¿Quieres leche o jugo de naranja?
6. ¿Tienes algunos amigos guatemaltecos?

Vestidos de boda y maniquíes de Mérida (Yucatán), México.
Jóvenes mexicanos, de Mérida, esperando en la cola (*line*) del cine.

Vida social

Charles Harbutt/Archive

GRÁFICOS

Amigos, novios y esposos

1. el (vino) tinto
2. las tapas
3. el abrazo (abrazar: *to embrace*)
4. el beso (besar:
   to kiss)

5. el novio
6. la novia
7. el anillo de compromiso
   (amar, querer:
   to love)

8. la boda (casarse con: *to get married to*)
9. el suegro (*father-in-law*)
10. la suegra (*mother-in-law*)
11. el padrino (*best man*)
12. la madrina (*maid of honor*)

Práctica

A. Complete Ud.

1. Ud. saluda (*greet*) a un buen amigo (una buena amiga) con un _____ o un _____ .
2. Ud. y sus amigos comen _____ y toman un _____ en un bar.
3. La persona con quien Ud. se casa es su _____ .
4. Ud. da (recibe) un _____ de compromiso a (de) su _____ .
5. La ceremonia en que Ud. se casa es la _____ .

6. El novio _____ mucho a la novia; por eso la está _____ .
7. La madre de su esposo (esposa) es su _____ .
8. Diferentes personas que están presentes en esta ceremonia: _____ y _____ .

Memopráctica

Get in the habit of saying the same thing in different ways. Being able to paraphrase or define terms quickly and succinctly can "save" you when you don't know or can't think of a particular word. Exercise B calls for practice of this type.

B. Definiciones.

MODELO   el padrino →
            Es el amigo del novio, quien trae el anillo a la ceremonia nupcial.

1. el suegro   3. el anillo de compromiso   5. el beso   7. la suegra
2. la boda   4. la madrina   6. el tinto   8. los novios

C. Conteste Ud.

1. ¿Cómo saluda Ud. a sus amigos?
2. ¿Tiene Ud. novio (novia)?
3. Si Ud. es novia, ¿tiene ya un anillo de compromiso? ¿Cómo es?

4. ¿Piensa Ud. casarse (*Do you intend to marry*)? ¿Por qué sí (no)?
5. ¿Es fácil casarse ahora? ¿Por qué sí (no)?

Una cita *(A Date)*

SE CONSTRUCTION	
se organiza	*is (being) organized*
se hizo	*was made (drawn up)*
se arreglará	*is (will be) arranged*

JAVIER: Pepe, esta noche tú sales con Mirta, yo con Gloria y haremos dos *parejas* ideales. *¿Qué te parece?*

     couples / What do you think?

PEPE: Me parece bien, pero creo que Mirta *no me ve con buenos ojos.*

     doesn't think too much of me

JAVIER: *No es así.* Ella me ha dicho que ahora mismo se organiza una fiesta en su casa para la semana que viene. Anoche se hizo la lista de invitados, y tú eres el primero en la lista.

     That's not so

PEPE: ¡No me digas!

JAVIER: Sí, es un secreto. Quiere darte una *sorpresa.*

     surprise

PEPE: Pues, vamos a celebrarlo en mi bar favorito. Los invito a un vino tinto esta noche.

JAVIER: *¡Nos divertiremos mucho!* Verás cómo todo se arreglará.

     We'll have a great time!

Práctica

Conteste Ud.

¡SOLITARIOS!
¿DESEA CONTRAER MATRIMONIO?
El Club de Relacionamiento Humano, A. C., le pondrá en comunicación con personas de su mismo nivel y sus mismos intereses. Solicite folleto gratis al 592-38-67, o escríbanos:
Psicóloga ANA VICTORIA SEGURA T.,
"CLUB DE RELACIONAMIENTO HUMANO", A. C.
VALLARTA 1, Desp. 109-"B", México 4, D. F.
"La vida, si no se comparte, no se disfruta"

1. ¿Cuándo quiere salir Javier y con quiénes?
2. ¿Qué cree Pepe?
3. ¿Qué le dice Javier entonces?
4. Según Javier, ¿qué verá Pepe?

5. ¿Sale Ud. mucho con amigos (amigas)?
6. ¿Adónde van Uds. y qué hacen allí?
7. ¿Qué hace Ud. cuando un amigo (una amiga) no la (lo) ve con «buenos ojos»?
8. ¿Habla Ud. entonces con otro amigo o amiga? ¿Por qué sí (no)?
9. ¿Se arregla todo en su casa sin prisa (*haste*) o con prisa?
10. ¿Cómo se divierte Ud. durante un fin de semana típico?

Luna de miel *(Honeymoon)*

RESULTANT STATE

estoy disgustado	*I am disgusted*
está disgustado	*you are (he/she) is disgusted*
está arreglado	*is arranged*
está explicado	*is explained*

1. el folleto   **2.** los billetes (boletos)

JUANA: ¡Sorpresa! ¡Me caso en dos semanas!

ALICIA: ¿Cómo? ¿Tan pronto?

JUANA: Sí, será solamente una ceremonia civil. No habrá ni *marcha*
nupcial, ni recepción, ni arroz, ni nada. Hoy día es *mejor* así.   wedding march / better
¡Menos *gastos*!   expenses

ALICIA: ¡No me digas que no tendrán gastos!

JUANA: Bueno, compraremos los anillos...

ALICIA: Tus padres estarán muy disgustados, *supongo*.   I suppose

JUANA: *¡No, en absoluto!* Ya todo está arreglado. Con el dinero que nos   Not at all!
dieron *de* regalo de boda hemos comprado dos billetes para ir al   as
Japón. En este folleto está explicado todo el viaje.

Práctica

A. Conteste Ud.

1. ¿Qué le dice Juana a su amiga?
2. ¿Cómo será la ceremonia?
3. ¿Adónde irán Juana y su novio?
4. ¿Qué tiene Juana en la mano?

5. ¿Qué preferiría Ud.: una boda religiosa o una boda civil? ¿Por qué?
6. ¿Quiénes son invitados a la ceremonia religiosa?
7. Las invitaciones para una boda, ¿son hechas por los padres del novio o de la novia?
8. ¿Cuál sería, en su opinión, una luna de miel ideal? (Para mí,...)

B. Asociaciones. *Supply the word that would most likely form a pair with each of the following words.*

MODELO   los padres → las madres

1. el novio	4. el suegro	7. la hermana mayor	9. acostarse
2. el padrino	5. el cielo	8. ropa vieja	10. despertarse
3. la ceremonia civil	6. el día		

C. Invente Ud. oraciones sobre las siguientes situaciones.

MODELO   Mi nuevo amigo (nueva amiga)
pretérito: decir / contestar / charlar   →
Mi nuevo amigo me dijo: Hola, me llamo Juan Plaja.
Yo contesté: Mucho gusto. Deseo charlar con Ud.

1. El buen amigo (La buena amiga)
imperfecto: saludar / besar / abrazar

2. El novio (La novia)
presente: ir / comer / divertirse

3. El matrimonio
futuro: gustarle / amar / casarse

4. El divorcio
condicional: gastar / no gustarle / no querer

Palabras fáciles

The Spanish suffix **-ista** denotes the person who performs a particular action. For example:
violín → el (la) violinista.

Práctica

A. *Supply the Spanish words for the persons who perform the actions suggested by these nouns.*

1. teléfono   3. guitarra   5. arte   7. cuento
2. piano   4. órgano   6. novela   8. flor

B. Pronuncie Ud.

1. el banquete   5. defender   9. interesado   13. organizado
2. celebrar   6. el divorcio   10. la marcha nupcial 14. precioso
3. la ceremonia civil   7. el exhibicionismo 11. el matrimonio   15. la sorpresa
4. la cuestión   8. ideal   12. nervioso

GRAMÁTICA ESENCIAL

60. The Passive Voice

The term *active voice* is used when the subject of a sentence is the doer of the action; the term *passive voice* is used when the subject receives the action of the verb. Compare these sentences:

ACTIVE VOICE   PASSIVE VOICE

John wrote the letters.   *The letters were written (by John).*
subject verb   subject   verb

If the doer of the action (agent) is not stated, the passive voice in Spanish is usually expressed with the reflexive pronoun **se** and a singular or plural third-person verb. Compare these sentences:

SINGULAR

Se prepara la recepción para las doce.
The reception is (being) prepared for 12 noon.

Se abrió la puerta.
The door was opened.

PLURAL

Se reciben las invitaciones ahora.
The invitations are (being) received now.

Las tiendas se cerrarán a las ocho.
The stores will be closed at eight o'clock.

This **se** construction can be used in any tense; the subject may precede, but more often follows, the verb.

There is a true passive construction in Spanish that employs a form of the verb **ser** with a past participle. In this construction the past participle functions as an adjective; that is, it agrees with the subject in gender and number. This construction is used when the agent is expressed or strongly implied.

Los novios fueron presentados por el padre de ella.   (Note: **novios** ↔ **presentados**)
The bride and groom were presented (introduced) by her father.

Su libro fue publicado por la Editorial Castalia.   (Note: **libro** ↔ **publicado**)
Her book was published by the Castalia Publishing Co.

This construction can be used when the agent is only understood, but in conversation the **se** construction is preferred.

Las tapas serán servidas a las tres.⎱
Se servirán las tapas a las tres.   ⎰ *The hors d'oeuvres will be served at three o'clock.*

The true passive is used less frequently in Spanish than in English. Many English true-passive sentences are expressed in Spanish with the **se** construction or with the active voice.

The mail is received in the morning.
Se recibe la correspondencia por la mañana. (*se construction*)
Reciben la correspondencia por la mañana. (*active voice*)

Práctica

A. Complete Ud. según los modelos.

MODELO   **En presente:** (consultar) _____ estos libros con frecuencia. →
                            Se consultan estos libros con frecuencia.

1. (recibir) _____ los regalos de los invitados.
2. (discutir) _____ después el plan de la boda.
3. (vender) _____ vestidos de boda.

MODELO   **En pretérito:** (vender) _____ los cinco coches. →
                            Se vendieron los cinco coches.

4. (repetir) _____ varias veces la misma marcha nupcial.
5. (pagar) _____ los billetes para el viaje al Japón.
6. (comprar) _____ un cordero para el banquete.

MODELO   **En futuro:** (preferir) _____ los zapatos baratos. →
                            Se preferirán los zapatos baratos.

7. (necesitar) _____ más folletos de la ciudad.
8. (preparar) _____ las tapas por la tarde.
9. (celebrar) La boda _____ en la iglesia (*church*).

B. Invente Ud. oraciones según el modelo, y exprésalas en inglés. *Vary the verb tenses.*

MODELO   preparar / documentos →
           Se preparan documentos de todo tipo.
           All types of documents are prepared.

1. llenar / la sala
2. cerrar / ventanas
3. limpiar / alfombras
4. explicar / los motores nuevos
5. alquilar / bicicletas
6. servir / la cena
7. plantar / flores
8. comprar / coches usados

C. Cambie Ud. según los modelos.

MODELO   Los novios visitaban a sus padres. →
           Los padres eran visitados por los novios.

1. Mi madre servía la cena de boda.
2. Mi familia siempre celebraba el cumpleaños de mi abuela.
3. Su suegra siempre preparaba los postres.

MODELO   Ese joven sin duda escribió la carta de amor. →
           La carta de amor fue escrita sin duda por ese joven.

4. El novio presentó el anillo.
5. Sus padres compraron dos billetes para nuestra luna de miel.
6. Un gran poeta invitó a mi hermana.

Jossy Atelier
Un Nombre que
le dará Prestigio
a su Boda

*Nos encargamos
de todos los
servicios para bodas*

Tel. 856-3943
2397 Coral Way, Miami

61. The Impersonal *se*

Se followed by a third person singular verb may have a general or impersonal meaning usually expressed in English by *one, you, they,* or *people.*

Se trabaja mucho aquí.	*One (People) work hard here.*
No se hace eso en el comedor.	*You don't do that (That isn't done) in the dining room.*
¿Cómo se dice esto en español?	*How do you say (does one say) this in Spanish? (How is this said in Spanish?)*

Práctica

Exprese Ud. en español.

1. Spanish (is) spoken here.
2. People eat too much there.
3. How is that done?
4. You practice a lot.
5. How much does one receive each month?

62. Resultant State

Spanish employs **estar** with a past participle to indicate the state or condition that *results from* the actions expressed by the passive voice or the **se** construction. Compare the following sentences:

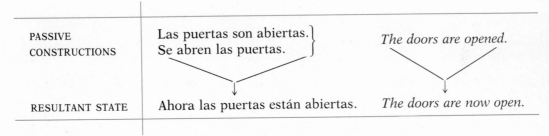

PASSIVE CONSTRUCTIONS	Las puertas son abiertas. Se abren las puertas.	*The doors are opened.*
RESULTANT STATE	Ahora las puertas están abiertas.	*The doors are now open.*

The past participle in this construction also agrees with the noun it modifies. The resultant state construction can be used in all tenses, but in the past the imperfect is preferred.

PASSIVE CONSTRUCTIONS

La casa fue pintada (por la familia).
Se pintó la casa.
The house was (being) painted (by the family).

RESULTANT STATE

La casa estaba bien pintada.
The house was well painted.

Práctica

A. Cambie Ud. según los modelos.

MODELO   *Se escribe* el examen. →
          El examen está escrito.

1. *Se presenta* muy bien el drama.
2. *Se anuncia* la recepción para las ocho.
3. Todo esto *se dice* en el folleto.
4. *Se hace* la sangría.
5. *Se abren* las puertas.

MODELO   *Vendió* cinco cocinas eléctricas. →
          Las cinco cocinas eléctricas estaban vendidas.

6. *Se casaron* los novios.
7. *Prepararon* la ceremonia nupcial.
8. *Sirvió* el café con leche.
9. Lavaron todos los platos.
10. *Escribió* las invitaciones.

B. Complete Ud. con la construcción con **estar** y el participio pasado.

   1. Si vemos que han terminado la casa, decimos: _____ .
   2. Cuando un hombre ha muerto, digo: _____ .
   3. Si sabemos que han invitado a Pedro, decimos: _____ .
   4. Después de apagar el televisor, digo: _____ .
   5. Mi hermano me pregunta si están haciendo el pan. Le contesto: _____ .

63. The Interrogatives *¿qué?* and *¿cuál(es)?*

In general **¿qué?** expresses *what?* and **¿cuál(es)?** expresses *which?*. The following chart presents the essential differences between them.

WHAT	¿qué + *verb* (*other than* **ser**)?	¿Qué dice Ud.? *What are you saying?*
	¿cuál(es) + es (son) + *definite article*? ¿cuál(es) + es (son) + *possessive*?	¿Cuál es *la* diferencia entre ellos? *What is the difference between them?* ¿Cuál es *su* dirección? *What is your address?*
	Exceptions: In questions about profession, rank, affiliation or nationality, and also to ask for a definition, use **¿qué?**	*¿Qué es su padre, médico o arquitecto?* *What is her father, a doctor or an architect?* ¿Qué es Ud., republicano o demócrata? *What are you, a Republican or a Democrat?* ¿Qué es «un tinto»? *What is "un tinto"?*
WHICH	¿cuál(es) + *verb?*	¿Cuál es su hijo? *Which is your son?*
	¿qué + *noun?*	¿Qué anillo prefiere Ud.? *Which (What) ring do you prefer?*

64. The Relative Pronouns *que* and *lo que*

The relative pronoun **que** (*that, which, who*) refers back to a noun (person, place, or thing) already mentioned, but without breaking the speaker's line of thought; thus, the clause with **que** is not separated by commas.

Los regalos que han comprado son estupendos.   *The gifts (that) they have bought are wonderful.*

El señor que vino es mi padrino.   *The gentleman who came is my best man.*

Note that **que** must always be used in Spanish even though *that* can be omitted in English.
   Lo que refers to a statement, an idea, or an action that is understood but not specified.

Lo que dice no me interesa.   *What he says doesn't interest me.*

No me gusta lo que ella hace.   *I don't like what (that which) she is doing.*

Note that **lo que** can be expressed in English by *that which*.

Práctica

A. **¿Qué** o **cuál(es)**?

1. ¿ _____ es tu padre, abogado o médico?
2. ¿ _____ folleto va Ud. a leer?
3. ¿ _____ quieres ahora?
4. ¿ _____ son sus estaciones favoritas?
5. ¿ _____ es la ciudad más importante del Brasil?
6. De los dos niños, ¿ _____ es el hijo de Ud.?
7. ¿ _____ es el baile nacional de la Argentina?
8. ¿ _____ es el número de su teléfono?
9. ¿ _____ son sus responsabilidades?
10. ¿ _____ es su abuelo, alemán o italiano?

B. **¿Que** o **lo que**?

1. Los paquetes _____ están sobre la mesa son todos regalos de boda.
2. No entiendo _____ quiere este señor.
3. Las personas _____ han sido invitadas vienen a la iglesia.
4. El mantel _____ le dimos es de lino.
5. La joven _____ entra ahora es la novia.
6. _____ estamos haciendo le va a encantar.

Repaso

A. Mandatos. Dé Ud. las formas indicadas.

1. venir
   tú / No... Ud.
2. dormir
   tú / Ud.
3. sentarse
   tú / Ud.
4. buscar
   No... tú / Ud.
5. ir
   tú / No... Uds.
6. hacer
   No... tú / Ud.
7. repetir
   tú / Ud.
8. encender
   No... tú / Uds.

B. ¿Cómo se llaman los miembros de la familia de la página 262? *Give all the relationships possible in the three generations. Begin with grandparents and end with grandchildren; indicate in-laws as well.*

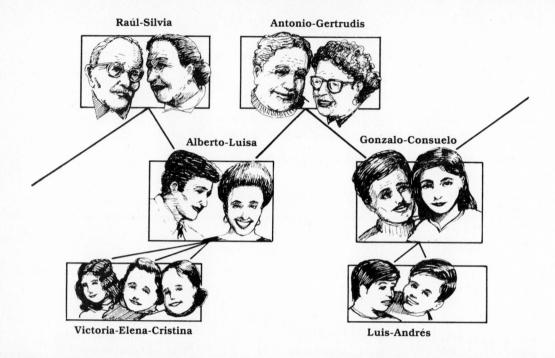

Raúl-Silvia

Antonio-Gertrudis

Alberto-Luisa

Gonzalo-Consuelo

Victoria-Elena-Cristina

Luis-Andrés

CONVERSACIÓN

TEXTO: Una boda *en grande*

on a large scale

Yo no estaba muy interesado en ir a la recepción, pero como me invitaron,... Abracé al novio, levanté una copa de champaña para *brindar por* la novia y dije «¡Viva el amor!» Después escuché las siguientes conversaciones.

UNA JOVEN:	El vestido de la novia es precioso.
OTRA JOVEN:	¡Y el anillo! *Debió de costar un montón.*

to toast

It must have cost a bundle.

UN PADRE:	¿Qué trabajo tiene el novio?
OTRO PADRE:	Él estudia. Ella trabaja en un banco.

UN AMIGO:	¡Qué suerte tiene el novio!
OTRO AMIGO:	*No olvides:* no todo lo que brilla es *oro.*

Don't forget / gold

LA MADRE DE LA NOVIA:	¿Hay más champaña?
EL PADRE DE LA NOVIA:	No, pero *no te preocupes.* Todo se arreglará. Pediré más *en seguida.*

don't worry

right away

LA MADRINA: ¿Por qué haces esas *muecas*?   grimaces
EL PADRINO: Este traje alquilado *me queda muy estrecho* y me   is very tight on me
está *matando*.   killing

EL PADRE DEL NOVIO: ¡Qué estupendo es el champaña!
LA MADRE DEL NOVIO: No bebas *tanto*, ¡por favor!   so much

LA ABUELA DE LA NOVIA: Estoy *hecha polvo*. ¡*Cómo me duelen los pies*!   dead tired / How my
EL ABUELO DE LA NOVIA: ¿Eh? ¿Qué dices? ¿No quieres bailar?   feet hurt!

Memopráctica

When we speak, we relate and develop ideas in a logical fashion. You can practice vocabulary in much the same way by organizing groups of related words in your mind. Make it a regular habit to review the core vocabulary of each lesson in this way. For example:

EL MATRIMONIO

el novio / la novia   los anillos
el suegro / la suegra   la marcha nupcial
el padrino / la madrina   el viaje de bodas
la boda   la luna de miel

Cultural Notes

1. There is much socializing in the Hispanic world. Young people, especially, like to go to restaurants and bars in groups. They have a glass of wine and a few hors d'oeuvres in one bar and then walk to another and another, chatting or singing all the while. Usually one person treats everyone in the first bar, another in the second, and so on. The notion of "Dutch treat" is not popular. Serious dating as a couple is often preceded by this kind of group activity.

2. The preliminary preparations for a wedding in Hispanic countries are very similar to those made in our own, although in many cases the period of engagement is much longer than in the United States. In most families, however, especially in urban environments, dating and premarital customs are becoming more and more liberal, with alternate living arrangements acceptable in some circles.

3. Note that the word **novio (a)** has four meanings in Spanish: *sweetheart, betrothed, bridegroom/bride, newlywed.* The term is rarely used as casually as *boyfriend/girlfriend* is used in the United States.

ASESE HOY Y PAGUE DESPUES

Parece muy fácil casarse en la Ciudad de
Guatemala, ¿no?

Práctica

A. Reconstrucción del **Texto.** *With a classmate reconstruct the various pairs of sentences suggested by the following cues:*

1. una joven / vestido
   otra joven / anillo
2. un padre / trabajo
   otro padre / banco
3. un amigo / suerte
   otro amigo / oro
4. la madre de la novia / champaña
   el padre de la novia / no te preocupes

5. la madrina / muecas
   el padrino / traje
6. el padre del novio / champaña
   la madre del novio / ¡por favor!
7. la abuela de la novia / pies
   el abuelo de la novia / bailar

B. Personajes del **Texto.**

1. Invente Ud. dos o tres oraciones para describir un poco la personalidad o carácter de una persona del texto.
2. Las personas más importantes de la recepción, el novio y la novia, no aparecen en este diálogo. Invente Ud. varias oraciones para decir cómo son, probablemente.

C. Conteste Ud.

1. ¿Qué es una boda «en grande»?
2. ¿Quién paga los gastos de la boda de una señorita? ¿Por qué?
3. Durante la ceremonia nupcial, el novio está más nervioso que (*than*) la novia. ¿Sí o no?
4. ¿Dónde se celebra la recepción, generalmente?
5. ¿Qué personas son invitadas a la recepción?
6. ¿Es tradición «pedir la mano» de la novia a los padres? ¿Por qué sí (no)?

Comunicación

A. Opiniones. ¿Prefiere Ud. la proposición positiva o la proposición negativa? Dé Ud. razones para defender su elección. *The cues given are only suggestions. Feel free to invent wherever possible.*

PROPOSICIÓN POSITIVA	PROPOSICIÓN NEGATIVA
1. Es siempre mejor consultar a los padres antes de hacer planes de matrimonio. no olvidar la opinión de la familia / la necesidad de pensar objetivamente	1. El matrimonio es una cuestión estrictamente personal. los novios son personas mayores / los novios no necesitan la opinión de otros
2. Una boda en grande es siempre hermosa. el matrimonio como ocasión muy especial / presencia de la familia y amigos	2. La boda en grande es una forma de exhibicionismo. los gastos son enormes / el dinero es un regalo muy «conveniente»
3. El esposo y la esposa podrán tener ambiciones profesionales. ganar más dinero / tener diferentes intereses	3. Si los dos trabajan, tendrán varios problemas. dividir el trabajo de la casa / tener o no tener familia
4. El matrimonio más hermoso es el matrimonio «tradicional». ceremonia religiosa / recepción	4. Hay varias formas modernas de matrimonio que son aceptables. preferencias personales / ceremonia civil
5. El matrimonio nos hace mejores como personas. tolerancia / comprensión	5. El matrimonio es siempre una serie de «sorpresas». no hay personas ideales / ¿importancia (¿necesidad?) del divorcio?

B. Ideas personales. ¿Cuáles de las siguientes opiniones acepta (o no acepta) Ud.? Explique su opinión. *Use the statements as springboards to express personal opinions.*

1. Un divorcio es mejor que un mal matrimonio.
2. Las causas principales del divorcio son (a) los problemas financieros y (b) una mala división del trabajo en casa.
3. Hay otras causas del divorcio igualmente importantes. Por ejemplo: ¿quién va a estar en casa con los niños?
4. Si el esposo y la esposa trabajan, es necesario decidir cómo van a gastar el dinero que cada uno gana.

C. **La cita ideal.** *Present to the class your plan for an ideal date. Use any of the following cues as a guide.*

1. discoteca / bailar / divertirse
2. bar / tapas / tinto
3. restaurante / comer / pagar
4. las doce / besar / abrazar
5. fiesta / parejas / participar
6. cine / película / gustar

D. Sea Ud. «Querida Teodora» y escriba consejos a los autores de las siguientes cartas.

1. **Querida Teodora:**

Tengo dieciocho años. Durante toda la semana pasada mi novio (lo llamaré Carlos) no me llamó una sola vez. Anoche lo vi en una cafetería con otra chica. Estoy muy triste. ¿Qué debo decirle ahora, si me llama y quiere verme?

Triste en Sacramento

2. **Querida Teodora:**

Tengo dieciséis años y soy un poco «inocente» todavía. Varios de mis amigos hablan siempre de sus «conquistas» amorosas y ahora insisten en «educarme». Yo realmente no deseo tener esa clase de «educación», pero me gusta estar con estos amigos. ¿Qué puedo decirles para no tener disgustos?

Inocente en Colorado

Vocabulario activo

ADJETIVOS

disgustado, -a disgusted, displeased
nupcial (pertaining to a) wedding

ADVERBIOS

mejor better

SUSTANTIVOS

el **abrazo** embrace, hug
el **anillo (de compromiso)** (engagement) ring
el **beso** kiss
la **boda** wedding
la **ceremonia** ceremony
la **cita** date
el **folleto** pamphlet
los **gastos** expenses

la **iglesia** church
la **luna de miel** honeymoon
el **novio** / la **novia** bridegroom / bride
el **padrino** / la **madrina** best man / bridesmaid
la **pareja** couple
la **prisa** haste, hurry
la **sorpresa** surprise
el **suegro** / la **suegra** father-in-law / mother-in-law
la **suerte** luck
las **tapas** hors d'oeuvres
el **tinto** (glass of) red wine

VERBOS

abrazar to embrace
amar to love
arreglar to arrange; to fix

besar to kiss
casarse (con) to get married (to)
divertirse (ie) to have a good time
matar to kill
olvidar to forget
querer (ie) to love
saludar to greet
suponer to suppose

EXPRESIONES ÚTILES

así so, thus
lo que what, that which
¿qué te parece? what do you think?

El Palacio del Gobierno, de Montevideo, Uruguay.
En las oficinas oficiales las colas (*lines*) parecen ser inevitables. ¡Paciencia!

MODELO   A la secretaria le gustan las flores.
A la señorita Julia _____ . →
A la señorita Julia le encantan los vestidos elegantes.

1. A mi tío le gusta el alcalde de la ciudad.
A mi profesor (profesora) _____ .
2. A los senadores les gusta la arquitectura del senado.
A los representantes _____ .
3. Al presidente le gustan las fiestas nacionales.
Al gobernador _____ .
4. A Uds. les gusta trabajar en el ayuntamiento, ¿no?
Al jefe _____ .
5. ¿Es verdad que a su esposa le gustan las comidas mexicanas?
¿Es verdad que a Ud. _____ ?

Memopráctica

An important part of language study is learning how to adapt patterns you've already learned to new situations. In the preceding exercises you first practiced a pattern (A), then varied it slightly (B), and, finally, expanded the focus even more (C). Transferring patterns to different contexts in this way will enable you to make full use of the Spanish you know well and give you flexibility in communicating with others.

Hablando de política

IRREGULAR VERBS	
PRESENT INDICATIVE	PRESENT SUBJUNCTIVE
-ar: dar	
Ud. da	...que Ud. dé
Uds. dan	...que Uds. den
-er: tener	
él tiene	...que él tenga
ellos tienen	...que ellos tengan
-ir: decir	
ella dice	...que ella diga
ellas dicen	...que ellas digan

RAMÓN: ¿Y qué quiere Ud. *que le diga* de nuestros senadores y represen- | that I tell you (me to
tantes? Todos *esperan* que el sistema les dé fama y *riqueza*. Y, | tell you)
¿qué hacen ellos por el pueblo? ¡Nada! | hope / riches

TERESA: *Me sorprende* que Ud. tenga estas ideas. | I'm surprised

RAMÓN: Los políticos hablan y hablan, pero no dicen ṛada. Inventan
nuevas *leyes*, nuevos *impuestos*, y los *funcionarios* «cooperan»... | laws / taxes / civil
timbrando papeles. | servants
 | rubber-stamping

TERESA: *Lo sentimos,* pero ya no tenemos más tiempo. Tenemos que | We're sorry
terminar. Queremos dar las gracias a todos nuestros *televidentes* | viewers
y... ¡muy buenas noches!

Práctica

A. Conteste Ud.

1. ¿De qué habla Ramón?
2. ¿Qué esperan los políticos?
3. ¿Qué le sorprende a Teresa?
4. ¿Qué hacen los políticos y los funcionarios, según Ramón?

5. ¿Espera Ud. que los políticos digan la verdad?
6. ¿Quiere Ud. que los representantes y senadores trabajen más?
7. ¿Espera Ud. que sus estudios le den fama y riqueza?
8. ¿Desea Ud. que sus estudios le permitan trabajar en el mundo burocrático?

B. Complete Ud. *Use words from the second minidialog or supply original words and phrases.*

1. ¿Qué quiere Ud. que yo _____ ?
2. Los senadores y representantes esperan que _____ .
3. Me sorprende que Ud. _____ .

C. Complete Ud. *Select verbs to complete the sentences.*

1. Yo quiero que _____ .
   Ud. / ella
2. Yo espero que _____ .
   Teresa / Ud.
3. Me sorprende que _____ .
   él / Ud.

4. Ramón quiere que _____ .
   ellas / Uds.
5. Ellas esperan que _____ .
   Ramón y Teresa / ellos
6. Les sorprende que _____ .
   Uds. / los muchachos

Palabras fáciles

Word family. In **Lección 10** you learned several words related to **poner: disponer, oponer, suponer,** and so on. The words in Exercise A contain **tener.** What do these words mean in English? Think of English *-tain.*

Práctica

A. Exprese Ud. en inglés.

1. abstener   3. detener   5. mantener   7. retener
2. contener   4. entretener 6. obtener   8. sostener

B. Pronuncie Ud.

1. autorizar   6. los documentos   11. el pasaporte
2. las complicaciones   7. fama y riqueza   12. un perfecto burócrata
3. la comunidad   8. la investigación secreta 13. el preámbulo
4. deshonesto   9. el mundo burocrático   14. la promesa
5. el director   10. la oficina   15. el sistema político

GRAMÁTICA ESENCIAL

65. Indirect Commands

The direct formal commands you learned in Sections 17 and 26 can also be used indirectly in the third person. Such indirect commands are used with the subjects **él, ella, ellos,** and **ellas,** or with a person's name or title, and are introduced by **que.**

DIRECT COMMANDS	INDIRECT COMMANDS
Hable Ud. con Juana.	→ Que hable él (ella, Alberto, etcétera) con Juana.
Speak with Juana.	*Let him (her, Albert, and so on) speak with Juana.*
No salgan Uds. ahora.	→ Que no salgan ellos (ellas) ahora.
Don't leave now.	*Don't let them leave now!*
Hágalo Ud.	→ Que lo haga el doctor.
Do it.	*Let the doctor do it.*

In these sentences English *let* is an expression of the speaker's will. Consider the sentence *Let him enter* as equivalent to *I want him to enter.*

Note in the last example that object pronouns follow and are attached to an affirmative direct command, but come immediately *before* the verb in an indirect command.

Práctica

Exprese Ud. en español.

1. Let her come now.
2. Let them review the lesson now.
3. Don't let Carmen go with them.
4. Don't let the children play (over) there.
5. Let him examine the steering wheel.
6. Let the clerk stamp it.

66. Subjunctive Mood: General Statement

All verb forms that you studied previously, with the exception of direct and indirect commands, belong to the *indicative* mood. The remaining tenses you will study, like the commands you already know, are in the *subjunctive* mood.

Unlike the indicative, which conveys direct statements or asserts factual certainties, the subjunctive is tinged with subjectivity. It expresses implied commands, the intellectual or emotional involvement of the speaker with an event, projections into an indefinite or uncertain future, anticipations or suppositions regardless of time, contrary-to-fact assumptions, and even statements of fact when they are considered the result of mere chance.

A typical sentence containing the subjunctive is a statement that includes a main clause (one that can stand alone) and a dependent clause whose full meaning is understood only in relation to the main clause. Study the following formula:

Subject 1 + main verb (indicative) **+ que** + subject 2 + dependent verb (subjunctive)

MAIN CLAUSE	DEPENDENT CLAUSE
Yo deseo	que Ud. *hable.*
I want	*you to speak.*

The only difference between an indirect command and this construction is that you now include the main verb.

Que lo traiga Jorge.   *Let Jorge bring it.*
Quiero que lo traiga Jorge.   *I want Jorge to bring it.*

This lesson and subsequent ones will examine the different uses of the subjunctive under the following labels: subjunctive in noun clauses, subjunctive in adjective clauses, and subjunctive in adverb clauses. Examine the following summary so that you have a general idea about what concepts in the main clause trigger the subjunctive in the dependent clause in the first category, the subjunctive in noun clauses.

1. **Verbs of volition (will):** wanting, wishing, preferring, advising, requesting, commanding, permitting, and so on (**Lección 14**)
2. **Verbs of emotion:** feeling happiness, pleasure, or surprise; hoping; regretting; fearing; and so on (**Lección 14**)
3. **Verbs of doubt, disbelief, and denial (Lección 15)**
4. **Impersonal expressions** containing any of the above concepts (**Lección 15**)

67. Formation of the Present Subjunctive

You have already used the third persons singular and plural of the present subjunctive in polite direct commands and indirect commands. To form the present subjunctive of all six persons of regular and irregular verbs in Spanish, drop the **-o** of the first person singular of the present indicative and add the following subjunctive endings to the stem.

-AR VERBS		**-ER, -IR** VERBS	
-e	-emos	-a	-amos
-es	-éis	-as	-áis
-e	-en	-a	-an

	COMMANDS	PRESENT SUBJUNCTIVE OF REGULAR VERBS	
hablø ↓ habl-	**-ar:** (no) hable, (no) hablen →	hable hables hable	hablemos habléis hablen
comø ↓ com-	**-er:** (no) coma, (no) coman →	coma comas coma	comamos comáis coman
vivø ↓ viv-	**-ir:** (no) viva, (no) vivan →	viva vivas viva	vivamos viváis vivan

Note that for **-ar** verbs the predominant vowel in the present subjunctive is **e**; for **-er** and **-ir** verbs, it's **a**.

	COMMANDS	PRESENT SUBJUNCTIVE OF IRREGULAR VERBS	
digø ↓ dig-	(no) diga, (no) digan →	diga digas diga	digamos digáis digan

Like **decir,** the following irregular verbs preserve the irregularity of the first person singular of the present indicative throughout the six forms of the present subjunctive: **conocer** (**conozca, conozcas, conozca, conozcamos,** and so on), **hacer** (**haga, hagas,** and so on), **oír, poner, salir, tener, traer, venir,** and **ver.**

68. Subjunctive with Verbs of Volition (Will)

If the verb in the main clause expresses wanting, wishing, preferring, ordering, requesting, advising, and so on, the verb in the dependent clause, which is introduced by **que,** expresses an anticipation that *must be in the subjunctive.* A complete listing of such verbs is not possible here, but remember at least the following.

1. Wanting: **desear, querer**
   Yo quiero (deseo) / que Ud. nos escriba.
   I want you to write to us.
2. Preferring: **preferir**
   ¿Prefieres / que te hablemos en español?
   Do you prefer that we speak to you in Spanish?
3. Ordering or commanding: **mandar** (*to order*), **(no) permitir, dejar**
   Nos manda (Nos permite, etcétera) / que salgamos.
   He orders (permits) us to leave.
4. Advising or requesting: **aconsejar** (*to advise*), **pedir (i), recomendar (ie)**
   Yo le aconsejaré (pediré) / que estudie más.
   I shall advise (ask) him to study more.

   Note that the verbs in 3. and 4. require the use in the main clause of an indirect object pronoun (**me, te, le, nos, os, les**) corresponding to the subject of the dependent clause.
   Important: If there is no change of subject in the two clauses, Spanish requires the use of the infinitive. Compare:

Él quiere que yo lo compre.   *He wants me to buy it. (Who wants?* **He.** *Who buys?* **I do.***)*
Él quiere comprarlo.   *He wants to buy it. (Who wants?* **He.** *Who buys?* **He does.***)*

Práctica

A. Cambie Ud. según el modelo.

   MODELO   Mi novia quiere / que (tú / yo: comprar) ropa moderna. →
             Mi novia quiere que tú compres ropa moderna.
             Mi novia quiere que yo compre ropa moderna.

   1. Mis amigos quieren / que (tú / yo: representar) los intereses del estado.
   2. Yo deseo / que (ellos / Ud.: no trabajar) demasiado tarde.
   3. Preferimos / que (Ud. / ellas: presentar) ese plan en la Cámara de Representantes.
   4. ¿Desea Ud. / que (yo / el juez: decidir) el caso?
   5. Prefiero / que (tú / Uds.: llamar por teléfono).
   6. Yo quiero / que (ellos / tú: aceptarlo).
   7. Su jefe quiere / que (yo / él: timbrar) todos esos documentos.
   8. Queremos / que (tú / Ud.: prometer) venir varias veces.
   9. Preferimos / que (Ud. / ellos: recibir) al gobernador.
   10. Yo quiero / que (vosotros / Ud.: no presentar) un montón de papeles.

B. Complete Ud. con la forma correcta del verbo.

   1. (decir)   Quiero que Ud. me _____ la verdad.
   2. (levantarse)   Prefiero que ella _____ a las siete.
   3. (conocer)   Deseo que tú _____ al senador.
   4. (traer)   Quiero que todos Uds. _____ los documentos necesarios.
   5. (poner)   ¿Prefiere ella que nosotros _____ el folleto con los otros documentos?

6. (hacer) Prefiere que el abogado _____ preguntas más precisas.
7. (tener) Nos recomienda que (nosotros) _____ una mujer en la Corte Suprema.
8. (salir) Les pediré que no _____ de la oficina antes de las cuatro.
9. (venir) El juez le aconseja al joven que _____ con su abogado.
10. (oír) No me permiten que _____ todas las respuestas.

C. Invente Ud. oraciones según el modelo.

MODELO nosotros / esperar / representante / llegar →
        Nosotros esperamos que el representante llegue pronto.

1. yo / querer / presidente / poner / firma / en esos documentos
2. alcalde / mandarnos / observar / nuevas leyes
3. Ud. / no dejarnos / traer / comida
4. nosotros / aconsejarle / decir / algo diferente / a la Cámara de Representantes
5. él / no permitirnos / salir de / ayuntamiento / antes de las seis
6. políticos / pedirnos / darles nuestro voto

D. Exprese Ud. a Juan un consejo (*piece of advice*) según el modelo.

MODELO no hablar demasiado →
        Le aconsejaré (pediré, mandaré, etcétera) que no hable demasiado.

1. esperar al jefe   5. hacer este trabajo
2. levantarse temprano   6. no traer problemas personales a la clase
3. terminar los estudios   7. viajar este verano
4. no presentar muchos títulos   8. no decir nada al candidato

E. Exprese Ud. una recomendación según el modelo. *Expand your sentences so that they contain a subjunctive and a touch of originality.*

MODELO Ud. sabe que su amigo no va a clases. →
        Le recomiendo que estudie mucho si desea recibir un título este año.

1. Ud. sabe que dos amigos duermen menos de cinco horas cada noche.
2. Un joven quiere comprar un auto nuevo.
3. Una señora desea consultar a un abogado.
4. Un señor quiere visitar algunos países extranjeros.
5. Unos amigos le preguntan si hay un buen restaurante en esta ciudad.
6. Ud. sabe que muy pronto vamos a tener un examen.
7. Pedro y Tomás beben mucha cerveza todos los días.
8. Mi amigo Julián está enfermo.

F. Exprese Ud. a María un mandato (afirmativo o negativo) según el modelo.

MODELO salir de aquí → Le mando que salga de aquí.

1. visitar a sus amigos   5. trabajar este verano
2. no salir con Jorge   6. venir a nuestra recepción
3. llamar por teléfono   7. escuchar sus recomendaciones
4. vender el coche   8. traer su carnet de manejar

69. Subjunctive with Verbs of Emotion

These verbs express projections into the future, suppositions, or subjective attitudes (see Section 66). Regardless of the particular meaning conveyed, they regularly require the use of the subjunctive. The most common verbs of this type are **alegrarse de** (*to be glad*), **esperar** (*to hope*), **sentir (ie)** (*to be sorry, regret*), and **temer** (*to be afraid of*). Two common third-person verbs also belong in this group: **gustar** (*to like*), and **sorprender** (*to surprise*).

Me alegro de / que Ud. conozca a alguien en el gobierno.
I am glad that you know someone in the government.

Espero / que Ud. reciba buenas noticias de las autoridades.
I hope (that) you receive (get) good news from the authorities.

Sentimos / que ella esté enferma.
We regret that she is ill.

Temen / que gastemos demasiado.
They are afraid (that) we may spend too much.

Le gusta (sorprende) / que Ud. trabaje así.
He is pleased (surprised) that you are working that way.

Los argentinos leen las últimas noticias de guerra, durante la crisis de las Islas Malvinas (*Falkland Islands*).

Gianfranco Gorgoni/Contact

Práctica

Invente Ud. oraciones originales según el modelo.

MODELO   Ud. esperar / ellas venir → Ud. espera que ellas vengan esta tarde.

1. yo esperar / tú no hacer
2. nosotros sentir / Uds. no conocer
3. yo alegrarse de / ella recibir
4. Ud. temer / ellos venir
5. tu madre esperar / tú casarse

Now you supply the subjects, but be sure to use different subjects for each verb.

6. sentir / traer
7. alegrarse de / comer
8. temer / tener
9. alegrarse de / decir
10. sorprender / llegar
11. esperar / cambiar

Repaso

A. Verbos reflexivos. Haga Ud. preguntas a sus compañeros usando el pretérito o el imperfecto de estos verbos.

1. lavarse
2. afeitarse
3. bañarse
4. acostarse (ue)
5. dormirse (ue)
6. sentarse (ie)
7. peinarse
8. despertarse (ie)

B. Verbos con cambios.

	PRESENTE	PRETÉRITO	MANDATO
1. preferir	yo _____	yo _____	_____ Ud.
2. dormir	ella _____	ella _____	_____ Uds.
3. pedir	yo _____	yo _____	_____ Ud.
4. volver	ellos _____	ellos _____	_____ Uds.
5. servir	tú _____	tú _____	_____ Ud.
6. divertirse	él _____	él _____	_____ Uds.

CONVERSACIÓN

TEXTO: *Timbres* y más timbres

Rubber stamps

Cuando tenía diecinueve años, decidí ir a los Estados Unidos para estudiar inglés. Fui al Ministerio del *Exterior*.

Foreign Affairs

—Señor, quiero que alguien me diga dónde puedo obtener un pasaporte para ir a los Estados Unidos.

—Aquí mismo, pero temo que hoy no pueda atenderlo. Vuelva Ud. mañana.

—Sí, señor. Espero no tener complicaciones.

Al día siguiente volví al Ministerio y luego *me dirigí* a la *Prefectura.*   The following day / I went / Police Station

—¡Hombre! Este *sello* que Ud. trae está usado.   stamp

—Pero, señor...

—Joven: *no compliquemos* las cosas; no me gusta *que me hagan trampas.*   let's not complicate / that people play tricks on me

¿Quiere que *le ponga* una multa?... Pasaré el caso al señor Prefecto. ¡Que lo decida él!   I give you

Una semana después el Prefecto autorizó mi pasaporte.

Después *obtuve* la *firma* y timbre del alcalde, del gobernador, del   I got / signature

Ministro del Interior y, *por fin,* del Ministro del Exterior.   finally

¡Qué *pesadilla* es *sacar* un pasaporte!   nightmare / to obtain

Cultural Notes

1. By their very nature most governmental bodies tend to be bureaucratic. Hispanic governments are certainly no exception to this generalization, and the preceding **Texto** does not exaggerate what often happens. Sometimes an individual's best response to the special stamps, permissions, and taxes is to have a good sense of humor.

2. There are many different types of governments throughout the Hispanic world. Spain's fledgling democracy under the titular leadership of a king recently emerged after decades under the dictator Francisco Franco. Costa Rica has a fairly long-standing democratic regime; military dictatorships, whether in a communist, socialist, or capitalist system, hold sway currently in several countries. Mexico operates under a basically democratic, albeit one-party, system.

3. When obtaining official documents (certificates, special permits, and so on), people in many Hispanic countries must first purchase blank government forms bearing the official seal or stamp (**sello**), which are then filled out by the appropriate agency or clerk. The cost of these forms, which constitutes the fee or tax for the service provided, varies according to the importance of the document.

4. In Spanish it is common to use titles to express respect: **el señor Prefecto, el señor Decano** (*Dean*), **mi general, su Reverencia** (*Father*), and so on. The president of a republic is called **su Excelencia.**

Práctica

A. Complete Ud. las oraciones con palabras y frases del **Texto.**

1. Para ir a otro país necesito ____ .

2. Espero que no ____ complicaciones.

3. Me dirigí a la ____ .

4. —Por favor, joven, no ____ las cosas.

5. —Este sello está ____ .

6. Yo no puedo autorizar su pasaporte. Que el señor Prefecto ____ .

7. También es necesario obtener ____ del alcalde y del gobernador.

8. Sacar un pasaporte es ____ .

B. Use Ud. la forma correcta del verbo entre paréntesis.

1. (decir)   Quiero que Ud. me ____ dónde puedo comprar sellos.

2. (volver) Espero que Uds. ____ la semana próxima.

3. (traer)   Desea que nosotros ____ también otros documentos.

4. (tener)   Me sorprende que otras personas no ____ problemas.

5. (venir)   No queremos que los turistas ____ a comprar billetes un día antes del viaje.

6. (conocer)   Siento que Ud. no ____ al Sr. Prefecto.

7. (hacer)   No me gusta que vosotros ____ eso.

8. (poner)   ¿Dónde quiere Ud. que yo ____ la firma?

9. (poder)   Temo que los jueces no ____ hacer la decisión esta semana.

10. (tener)   Espero que su pasaporte ____ todos los sellos necesarios.

C. Confesiones de un estudiante. *Complete the sentences by drawing from your personal experiences. Use the subjunctive.*

1. Siento que ____ .   3. Temo que ____ .   5. Me sorprende que ____ .

2. Me alegro de que ____ .   4. Me gusta que ____ .   6. Espero que ____ .

D. Conteste Ud.

1. ¿Quiénes son los senadores (representantes) de su estado?

2. ¿Qué políticos de su estado lo (la) representan en la capital?

3. ¿Quién sería un candidato presidencial muy bueno para las próximas elecciones? ¿Por qué?

4. ¿Puede Ud. votar ya? ¿Votan siempre sus padres? ¿Por qué sí (no)?

5. ¿Conoce Ud. personalmente a un político nacional? ¿Quién es? ¿Cómo es?

6. ¿Qué problemas especiales tienen hoy día los alcaldes y gobernadores?

7. ¿Cuál es la diferencia entre el socialismo y el comunismo?

8. ¿Hay monarquías en el mundo de hoy? ¿Dónde?

Comunicación

A. Encuesta. Conteste Ud. las preguntas dando siempre una explicación.

1. ¿Teme Ud. que los planes del Sr. Presidente traigan complicaciones económicas?

2. ¿Se alegra Ud. de que uno de los jueces de la Corte Suprema sea una mujer? Explique.

3. ¿Le sorprende a Ud. que tengamos investigaciones secretas para saber si nuestros políticos son deshonestos?

4. ¿Siente Ud. que algunos estados no acepten la idea de que los hombres y las mujeres son iguales?

B. Conteste Ud. a base del Preámbulo de la Constitución de España.

1. ¿Qué desea garantizar la nación española?
2. ¿Cómo desea proteger a todos los españoles y pueblos de España?
3. ¿Qué tipo de gobierno quiere establecer en España?
4. ¿Quiénes ratifican la Constitución?
5. ¿Puede Ud. encontrar los siguientes cognados en el Preámbulo? *security, to promote, just, to ensure, advanced, to approve*

CONSTITUCION

PREAMBULO

La nación española, deseando establecer la justicia, la libertad y la seguridad y promover el bien de cuantos la integran, en uso de su soberanía, proclama su voluntad de:

Garantizar la convivencia democrática dentro de la Constitución y de las leyes conforme a un orden económico y social justo.

Consolidar un Estado de Derecho que asegure el imperio de la ley como expresión de la voluntad popular.

Proteger a todos los españoles y pueblos de España en el ejercicio de los derechos humanos, sus culturas y tradiciones, lenguas e instituciones.

Promover el progreso de la cultura y de la economía para asegurar a todos una digna calidad de vida.

Establecer una sociedad democrática avanzada, y

Colaborar en el fortalecimiento de unas relaciones pacíficas y de eficaz cooperación entre todos los pueblos de la Tierra.

En consecuencia, las Cortes aprueban y el pueblo español ratifica la siguiente Constitución.

Vocabulario activo

SUSTANTIVOS

el **abogado (defensor)** / la **abogada (defensora)** (defense) lawyer
el **alcalde** / la **alcadesa** mayor
la **autoridad** authority
el **ayuntamiento** town hall
la **Cámara de Representantes** House of Representatives
la **Corte Suprema** Supreme Court
el **diputado** / la **diputada** deputy, elected representative
la **firma** signature
el **funcionario** / la **funcionaria** clerk, civil servant
el **gobernador** / la **gobernadora** governor

el **gobierno** government
el (la) **juez** judge
la **ley** law
el **montón** pile
la **oficina** office
el **pasaporte** passport
la **pesadilla** nightmare
el **político** / la **política** politician
el **presidente** / la **presidenta** president
la **prefectura** police station
el (la) **representante** representative, deputy
la **riqueza** riches
el **sello** stamp
el **senado** senate
el **senador** / la **senadora** senator

VERBOS

aconsejar to advise

alegrarse de to be glad of, about
autorizar to authorize
complicar to complicate
dirigir(se) to go toward
esperar to hope, expect
firmar to sign
mandar to order
obtener to obtain
recomendar (ie) to recommend
representar to represent
sentir (ie) to regret
sorprender to surprise
temer to fear
votar to vote

EXPRESIONES ÚTILES

al día siguiente the following day
por fin finally

Operación del corazón (*heart*) en el Hospital Universitario Católico de Santiago de Chile. El equipo quirúrgico (*surgical*) tiene los aparatos médicos más modernos. En la Escuela de Odontología, de la Ciudad de México. «¡Abra Ud. la boca!»

LECCIÓN QUINCE

La salud

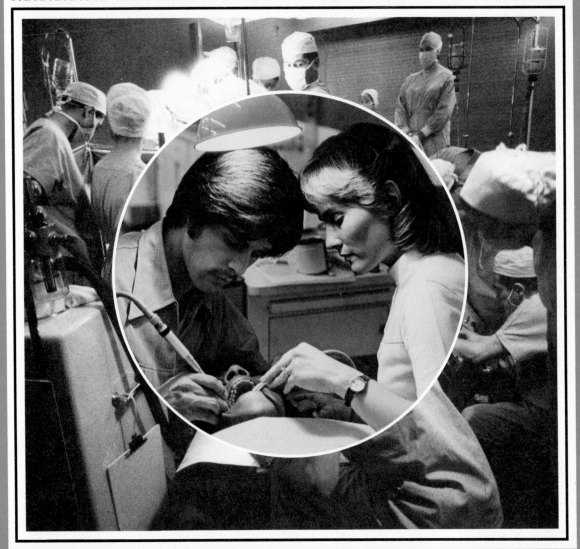

Peter Menzel

Sergio Larrain/Magnum

GRÁFICOS

Personas, medicinas y síntomas

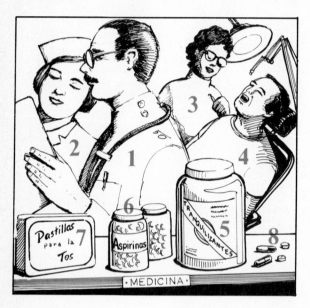

PERSONAS

1. el médico / la médica (el doctor / la doctora)
2. el enfermero / la enfermera
3. el (la) dentista
4. el (la) paciente

MEDICINAS

5. el tranquilizante
6. la aspirina
7. las pastillas para la tos
8. las píldoras

ENFERMEDADES

la alergia   el ataque al corazón (*heart attack*)
la gripe (*flu*)   el cáncer
la anemia   la pulmonía (*pneumonia*)
la úlcera   la parálisis

Práctica

A. ¿De qué estamos hablando?

1. irritación del estómago, de origen nervioso
2. enfermedad causada por el uso excesivo del tabaco
3. inmovilidad de una parte del cuerpo
4. extrema sensibilidad a ciertas sustancias relacionadas con las comidas, los animales o las plantas
5. falta (*lack*) de glóbulos rojos en la sangre (*blood*)

B. Identifique Ud. las personas y los objetos del dibujo sin consultar la lista de palabras.

C. Diga Ud. los síntomas de las siguientes enfermedades. *Don't refer back to Exercise A.*

1. la úlcera   2. la parálisis   3. la anemia   4. la alergia   5. el cáncer

Estoy enferma

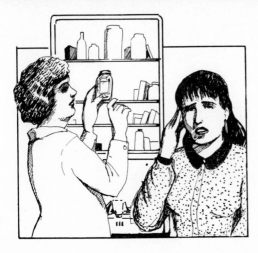

IRREGULAR VERBS	
PRESENT INDICATIVE	PRESENT SUBJUNCTIVE
haber:	
hay	...que haya
ser:	
eres	...que seas
es	...que sea
son	...que sean
ir:	
vas	...que vayas
va	...que vaya
van	...que vayan

SILVIA:	Mamá, me *duele* la[1] cabeza.	aches
LA MADRE:	Si tienes *jaqueca*, toma una aspirina o una tableta de Comtrex.	(a) headache
SILVIA:	No creo que tenga *fiebre*.	fever
LA MADRE:	Pero es posible que sea un *resfriado*. ¿Por qué no tomas un descongestante? También te aconsejo que no vayas al baile.	cold
SILVIA:	Pero, mamá, lo más probable es que no haya otro baile como éste.	
LA MADRE:	No seas impráctica. Yo sólo quiero que *te cuides*.	you take care of yourself

Práctica

A. Conteste Ud.

1. ¿Qué le duele a Silvia?
2. ¿Qué medicina debe tomar Silvia si tiene jaqueca?
3. ¿Tiene fiebre Silvia?
4. ¿Qué le aconseja la madre a Silvia? ¿Por qué?

5. ¿Qué toma Ud. cuando le duele la cabeza?
6. ¿Tiene Ud. jaquecas con frecuencia? ¿Por qué?
7. ¿Qué debe Ud. hacer cuando tiene fiebre?
8. ¿Cuándo son muy comunes los resfriados? ¿Qué hace Ud. cuando tiene un resfriado?

---

[1]The definite article (not a possessive adjective as in English) is generally used with parts of the body and articles of clothing in Spanish. Possession is indicated with the indirect object pronoun: **Me duele la cabeza.** (*My head hurts.*)

B. Dé Ud. la forma correcta del verbo entre paréntesis.

    1. (tener)   No creo que (él) _____ fiebre.
    2. (ser)   Pero es posible que _____ un resfriado.
    3. (ir)   Te aconsejo que no _____ al baile.
    4. (haber)   Lo más probable es que no _____ otro baile como éste.
    5. (cuidarse)   Sólo te pido que _____ .

C. Sinónimos. *What words mean about the same as those given?*

1. jamás	3. jaqueca	5. almacén	7. diputado
2. tableta	4. doctor	6. director	8. ceremonia matrimonial

Visita al médico

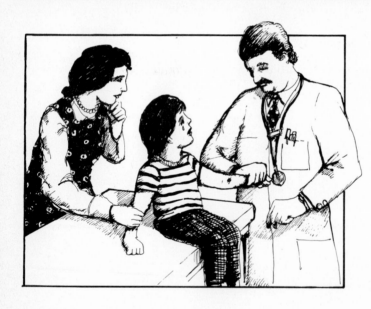

IRREGULAR VERBS

PRESENT INDICATIVE	PRESENT SUBJUNCTIVE
estar:	
estás	...que estés
está	...que esté
están	...que estén
dar:	
das	...que des
da	...que dé
dan	...que den
saber:	
sabes	...que sepas
sabe	...que sepa
saben	...que sepan

En la clínica un niño *grita* y *llora*; la madre lo calma y el médico espera.   shouts / cries

LA MADRE: No llores, *hijito*. Es necesario que estés quieto. El doctor   sonny
        tiene que examinarte el brazo.

EL NIÑO: Mamá, ¡no dejes que *me ponga una inyección!*   him give me a shot

EL DOCTOR: No creo que la *herida* sea muy *profunda*, pero ¿quiere Ud.   wound / deep
        que le dé un tranquilizante al niño?

LA MADRE: Bien, doctor, y también quiero que Ud. sepa lo que *ocurrió*.   happened

EL NIÑO: Me *mordió* mi hermana...   bit

Práctica

A. Conteste Ud.

1. ¿Dónde están la madre y el niño? ¿Por qué?
2. ¿Por qué grita y llora el niño?
3. Según el médico, ¿cómo es la herida?
4. ¿Cuál fue la causa de la herida del niño?

5. ¿Ha tenido Ud. una herida seria (*serious*)? ¿Qué ocurrió?
6. ¿Toma Ud. tranquilizantes a veces? ¿Por qué sí (no)?
7. ¿Cuándo es necesario que le pongan inyecciones?
8. ¿Ha tenido Ud. dificultades con su hermano (hermana)? Cuente (*Tell*) el episodio a la clase.

B. Dé Ud. el subjuntivo de los verbos en cursiva.

1. Niño, quiero que (no *llorar* / *estar* quieto).
2. Mamá, no dejes que el doctor (*examinarme* el brazo / *ponerme* una inyección).
3. Señora, no creo que (la herida *ser* profunda / el niño *necesitar* un tranquilizante).
4. Doctor, quiero que Ud. (*saber* lo que ocurrió / *aconsejarme*).

C. Conteste Ud. *Answer quickly, changing verb forms and object pronouns as appropriate.*

1. ¿Te gusta que   a. te pongan inyecciones?
                   b. un médico te aconseje?
                   c. otros sepan que estás enfermo?
2. ¿Prefieres que   a. un médico o una médica te examine?
                   b. los niños estén quietos?
                   c. no te den tranquilizantes?
3. ¿Es posible que   a. a veces las inyecciones no sean necesarias?
                   b. algunas personas consulten al médico cuando no están realmente enfermas?
                   c. algunos médicos ganen demasiado dinero?

Palabras fáciles

You can remember vocabulary words more easily by recognizing relationships among words. What suffixes are used to produce these word families?

OBJECT	TRADESPERSON	SHOP
libro	librero / librera	librería
fruta	frutero / frutera	frutería
leche	lechero / lechera	lechería

Práctica

A. **Complete Ud.** *Give the names of the tradesperson and the appropriate shop for the following objects.*

    1. sombrero   2. zapato   3. flor   4. papel   5. pastel (*pastry*)

B. **Pronuncie Ud.**

1. la cápsula	6. horrible	11. la parálisis
2. la clínica	7. impráctico	12. profundo
3. exámenes de laboratorio	8. la inmovilidad	13. sala de operaciones (recuperación)
4. la extrema sensibilidad	9. la inyección	14. el tabaco
5. los glóbulos rojos	10. la irritación	15. el uso excesivo

GRAMÁTICA ESENCIAL

70. Other Irregular Present Subjunctives: *Dar, estar; haber, ir, saber, ser*

You are already familiar with some of the following verb forms since, as explained in Section 67, polite direct commands and indirect commands are subjunctive forms.

dar: dé[2], des, dé, demos, deis, den
estar: esté, estés, esté, estemos, estéis, estén
haber: haya, hayas, haya, hayamos, hayáis, hayan
ir: vaya, vayas, vaya, vayamos, vayáis, vayan
saber: sepa, sepas, sepa, sepamos, sepáis, sepan
ser: sea, seas, sea, seamos, seáis, sean

NOTE 1: The present subjunctive forms of **dar** and **estar** are similar to the present indicative. The subjunctive forms of the other four verbs are irregular and, therefore, require special attention.

NOTE 2: The present subjunctive form corresponding to the impersonal **hay** (*there is*) is **haya** (*there is, there be*).

     Quiero que **haya** justicia para todos. *I want (that there be) justice for all.*

---

[2]The accent is used on the first and third person singular forms of **dar** to distinguish them from the preposition **de**.

Práctica

A. ¿Qué forma verbal necesitamos?

1. Él prefiere que
   - tú y yo
   - las muchachas
   - Ud.

   a. (ser) amigos.
   b. (ir) temprano.
   c. (saber) la verdad.

2. Esperamos que
   - tú
   - vosotros
   - la familia Gómez

   a. (dar) un paseo hoy.
   b. (estar) contento(s).
   c. (haber) recibido nuestra carta

B. Invente Ud. oraciones según el modelo.

MODELO   Yo / querer / Ud. / ir → Yo quiero que Ud. vaya a la ciudad.

1. Nosotros / sentir / tú / saber
2. Ellos / esperar / Uds. / haber comido
3. Nuestros padres / querer / nosotros / ser
4. Mi madre / temer / yo levantarse
5. La señora Barrios / preferir / sus hijas / ver
6. Él / alegrarse de / Juan y yo / acompañar
7. El profesor / desear / todos nosotros / ir
8. Yo / esperar / mi jugador favorito / hacer

71. Subjunctive with Verbs of Disbelief, Doubt, and Denial

A. Verbs like **creer**, **estar seguro** (**segura**) **de**, and **parecer** express certainty when used affirmatively. They then call for the indicative in the dependent clause.

Creo / que es médico.
I believe (that) he is a doctor.

Estoy seguro de (Me parece) / que nuestro equipo es mejor.
I am sure (It seems to me) that our team is better.

When used negatively, however, these verbs generally express uncertainty and require the subjunctive in the dependent clause.

No creemos / que tenga cáncer.
We don't believe he has cancer.

No le parece (No está seguro de) / que Juana tenga suficientes pastillas para la tos.
It doesn't seem to him (He isn't sure) that Juana has enough cough drops.

In questions the indicative or subjunctive may be used depending on the certainty or uncertainty that the questioner implies.

¿Cree Ud. (Está Ud. seguro de) / que ella se siente bien hoy?
Do you believe (Are you sure) that she is feeling well today? (Maybe she does.)

¿Crees (¿Te parece) / que vengan todos?
Do you think (Does it seem to you) that all of them are coming? (The questioner doesn't think so.)

B. **Dudar** and **negar (ie)**, in direct contrast to the preceding verbs, express uncertainty when used affirmatively. They then call for the subjunctive in the dependent clause.

Dudamos / que estén listos.   *We doubt (that) they are ready.*
Niego / que tengan los mismos síntomas.   *I deny (that) they have the same symptoms.*

If that doubt or denial is negated, however, the indicative is used.

No dudo / que saben esquiar.   *I don't doubt that they know how to ski.*
No niegan / que es ella.   *They don't deny that it is she (she is the one).*

Práctica

A. Cambie Ud. los verbos al subjuntivo.

1. Niego que
   - a. sus padres (ser) ricos.
   - b. ella (hacer) eso por interés personal.
   - c. él (saber) explicarlo.
   - d. ella (salir) con él.
   - e. él (ir) sólo para pedir dinero.
   - f. ellos (tener) fiebre.

2. No creemos que
   - a. le (doler) la cabeza.
   - b. ella (pensar) ir a ver al médico.
   - c. tú (preferir) esa universidad.
   - d. ella (ser) mexicana.
   - e. ellos (saber) dónde está Teresa.
   - f. vosotros (poder) tener un resfriado.

B. ¿Subjuntivo o indicativo? Complete Ud. según el modelo.

MODELO   (venir a vernos)   Espero que Ud. <u>venga a vernos</u>.

1. (ir)   Espero que Uds. _____ a la costa este verano.
2. (gritar)   Estoy seguro de que es ese señor quien _____ en su habitación a veces.
3. (necesitar)   Me alegro de que Ud. no _____ un médico.
4. (estar)   No creo que ella _____ en la misma clínica.
5. (ocurrir)   Yo dudo que todo eso _____ en el hospital.
6. (levantarse temprano)   ¿Espera Ud. que nosotros _____?
7. (poder)   Dudo que nosotros _____ ir al partido con ellos.
8. (ser)   No creo que la herida _____ muy profunda.
9. (jugar)   No niego que él _____ mejor que nadie.
10. (cuidarse)   Esperamos que Ud. _____ mucho ahora.

CLINICA GERIATRICA
HOGAR SANTIAGO DE CALI
Establecimiento para ancianos y personas dependientes. Amplias zonas recreativas, habitaciones individuales con baño privado. Salones para labor terapia, médico director Rubén Grimberg Alurralde. Geriatra y Psiquiatra. Carretera a Cristo Rey, Km. 1. Teléfono 611418, CALI.

72. Subjunctive with Impersonal Expressions

Many impersonal expressions in Spanish require the subjunctive in the dependent clause.

Es preciso (Es necesario) / que vengas mañana.
It is necessary that you come tomorrow.

Es lástima (Es mejor) / que no esté aquí.
It's a pity (It's best) that he isn't (won't be) here.

Es probable (Es posible) / que ella no sepa eso.
It is probable (It is possible) that she doesn't know that.

Impersonal expressions that reflect certainty require the indicative in the dependent clause.

Es verdad (Es cierto, Es seguro, Es evidente) / que no tiene dinero.
It is true (It is certain, It is a sure thing, It is evident) that he has no money.

NOTE: If expressions of certainty are negative, however, they may call for the subjunctive.

No es verdad / que sea tan rico.
It isn't true that he is so rich.

Práctica

A. Invente Ud. oraciones según el modelo.

MODELO   (venir)   Es necesario que Uds. <u>vengan</u>.

1. (poner)   Es probable que ella ____ su espejo encima de la cómoda.
2. (estar)   Es evidente que él ____ muy enfermo.
3. (decir)   Es preciso que tú le ____ la verdad al doctor.
4. (levantarse)   Es seguro que ellos ____ tarde.
5. (escuchar)   No es necesario que ella ____ esto.
6. (ganar)   Es muy probable que nosotros ____ más dinero ahora.
7. (tener)   Es cierto que tú ____ poco tiempo. ¡Debes correr!

B. Diga Ud. las expresiones impersonales en español y complete las oraciones.

1. It is certain		venir / /ellos...
2. It is necessary		hacer / nosotros...
3. It is evident		ser / tú...
4. It is a pity	que	poner / él...
5. It is probable		tener / Uds...
6. It is not possible		decir / yo...
7. It is true		estar / vosotros...

73. Stem and Spelling Changes in the Present Subjunctive

The consonantal changes found in the first person singular of the preterite and in the **Ud.** commands appear throughout the present subjunctive.

c → **qu**:	(buscar)	bus**qu**e, bus**qu**es, bus**qu**e, bus**qu**emos, bus**qu**éis, bus**qu**en
g → **gu**:	(llegar)	lle**gu**e, lle**gu**es, lle**gu**e, etcétera
g → **j**:	(dirigir)	diri**j**a, diri**j**as, diri**j**a, etcétera
z → **c**:	(comenzar)	comien**c**e, comien**c**es, comien**c**e, etcétera

The vowel changes of **-ar** and **-er** stem-changing verbs are found in all singular forms and the third person plural of the present subjunctive.

e → **ie**:	(pensar)	p**ie**nse, p**ie**nses, p**ie**nse, pensemos, penséis, p**ie**nsen
o → **ue**:	(volver)	v**ue**lva, v**ue**lvas, v**ue**lva, volvamos, volváis, v**ue**lvan

Stem-changing **-ir** verbs that have **i** or **u** in third-person preterite forms have the following changes in the first and second persons plural of the subjunctive in addition to the **ie** or **ue** change in the other persons:

e → **ie** / e → **i**:	(sentir)	s**ie**nta, s**ie**ntas, s**ie**nta, s**i**ntamos, s**i**ntáis, s**ie**ntan
o → **ue** / o → **u**:	(dormir)	d**ue**rma, d**ue**rmas, d**ue**rma, d**u**rmamos, d**u**rmáis, d**ue**rman
e → **i** / e → **i**:	(pedir)	p**i**da, p**i**das, p**i**da, p**i**damos, p**i**dáis, p**i**dan

Práctica

A. Cambie Ud. al presente de subjuntivo.

1. Uds. / buscar
2. Ud. / practicar
3. ella / pagar
4. nosotros / sentir
5. ellas / llegar
6. Uds. / repetir
7. nosotros / dormir
8. Uds. / almorzar
9. nosotros / preferir
10. tú / servir

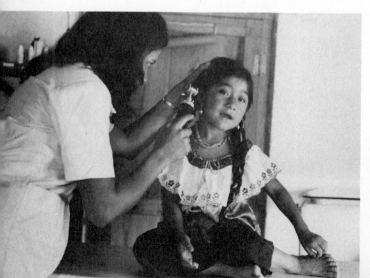

Durante su año de «servicio social», la doctora Patricia Vega examina a María Jiménez Gómez, de Guaquitepec (Chiapas), México. Están en la clínica construida por los habitantes de Guaquitepec. (David Mangurian)

B. Dé Ud. la forma correcta del verbo entre paréntesis.

1. (pensar)   Queremos que él _____ antes de hablar.
2. (dormir)   Él quiere que nosotros no _____ por la tarde.
3. (pedir)   Desea que nosotros no _____ carne de cordero.
4. (repetir)   Es importante que Uds. _____ eso.
5. (volver)   Sabe que nosotros siempre _____ a las cuatro.
6. (preferir)   No es posible que todos nosotros _____ la misma cosa.
7. (morir)   Quiero que las grandes ideas no _____.
8. (servir)   Nos alegramos de que ellos _____ la cena.

74. Comparatives and Superlatives

A. With adjectives and adverbs

If you make a comparison of equality between two nouns or pronouns, use
tan + *adjective (adverb)* + **como**.

Juan es **tan** bajo **como** Tomás.   *Juan is as short as Tomás (is).*
Ella canta **tan** bien **como** él.   *She sings as well as he (does).*

If the comparison is unequal, use **más (menos)** + *adjective (adverb)* + **que**.

Alberto es **más (menos)** listo **que** su hermano.   *Alberto is more (less) intelligent than his brother.*

Ella corre **más** rápidamente **que** yo.   *She runs faster than I do.*

Spanish adds the definite article to **más (menos)** and drops **que** to form the superlative (in comparing more than two items).[3]

Carlos es **el** (estudiante) **más** pequeño del grupo.   *Carlos is the smallest (student) in the group.*

Su casa es **la más** vieja.   *Their house is the oldest.*

Note that after the superlative, *in* is expressed by **de** in Spanish.

B. With nouns

If you make an *equal* comparison between two nouns, use **tanto (-a, -os, -as)** + *noun* + **como**.

Él tiene **tantos** primos **como** yo.   *He has as many cousins as I (do).*

Note that **tanto** agrees in number and gender with the noun it modifies.
If two nouns are compared unequally, use **más (menos)** + *noun* + **que**.

Ella tiene **más (menos)** cuadernos **que** tú. *She has more (fewer) notebooks than you (do).*

---

[3]Occasionally the definite article is also used with the comparative: **Ella es la más alta.** (*She is the taller* [*of the two*].)

C. Irregular forms

The following chart presents several unequal irregular comparisons and their superlative forms.

POSITIVE		COMPARATIVE		SUPERLATIVE	
bueno	*good*	mejor	*better*	el (la) mejor	*the best*
malo	*bad*	peor	*worse*	el (la) peor	*the worst*
grande	*large*	más (menos) grande	*larger (smaller)*	el (la) más (menos) grande	*the largest (the smallest)*
		mayor	*older*	el (la) mayor	*the oldest*
pequeño	*small*	más (menos) pequeño (-a)	*smaller (larger)*	el (la) más (menos) pequeño (-a)	*the smallest (the largest)*
		menor	*younger*	el (la) menor	*the youngest*

Es la peor ciudad del país, pero también el mejor centro turístico.
It's the worst city in the country, but also the best tourist center.

Elisa es mi hermana mayor y Tomás, mi hermano menor.
Elisa is my older sister and Tomás, my younger brother.

NOTE 1: **Más (menos) grande** and **más (menos) pequeño** refer to difference in size; **mayor** and **menor** refer to age or special status.

NOTE 2: Usually **mejor** and **peor** precede the nouns they modify, while **mayor** and **menor** follow them.

Práctica

A. Exprese Ud. en español.

1. *(the tallest)* Ella es _____ .
2. *(larger)* Creo que tu coche es _____ .
3. *(the most difficult)* Los exámenes de física son _____ .
4. *(the cheapest)* Necesitaban aspirinas. Por fin compraron _____ .
5. *(the smallest)* Estas blusas son _____ .
6. *(older)* ¿Es verdad que Pepita es _____ ?
7. *(better)* Creo que esta ropa es _____ .
8. *(the worst)* De todas sus composiciones, ésta es _____ .
9. *(more expensive)* Creo que los autobuses son _____ .
10. *(the best)* ¿Puede Ud. decirme cuáles de estas medicinas son _____ ?

B. Complete Ud. con el comparativo en 1–5 y el superlativo en 6–10.

MODELO   Esa silla es buena, pero ésta es <u>mejor</u> .

1. Compré dos periódicos; de ellos me gusta más el segundo. Éste es _____ que el primero.

2. Me examinaron dos médicos, pero no estoy mejor que antes. En realidad creo que estoy _____ .
3. Juanita es muy inteligente; sabe más que otras niñas que son _____ que ella.
4. Los dos postres son buenos, pero el flan es _____ que el pastel.
5. Tus ideas son excelentes, pero tengo que decir, sinceramente, que las sugerencias (*suggestions*) de Juan son _____ .

MODELO Esta composición es buena, pero ésa es <u>la mejor</u> .

6. Mi hermano José es el que tiene más años. Es _____ .
7. He visto muchos edificios grandes, pero creo que el Museo de Arte Moderno es _____ .
8. Todos sus hijos son malos, pero éste es _____ de todos.
9. Julia tiene veinte años, Bárbara tiene quince y Violeta, doce. Julia es la hermana _____ , y Violeta la _____ .
10. Yo fui el único (*only*) estudiante que escribió un mal examen. Por eso, el profesor cree que soy _____ .

C. Conteste Ud.

1. ¿Es Ud. mayor que su compañero (compañera) de cuarto?
2. ¿Es mejor estudiar por la noche o por la mañana? ¿Por qué?
3. ¿Cuál es la mejor película que Ud. ha visto este año?
4. ¿Quién es el hombre (la mujer) más rico (rica) del mundo?
5. ¿Cuál es la ciudad norteamericana que tiene el mayor número de mexicanos y chicanos?
6. ¿Cuál es la ciudad hispánica más grande del mundo?
7. ¿Quién es su mejor amigo (amiga)? ¿Es mayor o menor que Ud.?
8. ¿Es Nueva York la ciudad más rica del mundo? Explique Ud.
9. ¿Cuál es más interesante, la filosofía o las matemáticas? ¿Por qué?
10. ¿Cuál es peor, tener gripe o tener un resfriado?

Repaso

A. ¿**Estar** o **ser**?

1. Ese hombre _____ muerto.
2. Esas cartas ya _____ escritas.
3. Las píldoras _____ preparadas en Nueva York.
4. Aquí hace frío. Supongo que una ventana _____ abierta.
5. No entiendo este libro; _____ escrito en francés.

B. ¿**Se** con verbo en singular o plural?

1. (necesitar) Se _____ medicinas inmediatamente.
2. (decir) Se _____ que ella es muy inteligente.
3. (pagar) Las cuentas no se _____ aquí.
4. (recibir) Ayer se _____ tres cartas.
5. (vender) El año pasado se _____ pocos autos.

CONVERSACIÓN

TEXTO: ¡*Maldito* resfriado!   Darned

Son las ocho de la noche. Hugo entra en el piso. Le sorprende que Raúl, su compañero de cuarto, *tenga mal aspecto*.   looks bad

HUGO: ¿*Qué te pasa*, Raúl? ¿No te sientes bien?   What's wrong

RAÚL: Me siento muy mal. Estoy peor que ayer... Tengo *dolor de garganta*, jaqueca y una tos horrible.   sore throat

HUGO: Es necesario que te acuestes ahora mismo y que tomes una buena medicina, ¿no crees?

RAÚL: No creo que haya en casa *ni* aspirinas *ni* pastillas para la tos. Creo que tengo fiebre.   neither... nor

HUGO: Bueno, creo que es mejor que no vayas a tu trabajo mañana.

RAÚL: *Desde luego*. Ah, una cosa. ¿Te puedo pedir un favor? Que lleves esta *receta* a la farmacia.   Of course. prescription

HUGO: Iré ahora mismo. La farmacia del señor García *está de guardia* esta noche. ¿Por qué no tomas también una limonada bien caliente? ¡Te la preparo en un momento!   is open

RAÚL: ¡Qué buena idea! Yo creo que en casos como éste, los remedios *caseros* y los buenos amigos siempre son la mejor medicina.   home(made)

Cultural Notes

1. In most Hispanic towns and cities, it is required by law that one drugstore in every **barrio** remain open all night for possible emergencies. Usually a schedule is maintained so that all the drugstores in a given area take turns. **Está de guardia** is the accepted expression in Spain; **está de turno** is more common in Hispanic America.
2. In some Hispanic countries the traditional reliance on lay people for assistance in births and with other medical treatments is still prevalent. For this reason, there is a tendency among certain groups to use herbs and homemade medical preparations.

Práctica

A. Conteste Ud.

1. ¿Qué síntomas tiene Raúl?
2. ¿Qué le aconseja Hugo?
3. ¿Qué favor le pide Raúl a Hugo?
4. ¿Adónde irá Hugo?
5. ¿Qué tomará Raúl?

Memopráctica

Don't be discouraged if, after many weeks of hard work, you find that you cannot follow a conversation in Spanish between natives. Local usages, dialectical differences, and variations in vocabulary and pronunciation can all make it difficult to understand a given native speaker. For example, in Spain you would hear **el billete**, **la radio**, **el zumo de naranja**, and **la farmacia**. In Hispanic America, however, **el boleto**, **el radio**, **el jugo de naranja**, and **la botica** (as well as **la farmacia**) are used. For this reason, it's a good idea to learn synonyms, variants, and colloquial constructions. All of this, naturally, takes time. But be patient! Your skills will improve in time!

B. Conteste Ud.

1. ¿Qué haces cuando tienes jaqueca?
2. ¿Dónde podemos comprar medicinas? ¿y por la noche?
3. ¿Hay farmacias de guardia en nuestro país? ¿Por qué sí (no)?
4. ¿Qué bebida (*drink*) recomendarías tú a una persona que tiene un resfriado?
5. ¿Cómo te sientes cuando tienes un resfriado? ¿Por qué?
6. ¿Qué pastillas para la tos comprarías tú?
7. ¿Por qué son caras las medicinas?
8. ¿Qué hacen los pobres que tienen poco dinero para comprar medicinas o para ir al médico?

C. ¿Qué diría Ud. en las siguientes situaciones? *Use the subjunctive according to the model.*

MODELO   Ud. camina por la calle.   →   Un amigo pasa en su coche.
Quiero que <u>me lleves en tu coche</u> .

1. Ud. no entiende un problema de matemáticas.
González es un experto en matemáticas.
Prefiero que _____ .
2. Dicen que hay un partido de fútbol muy interesante.
Yo sé que mi amigo tiene dos billetes.
Por esta razón, le pido _____ .
3. Mi hermana desea llevar mi chaqueta.
Yo quiero llevar esa chaqueta hoy.
Por esto, le mando que _____ .
4. Estoy discutiendo con varios amigos.
Hablan demasiado y no puedo decir nada.
Les pido que _____ .
5. Una señora trae a un niño con fiebre a verme.
Yo soy médico (médica).
Le doy una receta a la madre y le digo: _____ .
6. Este año los estudios de mi hermano han sido muy difíciles.
Tiene muchas jaquecas.
Le digo: _____ .

SU SALUD ES NUESTRA ESPECIALIDAD!

CHEQUEO
MEDICO GENERAL

CHEQUEO
GINECOLOGICO

CHEQUEO
CORONARIO

checomp
CENTRO MEDICO PREVENTIVO
Calle Juan Hurtado de Mendoza, 4
APARCAMIENTO PROPIO
Tlfs. 457 26 47 · 457 27 93 · MADRID 16
De lunes a viernes (previa cita)
ENVIAMOS INFORMACION DETALLADA

C.S.-1007

7. Su compañero de cuarto tiene mucha fiebre.
   No quiere ir a ver al médico.
   Quiero que ____ .

8. Ud. tiene una receta que le dio el médico, pero no sabe qué farmacia está de guardia.
   Su hermana tiene el periódico de hoy.
   Por favor, quiero ____ .

D. Conteste Ud. a base del folleto de esta página.

   1. ¿Cómo se llama el seguro de hospital del folleto?
   2. ¿Qué servicios paga el seguro?
   3. ¿Qué servicios no puede pagar?
   4. ¿Puede Ud. encontrar estos cognados en el folleto? *special care units, radiation therapy, surgical bandages, wheelchair, speech pathology*

Servicios mayores cubiertos cuando usted es un paciente hospitalizado
El seguro de hospital de Medicare puede pagar por estos renglones.

1 Un cuarto semiprivado (2 a 4 camas en un cuarto)
2 Todas sus comidas, incluyendo dietas especiales
3 Servicios regulares de enfermería
4 Costos de unidades de cuidado especial, tales como unidad de cuidado intensivo, unidad de cuidado coronario, etc.
5 Drogas suministradas por el hospital durante su estadía
6 Exámenes de laboratorio incluídos en su cuenta del hospital
7 Rayos-X y otros servicios de radiología, incluyendo terapia de radiación, incluídos en su cuenta del hospital
8 Accesorios médicos tales como enyesados, vendajes quirúrgicos, y entablillados
9 Uso de accesorios tales como sillón de ruedas
10 Costos de la sala de operación y sala de recuperación
11 Servicios de rehabilitación, tales como terapia física, terapia ocupacional, y servicios de patología del habla

Algunos servicios no cubiertos cuando usted es un paciente hospitalizado
*El seguro de hospital de Medicare **no puede** pagar por estos renglones.*

1 Artículos de conveniencia personal que usted haya solicitado, tales como televisión, radio, o teléfono en su cuarto
2 Enfermeras privadas
3 Cualquier cargo extra por cuarto privado, a menos que lo necesite por razones médicas
4 Las primeras 3 pintas de sangre que reciba en un período de beneficios (vea la página 39)

Comunicación

A. Preguntas típicas de un médico. ¿Qué respuestas daría Ud.? *Read through all the questions first so that you have a general idea as to the types of responses you should give. Practice with a classmate.*

   1. —Buenos días, joven, ¿cómo está hoy?
   2. Y, ¿dónde siente Ud. dolores?
   3. ¿Desde (*Since*) cuándo tiene Ud. tos?
   4. ¿Qué medicinas ha tomado Ud. ya?
   5. ¿Por qué?

6. ¿Tiene Ud. jaquecas con frecuencia?
7. Bueno, lleve Ud. esta receta a su farmacia. ¿Cuál es su farmacia?
8. Ud. no debe salir de casa por unos días. ¿Quién puede comprarle las medicinas?

B. Teatro. Con un compañero (una compañera) invente Ud. diálogos sobre las siguientes situaciones. Use Ud. las preguntas de A como modelo.

1. Ud. no se siente bien y le pide varios favores a su compañero (compañera) de cuarto.
2. Ud. tiene un resfriado, pero quiere ir a una fiesta. Su madre (padre) le aconseja que no vaya.
3. Ud. intenta (*try*) calmar a un niño que grita y llora.

C. Prepare Ud. un breve discurso (*short speech*) sobre dos o tres de las siguientes personas. Explique la causa y el tratamiento médico (*medical treatment*) para cada caso.

1. Mi hermano tiene jaqueca.
2. Un hombre tiene un ataque al corazón.
3. Un hombre tiene un resfriado.
4. Un niño tiene fiebre.

Vocabulario activo

ADJETIVOS

serio, -a serious

COMPARATIVOS Y SUPERLATIVOS

el (la, los, las) más... the most . . .
más (menos)... que more (less) . . . than
tan... como as . . . as
tanto (-a, -os, -as)... como as much (many) . . . as

SUSTANTIVOS

la aspirina aspirin
el (la) dentista dentist

el doctor / la doctora doctor
el dolor de garganta sore throat
la enfermedad illness

el enfermero / la enfermera nurse
la fiebre fever
la herida wound
la jaqueca headache
la medicina medicine
el médico / la médica doctor
el (la) paciente patient
la pastilla tablet, (cough) drop
la píldora pill
la receta prescription
el remedio remedy, cure
el resfriado cold
la salud health
el síntoma symptom
la tableta tablet, pill
la tos cough
el tranquilizante tranquilizer

VERBOS

cuidarse to take care of oneself
doler (ue) to hurt
dudar to doubt
gritar to shout
llorar to cry
negar (ie) to deny
ocurrir to occur
parecer to seem

EXPRESIONES ÚTILES

ahora mismo right now
estar seguro de to be sure of
poner una inyección to give a shot
¿Qué te pasa? What's wrong?

ENFERMEDADES: **la alergia, la anemia, el ataque al corazón, el cáncer, la gripe, la parálisis, la pulmonía, la úlcera**
EXPRESIONES IMPERSONALES: **es cierto, es evidente, es importante, es lástima, es mejor, es necesario, es posible, es preciso, es probable, es seguro, es verdad**

LECTURA: Sin palabras... y sin beso

Un mes de diciembre me presentaron a una simpática señorita que se llamaba Maricarmen. En los meses siguientes, enero y febrero, salí con ella varias veces: bailamos en un club favorito, nos divertimos en el cine, algunas veces tomamos la merienda° en una cafetería y charlamos mucho. ¡La chica° me encantaba! Quince citas en total, pero... ¡ni un solo[1] beso! Una noche intenté besarla y ella exclamó:

—¿Qué haces?

—Pues..., trato de[2] besarte.

—Pero, ¿por qué?... ¿Es que me amas?

—Bueno, no es que... Pues, yo... Verás... Me quedé[3] sin palabras... y sin beso.

Yo ya estaba muy desilusionado,° pero volví a verla porque un amigo me aseguró que ella estaba muy interesada en mí. Él tenía razón. Todo se arregló y después recibí el beso que tanto deseaba. Nos hicimos° novios.

Luego vinieron el noviazgo,° una boda en grande con padrinos y no sé cuántas damas de honor[4] y, por fin, una feliz luna de miel.

Han pasado los años y el mundo ha cambiado mucho, pero nunca olvidaré aquel invierno de las quince citas sin beso.

Escribí esta historia la semana pasada, pero no sabía cómo reaccionarían los jóvenes de hoy. Confieso que a veces no sé lo que piensan o lo que prefieren. Por eso, consulté a mi hija Patricia y a mi hijo Roberto. Ella tiene veintiún años y él diecinueve.

YO: Bueno, ¿qué les parece esta historia?

ÉL: La situación es un poco tonta.[5]

ELLA: Es como un cuadro viejo, interesante y gracioso,° pero que no me dice nada.

YO: ¿Qué temas te interesan? Eso quiero saber.

merienda: The context will give you a basic understanding of this word even if you don't know precisely what it means.

chica: To whom could the author be referring?

desilusionado: This is close to the English. Note the past participle ending and add *dis* at the beginning.

Nos hicimos: Adjust the literal meaning (*we made ourselves*) until it fits here.

noviazgo: This is related to being a **novio** or **novia.** What might it refer to?

gracioso: *Gracious* doesn't fit here, but think of related words: *charming, funny,* and so on.

---

[1]single [2]I'm trying [3]I was left [4]maids of honor [5]silly

ELLA: Temas no tan exagerados. Un beso no es gran cosa. Es... un beso, nada más.

YO: ¡Qué curioso! Eso es precisamente lo que le dije a tu madre aquella noche.

ELLA: Pero entonces las mujeres tenían que aprovechar[6] las pocas oportunidades que tenían.

YO: Espero que te expliques un poco más.

ELLA: Pues, verás. Ahora si no me sale bien° mi relación con mi novio, no es el fin del mundo. Tengo un trabajo..., y pronto tendré una profesión.

ÉL: Y siempre hay otros peces en el mar.

ELLA: No me gusta que lo digas de esa manera, pero tienes razón. Un desengaño° sentimental, incluso° un divorcio, ya no se ve como un terrible fracaso° personal.

YO: Es poca cosa, como un beso, ¿no?

ELLA: Papá, no te pongas° irónico. Es una lástima que haya divorcios, pero la vida sigue.[7] Y yo creo, francamente, que un divorcio es preferible a un mal matrimonio.

ÉL: Yo no pienso casarme. Prefiero que las mujeres...

ELLA: ¡Cállate![8] Tú quieres que todas las mujeres caigan° a tus pies. No buscas nada permanente. ¡Eres un egoísta!

Terminé esa conversación pensando que las cosas han cambiado, aunque en cierto sentido,° todo sigue igual que° antes.

no me sale: Salir usually means *to go out;* however, this is an idiomatic expression, so try other translations. How about *come out?*

desengaño: The context and the prefix should suggest that this is something negative.

incluso: Add a new ending to the first five letters. This is a close cognate.

fracaso: The context reveals this to be something negative; it looks like *fracas* but isn't. Build upon that beginning.

no te pongas: You know that **ponerse** means *to put on.* What similar expression would work here?

caigan: Examine the context to determine the meaning of this new verb.

sentido: This is part of a phrase, **en cierto...** *in (a) certain sen _____* .

que: This does not mean *than* or *that* here. Examine the entire final phrase carefully.

_____

[6]to take advantage of   [7]continues, goes on   [8]Be quiet!

⊠**Reading Hints: (1)** *Don't look up every word you don't know or can't figure out. You should understand the gist of the reading even if you don't know the precise meaning of* **merienda, gracioso, desengaño, fracaso, sentido** *and* **que.** *(2) Cover the final letters of a word or add different prefixes to see if you can guess its meaning. (3) Sometimes the literal meaning of a word or phrase doesn't quite fit in a particular context. Use the literal meaning as a starting point and try to think of related expressions that might fit.* ⊠

Cultural Notes

1. Young couples in the Hispanic world tend to date frequently. Often a date, however, is merely strolling down the street or chatting in a neighborhood café.

2. A strict double standard was traditional in Hispanic societies. For the
most part, young men had great freedom and young women were
closely supervised. For that reason, most young women, during the
dating years, went out with very few young men, perhaps only two or
three. That is why each male was looked upon as a potential suitor
and why frivolous dating was viewed as a waste of time. Now young
women have much more flexibility in their dating habits and choice of
partners.

Práctica

A. **¿Sí** o **no**? *Do these quickly without concentrating on any one item for too long. Answer as if
you were the father in the reading.*

1. Mi hija se llama Maricarmen.
2. Dije que mi hijo es un tonto.
3. Mi esposa sabía bailar.
4. Mi amigo y mi hija se hicieron novios.
5. Empecé a salir con Maricarmen en enero.
6. Las mujeres a veces tenían que «proteger sus oportunidades».
7. A mi hijo le gusta pescar.
8. Nuestra luna de miel fue tranquila.
9. Nunca olvidaré el verano que conocí a Maricarmen.
10. Mi hija dijo que mi historia era como un cuadro viejo.
11. Es una lástima que haya divorcios.
12. Un divorcio ya no se ve como un terrible fracaso personal.
13. Mi hija cree que yo soy egoísta.
14. Mi hija es mayor que mi hijo.

Answers: 1. no   2. no   3. sí   4. no   5. sí   6. sí   7. no   8. sí   9. no   10. sí
11. sí   12. sí   13. no   14. sí

¿Puede Ud. corregir las oraciones que son falsas?

United Nations Photo

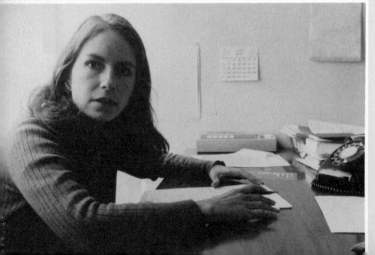

La socióloga María Inez de Castaño,
boliviana. En el mundo hispánico hay
cada vez más (*more and more*)
oportunidades profesionales para las
mujeres.

B. Discuta Ud. estos temas con sus compañeros de clase.

1. Diferencias entre el mundo de sus padres o abuelos y el mundo moderno

   a. ocupaciones para mujeres
   b. relaciones entre hombres y mujeres

2. Similaridades entre generaciones

   a. el deseo de establecer relaciones permanentes
   b. prejuicios tradicionales y modernos

3. Conversaciones entre hijos y padres

   a. ¿Habla Ud. con sus padres? ¿De qué hablan Uds.?
   b. ¿Cuáles son los temas que más le importan a Ud. ahora? ¿Sus padres lo (la) entienden o intentan entenderlo(la) a Ud.?

Repaso visual

Invente Ud. varias oraciones completas sobre cada uno de los dibujos.

1.

2.

3.
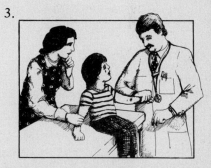

Self-test 5

A. ¿**Qué** o **cuál**?

1. ¿ _____ es el ciclismo?
2. ¿ _____ son sus deportes favoritos?
3. ¿ _____ es la democracia?
4. ¿ _____ es la diferencia entre salón y sala?
5. ¿ _____ es su asiento?
6. ¿ _____ es tu número de teléfono?

B. Cambie Ud. a la voz pasiva.

1. Mi tío contestó las cartas en español.
2. El muchacho abrió las puertas a las seis.
3. Aquel señor publicó un libro.
4. Cristóbal Colón descubrió a América.
5. Mi madre organizó la boda.
6. Mi hermana cerró la ventana.

C. Cambie Ud. a la construcción pasiva con **se.**

1. El drama será anunciado en clase.
2. Los objetos artísticos fueron vendidos inmediatamente.
3. Las oraciones son escritas en español.
4. Todo eso será discutido mañana.
5. El billete fue identificado en seguida.

D. Complete Ud. con **estar** y el participio pasado.

1. Después de hacer el pan, digo: _____ .
2. Después de abrir las maletas, digo: _____ .
3. Después de servir la cena, mi madre dijo: _____ .
4. Después de terminar mi trabajo, digo: mi trabajo _____ .
5. Después de pintar sus dos coches, Alberto dice: _____ .

E. Exprese Ud. en español.

1. Let him enter. 2. Let them do it. 3. Pedro, don't bring it now. 4. Let them dance.

F. Dé Ud. la forma apropiada del verbo entre paréntesis.

1. (llamar)   Tú no quieres que él _____ a ese señor, ¿verdad?
2. (saber)   Preferimos que tú no lo _____ .
3. (traer)   Deseamos que Ud. _____ el dinero.
4. (salir)   ¿Quiere Ud. que nosotros _____ a la calle?
5. (estar)   Siento mucho que ella _____ enferma.
6. (haber)   Temen que no _____ boletos para todos.
7. (tener)   Quiero que tú _____ menos amigos.
8. (ser)   Todos creemos que él _____ una buena persona.
9. (ir)   Dudo que ella _____ con ellos.
10. (hacer)   Esperamos que ellos _____ todo el trabajo.
11. (venir)   Yo sé que ella _____ todos los días.
12. (ver)   No creo que ellos _____ esto como yo.
13. (conocer)   No dudo que él _____ a los dos señores.
14. (querer)   Es muy probable que ella _____ ir también.
15. (ponerse)   Me aconseja que yo _____ la chaqueta.
16. (levantarse)   Nos pide que _____ temprano.
17. (volver)   Me manda que _____ a casa inmediatamente.
18. (tomar)   Le prohíben que _____ la cuchara con la mano izquierda.

G. Dé Ud. la palabra más apropiada.

1. Tomo dos aspirinas cuando tengo _____ .
2. Cuando viajo, pongo mi ropa en una _____ .
3. La persona responsable del gobierno de una ciudad es el _____ .
4. —¿Tengo la temperatura alta? —No, Ud. no tiene _____ .

El tren metropolitano de Santiago, Chile. También hay «metros» modernos y eficientes en la Ciudad de México, Buenos Aires y en otras capitales.

En el campo (*country*) el tren es uno de los medios de transporte más comunes.

Los transportes

Katherine A. Lambert

United Nations Photo

GRÁFICOS

Viajando

1. el avión	**5.** el billete (el boleto) sencillo	**8.** el tren
2. el pasajero / la pasajera	**6.** el billete (el boleto) de ida y vuelta	**9.** el autobús
3. el aeropuerto	**7.** la estación del ferrocarril	**10.** el taxi
4. el horario electrónico		

Práctica

A. Dé Ud. la palabra que corresponde a los siguientes números: 1, 3, 6, 9, 10.

B. Asociaciones. ¿Qué vehículos asocia Ud. con (1) el aire, (2) las carreteras, (3) la electricidad, (4) la gasolina?

C. Definiciones. Invente Ud. oraciones para definir estos objetos o personas en español.

    1. un pasajero   3. el horario electrónico

    2. un boleto de ida y vuelta   4. un billete sencillo

Memopráctica

As you study each chapter of **Motivos de conversación,** you memorize many new vocabulary items. Unfortunately, however, you may also forget some of the words you learned earlier in the text. How can you avoid forgetting words that you've learned?

One technique is to prepare a list of new words for each chapter and, after you're finished with that chapter in class, review the list a week or so later. Note the words that you've forgotten or that you can't recall easily and concentrate only on those words. Practice using them in sentences, write them down, associate them with other words you do know, and so on. After another week, go over the second list to see which words you have retained and which ones you've forgotten. Then study again, but this time concentrate only on the words that are giving you trouble. Following this procedure will help you study more efficiently.

En el aeropuerto

VERBOS REGULARES	
PRETÉRITO DE INDICATIVO	IMPERFECTO DE SUBJUNTIVO
-ar: confirmar	
confirmaron	...que confirmara(n)
-er: volver	
volvieron	...que volviera(n)
-ir: dirigirse	
se dirigieron	...que se dirigiera(n)

1. el agente   **2.** el viajero   **3.** el equipaje

Cuando compré el boleto para viajar a Centro América, me dijeron que era necesario que confirmara mi *viaje de vuelta* veinte y cuatro horas antes del *vuelo*. Olvidé hacerlo, y fui al aeropuerto temiendo que me *cancelaran* el viaje. Así ocurrió. Cuando hablé con el agente de la línea aérea, me dijo: —Señor, sería mejor *que Ud. volviera* por la tarde y que se dirigiera al *gerente* para hacer una nueva *reserva*.

return trip
flight
they would cancel
for you to return
manager / reservation

Práctica

A. Conteste Ud.

1. ¿Cuándo era necesario que yo confirmara mi viaje de vuelta?
2. ¿Lo hice?
3. ¿Qué temía cuando fui al aeropuerto?
4. ¿Qué me dijo el agente de la línea aérea?
5. ¿Ha viajado Ud. mucho en avión? ¿Cuándo y por qué?
6. En su último viaje, ¿cuándo fue necesario que Ud. confirmara el viaje de vuelta?
7. ¿Qué líneas aéreas prefiere Ud.? ¿Por qué?
8. ¿Ha viajado Ud. a un país hispánico? ¿Adónde fue Ud.?

B. Complete Ud.

1. Era necesario que yo *confirmara mi* viaje de vuelta.

   a. Era necesario que tú _____ _____ viaje de vuelta.
   b. Era necesario que ella _____ _____ viaje de vuelta.

2. Sería mejor que Ud. *volviera* por la tarde.

   a. Sería mejor que tú _____ por la tarde.   b. Sería mejor que yo _____ por la tarde.

3. Ellos querían que él *se dirigiera* al gerente.

   a. Él quería que yo _____ _____ al gerente.   b. Yo quería que tú _____ _____ al gerente.

Antes de partir *(Before Departing)*

VERBOS IRREGULARES

PRETÉRITO DE INDICATIVO	IMPERFECTO DE SUBJUNTIVO
-ar: dar	
dieron	...que diera(n)
-er: tener	
tuvieron	...que tuviera(n)
-ir: ir	
fueron	...que fuera(n)

1. la maleta
2. la bolsa turística
3. los rollos de película *(rolls of film)*

GONZALO: ¿Cómo? Te dije que tuvieras todo *listo* y que *te dieras más prisa*.

ready
to hurry up (that you should hurry up)

TOMÁS: Lo siento, pero no sabía que la maleta era tan pequeña y tuve que hacer dos. Necesito algunos rollos de película, el paraguas, la minigrabadora, crema para la *piel...*

skin

GONZALO: *Oye*, el agente nos aconsejó que *lleváramos* sólo una maleta por persona y que *fuéramos* a la agencia para *pesarla* antes de partir.

Listen / we should take
we should go / to weigh it

TOMÁS: ¡Ah! Pues, dejo una maleta y llevo esta bolsa turística *a bordo* del avión.

on board

Memopráctica

Now that you have nearly completed your study of the basics of Spanish grammar, your main problem will be vocabulary expansion. An important and ongoing issue will be how to figure out the meanings of new words. Previous lessons included many suggestions on this topic. Occasionally a new word (with its English translation in parentheses) was included in an exercise. That will be done more frequently in Lessons 16, 17, and 18, but you'll see the English translations at the bottom of the page, using footnotes: [a], [b], [c], and so on. In this way, you may first try to guess the meanings of the new words. Most of the new terms are also included in the **Vocabulario activo** lists in their respective lessons.

Práctica

A. Conteste Ud.

1. ¿Qué le dijo Gonzalo a Tomás?
2. ¿Qué no sabía Tomás?
3. ¿Qué necesita para el viaje?
4. ¿Qué les dijo a los dos el agente?

5. ¿A Ud. le gusta viajar con muchas o pocas maletas? ¿Por qué?
6. ¿Cuántas maletas necesita Ud. para un viaje corto?[a]
7. ¿Cuántas maletas puede Ud. llevar en un vuelo internacional?
8. ¿Y en un vuelo doméstico?

B. Dé Ud. las formas indicadas de los verbos en cursiva.

1. Ellos me dijeron que (yo / tú) *tener* todo listo.
2. Yo quería (tú / ellos) *darse* más prisa.
3. Ella (te / nos) aconsejó que (tú / nosotros) *llevar* sólo una maleta.
4. El agente (me / les) recomendó que (yo / ellos) *ir* a la agencia para pesarla.

---

[a]short

C. Diálogos. Conversaciones en grupos de dos. *With a classmate complete the dialogs below. One of you will play the role indicated, and the other will respond to the questions. Be sure to reverse roles after completing the dialogs the first time.*

1. El viaje de vuelta. El agente pregunta:
   —¿Adónde va Ud.?
   —¿Cuál es su línea aérea?
   —¿Cuándo es su viaje de vuelta?
   —¿Cuál es el número del vuelo?
   —¿Sabe Ud. que es necesario confirmar el vuelo 24 horas antes del vuelo?
2. Haciendo la maleta. Un amigo (una amiga) pregunta:
   —¿Cuántas maletas estás haciendo?   —¿Qué usas para la piel?
   —¿Para qué necesitas dos maletas?   —¿Qué vas a llevar a bordo del avión?
   —¿Qué te aconsejó el agente?

Palabras fáciles

In previous chapters you learned many suffixes in this section. Here are two prefixes: **des-** and **dis-**. Their English equivalents are *dis-* or *un-*, respectively.

Práctica

A. Pronuncie Ud. estas palabras y diga qué significan (*they mean*) en inglés.

UN-

1. desfavorable
2. deshacer

3. desconectar
4. descontento
5. desagradable
6. descubrir

DIS-

7. desgracia
8. desaparecer
9. desembarcar
10. disgusto

11. desorden
12. desilusión
13. desinfectante
14. desobediente

B. Pronuncie Ud.

1. afirmativamente
2. anunciar
3. los búfalos

4. la crema
5. la docena
6. el espacio

7. el parque zoológico
8. rápido
9. las sardinas

10. el tumulto
11. el vehículo
12. un vuelo doméstico

GRAMÁTICA ESENCIAL

75. Regular Endings of the Imperfect Subjunctive

The imperfect subjunctive is based on the third person plural form of the preterite. To form the imperfect subjunctive, add the endings at the top of page 311 to the preterite stem.

-AR VERBS		**-ER, -IR** VERBS	
-ara	-áramos	-iera	-iéramos
-aras	-arais	-ieras	-ierais
-ara	-aran	-iera	-ieran

TRABAJAR (TRABAJ~ARON~)	**COMER** (COM~IERON~)	**RECIBIR** (RECIB~IERON~)
trabaj**ara**	com**iera**	recib**iera**
trabaj**aras**	com**ieras**	recib**ieras**
trabaj**ara**	com**iera**	recib**iera**
trabaj**áramos**	com**iéramos**	recib**iéramos**
trabaj**arais**	com**ieras**	recib**ierais**
trabaj**aran**	com**ieran**	recib**ieran**

Note that the endings of the second and third conjugations are the same in the imperfect subjunctive.[1]

76. Sequence of Tenses with the Subjunctive

There is always a relationship between the tense of the main verb and the tense of the verb in the dependent clause. This relationship is called the *sequence of tenses*.

A. The present subjunctive is most commonly used in these sequences:

1. present indicative + present subjunctive
   Yo **deseo** / que Ud. **vaya** en avión.   *I want you to go by plane.*
2. future indicative + present subjunctive
   Yo le **pediré** / que **compre** un billete de   *I will ask him to buy a round-trip*
   ida y vuelta.   *ticket.*
3. command + present subjunctive
   Dígale / que **confirme** su reserva.   *Tell him to reconfirm his reservation.*

---

[1]The imperfect subjunctive has a second set of endings: **-ar** verbs: **-ase, -ases, -ase, -ásemos, -aseis, -asen; -er** and **-ir** verbs: **-iese, -ieses, -iese, -iésemos, -ieseis, -iesen.** These endings are less common in Hispanic America than in Spain.

B. The more common sequences involving the imperfect subjunctive are the following:

    1. imperfect indicative + imperfect subjunctive
       Era necesario / que él los **vendiera.**   *It was necessary for him to sell them.*
    2. preterite + imperfect subjunctive
       Dudaron que / Ud. **estudiara** todos los días.   *They doubted that you studied every day.*
    3. conditional + imperfect subjunctive
       Yo le **pediría** / que **viniese** en tren.   *I would ask him to come by train.*
    4. present indicative + imperfect subjunctive
       Es posible / que no **llegara** a tiempo.   *It's possible he didn't arrive on time.*

The combination of the *present* indicative and the *imperfect* subjunctive is possible, as was just illustrated. However, it is impossible to use a present subjunctive after a verb in the imperfect indicative, the preterite, or the conditional.

All the rules that call for the use of the present subjunctive (after verbs of wanting, commanding, prohibiting and permitting, emotion, disbelief, and doubt and denial, and following most impersonal expressions) also apply to the imperfect subjunctive.

Práctica

A. Cambie Ud. según el modelo.

    MODELO   Era necesario que yo (salir) inmediatamente. →
                Era necesario que yo saliera inmediatamente.

    1. Deseábamos que ellas (responder) inmediatamente.
    2. Temíamos que Uds. (olvidar) la hora.
    3. Esperaban que nosotros (llegar) a las dos en punto.
    4. Yo quería que tú (levantarse) temprano para ir a la estación.
    5. Le pedimos (*preterite*) que (viajar) con nosotros.
    6. Sentimos (*preterite*) que tú no (aconsejar) a ese muchacho.
    7. Ellos le mandaron que (responder) afirmativamente.
    8. Era probable que ellos (recibir) los rollos de película.

B. Cambie Ud. según el modelo.

    MODELO   *Quiero* que Ud. *entre.* → Quería que Ud. entrara.

    1. *Deseo* que él *confirme* el vuelo.
    2. Me *alegro* de que él *vuelva* a ver a su familia.
    3. Le *pido* que no *olvide* llamar a su familia.
    4. *Espero* que Ud. *pase* una semana con nosotros en Acapulco.
    5. *Temen* que él no *llegue* al aeropuerto a tiempo.
    6. Me *alegro* de que Ud. me *lleve* en taxi.
    7. Le *pido* que me *acompañe* a la estación del ferrocarril.
    8. *Dudan* que él *conteste* en inglés.

77. Imperfect Subjunctive of Irregular Verbs

Since the third person plural of the preterite is used as the stem for the imperfect subjunctive, its irregularities are found throughout the imperfect subjunctive conjugation. Irregular verbs with similar imperfect subjunctive endings are grouped together in the following chart to make it easier to learn them.

KEY STEM LETTER	THIRD PERSON PLURAL PRETERITE	IMPERFECT SUBJUNCTIVE
f	**ir:** fue~~ron~~ **ser:** fue~~ron~~	fuera, fueras, fuera, etc. fuera, fueras, fuera, etc.
j	**decir:** dij~~eron~~ **traer:** traj~~eron~~	dijera, dijeras, dijera, etc. trajera, trajeras, trajera, etc.
s	**poner:** pus~~ieron~~ **querer:** quis~~ieron~~	pusiera, pusieras, pusiera, etc. quisiera, quisieras, quisiera, etc.
u	**poder:** pud~~ieron~~ **saber:** sup~~ieron~~	pudiera, pudieras, pudiera, etc. supiera, supieras, supiera, etc.
v	**tener:** tuv~~ieron~~ **estar:** estuv~~ieron~~	tuviera, tuvieras, tuviera, etc. estuviera, estuvieras, estuviera, etc.
i	**venir:** vin~~ieron~~ **hacer:** hic~~ieron~~ **dar:** d~~ieron~~	viniera, vinieras, viniera, etc. hiciera, hicieras, hiciera, etc. diera, dieras, diera, etc.

NOTE 1: **Dar** and **estar** take the **-er, -ir** endings even though they are **-ar** verbs.

NOTE 2: **Decir, traer, ir,** and **ser** drop the **i** of the imperfect subjunctive ending: **dijera, dijeras,** etc. (*not* **dijiera,** etc.).

Práctica

A. Cambie Ud. al subjuntivo.

MODELO   Uds. cantaron. → Yo esperaba que Uds. <u>cantaran</u> .

1. Uds. vinieron.
 Yo quería que _____ .

2. Ellos trajeron todas las maletas.
 Nosotros esperábamos que _____ .

3. No quisieron venir.
   Era probable que _____ .
4. No pudieron entrar en el autobús.
   Temía que _____ .
5. No supieron qué había ocurrido.
   Era mejor que _____ .
6. Estuvieron aquí un día.
   Les recomendé que _____ .

7. No dijiste la verdad.
   Yo temía que _____ .
8. No hicieron nada.
   Les pedí que _____ .
9. Tuvo un accidente con un taxi.
   Es posible que _____ .
10. Pusieron un mantel en la mesa.
    Era necesario que _____ .

B. Invente Ud. oraciones según el modelo. *Make sure that the subjects of the two verbs are different.*

> MODELO   Nosotros temíamos que no (tener) _____ .   →
>   Nosotros temíamos que él no tuviera bastante dinero para el billete.

1. Nosotros esperábamos que (dar) _____ .
2. Mis padres dudaban que (ser) _____ .
3. Juan y María querían que (traer) _____ .
4. Era imposible que (recibir) _____ .
5. Esperaba que (partir) _____ .
6. Yo preferiría que (hacer) _____ .
7. Nos alegraríamos de que (venir con nosotros) _____ .
8. Todos los alumnos sentimos (*preterite*) que no (poder) _____ .
9. No creían que (beber) _____ .
10. Deseaban que (ir) _____ .

78. Imperfect Subjunctive of Stem-changing Verbs

The **-ir** stem-changing verbs that change **o** to **u** and **e** to **i** in the third-person plural preterite feature the same change throughout the imperfect subjunctive (see Section 37).

THIRD-PERSON PLURAL PRETERITE	IMPERFECT SUBJUNCTIVE
dormir: durmieron	durmiera, durmieras, durmiera, durmiéramos, durmierais, durmieran
pedir: pidieron	pidiera, pidieras, pidiera, pidiéramos, pidierais, pidieran

Other verbs in this group are **divertirse, morir, preferir, repetir, sentir,** and **servir.**

Práctica

A. Invente Ud. oraciones, dando una terminación apropiada.

MODELO   (repetir) Yo esperaba que él no _____ . → Yo esperaba que él no repitiera eso.

1. (pedir)   Yo no quería que ella _____ .
2. (servir)   Tú deseabas que ellas _____ .
3. (preferir)   Todos esperaban que él _____ .
4. (poder venir) Me alegraría de que Ud. _____ .
5. (dormirse)   Temía que yo _____ .
6. (morir)   Nadie esperaba que él _____ .
7. (vender)   Le dijeron que no lo _____ .
8. (responder)   Yo esperaba que Ud. _____ .
9. (sentir)   Era posible que ella _____ .
10. (repetir)   Le pedí que no _____ .

B. Cambie Ud. al pasado.

MODELO   *Es* mejor que él *venda* la casa. → Era mejor que él vendiera la casa.

1. *Temo* que él *muera* joven.
2. Me *alegro* mucho de que Ud. *prefiera* esa línea aérea.
3. Le *voy* a pedir que *sirva* el postre pronto. Tengo mucha prisa.
4. *Esperan* que Juan no *pida* más dinero.
5. *Es* mejor que ella no *duerma* en el avión.
6. *Quiero* que él *repita* el viaje.
7. *Es* muy probable que los viajeros se *diviertan* mucho.
8. *Temo* que muy pronto *vean* mi minigrabadora.

79. Stressed Possessive Adjectives and Pronouns

A stressed possessive adjective in Spanish is expressed in English as *of mine* (*of yours*, and so on), while the possessive pronoun is expressed in English with one word: *mine* (*yours*, and so on). Note the relationship between these two constructions:

POSSESSIVE ADJECTIVES: STRESSED FORMS

un amigo mío
a friend of mine

un amigo tuyo
a friend of yours

un tío suyo (de Ud., de él, de ella)
an uncle of yours (his, hers)

POSSESSIVE PRONOUNS

el mío
mine

el tuyo
yours

el suyo (de Ud., de él, de ella)
yours (his, hers)

una compañera nuestra	la nuestra
a companion of ours	*ours*
dos compañeros vuestros	los vuestros
two companions of yours	*yours*
un pariente suyo (de Uds., de ellos, de ellas)	el suyo (de Uds., de ellos, de ellas)
a relative of yours (theirs)	*yours (theirs)*

The stressed possessive adjective is used for emphasis and/or contrast. Note that you may clarify **el suyo** (**la suya,** etc.) with **de Ud., de él, de ella,** and so on.

Práctica

Cambie Ud. según el modelo.

MODELO   mi libro → el libro mío
el mío

1. mi boleto
2. tus padres
3. su mamá
4. nuestros parientes
5. vuestra maleta
6. sus viajes

Repaso

A. Cambie Ud. el verbo en 1–5 al futuro, y en 6–10 al condicional.

1. Él viene mañana.
2. Ella pone su dinero en el banco.
3. ¿A qué hora salen ellos?
4. Ellas saben explicarlo.
5. ¿Tienes un examen mañana?
6. No fue a ese cine.
7. No hicieron nada.
8. Tuvieron mala suerte.
9. ¿Qué le dijo esta mañana?
10. Vine corriendo.

B. Cambie Ud. al condicional según el modelo.

MODELO   Dice que *irá* a la estación. Dijo que _____ . → Dijo que iría a la estación.

1. Sé que *vendrá* el jueves. Sabía que _____ .
2. Estoy seguro de que no *podrán* comprarlo. Estaba seguro de que _____ .
3. Creo que *tendrá* tres maletas. Creía que _____ .
4. Anuncian[b] que el avión *saldrá* a las tres. Anunciaron que _____ .
5. Creo que *tendrá* suficiente dinero. Creía que _____ .
6. Me promete que *hará* el viaje en tren. Me prometió que _____ .
7. Dice que *pondrá* el sillón en el despacho. Dijo que _____ .
8. Suponemos que nos *dirá* por qué no vino. Suponíamos que _____ .

[b]They're announcing

CONVERSACIÓN

TEXTO: En el metro

Soy jefa de la oficina de anuncios en una *emisora*. El martes pasado *tenía prisa* porque era necesario que llegara a mi oficina un poco más temprano. Eran las ocho de la mañana, mala hora para viajar en el metro.

Temía que el tren viniera *atrasado*. Por fin llegó un tren *incómodo*, viejo y muy *lento*. Todo el mundo entró *a empellones*. Teníamos menos espacio que sardinas en *lata*. Cuando abrieron las puertas, la gente salió como una *manada* de búfalos. Llegué al *andén* entre una *docena* de personas, casi sin *tocar* el *suelo*. Subí una *escalera automática* mientras miraba a la gente bajar y subir con más *tumulto* que *monos en jaula*. La escena me pareció una pesadilla.

En ese momento un señor me habló. —Perdone Ud., señorita. Esta *cartera*... ¿es suya? La vi en el suelo y...

—¡Ay! ¡Mil gracias! ¡Qué amable es Ud.! —Luego pensé que en el mundo también se tienen sorpresas agradables a veces.

broadcasting station
I was in a hurry

late / uncomfortable
slow / shoving and pushing
can
herd / platform / dozen
touching / ground / escalator
racket, hubbub / caged monkeys

wallet

Cultural Notes

1. Airline travel is, of course, very popular in Hispanic countries. Many remote tourist spots have become accessible recently only because of the availability of air travel at reasonable rates. Air travel in Colombia, due to its mountainous terrain, has long been a key factor in uniting the country geographically. Indeed, Colombia was one of the very first countries to develop commercial air travel.

En el aeropuerto de Guapi (estado de Cauca), Colombia. Colombia fue uno de los primeros países en desarrollar (*developing*) la aviación comercial.

Bernard Pierre Wolff/Photo Researchers, Inc.

2. The famous Mexican aviator Emilio Carranza made the first nonstop flights from San Diego and Washington, D.C., to Mexico City, at about the time of Lindbergh's exploits. Carranza was even given a ticker-tape parade in New York for his accomplishments. It was on the first-ever nonstop flight from New York City to Mexico City that his plane crashed in a violent thunderstorm, and he was killed.

3. One of the most elegant subways in Hispanic America is in Buenos Aires. Its walls are covered with tiles and mosaics; exhibitions of paintings are held there on occasion. The subways in Mexico City and Santiago (Chile) are also very new, clean, and attractive. Subways in other cities, however, tend to resemble those of our own large cities in terms of dirt and noise.

4. In most subway systems in the Hispanic world, the fares are lower during the morning and afternoon rush hours for the benefit of workers.

Práctica

A. Conteste Ud.

1. ¿Cuáles son las diferentes maneras de viajar en una ciudad grande?
2. ¿Cuál es la más rápida? ¿la más barata? ¿la peor?
3. ¿Cuáles son las peores horas para viajar en la ciudad? ¿Por qué?
4. ¿Por qué viajan muchos en el metro?
5. ¿Por qué puede ser desagradable el metro?
6. ¿Qué hace la gente cuando sube al metro?
7. ¿Cómo sale la gente?
8. ¿Qué medio de transporte usa Ud. cuando tiene prisa para llegar a la universidad?

B. ¿Cómo viajar en la ciudad? *Consider the different ways of traveling in a city, the advantages and disadvantages of each, and then tell why you would use a particular type of transportation for the five trips listed.*

DIFERENTES TRANSPORTES	VENTAJAS Y DESVENTAJAS
el autobús	cómodo / incómodo
el carro (automóvil)	moderno / viejo
el metro	rápido / lento
el taxi	barato / caro
la bicicleta	tiene mucho espacio / poco espacio
caminar a pie	llega a tiempo / llega atrasado

CINCO VIAJES

1. Ud. sale de casa para ir a clases.
2. Ud. acompaña a un amigo (una amiga) al aeropuerto y luego vuelve a casa.
3. Ud. visita el parque zoológico de la ciudad.
4. Ud. va al trabajo a las siete y media de la mañana.
5. Ud. y otros amigos van al cine.

C. Describa Ud. un viaje en metro, en avión o en autobús, usando algunos de los siguientes adjetivos y expresiones.

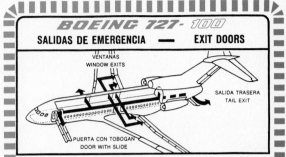

1. atrasado / rápido
   lento / moderno
   incómodo / limpio
2. menos espacio que sardinas en lata
   salir como una manada de búfalos
3. andén
   sin tocar el suelo
4. escalera automática
   más tumulto que monos en jaula

Comunicación

A. Describa Ud. a la clase los siguientes viajes. *The cues provided may be of some help.*

1. Un viaje en avión: vacaciones / agencia de viajes / hacer las maletas / aeropuerto / línea aérea / vuelo / avión
2. Un viaje en tren: tener prisa / taxi / estación del ferrocarril / billete de ida y vuelta / horario electrónico / escalera automática / andén

B. Teatro. *With a classmate prepare a skit based on one of the following scenes.*

1.

Ud. y el agente

2.

Ud. y un amigo (una amiga)

C. Examine Ud. el «pase para abordar» de la página 312. Luego invente preguntas que podría hacer a un amigo (una amiga).

MODELO   fecha → ¿En qué fecha vas a salir?

1. vuelo   2. línea aérea   3. asiento   4. sala

Vocabulario activo

ADJETIVOS

corto, -a short
(in)cómodo, -a
  (un)comfortable
lento, -a slow
listo, -a ready

ADVERBIOS

atrasado late, behind
  schedule

SUSTANTIVOS

el **aeropuerto** airport
la **agencia** agency
el (la) **agente** agent
el **andén** (station) platform
el **avión** airplane
el **billete (boleto)** ticket
  _____ **de ida y vuelta**
round-trip ticket
  _____**sencillo** one-way
ticket

la **bolsa turística** travel
  bag
el **equipaje** baggage
la **escalera automática**
  escalator
el **espacio** space
la **estación (del ferrocarril)**
  (railroad) station
el (la) **gerente** manager
el **horario (electrónico)**
  (electronic) schedule
la **línea aérea** airline
la **maleta** suitcase
el **pasajero** / la **pasajera**
  passenger
la **piel** skin
la **reserva** reservation
el **rollo de película** roll of
  film
el **suelo** floor; ground

el **taxi** taxi
los **transportes** (modes of)
  transportation
el **tren** train
el **vuelo** flight

VERBOS

anunciar to announce
cancelar to cancel
confirmar to (re)confirm
partir to leave
pesar to weigh

EXPRESIONES ÚTILES

a bordo (de) on board
darse prisa to hurry up
hacer la maleta to pack
hacer un viaje to take a
  trip
tener prisa to be in a hurry

STRESSED POSSESSIVE ADJECTIVES: **mío, mía, míos, mías; tuyo, tuya, tuyos, tuyas; suyo, suya, suyos, suyas; nuestro, nuestra, nuestros, nuestras; vuestro, vuestra, vuestros, vuestras; suyo, suya, suyos, suyas**

¡Dinero! ¿Desea Ud. pesos (México, la Argentina, Chile, Colombia, el Uruguay), bolívares (Venezuela), sucres (el Ecuador) o soles (el Perú)?
   En un banco de Buenos Aires, Argentina. ¿Cuánto vale su dinero hoy? ¿Mucho o poco?

El mundo de los negocios

David Mangurian

Sergio Larrain/Magnum

GRÁFICOS

En el banco

1. el archivo
2. el ascensor (el elevador)
3. el banquero / la banquera
4. el cajero / la cajera
5. la calculadora
6. la cola
7. la computadora
8. la inversión (*investment*)
9. el tipo de cambio (*exchange rate*)
10. la ventanilla

En la casa de correos *(In the Post Office)*

1. el sobre
2. el sello
3. la dirección
4. el buzón
5. el cartero/la cartera
6. por avión
7. una carta urgente (*special delivery letter*)
   echar (al correo) una carta (*to mail a letter*)
   mandar (*to send*)
   devolver (ue) (*to return*)

Práctica

A. Conteste Ud.

1. ¿Qué usamos cuando tenemos que hacer cálculos?[a]
2. ¿Qué aparato electrónico vemos, comúnmente, en un banco o en las grandes oficinas?
3. ¿Cómo se llama la cantidad extra que Ud. recibe—en relación con sus inversiones—después de seis meses?
4. ¿Cuándo usa Ud. su libreta de cheques?
5. Si Ud. tiene que cambiar dólares en pesos, ¿qué pregunta Ud.?
6. ¿Adónde va Ud. para echar una carta?
7. ¿Quién trae cartas a su casa?
8. ¿Qué debe Ud. hacer para mandar una carta urgente?
9. ¿Por qué le devuelve a veces una carta la casa de correos?
10. ¿Cuánto cuesta mandar una carta a México (España, la Argentina)?

B. ¿Cómo se dice en español? *Try to recall the Spanish words very quickly.*

1. banker	4. window	7. cashier	10. mailbox (on a street corner)
2. computer	5. waiting line	8. investment	11. letter carrier
3. files	6. calculator	9. envelope	12. stamp

C. Un juego. *Rearrange the following statements in their correct order. Personalize this passage by conjugating the infinitives and adding a few details.*

1. echar la carta al buzón
2. poner la carta en un sobre
3. escribir una carta
4. comprar sellos en la casa de correos
5. escribir la dirección en el sobre
6. poner un sello en el sobre

Inversiones y cuentas (*Investments and Accounts*)

CUENTAS DE AHORROS

CUENTAS CORRIENTES

INVERSIONES A CORTO PLAZO

USES OF THE IMPERFECT SUBJUNCTIVE

yo quisiera	*I should like*
Ud. (él/ella) quisiera	*you (he/she) should like*
si yo tuviera	*if I had*
si Ud. (él/ella) tuviera	*if you (he/she) had*

---

[a]calculations

LA CLIENTA: Quisiera abrir una cuenta.
LA CAJERA: ¿Una *cuenta corriente* o una *cuenta de ahorros*?
LA CLIENTA: Me gustaría *ahorrar* todo el dinero posible.
LA CAJERA: En ese caso *tal vez* le interesaría *invertir a largo plazo*.
LA CLIENTA: Lo haría... ¡si tuviera más dinero!

checking account /
  savings account
to save
perhaps / to make
  a long-term
  investment

Práctica

A. Conteste Ud.

1. ¿Cuántas clases de cuentas hay en un banco?
2. ¿Qué le gustaría a la clienta?
3. ¿Qué le pregunta la cajera a la clienta?
4. ¿Qué contesta la clienta?

5. ¿Usa Ud. una libreta de cheques? Explique.
6. ¿Tiene Ud. inversiones en un banco? ¿Por qué sí (no)?
7. ¿Le gustaría invertir dinero a corto plazo o a largo plazo? ¿Por qué?
8. ¿Con quién habla Ud., generalmente, en un banco?

B. ¿Qué harías...?

MODELO   ¿Qué harías si tuvieras mucho dinero?   →
         Si tuviera mucho dinero, lo invertiría a corto plazo.

1. ¿Qué harías si tuvieras un sándwich?
2. ¿Qué harías si tuvieras una buena novela?
3. ¿Qué harías si tuvieras una Coca Cola?
4. ¿Qué harías si no tuvieras mucho trabajo hoy?

Liquidación general (*Storewide Sale*)

LIQUIDACIÓN GENERAL

USES OF THE IMPERFECT SUBJUNCTIVE

no debiera	*I (you, he, she) shouldn't*
(tú) no debieras	*you shouldn't*
si fuera	*if I (you, he, she) were*
si (tú) fueras	*if you were*
si pudiera	*if I (you, he, she) could*
si (tú) pudieras	*if you could*

EL CLIENTE:	Hoy es día de liquidación general, ¿no?
EL DEPENDIENTE:	Sí. ...¡Y los precios! Hoy todo el mundo va a comprar porque no hay nada que no tenga un *descuento* de 25% (por ciento).
EL CLIENTE:	Quisiera comprar un traje, *aunque* realmente no debiera hacerlo.
EL DEPENDIENTE:	Mire Ud. éstos; son elegantes, ¿no?
EL CLIENTE:	Sí. Compraría dos si fuera rico, pero... no puedo. Si *se pudiera* pagar *a plazos*... tal vez...
EL DEPENDIENTE:	Lo siento, señor. Cuando *se trata de* una liquidación, es necesario pagar *al contado*.

Margin glosses: discount / although / one could / in installments / it's a question of / cash

Práctica

A. Conteste Ud.

1. ¿Por qué es hoy un día especial en la tienda?
2. ¿Qué dice el dependiente?
3. ¿Hay un descuento hoy?
4. ¿Cómo desea pagar el señor?

5. ¿Le gusta a Ud. ir de compras? ¿Por qué sí (no)?
6. ¿Qué hace Ud. cuando no puede pagar al contado?
7. ¿En qué meses hay muchas liquidaciones? ¿Por qué?
8. ¿Qué compraría Ud. si fuera muy rico (rica)?

B. Complete Ud.

1. Si tú fueras rico, yo te pediría dinero.

   a. Si yo _____ rico, tú me _____ dinero.
   b. Si ella _____ , nosotros le _____ dinero.

2. Si él pudiera venir, vendría, ¿no?

   a. Si tú _____ venir, _____ , ¿no?
   b. Si ellos _____ venir, _____ , ¿no?

3. Si él no quisiera hacerlo, no lo haría, ¿verdad?

   a. Si ella no _____ hacerlo, no lo _____ , ¿verdad?
   b. Si tú no _____ hacerlo, no lo _____ , ¿verdad?

Palabras fáciles

In **Preliminares 3** you practiced pronouncing the names of Hispanic countries, capitals, and inhabitants. Here are the countries and their inhabitants again. Notice that some names of the people who live in these countries have suffixes that are closely related to the names of the countries themselves. Others have slightly different suffixes. You should learn all of them well this time. How many capital cities can you remember?

Práctica

A. Asocie Ud. países con nacionalidades. *First cover one column, then another.*

la Argentina	argentino	Nicaragua	nicaragüense
Bolivia	boliviano	Panamá	panameño
el Brasil	brasileño	el Paraguay	paraguayo
Cuba	cubano	el Perú	peruano
Colombia	colombiano	Puerto Rico	puertorriqueño
Chile	chileno	El Salvador	salvadoreño
el Ecuador	ecuatoriano	la República	dominicano
España	español	Dominicana	
Guatemala	guatemalteco	el Uruguay	uruguayo
Honduras	hondureño	Venezuela	venezolano
México	mexicano		

B. Pronuncie Ud.

1. la cantidad	3. electrónico	5. el interés	7. por ciento	9. representa
2. comúnmente	4. imposible	6. la motocicleta	8. realmente	10. la situación

GRAMÁTICA ESENCIAL

80. Subjunctive in Adjective Clauses

When a noun in the main clause is described by the entire dependent clause, this clause is referred to as an adjective clause. Adjective clauses constitute the second large group of statements calling for the use of the subjunctive. As the following chart illustrates, the entire statement introduced by **que** modifies the noun **sobre** in the main clause.

MAIN CLAUSE CONTAINING A NOUN	QUALIFYING STATEMENT FUNCTIONING AS AN ADJECTIVE
Necesito **un sobre**	**que** sea más grande.
I need an envelope	*that is larger.*

The use of the subjunctive in adjective clauses can be divided into two categories: subjunctive in clauses modifying indefinite persons or things (Section 81) and subjunctive in clauses modifying negative antecedents (Section 82).

81. Subjunctive in Clauses Modifying Indefinite Persons or Things

The subjunctive is used in the adjective clause if the latter refers to an *indefinite person, object,* or *event.*

Necesito un dependiente / que me *ayude* en mi trabajo.
I need a clerk (any clerk) who will help me in my work.

NOTE: If the words *some* or *any* can be inserted before the noun in the main clause, the noun is probably indefinite.

If the person, object, or event is definite, however, the indicative, not the subjunctive, is used in the adjective clause.

Conozco a una cajera / que sabe español.
I know a cashier who knows Spanish.

Note that the personal **a** is required since **una cajera** is a definite person. Remember that the personal **a** is also required when **alguien** or **nadie** is a direct object.

¿Conoce Ud. a alguien / que pueda aconsejarme?
Do you know anyone who can advise me?

No conozco a nadie / que quiera hacer una inversión ahora.
I don't know anyone who wants to make an investment now.

Práctica

Complete Ud. con la forma apropiada del verbo entre paréntesis.

1. (ser)   Busco una inversión que ____ mejor que ésta.
2. (hacer)   Prefiero ir a una tienda que ____ descuentos.
3. (costar)   Voy a comprar una calculadora que ____ $99,00.
4. (estar)   ¿Hay alguna casa de correos que ____ cerca de[b] aquí?
5. (pagar)   Necesito un compañero de cuarto que ____ la mitad del alquiler.
6. (decir)   Hágame un anuncio que ____ «TODO AL CONTADO».
7. (pedir)   Tengo dos amigos que siempre me ____ dinero.
8. (entender)   Conozco a una señorita que ____ muy bien el mundo de los negocios.
9. (poder)   ¿Ve Ud. a alguien que ____ llevar las maletas?
10. (haber)   Buscamos un empleado[c] que ____ estudiado toda clase de inversiones.

_____
[b]near
[c]employee

82. Subjunctive in Clauses Modifying Negative Antecedents

If a speaker qualifies the noun contained in a negative statement (main clause), the verb of the adjective clause must be in the subjunctive.

No compro computadoras / que sean más caras.
I do not buy computers that are (may turn out to be) more expensive.

No había nadie allí / que pudiera ayudarle.
There was no one there / who could help him.

Práctica

A. Complete Ud. con la forma apropiada del verbo entre paréntesis.

    1. (costar)   Ahí no venden nada que _____ tanto como tú dices.
    2. (ser)   En los almacenes no hay ropa que _____ realmente barata.
    3. (tener)   Él ha pedido pasteles[d] que no _____ frutas.
    4. (saber)   Busco un empleado que _____ usar estos archivos.
    5. (poder)   Le aconsejo que invierta el dinero que no _____ usar.
    6. (hacer)   ¿Conoce Ud. a alguna persona que _____ cálculos tan rápidamente como una calculadora?
    7. (ir)   Sé que hay dos autobuses que _____ en esa dirección.
    8. (preferir)   Aquí hay muchas mujeres que _____ usar pantalones.
    9. (servir)   Nunca he comido en un restaurante chino que no _____ buena comida.
    10. (conocer)   No había nadie que _____ la ciudad.

B. Complete Ud. las oraciones de la columna A usando frases de la columna B. ¡Cuidado con el verbo!

A	B
1. Quiero comprar una computadora que no _____ .	a. ser demasiado inteligentes
2. Busco una señora mayor que _____ .	b. saber ruso
3. No conozco a nadie que _____ .	c. ser fáciles
4. Prefiero vestidos que no _____	d. dar mucho dinero
5. ¿Hay aquí alguien que _____ ?	e. costar mucho
6. Lo peor[e] es que no hay soluciones que _____ .	f. cuidar a mis niños
7. Aquí no tenemos empleados que _____ .	g. saber la respuesta
8. ¿Sabe Ud. encontrar inversiones que _____ ?	h. ser banquero

C. Complete Ud. empleando un verbo en el subjuntivo.

    1. Quiero comprar una casa con jardín.[f] Por eso busco una casa que _____ .
    2. —Estos autos cuestan menos de 1.000 dólares, ¿no? —No, señor, no tenemos autos que _____ .

---

[d]pastries   [e]The worst thing   [f]yard, garden

3. Parece que todos los restaurantes están muy lejos. ¿No conoce Ud. una cafetería que _____ ?

4. Esto está en francés. ¿Hay alguien aquí que _____ ?

5. Yo gano poco dinero. ¿No tiene Ud. abrigos que _____ ?

6. —¿Tienes clases que son realmente difíciles? —No, no tengo clases que _____ .

7. —¿Es verdad que ellas lo saben todo? —No, no es verdad que ellas _____ .

8. —Parece que aquí nadie entiende el ruso. —Así es. Aquí no hay nadie que _____ .

D. **Mi sueño ideal.** Prepare Ud. breves discursos (orales o escritos) sobre los siguientes temas.

MODELO   un trabajo ideal →

Algún día quiero tener un trabajo que me dé mucho dinero y que me permita trabajar sólo 20 horas por semana. También debe ser un trabajo que yo pueda hacer en casa a veces y que me permita hacer viajes a diferentes partes del mundo.

1. una casa ideal
2. una inversión ideal
3. un esposo (una esposa) ideal
4. unas vacaciones ideales
5. un jefe (una jefa) ideal
6. una carta ideal que Ud. quiere recibir

83. *If*-clauses

A very large number of sentences containing *if*-clauses *do not* require the subjunctive. There are two types of conditional statements, however, that always call for the use of the *imperfect subjunctive*. In these constructions the *if*-clause may either precede or follow the main clause, as indicated in the following chart:

OPTION 1:   *IF*-CLAUSE   MAIN CLAUSE

SI + IMPERFECT SUBJUNCTIVE   CONDITIONAL VERB

Si yo fuera su hija,   le diría varias cosas.
If I were his daughter,   *I'd tell him several things.*

OPTION 2:   MAIN CLAUSE   *IF*-CLAUSE

CONDITIONAL VERB   **SI** + IMPERFECT SUBJUNCTIVE

Le diría varias cosas   si yo fuera su hija.
I'd tell him several things   *if I were his daughter.*

A. Contrary-to-fact conditions

When a speaker makes an assumption knowing that it does not correspond to the facts, he or she expresses that assumption with a subjunctive in the *if*-clause. The result clause, which in this case contains an imaginary circumstance, requires a verb in the conditional.

Si yo fuera rica, ahorraría mucho dinero.
If I were rich (I know that I am not), I would save a lot of money.

Si él fuese más inteligente, abriría una cuenta de ahorros.
If he were more intelligent (I know that he isn't), he would open a savings account.

B. Improbable future actions and conditions

If the speaker anticipates a future action that is not likely to take place, he or she can convey that uncertainty by using a subjunctive in the *if*-clause.

Si ella viniera mañana, la invitaría a un elegante salón de té.
If she should come tomorrow (and I am not at all sure that she will), I would invite her to an elegant tearoom.

Si no pudiera pagar mis deudas, iría a ver a un banquero.
If I couldn't pay my debts (and this isn't likely, because I have a good job), I would go to see a banker.

Note that in both instances, the conditional is in the main clause and the imperfect subjunctive is used in the *if*-clause.

Práctica

A. Complete Ud. en forma original, usando las palabras entre paréntesis.

MODELO   (estar enfermo)   Iría a ver a un doctor si _____ . →
                            Iría a ver a un doctor si estuviera enfermo.

1. (tener más tiempo)   Yo lo acompañaría a la tienda para niños si _____ .
2. (saber dónde vive)   Yo le haría una visita si _____ .
3. (ahorrar su dinero)   Ud. no tendría estos problemas si _____ .
4. (necesitar un coche más grande)   Yo no les pediría dinero a mis padres si _____ .
5. (no estar tan cansado)   Yo iría a las montañas con Uds. si _____ .
6. (hacer buen tiempo)   Iría a la zapatería ahora si _____ .
7. (trabajar en un banco)   Ud. ganaría mucho menos si _____ .
8. (no tener un dólar)   Yo escribiría a mis padres si _____ .
9. (venir a mi casa a pedirme dinero)   Yo no le daría nada si _____ .
10. (ir al centro)   Ud. encontraría[g] todo eso si _____ .

B. Complete Ud. según el modelo.

MODELO   Uds. saben que no tengo tiempo. → Yo iría con Uds. si _____ .
                            Yo iría con Uds. si tuviera tiempo.

1. Esa tienda nunca da descuentos.
   Iría de compras a esa tienda si _____ .

---

[g]you would find

2. No está preparado para el examen.
   Podría obtener mejores resultados[h] si _____ .
3. No tengo dinero.
   ¿Sabe Ud.? Yo haría grandes inversiones si _____ .
4. No soy médico.
   Sé que tendría mucho más dinero si _____ .
5. No quiero pagar al contado.
   Tendría más amigos si _____ .
6. Dicen que van a venir a las seis.
   Podrían comer aquí con nosotros si _____ .
7. No puedo pagar a plazos allí.
   Yo iría allí con más frecuencia si _____ .
8. No dice la verdad.
   Nosotros le querríamos mucho más si _____ .

C. **Mi sueño imposible.** Invente Ud. discursos breves sobre lo que Ud. haría si fuera
posible.

MODELO   ir / dar   →

¡Estoy tan cansada de estudiar! Iría ahora mismo a España o a México si el
banquero me diera el dinero para comprar un boleto de ida y vuelta.
También iría si sólo pudiera comprar un boleto sencillo.

1. comer / tener   3. amar / decir   5. vivir / casarme
2. visitar / conocer 4. hacer / saber

---

[h]results

Una casa de correos de La Paz, Bolivia.

David Mangurian

84. *Deber* and *querer* in the Subjunctive

All the subjunctives you have studied appear in dependent clauses. There are some, however, that appear in *main* clauses when the speaker wishes to make a mild statement or to convey a request. The verbs **deber** and **querer** are frequently used in this way.

Tú debieras usar tu tarjeta de identidad.   *You really ought to (must) use your I.D. card.*

VERSUS

Tú debes usar tu tarjeta de identidad.   *You ought to use your I.D. card.*

¿No quisiera Ud. ir?   *You really wouldn't want to go?*

VERSUS

¿No quiere Ud. ir?   *Don't you want to go?*

Práctica

Cambie Ud. según el modelo.

MODELO   Ella *debe* (*quiere*) pagar ahora.   →   Ella debiera (quisiera) pagar ahora.

1. Ud. *debe* hacer cola.
2. Él *quiere* hablar con la cajera.
3. *Debes* mandarle una carta urgente.
4. Nosotros *queremos* viajar también.
5. Vosotros *debéis* ahorrar ese dinero.
6. Ella *quiere* abrir una cuenta corriente.

Repaso

A. Complete Ud. con la forma apropiada del verbo entre paréntesis.

1. (saber)   Dudaba que él _____ dónde estábamos.
2. (poder)   ¿Cree Ud. que ella _____ venir con nosotros?
3. (comprender)   Estoy seguro de que Ud. no _____ este problema.
4. (venir)   Nos aconseja que _____ temprano.
5. (responder)   No te permito que me _____ así.
6. (salir)   ¿Por qué le prohibieron Uds. que _____ hoy?
7. (olvidar)   Nos pidió que lo _____ .
8. (limpiar)   Siempre me manda que _____ la cocina.

B. Exprese Ud. en español.

1. It's a pity she is ill.
2. It was probable that he said it.
3. I was sorry they didn't help him.
4. It is true he has cancer.
5. It's not possible that they know it.
6. It is evident that he left early.

CONVERSACIÓN

TEXTO: En el banco

MIGUEL: Señorita, quisiera comprar pesos. ¿A qué tipo de cambio me
          los daría Ud.?

LA CAJERA: Hoy están a veinte y siete *por* dólar.   per

MIGUEL: ¿Tan poco *vale* el dólar hoy?   is worth

LA CAJERA: Lo siento, señor. No hay ningún banco que pague más.

MIGUEL: Parece que hoy día no hay nada que *marche bien*.   is going right

LA CAJERA: ¿Trae Ud. dólares?

MIGUEL: No, señorita. ¿Podría Ud. *hacer efectivos* estos tres cheques de   to cash
          viajero?

LA CAJERA: ¡*Cómo no*! Pero no olvide firmarlos.   Of course!

MIGUEL: ¿Es verdad que, si yo vendiera estos cheques en el mercado
          negro, recibiría más pesos que en el banco?

LA CAJERA: Sí, algunos lo hacen, aunque no debieran hacerlo. Por ejem-
          plo, si la persona que le *ofrece* el cambio *resultara* ser un   offers / should turn out
          agente del gobierno, Ud. tendría que pagar una *fuerte* multa.   heavy

Cultural Notes

1. Buying on the installment plan is a fairly recent phenomenon in most
   Hispanic countries. When available, such plans are often for short
   terms only. Inflation rates of 40, 50, 75, and even 100 percent on an
   annual basis can, of course, wreak havoc with installment-plan
   buying in general and with interest rates in particular. Frequently
   even home mortgages are limited to short terms such as 5 or 7 years.
   The enormous down payment and monthly payments resulting from
   such an arrangement make it difficult for young families to purchase
   their own home or apartment. The only alternatives are to live with
   relatives or to rent.

2. Rent control laws are so strict in certain Hispanic countries that it is
   often much cheaper to rent than to buy. If a person has lived in an
   apartment for many years, his or her rent will be extremely low. Some
   landlords, desiring to convert their buildings to more profitable
   commercial ventures, have been required to give such tenants
   lump-sum settlements, to get them to move out of their apartments.
   In some instances the payment itself can serve as the down payment
   (or even more) for the person's new apartment.

Práctica

A. Llene Ud. los espacios en blanco con palabras y frases del **Texto.**

   1. (Hablando a una cajera en el banco)   —Señorita, _____ comprar pesos.
   2. No hay ningún banco que _____ .
   3. Parece que hoy día no hay nada que _____ .
   4. Necesito dólares. ¿Quiere Ud. hacer _____ estos cheques de viajero?
   5. ¿Podría yo obtener más dinero en _____ ?
   6. Sí, señor, pero Ud. no _____ .
   7. La persona que le ofrece el cambio podría _____ .
   8. Ud. tendría entonces que _____ .

B. Examine Ud. este cheque y conteste las preguntas.

```
┌────────────────────────────────────────────────────────────────┐
│                    BANCO DE LA NACIÓN                          │
│                                                                │
│   Antonio Oyarzún                                     281      │
│   Calle Luz, Nº 2973                 1_____          │
│   Santiago, Chile                                              │
│                                                                │
│   Páguese a la orden de 2_____ $ 3_____    │
│                                                                │
│   _____            │
│                                                                │
│   Anotación _____          4_____        │
│        07893   100227   1458   217   028                       │
└────────────────────────────────────────────────────────────────┘
```

   1. fecha
   2. nombre del acreedor (la persona que recibe el cheque)
   3. importe del cheque (la cantidad que el cheque representa)
   4. firma del deudor (la persona que paga una cantidad[i] de dinero con su cheque)

Note that impersonal orders such as **Páguese** call for a polite command followed by **se**: **¡Dígase!** (*Tell!*); **¡Escríbase!** (*Write!*); **¡Póngase!** (*Put!*); and so on.

   1. ¿Cómo se llama el banco?
   2. ¿Sabemos quién es el dueño de la libreta de cheques? Explique.
   3. Hablando de cheques, ¿qué otra palabra hay para decir «cantidad»?
   4. ¿Cómo se llama la persona para quien se escribe el cheque?
   5. ¿Qué nombre podemos dar a la persona que firma el cheque?
   6. ¿Qué nos dicen los números que aparecen en la última línea del cheque?
   7. Cerca de la fecha hay un número. ¿Qué nos dice ese número?

---
[i]quantity

Memopráctica

Memorization can be made easier by using your *visual memory* to the fullest extent. Often you can remember a word because of its association with a drawing or picture or even because of its location on a page. Your familiarity with checks should tell you at once what the various blank lines are for on the check in Exercise B.

Comunicación

A. Estudie Ud. las siguientes situaciones y diga a un compañero (una compañera) qué es necesario...

1. para hacer efectivo un cheque en un banco
2. para cambiar dólares por pesos
3. para obtener dinero cuando uno no tiene ahorros
4. para pagar un artículo donde no aceptan cheques
5. para comprar ropa y zapatos cuando uno no tiene fondos[j]

B. Complete Ud. *Use a **si**-clause to complete the meaning. You may want to use the words suggested in parentheses. Feel free to invent your own endings.*

1. Yo compraría una motocicleta[k] si _____ (dinero).
2. Sólo sé inglés. Yo podría ganar mucho más si _____ (español).
3. Ud. no viene nunca a mi casa. Yo prepararía una comida española si Ud. _____ (mi invitación).
4. Ud. no trabaja mucho. Creo que podría tener mejores resultados si _____ (un poco más).
5. ¿Por qué no van a México? Uds. aprenderían mucho si _____ (a México).
6. Ellos gastan demasiado. Creo que no tendrían problemas de dinero si _____ (menos).
7. —¿Cómo? ¿Uds. no ofrecen descuentos? Mucha gente compraría más si Uds. _____ (durante la Navidad).
8. Tú siempre estás solo. Creo que tendrías muchos amigos y amigas si _____ (un poco más amable).

C. Conteste Ud.

1. ¿Tiene Ud. una cuenta corriente o una cuenta de ahorros en el banco?
2. ¿Qué es necesario para hacer un depósito o hacer una inversión?
3. ¿Qué piden con frecuencia para probar su identidad (cuando Ud. presenta un cheque personal)?
4. ¿Qué diferentes datos tiene Ud. que dar en un cheque?
5. ¿A qué tipo de cambio están hoy las pesetas? ¿los pesos mexicanos?

---

[j]funds   [k]motorcycle

D. Invente Ud. un diálogo con un compañero (una compañera) de clase sobre las siguientes situaciones.

   1. Ud. quiere hacer efectivo un cheque, pero la cajera (el cajero) no lo (la) conoce.
   2. Ud. quiere comprar ropa elegante, pero no sabe adónde ir. Pida informes[1] a un amigo (una amiga).

Vocabulario activo

ADJETIVOS

fuerte strong; heavy

SUSTANTIVOS

el **archivo** file
el **ascensor** (el **elevador**) elevator
el **banquero** / la **banquera** banker
el **buzón** mailbox
el **cajero** / la **cajera** cashier
la **calculadora** calculator
el **cálculo** calculation
la **carta urgente** special delivery letter
el **cartero** / la **cartera** mail carrier
la **computadora** computer
la **cuenta** account; _____ **corriente** checking account; _____ **de ahorros** savings account
el **cheque de viajero** traveler's check

el **descuento** discount
la **dirección** address
el **empleado** / la **empleada** employee
la **inversión** investment
la **liquidación** sale
el **negocio** business
el **pastel** (piece of) pastry
el **sobre** envelope
la **tarjeta de identidad** identification (I.D.) card
el **tipo de cambio** rate of exchange
la **ventanilla** window

VERBOS

ahorrar to save (_money_)
ayudar to help
devolver (ue) to return (_objects_)
encontrar (ue) to find, encounter
invertir (ie) to invest
mandar to send

ofrecer to offer
resultar to turn out to be
valer to be worth

EXPRESIONES ÚTILES

a corto (largo) plazo short (long) term
a plazos in installments
al contado cash
aunque although
cerca de near
¡cómo no! of course!
echar (al correo) una carta to mail a letter
hacer cola to stand in line
hacer efectivo to cash
nada marcha bien nothing is going right
por per
por avión by air (mail)
tal vez perhaps

---

[1]information

La televisión ya penetra todos los aspectos de la vida hispánica. Por eso, estas personas, que trabajan en una emisora de San Juan, tienen trabajos de mucho prestigio.
Esta mujer enseña en una escuela de Asunción, Paraguay.

El mundo profesional

Peter Menzel

Peter Menzel

GRÁFICOS

Maneras de ganarse la vida

UNIVERSIDAD DEL ESTADO

Campo (Título)	Años	Campo (Título)	Años
Arquitectura		Medicina	
(Arquitecto / Arquitecta)	4	(Doctor / Doctora)	6
Comercio		(Enfermero / Enfermera)	3
(Contador / Contadora)	4	(Veterinario / Veterinaria)	6
Derecho		Odontología	
(Abogado / Abogada)	4	(Dentista)	4
Farmacia		Pedagogía	
(Farmacéutico / Farmacéutica)	4	(Maestro / Maestra)	4
Ingeniería: Civil, de Minas, Eléctrica, Mecánica		Psiquiatría	
(Ingeniero / Ingeniera)	5	(Psiquiatra)	5
		Química	
		(Químico / Química)	4
		Socio-Economía	
		(Sociólogo / Socióloga)	4
		(Economista)	4
		(Trabajador / Trabajadora Social)	4

Matrícula

Días de matrícula: abril 1–5; Pago de derechos: abril 1–5

Práctica

A. Complete Ud. Dé el nombre del profesional indicado en cada oración.

1. Me gustaría comprar una casa moderna y cómoda. Tengo que consultar a _____ .
2. Toda ciudad necesita un experto en la preparación de medicinas, esto es, un _____ .
3. Hay una persona que examina todas las cuentas de nuestra compañía: _____ .
4.. Yo aprecio[a] mucho a las personas que me traen mis medicinas cuando estoy en el hospital: _____ .

---

[a]I appreciate

5. Voy a enseñar inglés; ya tengo mi título de _____ .
6. Consultaré un médico que pueda descubrir[b] la causa de mis complejos[c] mentales: _____ .
7. Conozco a un señor que es experto en enfermedades de animales: _____ .
8. Busco un especialista que me examine con gran cuidado para descubrir la causa de mis dolores intestinales: _____ .
9. Están construyendo el metro. Por eso han llamado a un _____ .
10. Me duele un diente;[d] por eso tengo que ver al _____ .

B. **Definiciones.** Invente Ud. oraciones para definir a los siguientes profesionales. *Try not to refer back to Exercise A.*

1. veterinario	3. arquitecto	5. ingeniero	7. profesor	9. enfermera
2. médica	4. contador	6. farmacéutico	8. dentista	10. psiquiatra

Problemas del estudiante

QUERER ES PODER

USOS DEL SUBJUNTIVO

a menos que **halle**	*unless I find*
aunque tú no lo **creas**	*even though you do not believe it*
cuando **comiencen** las clases	*when classes begin*
con tal (de) que **tenga** dinero	*provided that I have money*

ROSA: *Total que* mi matrícula *es de* $700,00 y la tuya, de $800,00.　　In short / amounts to

LUIS: Yo no podré pagar la mía a menos que halle un trabajo. Hoy día parece que todo el mundo tiene problemas *financieros*.　　financial

ROSA: Pero, ¿cómo vas a estudiar medicina y trabajar al mismo tiempo?

LUIS: Lo haré, aunque tú no lo creas posible.

ROSA: Si yo fuera tú, trabajaría en verano.

LUIS: No. Por ahora puedo trabajar sólo los fines de semana. Cuando comiencen las clases, no tendré *tiempo libre* para casi nada. Por eso voy a tomar *unas vacaciones* más tarde... con tal (de) que tenga dinero.　　leisure time / a vacation

---

[b]to discover　　[c]complexes　　[d]tooth

Práctica

A. Conteste Ud.

1. ¿Cuánto dinero necesita Rosa para la matrícula?
2. ¿Qué va a buscar Luis?
3. ¿Qué le pregunta Rosa a Luis sobre sus planes?
4. ¿Cuándo trabajaría ella para ganar dinero?

B. Complete Ud.

1. No podré pagar la matrícula a menos que _____ .
2. Podré estudiar y trabajar al mismo tiempo aunque _____ .
3. No tendré tiempo libre cuando _____ .
4. Tomaré unas vacaciones con tal (de) que _____ .

C. Conteste Ud.

1. ¿Cuánto cuesta su matrícula?
2. ¿Cuándo tiene Ud. tiempo libre?
3. ¿Tiene Ud. problemas financieros? Explique.
4. ¿Qué hace Ud. en verano?

Los técnicos y el dueño

USOS DEL SUBJUNTIVO

antes de que **instalen**	*before they install*
hasta que **decida**	*until he decides*
para que **sea**	*so that he may be*
después de que **vengan**	*after they come*

1. el carpintero
2. el fontanero
3. el electricista

EL CARPINTERO: ¿Saben? El dueño quiere ahora poner una puerta más, antes de que instalen el *aislamiento*. No sabe nada de *carpintería*.

EL FONTANERO: Yo no puedo poner los *caños* del sótano hasta que él decida si quiere una *lavadora-secadora*, o dos aparatos separados.

insulation
carpentry
pipes
washer-dryer

EL ELECTRICISTA: Mi caso es peor porque el dueño me ha pedido que no haga algunas conexiones, para que el precio del trabajo sea más bajo. Dice que él las hará después de que vengan el *albañil* y el *pintor*.   bricklayer / painter

EL CARPINTERO: ¿Por qué no pinta la casa *él mismo*?   himself

EL ELECTRICISTA: *¡Claro!* Es más fácil que hacer conexiones eléctricas.   Of course!

Práctica

A. Conteste Ud.

1. ¿Qué debe poner ahora el carpintero?
2. En cuestiones de carpintería, ¿qué sabe el dueño?
3. ¿Qué debe decidir el dueño?
4. ¿Quién va a hacer las conexiones eléctricas?

Importante Empresa Líder en su Ramo Ubicada en el Area de Tlalnepantla, Edo. de México, Solicita:

Ingenieros Mecánicos y/o Electricistas

Titulados, experiencia mínima de 2 años en mantenimiento eléctrico o mecánico, edad 25 a 35 años. Interesados favor de llamar al Tel. 565-01-00, Exts. 117 y 101 con la Srita. Dalinda Piedra o cón el Lic. Eduardo Popoca, de 9 a 14 y de 15 a 18 horas, de lunes a viernes.

5. ¿Sabe Ud. algo de carpintería? ¿Qué sabe Ud. hacer?
6. ¿Qué hace un pintor (una pintora)? ¿un (una) electricista? ¿un fontanero (una fontanera)?
7. ¿Ha pintado Ud. su casa? ¿Qué dificultades[e] tuvo Ud.?
8. ¿Sabe Ud. cuánto ganan por hora los diferentes técnicos?

B. Complete Ud.

1. El carpintero pondrá una puerta más antes de que _____ .
2. El fontanero no puede poner los caños hasta que _____ .
3. El dueño no quiere poner todas las conexiones eléctricas, para que _____ .
4. El dueño dice que él hará las otras conexiones después de que _____ .

Palabras fáciles

Composite words. You will often find medium-length or long words that seem to be totally new to you. Many of these words, however, will consist of several elements or words that you *do* know. The word **desconocidos,** for example, is made up of the prefix **des** (*dis* or *un* in English) and the past participle of **conocer** (**conocido**). Since the final **s** suggests a plural, you can guess that the word means *unknown persons,* that is, *strangers.*

---

[e]difficulties

Práctica

A. *Figure out the meanings of the following words from the hints given.*

1. **desacostumbrado.** The noun **costumbre** means *custom.* The ending **-ado** is well known to you.
2. **desodorante.** Three elements: **des / odor / ante.**
3. **entretenimiento. Entretener** is close to an English word you know. The suffix **iento** = *ent* in English.
4. **incambiable.** The prefix **i** or **in** implies a negation (*un* in English). In the middle is the noun **cambio** (*change*). The suffix **able** is the same as in English.
5. **inoxidable.** The noun **óxido** means *oxide, rust.* You already know the prefix and the suffix.
6. **irrespirable. Respirar** means *to breathe.*
7. **limpiaparabrisas.** If you know that **parabrisas** (literally: *for breezes*) means *windshield,* you can guess the meaning of this word, since you already know the verb **limpiar.**
8. **recomponer.** The prefix **re** means *to do something again,* as in *to recreate.* Since you know **poner,** you should be able to figure out the entire word.

Answers: 1. unaccustomed, unusual   2. deodorant   3. entertainment   4. unchangeable
5. rustproof   6. unbreathable   7. windshield wiper   8. to mend, repair

B. Pronuncie Ud.

1. las conexiones eléctricas
2. el crédito
3. decidir
4. depositar
5. el (la) especialista
6. la especialización
7. la física nuclear
8. instalar
9. los interesados
10. la opinión
11. profesional
12. socio-económico

Memopráctica

You can remember words more easily by pairing off opposites. Read the words in row A and, without looking, try to give their opposites in row B. Then reverse the process. Make additional word lists of this kind to use as study aids.

A: contento   abrir   rico   blanco   ir   siempre   grande   todo   comprar

B: triste   cerrar   pobre   negro   venir   nunca   pequeño   nada   vender

---

IMPORTANTE EMPRESA LIDER EN SU RAMO, SOLICITA:

GERENTE RELACIONES LABORALES

● GRADO UNIVERSITARIO.
● Experiencia mínima de 4 años en manejo de Relaciones Laborales.
● Inglés deseable.

Interesados enviar curriculum al APARTADO POSTAL 843, México, D. F., a la mayor brevedad posible. (Toda la información recibida será manejada con la mayor confidencialidad).

GRAMÁTICA ESENCIAL

85. Subjunctive in Adverbial Clauses

You've already studied the subjunctive in noun clauses and adjective clauses. In both cases the dependent clause containing the subjunctive is introduced by **que.** The third (and final) area of subjunctive usage involves adverbial clauses. In this instance the dependent clause, introduced by an adverbial conjunction, modifies the verb of the main clause.

MAIN CLAUSE CONTAINING A VERB	QUALIFYING STATEMENT FUNCTIONING AS AN ADVERB
Yo trabajo	para que coma mi familia.
I am working	*so that my family can eat.*

Here the clause introduced by the adverbial conjunction **para que** indicates the reason for working.

The use of the subjunctive in adverbial clauses can be divided into three categories: subjunctive in adverbial clauses of purpose and proviso (Section 86), subjunctive in adverbial clauses of time (Section 87), and subjunctive after **aunque** (Section 88).

86. Subjunctive in Adverbial Clauses of Purpose and Proviso (Statements That Stipulate a Condition)

The adverbial conjunctions **para que** (*in order that, so that*), **a menos que** (*unless*), **con tal (de) que** (*provided that*), and **en caso de que** (*in case*) *always* require the use of the subjunctive in the dependent clause.

Le dio ese libro / **para que** entendiera mejor la psiquiatría.
He gave him that book so that he would understand psychiatry better.

No le daré crédito / **a menos que** trabaje.
I will not grant (give) him credit unless he works.

Yo iré a ver al contador / **con tal de que** Ud. vaya también.
I will go to see the accountant on the condition that you come (go) also.

No lo reciba / **en caso de que** venga a hacerle una entrevista.
Do not receive him in case he comes to interview you.

Práctica

A. Complete Ud. con la forma apropiada del verbo entre paréntesis.

1. (pagar más)   Seguiré[f] como enfermera con tal de que el hospital _____ .
2. (no haber recibido el cheque)   Le daré el dinero en caso de que _____ .
3. (tener bastante dinero)   Ud. no podrá estudiar medicina a menos que _____ .
4. (viajar en un avión moderno)   No me gustaría ir a menos que _____ .
5. (poder pagar la matrícula)   Yo estudiaré este año con tal de que _____ .
6. (decirme)   No iré a menos que el doctor _____ que puedo salir.
7. (enseñarnos)   Nosotros no lo haríamos a menos que tu abogado _____ a hacerlo.
8. (no poder hacerlo)   Yo lo llevaría al veterinario en caso de que Ud. _____ .

B. Complete Ud. con una frase de la columna B.

A	B
1. Hablará más alto (*louder*) para que _____ .	a. tener más tiempo
2. Sé que no has comido. Voy a darte dinero para que _____ .	b. salir de casa más temprano
	c. depositar tu dinero
3. La llevé a una tienda del centro para que ella _____ .	d. pedir el desayuno
	e. poner más aislamiento
4. El electricista prometió hacer las conexiones eléctricas temprano para que Ud. _____ .	f. comprender el problema
	g. ir a un restaurante
5. Ponga Ud. el periódico así para que yo _____ .	h. entenderme ese carpintero
	i. hacer cola
6. Iremos al banco para que tú _____ .	j. poder leer también

87. Subjunctive in Adverbial Clauses of Time

A subjunctive is required whenever an expression of time introduces a statement implying futurity. If future time is not implied, a verb in the indicative is used. This is always the case when the main verb is in the present tense, indicates habitual action, or is in a past tense. Compare the uses in the chart at the top of page 345.

Because of its meaning, the conjunction **antes (de) que** (*before*) is always used with the subjunctive.

Él no podrá volver antes de que terminen su trabajo el albañil y el pintor.
He can't return before the bricklayer and the painter finish their work.

Él no pudo volver antes de que terminaran las conexiones eléctricas.
He could not return before they finished the electrical connections.

---

[f]I will continue

TIME EXPRESSION	WITH PRESENT OR PAST (INDICATIVE)	WITH FUTURE (SUBJUNCTIVE)
cuando	Siempre se lo doy cuando lo pide. *I always give it to him when he asks for it.*	Se lo daré cuando lo **pida.** *I'll give it to him when he asks for it.*
después de que	Fui después de que llegaste. *I went after you arrived.*	Iré después de que **llegues.** *I shall go after you arrive.*
hasta que	Hablaba hasta que ella salió. *He was speaking until she left.*	Hablará hasta que ella **salga.** *He will speak until she leaves.*
tan pronto como	Comenzamos a pintar tan pronto como vinieron. *We began to paint as soon as they came.*	Comenzaremos a pintar tan pronto como **vengan.** *We will begin to paint as soon as they come.*

Práctica

A. Complete Ud. según el modelo.

MODELO   (ver) Ayer le hablé cuando lo __vi__ . → Mañana le hablaré cuando lo __vea__ .

1. (ir a Granada)   Siempre vemos un baile flamenco cuando _____ .
    Veremos un baile flamenco cuando _____ .
2. (dar)   No le hablaron hasta que el ingeniero _____ una explicación.[g]
    No le hablarán hasta que el ingeniero _____ una explicación.
3. (terminar)   Habló después de que la socióloga _____ la discusión.
    Hablará después de que la socióloga _____ la discusión.
4. (anunciar)   No quería dar una opinión antes de que el juez _____ sus planes.
    No va a dar una opinión antes de que el juez _____ sus planes.
5. (pagar)   Comenzó sus estudios tan pronto como _____ la matrícula.
    Comenzará sus estudios tan pronto como _____ la matrícula.

B. Complete Ud. *Supply additional words to complete the meaning of the sentence.*

MODELO   (volver) Espere Ud. aquí hasta que _____ . →
    Espere Ud. aquí hasta que yo vuelva de la Escuela de Comercio.

1. (venir)   Comeremos unos pasteles cuando Ud. _____ .
2. (hacer)   El verano ha llegado. Me iré antes de que _____ .
3. (aprender)   No voy a bailar en público hasta que _____ .
4. (terminar)   Vinieron a mi casa tan pronto como _____ .

---

[g]explanation

5. (comer)   No aceptó otra cosa después de que _____ .
6. (verla)   No podré hablarle hasta que yo _____ .
7. (vender)   Déles Ud. el dinero antes de que _____ .
8. (afeitarse)   No se vaya Ud. hasta que yo _____ .
9. (sentarse)   Empezó a comer tan pronto como _____ .
10. (salir de)   Llame Ud. por teléfono antes de que _____ .
11. (entrar en)   No pude conversar con ellos cuando _____ .
12. (tener)   Le pagaré tan pronto como _____ .

88. Subjunctive After *aunque*

If a speaker sees an event as a mere possibility when making a statement introduced by **aunque** (*although, even if*), he or she must use the subjunctive.

Juan no será nunca un gran músico, aunque practique todos los días.
Juan will never be a great musician even if he practices every day.

Aunque ella tenga dinero en billetes, pagará con un cheque.
Although she may have the cash, she will pay with a check.

If the event is seen as a fact and not a possibility, the speaker uses the indicative.

Juan no será nunca un gran músico, aunque practica todos los días.
Juan will never be a great musician even though he practices every day.

Aunque ella tendrá dinero en billetes, pagará con un cheque.
Although she will have the cash, she will pay with a check.

In these sentences, *he practices every day* and *she will have the cash* are seen as actual facts.

Práctica

Complete Ud. empleando el subjuntivo del verbo entre paréntesis donde sea necesario.

1. (pedir demasiado)   Tendrás que llamar a un técnico, aunque _____ .
2. (ser razonable)   La casa va a costar bastante, aunque el arquitecto _____ .
3. (invitarlos)   No vendrán a la boda, aunque Ud. _____ .
4. (no conocer a los clientes)   La cajera hizo efectivos los cheques, aunque _____ .
5. (ser inteligentes)   Nunca hacen nada útil, aunque _____ .
6. (costar sólo dos mil dólares)   Ella no gastará su dinero en un auto usado, aunque _____ .
7. (tener un fuerte dolor de cabeza)   Salió a la calle, aunque _____ .
8. (costar mucho dinero)   Va a construir la casa, aunque _____ .
9. (pagar sus deudas)   Ahora nadie querrá ser amigo suyo, aunque _____ .
10. (tener tiempo)   Él no irá a hablar con el psiquiatra, aunque _____ .

Repaso

A. Complete Ud. usando uno de los verbos entre paréntesis.

1. (hacen / hicieran) Yo fui al banco para que me _____ efectivos mis cheques de viajero.
2. (terminó / terminara) Trabajó hasta que _____ .
3. (vea / viera) Les hablaré cuando los _____ .
4. (parta / partiera) Me escribirán antes de que yo _____ .
5. (vengan / vinieran) Me alegré de que ellos _____ a visitarme.
6. (salga / saliera) Le prohibí que _____ .
7. (ponga / pusiera) Dígale que lo _____ en el escritorio.
8. (tenga / tuviera) Me interesa comprar una casa que _____ un buen patio.

B. Complete Ud. *Use the verb in parentheses in the subjunctive and add appropriate words to complete the meaning of the sentence.*

MODELO (llegar) Le pedí que _____ . →
Le pedí que llegara a casa temprano.

1. (conocer) Necesitamos un empleado que _____ .
2. (servir) Pídale Ud. que _____ .
3. (costar) ¿Tiene Ud. zapatos que _____ ?
4. (no ser) Compre Ud. ropa que _____ .
5. (terminar) Háblele antes de que _____ .
6. (perder) Sentí mucho que él _____ .
7. (saber) ¿Conoce Ud. a alguien que _____ ?
8. (poder) No había nadie que _____ .

CONVERSACIÓN

Texto: Sobre *gustos* no hay nada escrito   tastes

EL PADRE: Me alegro de que Nicolás *tenga afición a* las ciencias y a las   is fond of
finanzas.

LA MADRE: Pues... que estudie ingeniería, a menos que prefiera ser
arquitecto.

EL PADRE: O que se especialice en computadoras.

LA MADRE: No sé... Me ha hablado de su entusiasmo por la medicina,
aun cuando tenga que estudiar por varios años.

EL PADRE: *De todos modos*, mejor será esperar hasta que él haga la elección final.   In any case

LA MADRE: Sí, eso es mejor, para que no diga después que la decisión fue nuestra.

EL PADRE: ¿Es verdad que te gustan la electrónica y la física nuclear?

EL HIJO: *Hasta cierto punto*.   Up to a point.

EL PADRE: Discutiremos esta cuestión después de que tú hayas *escogido* tu futura especialización.   chosen

EL HIJO: ¿Saben? Creo que me gustaría escribir *guiones cinemáticos* para la tele.[1]   film scripts

LA MADRE: ¿Sí?

EL HIJO: ¡Sí! Y primero, voy a estudiar inglés. ¿Qué les parece?

Cultural Notes

1. National industries are currently facing difficult economic times from foreign competition. For that reason, some countries have developed protectionist legislation to allow local companies to continue and thereby keep unemployment from rising.

David Mangurian

En la mina El Salvador, de Chile, donde todas las minas están nacionalizadas. El cobre es la exportación más importante de Chile.

[1]Short for **televisión**.

2. More and more Hispanic women are finding their way into the professions. There are now, for example, significant numbers of women professors, lawyers, physicians, and pharmacists in certain parts of the Hispanic world.

3. At present many Hispanic universities, responding to the demands of industry and technology, have modern, diversified programs of study. The two-year general course found in most American universities (freshman and sophomore years) is usually part of the high school curriculum in the Hispanic world, where colleges and universities are strictly for professional studies.

Práctica

A. Invente Ud. preguntas sobre el texto empleando las siguientes expresiones. *Test your classmates with your questions.*

1. tener afición a
2. especializarse en
3. hablar con entusiasmo de
4. hacer la elección final
5. escoger la futura especialización
6. escribir guiones para

B. ¿Tiene Ud. buena memoria? *First read both columns. When you have mastered the vocabulary, cover column B and supply the definitions in column A. Then cover A and supply B.*

A	B
1. La persona que construye grandes edificios	a. el ingeniero / la ingeniera
2. El (la) especialista que atiende[h] a los enfermos	b. el médico la médica
3. El (la) profesional que usa computadoras	c. el (la) especialista en computadoras
4. La persona que hace planos[i] para una casa	d. el arquitecto / la arquitecta
5. El autor (La autora) de telenovelas	e. el escritor (la escritora) de guiones cinemáticos
6. El experto (La experta) en finanzas	f. el (la) financista
7. Una persona que ha estudiado electrónica	g. el (la) especialista en electrónica
8. La persona que enseña en la universidad	h. el profesor / la profesora

C. Conteste Ud.

1. ¿En qué se especializa Ud.? ¿Por qué?
2. ¿Qué otros campos le interesan especialmente? ¿Por qué?
3. ¿Cuánto dinero espera Ud. ganar?
4. ¿Qué papel[j] han tenido sus padres en estas decisiones? ¿Qué le han aconsejado ellos?
5. ¿Decide Ud. a favor de una profesión por el dinero que se puede ganar o por otras razones? Explique Ud.

---

[h]tends   [i]blueprints   [j]role

Comunicación

A. Diversión. *Come to class with a statement in Spanish about what a professional or serviceperson does. Present your statement to the class. Your classmates will identify the person you are describing.*

B. Invención. *Invent suitable completions, using any appropriate conjunctions. Be creative!*

MODELO   Esperaré aquí _____ . →
                Esperaré aquí hasta que Ud. vuelva (hasta que llegue el tren, con tal de que
                Ud. vuelva, a menos que Ud. decida hacer otra cosa).

1. Pediré más tiempo libre _____ .
2. No gastaremos mucho _____ .
3. Me levantaré _____ .
4. Iremos a ver al dentista _____ .
5. Voy a escribir un guión cinemático _____ .
6. Hablaremos con el pintor _____ .
7. Viajaremos a Hawaí _____ .
8. Estudiaré química _____ .
9. La (Lo) invitaré _____ .
10. Le daré dinero _____ .

C. Debate sobre carreras.[k] Escoja Ud. el lado positivo o el negativo de la discusión y dé una opinión personal. *The cues given are only suggestions.*

	APROBACIÓN	DESAPROBACIÓN
1. las matemáticas	Son exactas... exactísimas.	No admiten[l] la imaginación. A mí me gusta inventar.
2. la arquitectura	¡Es otra de las artes!	Sí, pero los clientes creen que saben más que el arquitecto.
3. la medicina	¡Magnífica oportunidad para ayudar a los enfermos!	¡Bah! Yo diría... ¡para ganar mucho dinero!
4. la computadora	Maravilla electrónica que simplifica[m] la vida.	¡Y que también sabe toda nuestra vida privada![n]
5. la televisión	Sistema de comunicación que afecta[o] la vida de todos.	Sí, pero en forma negativa con sus programas sobre crímenes.[p]
6. la contabilidad[q]	¡Indispensable para todo lo relacionado con inversiones!	¡Inútil[r] para mí! Nunca haré inversiones. Soy poeta.

Note that the ending **-ísimo (-a, -os, -as)** is used with an adjective to express the highest degree of the adjective: **exactísimas** (*extremely exact*).

D. Teatro. En colaboración con un compañero, presente Ud. a la clase las siguientes conversaciones.

1. Una madre (Un padre) discute con su hijo (hija) sus planes para el futuro.
2. Dos amigas (amigos) discuten sus estudios y la matrícula que tienen que pagar.

---

[k]careras   [l]admit, allow for   [m]simplifies   [n]private   [o]affects   [p]crimes   [q]accounting   [r]useless

3. El dueño (La dueña) de un edificio habla de algunos problemas con un carpintero, un electricista o un fontanero.

E. Conteste Ud. a base del anuncio de esta página.

1. ¿Qué clase de ingenieros busca esta compañía?
2. ¿Qué otros profesionales se necesitan?
3. ¿Qué ofrece la compañía para sus empleados?
4. ¿Qué debe hacer la persona interesada?
5. ¿Puede Ud. encontrar los cognados de estas palabras? *is looking for, knowledge of English, to arrange a personal interview*

3M MEXICO S.A. DE C.V.
SOLICITA:
★ **ING. QUIMICO**
(pasante y)
★ **ING. MECANICO**
(Proyectos).
★ **CONTADOR DE COSTOS**
★ **SECRETARIA BILINGUE**
★ **TECNICO DE SERVICIO**
(Electricidad y/o Electrónica con conocimientos de inglés no indispensable).
OFRECEMOS: BUEN SUELDO. Atractivo plan de perstaciones. Semana de 5 días. Amplia proyección dentro de la Empresa.
Interesados favor de comunicarse al TEL. 577-21-00 EXT. 109, con el Lic. R. SANCHEZ BARROSO, para concertar entrevista personal.

Vocabulario activo

ADJETIVOS

financiero, -a financial
libre free; **tiempo _____** leisure time

CONJUNCIONES ADVERBIALES

a menos que unless
antes (de) que before
con tal (de) que provided that
después de que after
en caso de que in case
hasta que until
para que in order that
tan pronto como as soon as

SUSTANTIVOS

el albañil bricklayer
el arquitecto / la arquitecta architect
el campo field (of study)
el carpintero / la carpintera carpenter
el comercio commerce, business

el contador / la contadora accountant
el derecho law (course of study)
la dificultad difficulty
el (la) economista economist
el (la) electricista electrician
el farmacéutico / la farmacéutica pharmacist
el fontanero / la fontanera plumber
la ingeniería engineering
el ingeniero / la ingeniera engineer
la manera way, manner
la matrícula registration
el pintor / la pintora painter
el (la) psiquiatra psychiatrist
el químico / la química chemist

el sociólogo / la socióloga sociologist
el técnico / la técnica technician, serviceperson
el título degree; title
el trabajador / la trabajadora social social worker
el veterinario / la veterinaria veterinarian

VERBOS

apreciar to appreciate
construir to build, construct
descubrir to discover
escoger to choose
especializarse to specialize
hallar to find
pintar to paint

EXPRESIONES ÚTILES

ganarse la vida to make a living
tener afición a to be fond of

AMPLIACIONES 6

LECTURA: Los cubanos en la Florida

Hoy viven en el sur de la Florida más de° 500.000 cubanos. Miles de ellos son banqueros, médicos, abogados y profesores. Han establecido numerosos y prósperos negocios, contribuyendo así al desarrollo° económico de Miami y otras ciudades.

   También han contribuido enormemente a la vida cultural de la Florida. Ahora ya se publican allí periódicos, revistas y libros en español. También se organizan concursos[1] y se dan premios° literarios a los autores jóvenes cubanos. Hay grupos de teatro profesional que presentan dramas tradicionales y contemporáneos en español. Ciertas universidades ahora tienen artistas y escritores hispánicos en residencia. No siempre fue así.

   Al principio[2] no les fue fácil. Abundan° las anécdotas—unas tristes y otras humorísticas—que relatan sus primeros intentos° de adaptación a lo que nosotros llamamos «the American way of life», que en realidad es peculiarmente estadounidense.°

   Mi amigo cubano Óscar cuenta cómo él iba muchas veces con sus tías al Refugio° de Miami para recibir la comida diaria.° No había trabajo y tenían muy poco que comer. El gobierno federal les daba siempre grandes cantidades de huevos en polvo[3] y mantequilla de maní.[4] Pero... ningún cubano—¡absolutamente ninguno!—me dice Óscar, pudo nunca aguantar[5] la mantequilla de maní. El, muy joven entonces, tenía que comerse su parte... y también las de sus tías.

   Naturalmente, era poco probable que los cubanos hallaran empleo, porque, aunque casi todos eran profesionales, no sabían inglés. Por

de: Before a number **de** does not mean *of*. *More _____ 500,000 Cubans:* What word could be used in the blank logically?

desarrollo: What English word begins with *de-* and makes sense in this context?

premios: If there are contests, there must also be _____ for the winners.

Abundan: This is obviously a cognate, but since it's a verb, it cannot mean *abundant*. What English verb is similar?

intentos: This is not *intentions;* if you know **intentar,** you might guess the meaning of this word.

estadounidense: Remember the discussion of compound words in **Lección 18**? What words go together to form this one? What part of speech is it?

Refugio: This looks like *refuge*. Where would a person go to get economic help?

diaria: This is close in form to the English word *diary*. How often does a person write in a diary?

---

[1]contests   [2]At (In) the beginning   [3]powdered   [4]peanut butter   [5]stand

eso, tuvieron que aceptar trabajos humildes° y
duros.° Entre otros se cuenta el caso de un
cubano que era banquero en la Habana. Fue
rechazado[6] por los bancos de Miami, donde
intentó ingresar,[7] y aceptó, por fin, un modesto
empleo de 45 dólares por semana en una fábrica°
de calzado.[8] Después de terminar su trabajo del
día, volvía por la noche otra vez a la fábrica
porque deseaba que sus compañeros le enseñaran
todos los diferentes aspectos de fabricar zapatos.
Año y medio más tarde, era vicepresidente de la
compañía, y hoy es presidente de un banco de
Miami.

　　Al mismo tiempo que buscaban asegurar su
vida material, los cubanos en la Florida querían
asegurar también la continuación de su vida
espiritual, de su arte y de su cultura. Ahora
parece que se oye hablar español en cada esquina
de Miami. Hasta se ve, de vez en cuando,[9] un
pequeño letrero en algunas tiendas que anuncia:
«Aquí se habla inglés».

humildes: Note the first three letters of this
word and come back to it after you've read
several more sentences.

duros: Relate this to *durable* but in a
negative sense. The work referred to is not
easy or soft but _____ . . .

fábrica: This noun corresponds to the verb
fabricar, which appears in the next
sentence. What would you call a place that
makes a product?

---

[6]rejected　　[7](to) enter　　[8]shoe　　[9]from time to time

☒ **Reading Hints: (1)** *As you relate words, try to spot spelling changes (e. g.,
diminutive or augmentative endings, accent marks) that may suggest different
meanings. Example:* **fabricar → fábrica. (2)** *Sometimes you can guess the
meaning of a phrase by first translating it literally and then interpreting that
literal translation with some imagination. Examples:* **de vez en cuando, al
principio.** ☒

**Todavía se habla inglés en Miami, pero Ud. debe saber español si quiere visitar
todas las partes de la ciudad.**

Michal Heron/Woodfin Camp & Associates

Cultural Notes

1. The settlement of thousands of Cuban immigrants in southern Florida has profoundly changed the social and cultural make-up of that area. There is an increasing abundance of Spanish-language newspapers, magazines, books, radio stations, and so on. Any commercial venture must be prepared to deal with its customers in Spanish. Hotels and restaurants may cater entirely to Cuban tastes or feature traditional Cuban dishes on their menus.

2. In some respects the Cuban migration to Florida in the early 1960s was largely one of professionals. Many of the Cubans who came in that first "wave" were doctors, lawyers, professors, and so on. Those who came in 1980, the second migration, tended, for the most part, to be nonprofessionals. Still, since many moved in with relatives in Florida and in other states, the integration of the majority of these new immigrants was rapid and smooth.

Práctica

A. **Complete Ud.** *Select the word or phrase that best completes each statement. Do not refer to the reading.*

1. Hoy viven en el sur de la Florida más de _____ cubanos.
   a. 600.000　　　b. 500.000　　　c. 1.000.000

2. Al asegurar su vida material, los cubanos querían asegurar también la continuación de su vida _____ .
   a. exterior　　　b. espiritual　　　c. literaria

3. _____ no les fue fácil.
   a. De vez en cuando　　　b. Al principio　　　c. Al mismo nivel

4. Abundan las anécdotas de cómo fueron sus primeros _____ de adaptación a lo que llamamos «the American way of life».
   a. intentos　　　b. concursos　　　c. premios

5. Mi amigo Óscar iba muchas veces con sus tías al Refugio de Miami para recibir la comida _____ .
   a. diaria　　　b. de calzado　　　c. tradicional

6. El gobierno federal les daba grandes cantidades de _____ .
   a. prósperos negocios　　　b. huevos en polvo　　　c. revistas

7. Ningún cubano nunca pudo _____ la mantequilla de maní.
   a. fabricar　　　b. hallar　　　c. aguantar

8. Los cubanos tuvieron que aceptar trabajos _____ y duros.

   a. humildes   b. profesionales   c. fáciles

9. Un hombre que era banquero en la Habana fue _____ por los bancos de Miami.

   a. rechazado   b. calzado   c. aceptado

10. Los cubanos de Miami han contribuido mucho al _____ económico de la ciudad.

   a. nivel   b. desarrollo   c. letrero

11. Parece ahora que se oye español en cada _____ .

   a. revista   b. esquina   c. concurso

12. Hasta se ve ahora un _____ en algunas tiendas que anuncia «Aquí se habla inglés».

   a. pequeño letrero   b. nivel nuevo   c. caso aislado

Answers: 1. b   2. b   3. b   4. a   5. a   6. b   7. c   8. a   9. a   10. b
11. b   12. a

B. ¿Tiene Ud. buena memoria? Conteste.

  1. ¿Qué profesiones se mencionan en esta lectura?
  2. ¿Qué recibe la gente en un refugio?
  3. ¿Por qué no les fue fácil a los cubanos encontrar empleo?
  4. ¿Cuántos cubanos viven hoy en el sur de la Florida?
  5. ¿Qué han creado ellos allí?
  6. ¿Cómo llamaría Ud. a los cubanos que vinieron a nuestro país?
  7. ¿Por qué fueron difíciles los primeros intentos de adaptación?
  8. ¿A qué han contribuido los cubanos en la Florida y también en otros estados?
  9. ¿Cómo se manifiesta la cultura hispánica de Miami ahora?
  10. ¿Qué pequeño letrero se ve de vez en cuando en algunas tiendas? ¿Por qué?

Repaso visual

Invente Ud. dos oraciones completas sobre cada uno de los dibujos.

1.

2.

3.

4.

5.

6.

Self-test 6

A. Dé Ud. la forma apropiada del verbo entre paréntesis.

1. (venir)   Me alegro de que Ud. _____ .
2. (tener)   Yo lo visitaría si _____ dinero.
3. (hacer efectivo)   Le pidió que _____ un cheque.
4. (pagar al contado)   Le dijeron que _____ .
5. (pedir)   Me dijeron que ayer tú no _____ permiso para salir.
6. (ser)   Necesito un coche que no _____ muy viejo.
7. (saber)   ¿Conoce Ud. una señorita que _____ ruso?
8. (acompañarme)   No quiero salir solo. Iré al teatro con tal de que Ud. _____ .
9. (llegar)   Quería saber quién me había escrito. Por eso, esperé hasta que _____ la correspondencia.
10. (estudiar)   Sé que no es muy inteligente. No recibirá buenas notas aunque _____ mucho.
11. (entender)   Le hablé muy alto para que me _____ .
12. (salir)   Se lo preguntaré a él antes de que _____ .
13. (decir)   No lo creería aunque Ud. me lo _____ .
14. (morir)   Nadie esperaba que él _____ así.
15. (recibir)   No te daremos regalos a menos que _____ buenas notas (*grades*).
16. (poder)   No había nadie ahí que _____ hacerlo.
17. (trabajar)   Si _____ más, no nos pagaría más. Entonces, ¿por qué trabajar tanto?
18. (repetir)   ¿Haría él lo que le pides si tú se lo _____ ?
19. (dar)   Si yo se lo dijera, ¿qué me _____ Ud.?
20. (comprar)   ¿Estarías más contento si yo te lo _____ ?

B. Vocabulario. Dé Ud. la palabra o frase en español para decir:

1. to finish
2. as soon as
3. the airport
4. to sign (checks)
5. the plumber
6. the passenger
7. the architecture

C. Exprese Ud. en español.

1. (*did not sleep*) Esa noche ellos _____ .
2. (*a friend of mine*) Don Julián es _____ .
3. (*I did not bring my checkbook*) No puedo pagar porque _____ .
4. (*You shouldn't do it!*) —¿Ud. quiere cambiar dinero en el mercado negro?
   —¡ _____ !
5. (*companions of hers*) Las dos son _____ .
6. (*as many pesos as*) Juan tenía _____ yo.
7. (*older*) Ricardo es _____ que tú.
8. (*It's the worst*) ¿Ud. quiere visitar esa ciudad? _____ de las ciudades.
9. (*shorter than*) Sus dos hijos son _____ mi hija.
10. (*as smart as I*) Pues, sí, ella es _____ .

D. Conteste Ud. usando oraciones completas.

1. ¿Con qué empleado habla Ud. cuando va al banco?
2. ¿Cómo se llama el hombre que hace conexiones eléctricas?
3. Si Ud. desea viajar en tren, ¿adónde tiene que ir para tomar el tren?
4. ¿Qué documento de identificación sirve en el banco?
5. ¿Qué cursos de ingeniería puede Ud. estudiar en la universidad? (mínimum: 2)

E. Complete Ud. las siguientes oraciones con las palabras más apropiadas.

1. Abriré en este banco dos cuentas diferentes: una _____ y una _____ .
2. Para entrar en un país extranjero, Ud. necesita _____ .
3. Yo sabía que todos los precios serían razonables hoy porque vi un anuncio que decía: _____ .
4. Los medios de transporte más populares son tres: _____ , _____ y _____ .
5. Busco el número de mi vuelo en el _____ .
6. En el banco siempre veo dos máquinas eléctricas muy importantes: _____ y _____ .
7. Cuando hablamos de la nacionalidad de un señor que viene del Perú, decimos que es _____ .
8. No quiero gastar mi dinero. ¡Todo lo contrario! Quiero _____ .

APPENDICES

APPENDIX 1: Verbs

A. Regular Verbs: Simple Forms

INFINITIVE / PRESENT PARTICIPLE / PAST PARTICIPLE	INDICATIVE					SUBJUNCTIVE		IMPERATIVE
	PRESENT	IMPERFECT	PRETERITE	FUTURE	CONDITIONAL	PRESENT[1]	IMPERFECT[1]	
to speak / speaking / spoken	*I speak, do speak, am speaking, etc.*	*I was speaking, used to speak, spoke, etc.*	*I spoke, did speak, etc.*	*I shall (will) speak, etc.*	*I should (would) speak, etc.*	*(that) I (may) speak, etc.*	*(that) I (might) speak, etc.*	*speak* / *don't speak* / *let's speak*
hablar / hablando / hablado	hablo / hablas / habla / hablamos / habláis / hablan	hablaba / hablabas / hablaba / hablábamos / hablabais / hablaban	hablé / hablaste / habló / hablamos / hablasteis / hablaron	hablaré / hablarás / hablará / hablaremos / hablaréis / hablarán	hablaría / hablarías / hablaría / hablaríamos / hablaríais / hablarían	hable / hables / hable / hablemos / habléis / hablen	hablara / hablaras / hablara / habláramos / hablarais / hablaran	habla tú / no hables / hable Ud. / hablemos / hablen Uds.
comer / comiendo / comido	como / comes / come / comemos / coméis / comen	comía / comías / comía / comíamos / comíais / comían	comí / comiste / comió / comimos / comisteis / comieron	comeré / comerás / comerá / comeremos / comeréis / comerán	comería / comerías / comería / comeríamos / comeríais / comerían	coma / comas / coma / comamos / comáis / coman	comiera / comieras / comiera / comiéramos / comierais / comieran	come tú / no comas / coma Ud. / comamos / coman Uds.
vivir / viviendo / vivido	vivo / vives / vive / vivimos / vivís / viven	vivía / vivías / vivía / vivíamos / vivíais / vivían	viví / viviste / vivió / vivimos / vivisteis / vivieron	viviré / vivirás / vivirá / viviremos / viviréis / vivirán	viviría / vivirías / viviría / viviríamos / viviríais / vivirían	viva / vivas / viva / vivamos / viváis / vivan	viviera / vivieras / viviera / viviéramos / vivierais / vivieran	vive tú / no vivas / viva Ud. / vivamos / vivan Uds.

B. Regular Verbs: Perfect Forms

INDICATIVE					SUBJUNCTIVE	
PRESENT PERFECT	PLUPERFECT	PRETERITE PERFECT[2]	FUTURE PERFECT[2]	CONDITIONAL PERFECT[2]	PRESENT PERFECT	PLUPERFECT[3]
I have spoken, etc.	*I had spoken, etc.*	*I had spoken, etc.*	*I shall (will) have spoken, etc.*	*I should (would) have spoken, etc.*	*(that) I (may) have spoken, etc.*	*(that) I might have spoken, etc.*
he / has / ha / hemos / habéis / han + hablado comido vivido	había / habías / había / habíamos / habíais / habían + hablado comido vivido	hube / hubiste / hubo / hubimos / hubisteis / hubieron + hablado comido vivido	habré / habrás / habrá / habremos / habréis / habrán + hablado comido vivido	habría / habrías / habría / habríamos / habríais / habrían + hablado comido vivido	haya / hayas / haya / hayamos / hayáis / hayan + hablado comido vivido	hubiera / hubieras / hubiera / hubiéramos / hubierais / hubieran + hablado comido vivido

[1]The imperfect subjunctive has another set of endings not used in *Motivos de conversación*: **-se, -ses, -se, -semos, -seis, -sen; hablase, hablases; aprendiese, aprendiésemos; vivieseis, viviesen.**

[2]These forms are not covered in *Motivos de conversación*.

[3]The pluperfect subjunctive also features the alternate set of endings: **hubiese hablado, hubieses vivido,** etc.

C. Irregular Verbs

This section gives only irregular forms, not entire verb conjugations. If a form is not listed, you can assume that it is regular.

andar   *to walk; to go*

Preterite   anduve, anduviste, anduvo, anduvimos, anduvisteis, anduvieron
Imperfect subjunctive   anduviera, anduvieras, anduviera, anduviéramos, anduvierais, anduvieran

caer   *to fall*

Present participle   cayendo
Past participle   caído
Present indicative   caigo, caes, cae, caemos, caéis, caen
Preterite   caí, caíste, cayó, caímos, caísteis, cayeron
Present subjunctive   caiga, caigas, caiga, caigamos, caigáis, caigan
Imperfect subjunctive   cayera, cayeras, cayera, cayéramos, cayerais, cayeran

dar   *to give*

Present indicative   doy, das, da, damos, dais, dan
Preterite   di, diste, dio, dimos, disteis, dieron
Present subjunctive   dé, des, dé, demos, deis, den
Imperfect subjunctive   diera, dieras, diera, diéramos, dierais, dieran

decir   *to say; to tell*

Present participle   diciendo
Past participle   dicho
Present indicative   digo, dices, dice, decimos, decís, dicen
Preterite   dije, dijiste, dijo, dijimos, dijisteis, dijeron
Present subjunctive   diga, digas, diga, digamos, digáis, digan
Imperfect subjunctive   dijera, dijeras, dijera, dijéramos, dijerais, dijeran
Future   diré, dirás, dirá, diremos, diréis, dirán
Conditional   diría, dirías, diría, diríamos, diríais, dirían
Imperative   di

estar   *to be*

Present indicative   estoy, estás, está, estamos, estáis, están
Preterite   estuve, estuviste, estuvo, estuvimos, estuvisteis, estuvieron
Present subjunctive   esté, estés, esté, estemos, estéis, estén
Imperfect subjunctive   estuviera, estuvieras, estuviera, estuviéramos, estuvierais, estuvieran

haber   *to have*

Present indicative   he, has, ha, hemos, habéis, han
Preterite   hube, hubiste, hubo, hubimos, hubisteis, hubieron
Present subjunctive   haya, hayas, haya, hayamos, hayáis, hayan
Imperfect subjunctive   hubiera, hubieras, hubiera, hubiéramos, hubierais, hubieran
Future   habré, habrás, habrá, habremos, habréis, habrán
Conditional   habría, habrías, habría, habríamos, habríais, habrían

hacer   *to do; to make*

Past participle   hecho
Present indicative   hago, haces, hace, hacemos, hacéis, hacen
Preterite   hice, hiciste, hizo, hicimos, hicisteis, hicieron
Present subjunctive   haga, hagas, haga, hagamos, hagáis, hagan
Imperfect subjunctive   hiciera, hicieras, hiciera, hiciéramos, hicierais, hicieran
Future   haré, harás, hará, haremos, haréis, harán
Conditional   haría, harías, haría, haríamos, haríais, harían
Imperative   haz

ir   *to go*

Present participle   yendo
Present indicative   voy, vas, va, vamos, vais, van
Imperfect indicative   iba, ibas, iba, íbamos, ibais, iban
Preterite   fui, fuiste, fue, fuimos, fuisteis, fueron
Present subjunctive   vaya, vayas, vaya, vayamos, vayáis, vayan
Imperfect subjunctive   fuera, fueras, fuera, fuéramos, fuerais, fueran
Imperative   ve

oír   *to hear*

Present participle   oyendo
Past participle   oído
Present indicative   oigo, oyes, oye, oímos, oís, oyen
Preterite   oí, oíste, oyó, oímos, oísteis, oyeron
Present subjunctive   oiga, oigas, oiga, oigamos, oigáis, oigan
Imperfect subjunctive   oyera, oyeras, oyera, oyéramos, oyerais, oyeran
Imperative   oye

poder   *to be able, can*

Present participle   pudiendo
Preterite   pude, pudiste, pudo, pudimos, pudisteis, pudieron
Imperfect subjunctive   pudiera, pudieras, pudiera, pudiéramos, pudierais, pudieran
Future   podré, podrás, podrá, podremos, podréis, podrán
Conditional   podría, podrías, podría, podríamos, podríais, podrían

poner *to put, place*
Past participle puesto
Present indicative pongo, pones, pone, ponemos, ponéis, ponen
Preterite puse, pusiste, puso, pusimos, pusisteis, pusieron
Present subjunctive ponga, pongas, ponga, pongamos, pongáis, pongan
Imperfect subjunctive pusiera, pusieras, pusiera, pusiéramos, pusierais, pusieran
Future pondré, pondrás, pondrá, pondremos, pondréis, pondrán
Conditional pondría, pondrías, pondría, pondríamos, pondríais, pondrían
Imperative pon
Like **poner: componer** (*to compose*), **oponer** (*to oppose*), **proponer** (*to propose*), etc.

querer *to wish, want*
Preterite quise, quisiste, quiso, quisimos, quisisteis, quisieron
Imperfect subjunctive quisiera, quisieras, quisiera, quisiéramos, quisierais, quisieran
Future querré, querrás, querrá, querremos, querréis, querrán
Conditional querría, querrías, querría, querríamos, querríais, querrían

saber *to know*
Present indicative sé, sabes, sabe, sabemos, sabéis, saben
Preterite supe, supiste, supo, supimos, supisteis, supieron
Present subjunctive sepa, sepas, sepa, sepamos, sepáis, sepan
Imperfect subjunctive supiera, supieras, supiera, supiéramos, supierais, supieran
Future sabré, sabrás, sabrá, sabremos, sabréis, sabrán
Conditional sabría, sabrías, sabría, sabríamos, sabríais, sabrían

salir *to go out, leave*
Present indicative salgo, sales, sale, salimos, salís, salen
Present subjunctive salga, salgas, salga, salgamos, salgáis, salgan
Future saldré, saldrás, saldrá, saldremos, saldréis, saldrán
Conditional saldría, saldrías, saldría, saldríamos, saldríais, saldrían
Imperative sal

ser *to be*
Present indicative soy, eres, es, somos, sois, son
Imperfect indicative era, eras, era, éramos, erais, eran
Preterite fui, fuiste, fue, fuimos, fuisteis, fueron
Present subjunctive sea, seas, sea, seamos, seáis, sean
Imperfect subjunctive fuera, fueras, fuera, fuéramos, fuerais, fueran
Imperative sé

tener *to have*
Present indicative tengo, tienes, tiene, tenemos, tenéis, tienen
Preterite tuve, tuviste, tuvo, tuvimos, tuvisteis, tuvieron
Present subjunctive tenga, tengas, tenga, tengamos, tengáis, tengan
Imperfect subjunctive tuviera, tuvieras, tuviera, tuviéramos, tuvierais, tuvieran
Future tendré, tendrás, tendrá, tendremos, tendréis, tendrán
Conditional tendría, tendrías, tendría, tendríamos, tendríais, tendrían
Imperative ten
Like **tener: detener** (*to detain*), **mantener** (*to maintain*), **obtener** (*to obtain*), etc.

traer *to bring*
Present participle trayendo
Past participle traído
Present indicative traigo, traes, trae, traemos, traéis, traen
Preterite traje, trajiste, trajo, trajimos, trajisteis, trajeron
Present subjunctive traiga, traigas, traiga, traigamos, traigáis, traigan
Imperfect subjunctive trajera, trajeras, trajera, trajéramos, trajerais, trajeran

valer *to be worth*
Present indicative valgo, vales, vale, valemos, valéis, valen
Present subjunctive valga, valgas, valga,valgamos, valgáis, valgan
Future valdré, valdrás, valdrá, valdremos, valdréis, valdrán
Conditional valdría, valdrías, valdría, valdríamos, valdríais, valdrían

venir *to come*
Present participle viniendo
Present indicative vengo, vienes, viene, venimos, venís, vienen
Preterite vine, viniste, vino, vinimos, vinisteis, vinieron
Present subjunctive venga, vengas, venga, vengamos, vengáis, vengan
Imperfect subjunctive viniera, vinieras, viniera, viniéramos, vinierais, vinieran
Future vendré, vendrás, vendrá, vendremos, vendréis, vendrán
Conditional vendría, vendrías, vendría, vendríamos, vendríais, vendrían
Imperative ven

ver *to see*
Past participle visto
Present indicative veo, ves, ve, vemos, veis, ven
Imperfect indicative veía, veías, veía, veíamos, veíais, veían
Preterite vi, viste, vio, vimos, visteis, vieron
Present subjunctive vea, veas, vea, veamos, veáis, vean

D. Stem-changing Verbs

1. e → ie and o → ue

comenzar to begin

Present indicative comienzo, comienzas, comienza, comenzamos, comenzáis, comienzan
Present subjunctive comience, comiences, comience, comencemos, comencéis, comiencen
Imperative comienza

volver to return
Present indicative vuelvo, vuelves, vuelve, volvemos, volvéis, vuelven
Present subjunctive vuelva, vuelvas, vuelva, volvamos, volváis, vuelvan
Imperative vuelve

Some other common verbs of this type are:

acostarse (ue) *to go to bed*	**llover (ue)** *to rain*
cerrar (ie) *to close*	**negar (ie)** *to deny*
costar (ue) *to cost*	**nevar (ie)** *to snow*
doler (ue) *to hurt*	**pensar (ie)** *to think*
empezar (ie) *to begin*	**perder (ie)** *to lose*
encontrar (ue) *to meet*	**querer (ie)** *to wish, want*
entender (ie) *to understand*	**sentarse (ie)** *to sit down*
jugar (ue) *to play*	

2. e → ie, i and o → ue, u

preferir to prefer
Present participle prefiriendo
Present indicative prefiero, prefieres, prefiere, preferimos, preferís, prefieren
Preterite preferí, preferiste, prefirió, preferimos, preferisteis, prefirieron
Present subjunctive prefiera, prefieras, prefiera, prefiramos, prefiráis, prefieran
Imperfect subjunctive prefiriera, prefirieras, prefiriera, prefiriéramos, prefirierais, prefirieran
Imperative prefiere

dormir to sleep
Present participle durmiendo
Present indicative duermo, duermes, duerme, dormimos, dormís, duermen
Preterite dormí, dormiste, durmió, dormimos, dormisteis, durmieron
Present subjunctive duerma, duermas, duerma, durmamos, durmáis, duerman
Imperfect subjunctive durmiera, durmieras, durmiera, durmiéramos, durmierais, durmieran
Imperative duerme

Other verbs with similar changes are:
divertirse (ie, i) *to enjoy oneself*
morir (ue, u) *to die*
sentir (ie, i) *to feel*

3. e → i, i

pedir to ask for
Present participle pidiendo
Present indicative pido, pides, pide, pedimos, pedís, piden
Preterite pedí, pediste, pidió, pedimos, pedisteis, pidieron
Present subjunctive pida, pidas, pida, pidamos, pidáis, pidan
Imperfect subjunctive pidiera, pidieras, pidiera, pidiéramos, pidierais, pidieran
Imperative pide

Other **-ir** verbs of this type are:

repetir (i, i) *to repeat*
seguir (i, i) *to follow*
servir (i, i) *to serve*

E. Verbs with Spelling (Orthographic) Changes

1. c → qu

buscar to look for
Preterite busqué, buscaste, buscó, buscamos, buscasteis, buscaron
Present subjunctive busque, busques, busque, busquemos, busquéis, busquen

Like **buscar**: **explicar** (*to explain*), **sacar** (*to take out*), **significar** (*to mean*), **tocar** (*to play music*).

2. c → zc

conocer to know, be acquainted
Present conozco, conoces, conoce, conocemos, conocéis, conocen
Present subjunctive conozca, conozcas, conozca, conozcamos, conozcáis, conozcan

Like **conocer**: **aparecer** (*to appear*), **establecer** (*to establish*), **ofrecer** (*to offer*)

3. z → c

comenzar (ie) *to begin*

Preterite comencé, comenzaste, comenzó, comenzamos, comenzasteis, comenzaron

Present subjunctive comience, comiences, comience, comencemos, comencéis, comiencen

Like **comenzar: cruzar** (*to cross*), **empezar (ie)** (*to begin*), **organizar** (*to organize*)

4. g → gu

llegar *to arrive*

Preterite llegué, llegaste, llegó, llegamos, llegasteis, llegaron

Present subjunctive llegue, llegues, llegue, lleguemos, lleguéis, lleguen

Like **llegar: jugar (ue)** (*to play a game*), **negar (ie)** (*to deny*), **pagar** (*to pay*), **rogar (ue)** (*to beg*)

5. g → j

corregir (i, i) *to correct*

Present indicative corrijo, corriges, corrige, corregimos, corregís, corrigen

Present subjunctive corrija, corrijas, corrija, corrijamos, corrijáis, corrijan

Like **corregir: dirigir** (*to direct*), **escoger** (*to choose*), **proteger** (*to protect*)

6. gu → g

seguir (i, i) *to follow*

Present indicative sigo, sigues, sigue, seguimos, seguís, siguen

Present subjunctive siga, sigas, siga, sigamos, sigáis, sigan

7. i → y

creer *to believe*

Preterite creí, creíste, creyó, creímos, creísteis, creyeron

Imperfect subjunctive creyera, creyeras, creyera, creyéramos, creyerais, creyeran

Like **creer: leer** (*to read*)

construir *to build, construct*

Present indicative construyo, construyes, construye, construimos, construís, construyen

Preterite construí, construiste, construyó, construimos, construisteis, construyeron

Present subjunctive construya, construyas, construya, construyamos, construyáis, construyan

Imperfect subjunctive construyera, construyeras, construyera, construyéramos, construyerais, construyeran

Like **construir: contribuir** (*to contribute*), **incluir** (*to include*)

APPENDIX 2: Answers to the Self-tests

SELF-TEST 1

A. 1. la 2. el 3. el 4. el 5. la
B. 1. Tú 2. Yo 3. Vosotros (Vosotras) 4. Nosotros (Nosotras)
C. 1. vengo 2. discutimos
3. Gastan 4. contestan 5. Sois
6. escriben 7. llevan 8. digo
9. gustan 10. Van
D. 1. Doce menos cinco son siete.
2. Seis y (más) nueve son quince.
3. Ocho y (más) veinte y uno (veintiuno) son veinte y nueve (veintinueve). 4. Son las dos menos veinte. 5. Son las once menos cuarto.
E. 1. está 2. es 3. estamos
4. son 5. está 6. son 7. están
8. es 9. son 10. son
F. 1. ¿Cómo se llama Ud.? (¿Cómo te llamas?) 2. ¡Adiós! ¡Hasta mañana! 3. Buenas tardes, señora.
G. 1. Sí, (No, no) tengo clases todos los días. 2. Leo las noticias en el periódico. 3. Estudio (Leo, Hablo) en la clase. 4. Sí, (No, no) me gusta dar un paseo con los amigos. 5. Sí, (No, no) gasto mucho cuando invito a un amigo (una amiga) al cine.
H. 1. buenos precios (precios buenos) 2. Dónde 3. difíciles 4. baratos pero buenos 5. enseñan Uds. varias clases 6. porque son 7. A qué hora 8. joven y lista (inteligente)

SELF-TEST 2

A. 1. este 2. estos 3. esta
4. Esos 5. Ese 6. Esa 7. ése
8. ésos 9. ésta
B. 1. — 2. a 3. a 4. —
C. 1. pueden 2. entiendo
3. piensa 4. queremos 5. Vuelves
6. salgo 7. sé 8. Conocen
9. traigo 10. ponemos
D. 1. prima 2. parientes
3. esposa 4. menor 5. jueves
6. meses 7. setenta 8. quinientos
E. 1. Venga Ud. temprano.
2. Hablen Uds. con Raúl. 3. Decida Ud. pronto. 4. No coman Uds. con ellos. 5. Busquen Uds. la farmacia. 6. No vaya Ud. a esa escuela.
F. 1. el quinto niño 2. la segunda función 3. el tercer nieto

G. 1. tengo hambre 2. tenemos mucho frío 3. hace buen tiempo
4. buen 5. haciendo 6. Estoy buscando (Busco) 7. Nuestros
8. Está durmiendo (Duerme)
9. Tus 10. Mis

SELF-TEST 3

A. 1. Quiero recibirla 2. la estaba esperando (estaba esperándola)
3. dígale 4. no les di 5. la compró
B. 1. Llovía 2. salí 3. volví
4. No estaba 5. tenía 6. decidí
C. 1. visitarla 2. les 3. escribirme 4. verlas
D. 1. iba 2. fue (fuiste) 3. lo (la) puso (pusiste) 4. estaba (estuve)
5. pidiendo
E. 1. para 2. para 3. por 4. por
5. para
F. 1. practiqué 2. no trajiste
3. durmiendo 4. no dijeron 5. era (fue)
G. 1. escriba 2. haga 3. entre
4. Mira 5. Pon 6. Sal
H. 1. la taza 2. la cena 3. (el) cerdo 4. sin 5. la gente
6. cocinar 7. la sala (la habitación, el cuarto) 8. las vacaciones 9. hacer una caminata 10. viajar
I. 1. Miro la televisión en la sala de estar (la alcoba). 2. Pago las cuentas mensuales con cheques personales. 3. En la sala de estar hay un sofá, un sillón, un televisor, un estante de libros, varias lámparas, una alfombra (oriental), una mesita, etcétera. 4. Prefiero los frijoles, los guisantes, las patatas (papas), los tomates y la lechuga.

SELF-TEST 4

A. 1. Roberto se lo da. 2. Escríbasela. 3. Están dándoselos. 4. Don José se lo ha comprado. 5. Se las mandamos.
B. 1. te levantaste 2. afeitarme
3. bañándome 4. se puso 5. nos acostamos
C. 1. Él no podrá contestar.
2. Nosotros saldremos mañana para Asunción. 3. ¿A qué hora vendrán ellas? 4. ¿Qué harán Uds. hoy?
5. Ella no querrá hablarme. 6. Juan no sabrá la respuesta. 7. ¿A

qué hora tendrías que ir?
8. ¿Dónde pondrían Uds. los documentos? 9. ¿Qué le dirías en ese caso? 10. ¿Sabrían Uds. hacerlo rápidamente? 11. ¿Dónde preferirías trabajar?
D. 1. sino correr 2. sino que repasaré 3. pero iremos 4. pero compraré 5. sino a sus tíos
E. 1. manejar 2. llantas 3. agua
4. faros 5. cielo
F. 1. ha escrito 2. Nunca lo veo. (No lo veo nunca.) 3. No me ha dicho 4. Les gusta 5. No la hemos visto. 6. Me gustaron 7. Has abierto 8. litros 9. viajero
10. esquina
G. 1. No conozco a nadie de las Islas Filipinas. 2. Nunca vengo (No vengo nunca) con mi madre. 3. No lo voy a hacer (No voy a hacerlo) tampoco. 4. No hago nada para mis parientes. 5. No quiero ni leche ni jugo de naranja. 6. No tengo ningunos amigos guatemaltecos.

SELF-TEST 5

A. 1. Qué 2. Cuáles 3. Qué
4. Cuál 5. Cuál 6. Cuál
B. 1. Las cartas fueron contestadas en español por mi tío. 2. Las puertas fueron abiertas a las seis por el muchacho. 3. Un libro fue publicado por aquel señor.
4. América fue descubierta por Cristóbal Colón. 5. La boda fue organizada por mi madre. 6. La ventana fue cerrada por mi hermana.
C. 1. Se anunciará el drama en clase. 2. Se venderán los objetos artísticos inmediatamente. 3. Se escriben las oraciones en español.
4. Se discutirá todo eso mañana.
5. Se identificó el billete en seguida.
D. 1. El pan está hecho. 2. Las maletas están abiertas. 3. La cena está servida. 4. está terminado.
5. Mis dos coches están pintados.
E. 1. Que entre él. 2. Que lo hagan ellos. 3. Pedro, no lo traigas ahora. 4. Que bailen ellos.
F. 1. llame 2. sepas 3. traiga
4. salgamos 5. esté 6. haya
7. tengas 8. es 9. vaya

10. hagan 11. viene (vendrá)
12. vean 13. conoce
14. quiera 15. me ponga 16. nos
evantemos 17. vuelva 18. tome
G. 1. jaqueca (dolor de cabeza)
2. maleta 3. alcalde 4. fiebre

SELF-TEST 6

A. 1. venga (viniera) 2. tuviera
3. hiciera efectivo 4. pagara al
contado 5. pediste 6. sea
7. sepa 8. me acompañe 9. llegó
10. estudia 11. entendiera
12. salga 13. dijera 14. muriera
15. recibas 16. pudiera 17. traba-

járamos 18. repitieras 19. daría
20. comprara
B. 1. terminar 2. tan pronto
como 3. el aeropuerto 4. firmar
(cheques) 5. el fontanero 6. el
pasajero (la pasajera) 7. la
arquitectura
C. 1. no durmieron 2. (un) amigo
mío 3. no traje mi libreta de
cheques 4. ¡No debiera hacerlo!
5. compañeras suyas 6. tantos
pesos como 7. mayor 8. Es la
peor 9. más bajos que 10. tan
lista (inteligente) como yo
D. 1. Hablo con el cajero (la cajera) cuando voy al banco. 2. El

hombre que hace conexiones eléctricas se llama el electricista.
3. Si deseo viajar en tren, tengo que
ir a la estación del ferrocarril.
4. Una tarjeta de identidad o un
carnet de manejar sirve en el
banco. 5. En la universidad puedo
estudiar ingeniería civil (mecánica,
eléctrica, química).
E. 1. cuenta corriente, cuenta de
ahorros 2. un pasaporte 3. Liquidación General 4. el automóvil, el
avión, el autobús 5. horario
electrónico 6. una calculadora,
una computadora 7. peruano
8. ahorrarlo

APPENDIX 3: Punctuation, Capitalization, and Syllabication

A. PUNCTUATION

Generally speaking, Spanish uses punctuation marks very much as English does. Note, however, the following exceptions.

1. Spanish uses inverted initial interrogation and exclamation marks.

   ¿Cómo se llama Ud.?
   ¡Qué clase!

2. Spanish uses dashes rather than quotation marks to set off the discourse of speakers.

   —Se lo daré ahora mismo—dijo el vendedor.

3. The comma is used more frequently in Spanish to separate adjectival and adverbial phrases of more than three or four words.

   Más hermosa que nunca, se presentó en la recepción, acompañada por su hermana.

4. Spanish reserves quotation marks for words or phrases that are not being used in their normal sense, or to indicate that a passage is being quoted textually. In such instances most other punctuation marks usually go outside the quotation marks.

   Luego afirmó: «Reformarse es vivir».

B. CAPITALIZATION

The main differences between Spanish and English capitalization are the following:

1. Spanish does not capitalize adjectives of nationality, days of the week, or names of

months. In some Spanish-American countries, however, the names of months are capitalized.

   Era un señor uruguayo.
   Vendrá el lunes, 24 de noviembre.

2. In Spanish only the first letter of a title is capitalized:

   Elogio de la inteligencia y la imaginación

C. DIVIDING WORDS INTO SYLLABLES

1. A single consonant forms a new syllable with the vowel(s) following it. Remember that **ch**, **ll**, and **rr** are single consonants in Spanish and cannot be separated.

   ca-ma   mu-cho   gui-ta-rra   ca-ba-llo

2. Most consonants plus **l** or **r** form an indivisible group that counts as one consonant.

   la-bra-dor   a-pli-ca-ción   Pe-dro   ha-blo

3. Groups of two consonants are divided in the middle. Remember that **br**, **pl**, **pr**, **tl**, **tr**, etc., count as one consonant.

   Car-men   Al-fre-do   es-tu-dia   Mar-ga-ri-ta

4. If more than two consonants occur between vowels, the last consonant or consonantal group forms a new syllable with the vowel(s) following it.

   cons-truc-ción   pers-pec-ti-va

VOCABULARIES

The Spanish–English vocabulary contains all the words that appear in the text, with the following exceptions: (1) most identical cognates[1], (2) verb conjugations, (3) most regular past participles, (4) absolute superlatives ending in **ísimo, -a,** and (5) proper names of individuals. The number in parentheses after some definitions refers to the lesson in which a word appears in an active vocabulary list; vocabulary that is not included in the **Vocabulario activo** lists is not numbered here. (P) indicates words appearing in the preliminary lessons. The English–Spanish vocabulary includes all words and expressions in the chapter vocabulary lists, as well as all vocabulary necessary to do the English–Spanish translation exercises in the text and in the workbook that accompanies the text.

The gender of nouns is indicated except for (1) masculine nouns ending in **-o** and feminine nouns ending in **-a** and (2) where meaning makes gender clear. Stem changes and spelling changes are shown for verbs: **dormir (ue, u); llegar (gu).** Verbs having a stem change as well as a spelling change are followed by two sets of parentheses: **comenzar (ie) (c).** The conjugations of verbs marked (*irreg.*) are found in Appendix 1, with the exception of verbs that are irregular only in the first-person singular of the present tense; this irregularity is indicated by including the first-person singular form in parentheses after the infinitive. The student should remember that the first-person singular form of such irregular verbs is also the basis for their present subjunctive forms; for example, **conocer: conozco → conozca, conozcas,** etc.

Words that begin with **ch, ll,** and **ñ** are found under separate headings, following the letters **c, l,** and **n,** respectively. Within words, **ch, ll,** and **ñ** follow **c, l,** and **n.** For example, **leche** follows **lector, ella** follows **elude,** and **año** follows **anual.**

The following abbreviations are used:

adj.	adjective		*Mex.*	Mexico
adv.	adverb		*n.*	noun
conj.	conjunction		*obj. of prep.*	object of a preposition
d.o.	direct object		*p.p.*	past participle
f.	feminine		*pl.*	plural
fam.	familiar		*poss.*	possessive
form.	formal		*prep.*	preposition
i.o.	indirect object		*pron.*	pronoun
inf.	infinitive		*refl. pron.*	reflexive pronoun
interj.	interjection		*s.*	singular
irreg.	irregular		*Sp.*	Spain
L.A.	Latin America		*sub. pron.*	subject pronoun
m.	masculine			

---

[1] Identical cognates that appear in chapter vocabulary lists are also listed here.

Spanish—English Vocabulary

A

a to; at (2); *not translated when used to indicate a personal direct object*
abajo down; below; **hacia** ____ downward (11)
abierto, -a *p. p.* open; opened
abogado, -a (defensor, -a) (defense) lawyer (14)
abordar: pase (*m.*) **para** ____ boarding pass (15)
abordo act of boarding (*a ship, plane, etc.*)
abrazar (c) to embrace (13)
abrazo embrace (13)
abrigo coat (3)
abril *m.* April (4)
abrir to open (2)
absolutamente absolutely
absoluto, -a absolute; **¡en absoluto!** absolutely not!
abstenerse (*irreg.*) to abstain
abuelo, -a grandfather, grandmother (5); *pl.* grandparents
abundancia abundance
abundante abundant
aburrido, -a bored; boring, tiresome (3)
accesorio accessory
accidente *m.* accident
aceite (de oliva) *m.* (olive) oil (9)
acelerador *m.* accelerator, gas pedal (10)
aceptable acceptable
aceptar to accept
acera sidewalk (10)
aclarar to clarify
acompañar to accompany (4)
aconsejar to advise (14)
acostarse (ue) to go to bed (11)
acreedor *m.* creditor
actividad *f.* activity
activo, -a active
actriz *f.* (*pl.* **actrices**) actress; **primera** ____ leading lady
actuar to act
acúatico, -a aquatic, (of) water; **esquí** (*m.*) ____ water skiing
adaptacíon *f.* adaptation
adelante onward; forward; **hacia** ____ forward
ademán *m.* gesture
además besides, furthermore (12)

adiós goodbye (P)
adjetivo adjective
admirar(se) to admire (oneself)
admitir to admit; to accept
adonde (to) where
¿adónde? where (to)? (3)
adverbio adverb
aéreo, -a (*pertaining to*) air; **línea** ____ airline (16)
aeropuerto airport (16)
afectar to affect
afeitar(se) to shave (oneself) (11)
afición *f.* fondness, liking; **tener** ____ **a** to be fond of (18)
afirmativamente affirmatively
afirmativo, -a affirmative
agencia agency (16)
agente *m.*, *f.* agent (16)
agosto August (4)
agradable agreeable, pleasant
agresión *f.* assault
agricultura agriculture
agua (*but* **el agua**) water (8)
aguantar to stand (*something*), put up with
ahí there
ahora now (1); ____ **mismo** right now (15)
ahorrar to save (*money*) (17)
ahorros savings; **cuenta de** ____ savings account (17)
aire *m.* air
aislamiento insulation
ají *m.*, *L.A.* (*pl.* **ajíes**) chili (*plant and fruit*); chili sauce
ajustable adjustable
al (*contraction of* **a** + **el**) to (at) the; **al** + *inf.* upon (*doing something*)
albañil *m.*, *f.* bricklayer (18)
alcalde, alcaldesa mayor (14)
alcoba bedroom (8)
alegrar to cheer up; **alegrarse (de)** to be glad (of) (14)
alegre happy, cheerful (1)
alegremente happily, cheerfully
alegría happiness, joy
alemán, -mana German
Alemania Germany
alergia allergy (15)
alfombra carpet, rug (8)
algo something (11); ¿ ____ **más?** anything else?
alguien someone (11)
algún *shortened form of* **alguno**

(11), *used before masculine singular nouns*
alguno, -a (-os, -as) some; any (11)
almacén *m.* (*often used in plural*) department store (2)
almorzar (ue) (c) to eat (have) lunch (6)
almuerzo lunch (9)
¿aló? *L.A.* hello? (*telephone response*)
alquilar to rent
alquiler *m.* rent (8)
alto, -a tall (3); high; loud
altura height
alumno, -a student (1)
allí there (3)
amable friendly (1)
amado, -a beloved
amar to love (13)
amarillo yellow
Amazonas *m. s.* Amazon (River)
amazónico, -a (*pertaining to the*) Amazon
ambición *f.* ambition
ambiente *m.* atmosphere; **medio ambiente** environment
América America
americano, -a American
amigo, -a friend (P)
amor *m.* love (6); **carta de** ____ love letter
amoroso, -a amorous, loving
ampliación *f.* amplification; enlargement; expansion
amplio, -a ample; full
análisis *m.* analysis
Andalucía Andalusia
andar (*irreg.*) to go; to walk (7); to be; ____ **bien (mal)** to work (function) well (badly); **en bicicleta** to ride a bicycle (7); ____ **todo derecho** to walk straight ahead (10)
andén *m.* (*railway station*) platform (16)
anécdota anecdote
anemia anemia (15)
anillo ring (13); ____ **de compromiso** engagement ring (13)
anoche last night (7)
anotación *f.* annotation, note
ante *prep.* before (*in front of*), in the presence of
anterior previous

antes *adv.* before; formerly; _____
   de *prep.* before (*in time*) (7);
   _____ **de que** *conj.* before (18)
antiguo, -a ancient, old
antónimo antonym
anual annual
anunciar to announce (16); to
   advertise
anuncio sign; announcement;
   _____ **comercial** (TV)
   commercial
año year (4); **Año Nuevo** New
   Year; **el** _____ **pasado** last
   year; **tener... años** to be . . .
   years old (4)
apagar (gu) to turn off (8)
aparato apparatus; telephone;
   _____ **eléctrico** appliance (8);
   machine
aparcar (qu) to park
aparecer (aparezco) to appear
apartamento apartment
aperitivo aperitif (*before-dinner
   drink*); appetizer
apetito appetite
aplicar (qu) to apply
aportar to bring; to provide
apreciar to appreciate (18); to
   esteem, value
aprender to learn (4); _____ **a** +
   inf. to learn to (*do something*);
   _____ **de memoria** to memorize
aprobación *f.* approval
aprobar (ue) to pass (*in a course,
   a bill in Parliament*)
apropiado, -a appropriate
aprovechar to take advantage (of)
aquel, aquella (-os, -as) *adj.* that,
   those (4)
aquél, aquélla (-os, -as) *pron.* that
   (one), those; the former (4)
aquello that, that thing
aquí here (1); _____ **mismo** right
   here; **es** _____ this is the place;
   por _____ this way
árbol *m.* tree (12)
archivo file, archive (17)
argentino, -a Argentine,
   Argentinian
árido, -a arid, dry
armario closet (8)
armonía harmony
arquitecto, -a architect (18)
arquitectura architecture
arreglado, -a arranged
arreglar to arrange (13)
arriba up; above; **hacia** _____
   upward (11)
arroz *m.* rice (9)
arte (*but* **el arte**) art; **bellas artes**
   f. pl. fine arts

artículo article
artificialmente artificially
artista *m., f.* artist
artístico, -a artistic
ascensor *m.* elevator (17)
asegurar to assure
así so; thus (13); like this, like
   that, in this (that) way; **así, así**
   so-so (P); _____ **es** that's true
asiento seat (10)
asignatura course, subject (*in
   school*)
asociación *f.* association
asociar to associate
asombroso, -a astonishing,
   amazing
aspecto aspect, appearance; **tener
   mal** _____ to look bad
aspiradora vacuum cleaner (8)
aspirina aspirin (15)
astro star
«astromóvil» *m.* "starmobile"
   (*play on "automóvil"*)
ataque *m.* attack; _____ **al
   corazón** heart attack (15)
atención *f.* attention
atender (ie) to assist; to take care
   of (*a person*)
Atlántico Atlantic (Ocean)
atractivo, -a attractive
atrás backwards; **hacia** _____
   backwards, in reverse; **marchar
   hacia** _____ to back up
atrasado, -a late, behind schedule
   (16)
aun even; _____ **cuando** even
   though, although
aún still; yet
aunque although (17)
auto (automóvil) auto(mobile)
autobús *m.* bus (2)
automáticamente automatically
automático, -a automatic
automóvil *m.* automobile (2)
autónomo, -a autonomous,
   self-governing; **buceo autónomo**
   scuba diving (10)
autopista freeway, expressway,
   turnpike (10)
autor, -a author
autoridad *f.* authority (14)
autorizar (c) to authorize (14)
avanzado, -a advanced
avenida avenue (10)
avión *m.* airplane (16); **en** _____
   by plane; **por** _____ by
   air(mail) (17)
ayer yesterday (3)
ayudar to help (17)
ayuntamiento city hall (14)
azteca *m., f.* Aztec

azúcar *m.* sugar
azul blue (3)

B

bailar to dance (4)
bailarín -ina dancer
baile *m.* dance (6)
bajar to go (get) down (7); to
   lower (*something*)
bajo, -a *adj.* short (3); low; **bajo**
   prep. under
balón *m.* (*soccer*) ball (7)
banana banana (9)
banco bank (2)
banquero, -a banker (17)
banquete *m.* banquet
bañarse to bathe (oneself), take a
   bath (11)
baño bath; **cuarto de** _____
   bathroom (8)
barato, -a cheap, inexpensive (2)
barco boat, ship
barrio district, neighborhood (2)
base *f.* base, basis; **a** _____ **de** on
   the basis of
básico, -a basic
básquetbol *m.* basketball (7)
bastante *adj.* enough; *adv.* quite,
   rather (10)
batir to beat
bazar *m.* bazaar
beber to drink (7)
bebida beverage, drink
béisbol *m.* baseball (7)
bello: bellas artes fine arts
beneficiar to benefit
besar to kiss (13)
beso kiss (13)
biblioteca library (1)
bicicleta bicycle; **andar en** _____
   to ride a bicycle (7)
bien *adv.* well (P); **está** _____ all
   right; **nada marcha** _____
   nothing is going right (17)
biftec *m.* beefsteak (9)
bilingüe bilingual
billete *m.* ticket (6); bill,
   banknote; _____ **de ida y
   vuelta** round-trip ticket (16);
   _____ **sencillo** one-way ticket
   (16)
biología biology
bisiesto: año _____ leap year
blanco, -a white (3); **en** _____
   blank (*space*)
blusa blouse (3)
boca mouth (11)
boda wedding (13)
boleto *L.A.* ticket (6); _____ **de
   ida y vuelta** round-trip ticket

(16); _____ **sencillo** one-way
ticket (16)
bolígrafo ballpoint pen (1)
boliviano, -a Bolivian
bolsa: _____ **turística** travel bag
(16)
bolso purse (3)
bollo roll, bun (9)
bonito, -a pretty (5)
bordo: a _____ (**de**) on board (16)
borracho, -a drunk, intoxicated
(10)
bota boot (3)
bote *m.* boat
botella bottle (5)
brasileño, -a Brazilian
brazo arm (11)
breve short, brief
brillante brilliant
brillar to shine
brindar to toast
brisa breeze
buceo diving; _____ **autónomo**
scuba diving
buen *shortened form of* **bueno** (4),
*used before masculine singular
nouns*
bueno, -a good; all right (2);
¿ _____ ? hello? (*telephone usage
in Mexico*); **buenos días** good
morning (P); **buenas noches**
good evening (*night*) (P); **buenas
tardes** good afternoon (P);
Noche Buena Christmas Eve;
(**no**) **ver a alguien con buenos
ojos** (not) to like someone
búfalo buffalo
bulevar *m.* boulevard (10)
burguesía bourgeoisie
burócrata *m., f.* bureaucrat
burocrático, -a bureaucratic
burro donkey
buscar (qu) to look for, seek (4)
buzón *m.* mailbox (17)

C

caballero gentleman, sir
caballo horse
cabeza head (11); **dolor de** _____
headache
cacería hunting
cada each (5)
caer (*irreg.*) to fall
café *m.* cafe (*restaurant*); coffee
(2); _____ **con leche** coffee with
milk (9)
cafetería coffee shop, restaurant
cajero, -a cashier (17)
calcetín *m.* sock (3)
calculadora calculator (17)

cálculo calculation (17)
calefacción *f.* heating (*in a
building*) (8)
calendario calendar
calidad *f.* quality
caliente hot (*temperature*) (7)
calmar to calm (down)
calor *m.* heat, warmth; **hacer**
_____ to be hot or warm
(*weather*) (4); **tener** _____ to be
(feel) warm (4)
calzado: fábrica de _____ shoe
factory
callarse to hush (oneself), be quiet
calle *f.* street (2)
cama bed (8)
Cámara: _____ **de
Representantes** House of
Representatives (14)
cámara camera
cambiar to change; exchange
cambio change; exchange; **tipo de**
_____ rate of exchange (17)
caminar to walk (3); to travel
caminata walk, hike; **hacer una**
_____ to go hiking (7)
camino road, highway
camión *m.* truck; *L.A.* bus (10)
camioneta station wagon; pickup,
small truck (10)
camisa shirt (3)
campeonato championship (7)
campo field (*of study*) (18);
country, countryside; _____ **de
golf** golf course
cancelar to cancel (16)
cáncer *m.* cancer (15)
canción *f.* song (4)
cancha (tennis) court (7)
candidato candidate
cansado, -a tired; tiresome (3)
cantante *m., f.* singer (6)
cantar to sing (4)
cantidad *f.* quantity
caño (water) pipe (18)
capital *m.* capital (*investment*); *f.*
capital (*city*)
capitalismo capitalism
capitán *m.* captain
cápsula capsule
cara face (11)
carácter *m.* character (*personal
quality*)
característica characteristic
¡caramba! for Pete's (heaven's)
sake!, good gracious (grief)!
cargo fee; surcharge
Caribe *m.* Caribbean
carne *f.* meat; _____ **de cerdo**
pork; _____ **de cordero** lamb;
_____ **de vaca** beef (9)

carnet (*m.*): _____ **de identidad**
identity (ID) card; _____ **de
manejar** driver's license (10)
caro, -a expensive (2)
carpintería carpentry
carpintero, -a carpenter (18)
carrera race (*contest*); career
carretera highway (10)
carro *Mex.* automobile, car
carta letter (2); _____**de amor**
love letter; _____ **urgente**
special-delivery letter (17);
_____ **de identidad** identity
(ID) card
cartera wallet, billfold
cartero, -a mail carrier (17)
casa house (2); **a** _____ (to) home
(5); **en** _____ at home (2)
casado, -a married (5)
casar to marry; **casarse (con)** to
get married (to) (13)
casero, -a *n.* landlord, landlady;
innkeeper; *adj.* homemade
casi almost (5)
caso case (*matter*); **en** _____ **de
(que)** in case (18)
catorce fourteen (2)
causa cause
causar to cause
cazuela casserole
cebra zebra
celebrar to celebrate (4)
cena dinner, supper (9)
cenar to eat supper, dine (8)
centro center; downtown (2)
Centroamérica Central America
centroamericano, -a Central
American
cerca (de) near (to) (17)
cerdo pig; pork; **carne de** _____
pork (9)
ceremonia ceremony (13)
cero zero
cerrar (ie) to close, shut
cerveza beer (5)
ceviche (*also* **cebiche**) *m.* dish
made of fish and chili
ciclismo cycling (7)
ciclón *m.* cyclone (12)
cielo sky; heaven (12)
cien *shortened form of* **ciento** (5,
6), *used before a noun, and
before the numbers* **mil,
millones,** *etc.*
ciencia science
científico, -a scientific
ciento one hundred (5, 6)
cierto, -a certain; **es cierto** it's
true (15); **hasta cierto punto** up
to a point; **en cierta medida** to
a certain extent

cigarrillo cigarette
cinco five (2)
cincuenta fifty (5)
cine *m.* movies, cinema; movie theater (2)
cinemático, -a (*pertaining to*) movies, films
cínico, -a *n.* cynic; *adj.* cynical
cinta tape (*for tape recorder*) (6)
cinturón *m.* belt; _____ **de seguridad** safety (seat) belt
círculo circle
circunstancia circumstance
cita date (*appointment*); social engagement (13)
ciudad *f.* city (1)
ciudadano, -a citizen
civil: ingeniería _____ civil engineering (18)
¡claro! of course!, naturally!
clase *f.* class; **sala de** _____ classroom (1)
clásico, -a classic, classical
clasificación *f.* classification
cliente, -a client, customer
clima *m.* climate (12)
clínica clinic; hospital
cocina kitchen; _____ **eléctrica** electric stove (8)
cocinar to cook (8)
cocodrilo crocodile
coche *m.* automobile, car (2); **en** _____ by car
cognado cognate
cola line; **hacer** _____ to stand in line (17)
colaboración *f.* collaboration
colaborar to collaborate
coliflor *f.* cauliflower
colina hill (12)
colombiano,-a Colombian
Colón Columbus
coloreado, -a reddened; colored
columna column
comedia comedy
comedor *m.* dining room (8)
comentario commentary
comenzar (ie) (c) to begin, commence (6)
comer to eat (2, 9)
comercial *adj.* commercial; **anuncio** _____ ad, (TV) commercial
comercio commerce, business (18)
cómico, -a comic(al)
comida (midday) meal, dinner; food (9)
como since; as (8); like; as if I were; **si** as if; **siempre** as usual; **tan...** _____ as . . . as (15); **tanto (-a, -os,**

-as,)... _____ as much (many) as (15); **tan pronto** _____ as soon as (18)
¿cómo? how?; what? (P); how come?; what do you mean?; **¿** _____ **es?** what's it (he, she) like? (3); **¿** _____ **está?** how is she (he)? (P); **¡** _____ **no!** of course! (17)
cómoda dresser (*bureau*)
cómodo, -a comfortable
compañero, -a a companion; _____ **de clase** classmate; _____ **de cuarto** roommate
compañía company
compartir to share
compensación *f.* compensation
complejo *n.* complex
completamente completely
completar to complete, finish
completo, -a complete
complicación *f.* complication
complicar (qu) to complicate (14)
componer (*irreg.*) to compose
composición *f.* composition
compra purchase; **ir de compras** to go shopping (3)
comprador, -a buyer; shopper
comprar to buy (2)
comprender to understand (5)
comprensión *f.* comprehension, understanding
compromiso engagement; **anillo de** _____ engagement ring (13)
computadora computer (17)
común comon; **por lo** _____ usually, generally
comunicación *f.* connection; communication
comunicar (qu) to communicate
comunidad *f.* community
comunismo communism
comúnmente commonly, usually
con with (1); _____ **cuidado** carefully (10); _____ **tal (de) que** provided that (18)
concertar (ie) to arrange
concierto concert (6)
concurso contest
condicional *m.* conditional (*verb form*)
conductor, -a driver
conexión *f.* connection; _____ **eléctrica** electrical connection
confesar (ie) to confess
confesión *f.* confession
confirmar to confirm, reconfirm (16)
confitería candy store, sweet shop
conforme: _____ **a** according to
conjunto ensemble (*musical*)

conmemorar to commemorate
conocer (conozco) to know, be acquainted with (5)
conocimiento knowledge
conquistar to conquer
consciente conscious
consecuencia consequence; **en** _____ as a consequence
conseguir (i, i) (g) to get, obtain
consejo (piece of) advice
conservar to preserve, keep
considerar to consider
consistir (en) to consist (of)
consolidar to consolidate
constante constant; faithful
constitución *f.* constitution
construcción *f.* construction
construir (y) to build, construct (18)
consultar to consult
contabilidad *f.* accounting
contado: pagar al _____ to pay (in) cash (17)
contador, -a accountant (18)
contar (ue) to tell, relate; to count
contemplar to contemplate
contemporáneo, -a contemporary
contener (*irreg.*) to contain
contento, -a happy, satisfied (3)
contestar to answer, reply; to respond (1)
continente *m.* continent
continuación *f.* continuation
continuar to continue
contra against
contraer (*irreg.*): _____ **matrimonio** to contract marriage
contrario, -a contrary; opposite; **¡todo lo** _____**!** quite the contrary!
contraste *m.* contrast
contribuir (y) to contribute
conveniencia convenience
conveniente suitable
conversación *f.* conversation
conversar to converse (1)
convivencia coexistence, living together
cooperación *f.* cooperation
cooperar to cooperate
copa (*wine*) goblet, glass (9); _____ **de vino** glass of wine (9)
corazón *m.* heart; **ataque al** _____ heart attack (15)
cordero lamb; **carne de** _____ lamb, mutton (9)
cordillera mountain range
coreografía choreography
coronario, -a coronary
correctamente correctly

correcto, -a correct
corregir (i, i) (j) to correct
correr to run (4)
correspondencia correspondence
corresponder to correspond
corriente: cuenta _____ checking account (17)
Corte (_f._): _____ **Suprema** Supreme Court (14)
Cortes _f._ Spanish Parliament
corto, -a short (16); **a** _____ **plazo** short-term (17)
cosa thing
costa coast (12)
costar (ue) to cost (6)
costarricense Costa Rican
costo cost
costumbre _f._ custom
cotidiano, -a daily
creación _f._ creation
crear to create
crédito credit
creer (y) to believe, think (4); **ver para** _____ seeing is believing
crema cream
crepúsculo twilight
crimen _m._ crime
crónico, -a chronic
cruz _f._ cross; **cara y** _____ heads and tails
cruzar (c) to cross (3)
cuaderno notebook (1)
cuadro picture, painting (2)
cual as, such as (1); **el/la** _____ **(los/las cuales)** which, who, whom
¿cuál(es)? what?; which one(s)? (3)
cualquier(a) (just) any, whichever (one)
cuando when; **aun** _____ even though; **de vez en** _____ from time to time
¿cuándo? when? (1)
¿cuánto, -a? how much? (3)
¿cuántos, -as? how many? (2)
cuarenta forty (5)
cuarto _n._ room; quarter (_hour_); **compañero de** _____ roommate; _____ **de baño** bathroom (8); **cuarto, -a** _adj._ fourth (6)
cuatro four (2)
cuatrocientos, -as four hundred (6)
cubano, -a Cuban
cubierto, -a _p.p._ covered
cubrir(se) to cover (oneself) (12)
cucaracha cockroach
cuchara spoon (9)
cuchillo knife (9)

cuenca: _____ **amazónica** Amazon (River) basin
cuenta bill (8); account (17); _____ **corriente** checking account (17); _____ **de ahorros** savings account (17)
cuento (short) story, tale (12)
cuerpo body (11)
cuestión _f._ matter, issue, question
cuidado care (10); **con** _____ carefully (10); _____ **con** (be) careful with
cuidar(se) to take care of (oneself) (15)
cultura culture
cumpleaños _m. s._ birthday (4)
curioso, -a curious; strange
cursiva: en _____ in italics
curso course, class; school year

CH

champaña champagne
chaqueta jacket (3)
charlar to chat (1)
cheque _m._ check (_money_); _____ **de viajero** traveler's check (17); **hacer efectivo un** _____ to cash a check; **libreta de cheques** checkbook (8)
chicano, -a a person of Mexican descent born in the United States
chico, -a boy, girl
chile _m._ chili
chileno, -a Chilean
chino, -a Chinese
chismes _m. pl._ gossip
chiste _m._ joke
chocar (qu) to clash; to collide (with), crash (10)
chófer _m., f._ driver, chauffeur (10)
choque _m._ crash, accident (10)
chuleta (_meat_) chop (9); _____ **de cerdo (cordero)** pork (lamb) chop (9)
chute _m._ shot (_in soccer_)

D

dama lady; _____ **de honor** bridesmaid
danza dance
dar (_irreg._) to give (3); to show (a movie); _____ **las gracias** to say thanks; _____ **miedo** to cause fear (12); _____ **un paseo** to take a walk (3); _____ **un paso** to take a step (6); _____ **posada** to give lodging; _____ **una**

vuelta to turn around (6); **darse prisa** to hurry (16)
de of; from (P); in; about (1); than (_before a numeral_); **ir** _____ **compras** to go shopping (3); _____ **la mañana (noche, tarde)** in the morning (evening, afternoon) (2); _____ **nada** you're welcome (10); _____ **vacaciones** on vacation; _____ **todos modos** in any case
debajo _adv._ below; underneath; _____ **de** _prep._ under, below, beneath (8)
deber to owe; to be obliged to; must, ought to, to have to (10)
debiera _form. s._, **debieras** _fam. s._ you really ought to (_softened form_)
decano dean
decidir to decide
décimo, -a tenth (6)
decir (_irreg._) to say, tell (2); **sin** _____ without saying
decisión _f._ decision
descongestante _m._ decongestant
dedo finger (11); _____ **del pie** toe (11)
defender (ie) to defend
defensor, -a: abogado, -a _____ defense lawyer (14)
definición _f._ definition
definido, -a defined; definite
definir to define
definitivo, -a definitive
dejar to leave; to let, permit (8)
del (_contraction of_ **de** + **el**) of the; from the; in the
delicado, -a delicate
delicioso, -a delicious
demasiado, -a too; too much, excessively (10)
democracia democracy
demócrata _m., f._ democrat
democrático, -a democratic
demonio: ¡qué demonios! _interj._ what the devil!
demostrativo, -a demonstrative
dentista _m., f._ dentist (15)
dentro (de) inside, within
dependiente, -a clerk (2)
deponer (_irreg._) to depose
deporte _m._ sport (7)
deportivo, -a (of a) sport; sportive; sporting
depositar to deposit
depósito deposit
derecha right (side); **a la** _____ on (to) the right (6)
derecho law (_course of study_) (18);

(andar) todo _____ (to walk) straight ahead (10); *n. pl.* duties; fees; rights; **derechos de matrícula** registration fees

derredor: en _____ round about, around

desacostumbrado, -a unaccustomed

desagradable disagreeable, unpleasant

desaparecer (desaparezco) to disappear

desaprobación *f.* disapproval

desarrollo development

desastre *m.* disaster (12)

desayuno breakfast (9)

descansar to rest (8)

descomponer (*irreg.*) to decompose; to break up

desconectar to disconnect

desconocido, -a *n.* stranger; *adj.* unknown

descontento, -a discontented, dissastisfied

describir to describe

descripción *f.* description

descubrir to discover (18)

descuento discount (17)

desde since; from; _____ **luego** of course

desear to desire, want (1)

desembarcar (qu) to disembark

desengaño disappointment

deseo desire

desfavorable unfavorable

desgracia misfortune; bad luck

deshacer (*irreg.*) to undo

deshonesto, -a dishonest

desierto desert

desilusión *f.* disillusionment, disappointment

desilusionado, -a disillusioned, disappointed

desinfectante *m.* disinfectant

desobediente disobedient

desodorante *m.* deodorant

desorden *m.* disorder

despacho office (8)

despedida farewell

despertarse (ie) to awaken (11)

después *adv.* afterwards; later (3); _____ **de** *prep.* after; _____ **de** + *inf.* after (doing something) (7); _____ **(de) que** *conj.* after (18)

desvanecerse (me desvanezco) to vanish

detener (*irreg.*) to detain

deuda debt

deudor, -a debtor

devolver (ue) to return (*objects*) (17)

día *m.* day (1); **al** _____ **siguiente** the following day (14); **buenos días** _____ good morning (P); **de** _____ during the day (12); **hoy** _____ nowadays (10); **todo el** _____ the entire day (all day long) (7); **todos los días** every day

diablo: ¿dónde diablos? where the devil?

diálogo dialog

diario, -a daily

dibujo drawing (1)

diccionario dictionary

diciembre *m.* December (4)

dictadura dictatorship

diecinueve (*alternate spelling of* **diez y nueve**) nineteen (2)

diente *m.* tooth

dieta diet

diez ten (2); _____ **y nueve** nineteen (2); _____ **y ocho** eighteen (2); _____ **y seis** sixteen (2); _____ **y siete** seventeen (2)

diferencia difference

diferente different

difícil difficult (3)

dificultad *f.* difficulty (18)

diga: ¡no me _____**!** *form. s.,* **¡no me digas!** *fam. s.* you don't say (don't tell me)! (7)

digno, -a worthy

dinero money (3)

dinosaurio dinosaur

dios *m.* god

diputado, -a representative, congressman/congresswoman

dirección *f.* address (17); direction (10)

directo, -a direct

dirigir (dirijo) to direct; to manage; **dirigirse (a)** to address oneself (to); to go (to) (14)

disco record (6)

discoteca discothèque

discreto, -a discreet

discurso speech

discusión *f.* discussion

discutir to discuss; to argue (2)

disfrutar to enjoy

disgustado, -a displeased, upset (13)

disgusto displeasure

disponer (*irreg.*) to dispose

distancia distance

diversión *f.* diversion, amusement

divertirse (ie, i) to have a good time, amuse oneself (13)

dividir to divide

divino, -a divine

divorcio divorce

doblar to turn (10)

doce twelve (2)

docena dozen

doctor, -a doctor (15)

documento document

dólar *m.* dollar

doler (ue) to ache, hurt, give pain (15)

dolor *m.* ache, hurt, pain (15); _____ **de cabeza** headache; _____ **de garganta** sore throat (15)

doméstico, -a *adj.* domestic

domingo Sunday (4)

dominicano, -a Dominican

don *untranslatable title of respect used before first names of men; roughly the equivalent of "*mister*" as term of respect*

doncella maiden

donde where; **de** _____ from where, whence (P); **en** _____ where, in which

¿dónde? where? (1); **¿de** _____**?** from where? (P)

doña *untranslatable title of respect used before first names of women; roughly the equivalent of "*miss*" as term of respect*

dormir (ue, u) to sleep (6); **dormirse** to fall asleep (11)

dos two (2); **los/las** _____ both

doscientos, -as two hundred (6)

dramático, -a dramatic

dramatización *f.* dramatization

droga drug

duda doubt; **sin** _____ undoubtedly (12)

dudar to doubt (15)

dueño, -a owner (8)

dúo duo, duet

durante during (4)

duro, -a hard

E

economía economy; economics

económico, -a economic

economista *m., f.* economist (18)

ecuatoriano, -a Ecuadorian

echar (al correo) una carta to mail a letter (17)

edificio building (2)

educación *f.* education

efectivo, -a effective; **hacer** _____ **un cheque** to cash a check

efecto effect

eficaz efficient, efficacious
egoísta *m., f.* egoist
ejemplo example; **por** _____ for example (9)
ejercicio exercise
el *m.* the
él *m. sub. pron.* he, it; *m. obj. of prep.* him, it, himself
elección *f.* election; selection
electricidad *f.* electricity
electricista *m., f.* electrician (18)
eléctrico, -a electric; **aparato** _____ appliance; **cocina** _____ electric stove; **ingeniería** _____ electrical engineering (18)
electrónica electronics
electrónico, -a electronic; **horario** _____ electronic schedule (16)
elefante *m.* elephant
elegante elegant
elemento element
elevador *m.* elevator (17)
ella *f. sub. pron.* she, it; *f. obj. of prep.* her, herself
ellos, -as *sub. pron.* they; *obj. of prep.* them, themselves
emisora broadcasting station
emotivo, -a emotive, emotional
empanada meat turnover
empellón (*m.*): **a empellones** by shoving, pushing (*one's way through*)
empeñado, -a (en) determined (to)
empleado, -a employee (17)
emplear to employ; to use
empleo job, employment
empresa firm (*company*); undertaking
en in, into, at, on, about (1); _____ **grande** big, large; **entrar** _____ **to enter** (1); _____ **la mañana (noche, tarde)** in the morning, (evening, afternoon) (2)
encantar to enchant, charm, delight (7, 10)
encanto enchantment, charm
encender (ie) to turn on (8); to light; to ignite
encima above; at the top; _____ **de** on top of, on; **por** _____ **de** over, above (11)
encontrar (ue) to find, encounter (17)
encuesta survey, public opinion poll
enero January (4)
enfermedad *f.* illness (15)
enfermería infirmary
enfermero, -a nurse (15)
enfermo, -a ill, sick (3)

enorme enormous
enormemente enormously
ensalada salad (9)
enseñanza teaching
enseñar to teach (1); to show
entablillado splint
entender (ie) to understand (6)
entonces then (3)
entrada entrance; ticket
entrar (en) to enter (1)
entre between, among, amidst (4); _____ **paréntesis** in parentheses
entretener (*irreg.*) to entertain
entretenimiento entertainment, pastime, amusement
entrevista interview
entrevistar to interview
entusiasmo enthusiasm
enyesado plaster cast
episodio episode
época epoch, time
equipaje *m.* luggage, baggage (16)
equipo team (7)
escalera: _____ **automática** escalator (16)
escena scene
escoger (escojo) to choose, select (18)
escolar *adj.* scholastic; (of) school
escribir to write (2); **máquina de** _____ typewriter (8)
escrito, -a *p.p.* of **escribir** written
escritor, -a writer
escritorio desk
escuchar to listen (to) (2)
escuela school (5)
ese, esa (esos, esas) *adj.* that (those) (4)
ése, ésa (ésos, ésas) *pron.* that (one), that fellow, that character; those (4)
esencial essential
eso that, that thing; **por** _____ for that reason, therefore (5)
espacio space (16); _____ **en blanco** blank space (*to be filled in*)
espalda *n.* back (11); **de espaldas** with one's back turned
España Spain
español, -a Spanish (1)
esparcir (esparzo) to spread
especial special
especialidad *f.* specialty
especialista *m., f.* specialist
especialización *f.* specialization; major
especializarse (c) to specialize (18)
especialmente (e)specially
espectáculo spectacle, show; pageantry

espectador, -a spectator
espejo mirror (11)
esperar to wait (for) (4); to hope (for); to expect (14)
espiritual spiritual
espiritualmente spiritually
espléndido, -a splendid
esplendor *m.* splendor
esposo, -a husband, wife (4)
esquí *m.* skiing (7); _____ **acuático** water skiing
esquiar to ski (7)
esquina (*street*) corner (10)
establecer (establezco) to establish
establo stable
estación *f.* season (*of the year*) (4); _____ **(del ferrocarril)** (*railroad*) station (16)
estadía stay, period of time spent (*somewhere*)
estado state
Estados Unidos United States
estadounidense (*pertaining to the*) United States
estancia stay; day in hospital; fee charged for day in hospital
estante *m.* bookshelf (8)
estar (*irreg.*) to be (3); _____ **de guardia (turno)** to be open all night (*pharmacies*) (15); **sala de** _____ living room (8); _____ **seguro (de)** to be sure (of) (15)
este *m.* east (10)
este, esta, (estos, estas) *adj.* this (these) (4)
éste, ésta (éstos, éstas) *pron.* this (one), these; the latter (4)
estilo style
esto this, this thing; **por** _____ for this reason, therefore
estómago stomach (11)
estrecho, -a tight
estrella star (12)
estrenar to give the first performance of
estrictamente strictly
estudiante *m., f.* student
estudiar to study (1)
estudio study
estupendo, -a stupendous, wonderful
Europa Europe
eventualmente eventually
evidente evident; **es** _____ it's evident (15)
exacto, -a exact
exageración *f.* exaggeration
exagerar to exaggerate
examen *m.* exam(ination)
examinar to examine

excelencia excellency
excelente excellent
excepción *f.* exception
excesivo, -a excessive
exclamar to exclaim
excursión *f.* excursion, trip
excusa excuse
exhibicionismo exhibitionism
exhibir to exhibit
existir to exist
exótico, -a exotic
experimentar to experience
experimento experiment
experto, -a *n.* expert
explicación *f.* explanation
explicar (qu) to explain (10)
explosión *f.* explosion
expresar(se) to express (oneself)
expresión *f.* expression
extender (ie) to extend
exterior exterior, outside;
    ministerio (ministro) del _____
    foreign ministry (minister)
extranjero, -a foreign (6)
extraño, -a strange
extraordinario, -a extraordinary
extravagancia extravagance
extremo, -a extreme

F

fábrica factory; _____ **de calzado**
    shoe factory
fabricar (qu) to manufacture
fabuloso, -a fabulous
fácil easy (3)
facilidad *f.* facility, ease
fácilmente easily
facultad *f.* faculty; college; _____
    de Filosofía y Letras College of
    Arts and Sciences
falda skirt (3)
falso, -a false
falta lack; **hacer** _____ to need;
    to be lacking
fama fame
familia family
famoso, -a famous
fantástico, -a fantastic
farmacéutico, -a *n.* pharmacist
    (18); *adj.* pharmaceutical
farmacia pharmacy, drugstore (5)
faro headlight (10)
favor *m.* favor; **haga** (*form s.*) **el**
    _____ **de** please; **por** _____
    please
favorito, -a favorite
febrero February (4)
fecha (*calendar*) date (4)
felicidad *f.* happiness
feliz (*pl.* **felices**) happy, joyful (3);

¡Feliz Navidad! Merry
    Christmas!
femenino, -a feminine
ferrocarril *m.* railroad; **estación**
    (*f.*) **del** _____ railroad station
    (16)
ficción *f.* fiction; **ciencia** _____
    science fiction
fiebre *f.* fever (15)
fiesta party; holiday
fila row
filete *m.* steak, fillet (*of beef or
    fish*) (9)
filipino, -a *adj.* Philippine; **las
    Filipinas** *n.* the Philippines
    (*islands*)
filosofía philosophy
fin *m.* end, conclusion; **al** _____
    finally; _____ **de semana**
    weekend (7); **por** _____ finally,
    at last (14)
financiero, -a financial (18)
finanzas finances
firma signature (14)
firmar to sign (*one's name*) (14)
física physics
físico, -a physical
flamenco, -a *adj.* Flamenco (*music,
    dancing, singing*)
flan *m.* custard (9)
flor *f.* flower (5)
flotar to float
folklórico, -a folkloric, folkloristic
folleto pamphlet, brochure (13)
fondo: sin fondos penniless
fontanero, -a plumber (18)
forma form
formar to form
fortalecimiento *n.* strengthening,
    fortifying
foto *f.* (*shortened form of
    fotografía*) photo
fotográfico, -a photographic
fracaso failure
francamente frankly
francés, -a French
Francia France
frase *f.* sentence (*grammar*);
    phrase
fraternidad *f.* fraternity
frecuencia frequency; **con** _____
    with frequency, frequently
frenos brakes (10)
frente: en _____ **de** in front of;
    opposite; _____ **a** in front of
fresco, -a fresh (8); **hace fresco** it
    is cool (*weather*) (4)
frijol *m.* bean (9)
frío, -a cold; **hace frío** it is cold
    (*weather*) (4); **tener frío** to be
    (feel) cold (4)

frito, -a fried
fruta fruit (5)
frutería fruit stand
frutero, -a fruit vendor
fuera out; outside
fuerte strong (17)
fumar to smoke (8)
función *f.* function; show,
    performance (6)
funcionar to work, run, function
funcionario, -a clerk; civil servant
    (14)
furioso, -a furious
fútbol *m.* soccer (7); _____
    americano football
futuro *n.* future; **futuro, -a** *adj.*
    future

G

galón *m.* gallon (*of gasoline*)
ganar to earn (3); to win (7);
    ganarse la vida to earn a living
    (18)
garaje *m.* garage
garantizar (c) to guarantee
garganta throat; **dolor de** _____
    sore throat (15)
gasolina gasoline (10)
gasolinera gasoline (service)
    station (10)
gastado, -a worn (out)
gastar to spend (3)
gasto expense (13)
gatito kitten (8)
gato cat (8)
generación *f.* generation
generalmente generally
generosamente generously
generoso, -a generous
gente *f.* people (7)
geografía geography
geología geology
gerente *m., f.* manager (16)
gesto (*facial*) gesture
gigante *m., f.* giant
girar to turn, rotate, spin around
glóbulo corpuscle
glorieta traffic circle (10)
gobernador, -a governor (14)
gobierno government (14)
gol *m.* goal (*in a game*), point (7)
golf *m.* golf (7)
gozar (c) to enjoy
grabadora tape recorder (6)
gracia grace; personal charm; wit
gracias thanks, thank you; **dar las**
    _____ to say thanks
gracioso, -a witty; funny; graceful
gráfico, -a graphic
gramática *n.* grammar

gramatical *adj.* grammatical
gran *shortened form of* **grande** (4), *used before masculine singular nouns*
grande large; great (2); **en** _____ big, large
gratis free (*at no cost*)
gripe *f.* flu (15)
gritar to shout (15)
grito shout; **a gritos** (by) shouting
grupo group
guardia *m., f.* guard; police officer; **estar de** _____ to be open all night, (*pharmacies*) (15)
guatemalteco, -a Guatemalan
guerrilla guerrilla (fighter)
guión *m.* script
guisante *m.* pea
guitarra guitar
gustar to be pleasing (to); to like (2, 10)
gusto pleasure (4); taste; preference; **mucho** _____ (I am) pleased to meet you (1)

H

haber (*irreg.*) to have (*auxiliary verb*); to be (*infinitive form of* **hay:** *there is, are*)
había there was, there were
habitación *f.* room (8)
habitante *m., f.* inhabitant
hablar to speak (1)
hacer (*irreg.*) to do; to make (2); _____ **buen (mal) tiempo** to be good (bad) weather (4); _____ **calor (frío)** to be hot (cold) (*weather*); _____ **cola** to stand in line (17); _____ **efectivo un cheque** to cash a check (17); _____ **falta** to need, to be lacking (10); _____ **la maleta** to pack a suitcase (16); _____ **preguntas** to ask questions; _____ **sol** to be sunny (4); _____ **trampas** to play tricks (*on someone*); _____ **una caminata** to go hiking (7); _____ **un viaje** to take a trip (16); _____ **viento (fresco)** to be windy (cool) (4)
hacia toward; about; _____ **adelante (atrás)** forward (backward) (6); _____ **abajo (arriba)** downward (upward); _____ **la derecha (izquierda)** toward (to) the right (left)
hache *f.* name of the letter *h*
haga: haga (*form. s.*) **Ud. el favor (de)** please

hallar to find (18)
hambre *f.* (*but* **el hambre**) hunger; **tener** _____ to be hungry (4)
hamburguesa hamburger
hasta up to; until; even; _____ **cierto punto** up to a point; _____ **luego** see you later, see you soon (P); _____ **mañana** see you tomorrow (P); _____ **que** until (18)
hay there is, there are (2)
hecho, -a *p.p.* done; made; _____ **polvo** "shot," very tired
helado ice cream
herida wound (15)
hermano, -a brother, sister (5)
hermoso, -a beautiful, lovely, handsome (3)
hermosura beauty (12)
hielo ice
hierba grass; small plant (11)
hijito, -a little child; *m.* "sonny"
hijo, -a son, daughter (5)
hispánico, -a Hispanic
historia history; story
hogar *m.* home; homeland
hola hello (P)
hombre *m.* man (2); ¡_____! *interj.* man!
hondureño, -a Honduran
hora hour; time (2) **¿qué** _____ **es?** what time is it? **¿a qué** _____? at what time?
horario (electrónico) (electronic) schedule (16)
horizonte *m.* horizon
hospitalizar (c) to hospitalize
hoy today (1); _____ **día** nowadays (10)
huarache *m. Mex.* a type of sandal
huevo egg (9); **huevos rancheros** scrambled eggs with chili peppers and tomatoes (popular in Mexico)
humano, -a human
humilde humble
humorístico, -a humorous
huracán *m.* hurricane (12)
¡huy! *interj.* phew!

I

ida: de _____ **y vuelta** round-trip (*ticket*) (16)
identidad *f.* identity; **tarjeta (carta) de** _____ identity (ID) card (17)
identificación *f.* identification
identificar (qu) to identify
iglesia church (13)

igual equal, the same; _____ **que** the same as, just like
igualmente equally; same (here)
iluminado, -a illuminated
imaginación *f.* imagination
imaginar to imagine
imperfecto imperfect (*verb tense*)
imperio dominion
impermeable *m.* raincoat (4)
importancia importance
importante importante; **es** _____ it's important (15)
importar to matter, be important
importe *m.* amount
imposible impossible
impráctico, -a impractical
impresión *f.* impression
impresionante impressive
impuesto tax
incambiable unchangeable
inclinar to lean, incline
incluido, -a included
incluir (y) to include
incluso including
incómodo, -a uncomfortable (16); inconvenient
increíble incredible
indicado, -a indicated
indicar (qu) to indicate
indicativo indicative (*verb mood*)
indio, -a Indian
indirecto, -a indirect
individuo *n.* individual
información *f.* information
informe *m.* report; *pl.* information
ingeniería engineering (18)
ingeniero, -a engineer (18)
Inglaterra England
inglés, -esa English (1)
ingresar to enter (*as an employee or a student*)
inmediatamente immediately
inmovilidad *f.* immobility
inocente innocent
inoxidable rust free, stainless
inspeccionar to inspect
instalar to install
institución *f.* institution
instrucción *f.* instruction
integrar to make up, form
intelectual intellectual
inteligencia intelligence
inteligente intelligent
intensivo, -a intensive
intentar to try, attempt
intento attempt
interés *m.* interest; **tener** _____ **en** to be interested (in)
interesado, -a interested
interesante interesting
interesar to interest (10)

intergaláctico, -a intergalactic
interrogativo *n.* interrogative
inútil useless
invención *f.* invention
inventar to invent
inversión *f.* investment (17)
invertir (ie, i) to invest (17)
investigación *f.* investigation;
research
invierno winter (4)
invitación *f.* invitation
invitado, -a *n.* guest; *adj.* invited
invitar to invite (5)
inyección *f.* injection (15); **poner
una _____** to give a shot
(injection) (15)
ir (*irreg.*) to go (3); **_____ a +
*inf.*** to be going to (*do
something*); **_____ de compras**
to go shopping
irónico, -a ironic
irrespirable unbreathable,
suffocating
irritación *f.* irritation
irritar to irritate
isla island (11)
Italia Italy
italiano, -a Italian
izquierdo, -a left; left-handed; **a
(hacia) la izquierda** on (to,
toward) the left (6)

J

jabón *m.* soap (11)
jamás never, ever
jamón *m.* ham (9); **_____ con
huevos** ham and eggs
Japón *m.* Japan
jaqueca headache (15)
jardín *m.* garden; yard
jaula cage
jefe, -a boss (4)
joven *n. m., f.* youth, young
person (1); *adj.* young (3)
joya jewel
juego game; set
jueves *m.* Thursday (4)
juez *m., f.* judge (14)
jugador, -a player (7)
jugar (ue) (gu) (a) to play (*a sport*) (6)
jugo juice (9); **_____ de naranja**
orange juice
julio July (4)
junio June (4)
junto, -a together
justicia justice
justo, -a just

K

kilómetro kilometer

L

la *f.* the; *f. d.o.* you (*form. s.*), her,
it
laboratorio laboratory
lado side (4)
lago lake (12)
laguna lagoon
lámpara lamp (8)
lanzarse (c) to hurl oneself; to
dive
lápiz *m.* (*pl.* **lápices**) pencil (1)
largo, -a long (2); **a _____ plazo**
long-term (17)
las *f.* the; *f.d.o.* you (*form. pl.*),
them
lástima pity; **es _____** it's a pity
(15)
lata (tin) can
lavado: _____ en seco dry
cleaning
lavadora washing machine,
washer; **_____-secadora**
washer-dryer
lavaplatos *m. s.* dishwasher (8)
lavar to wash (8); **lavarse** to wash
(oneself) (11)
le *i.o.* you (*form. s.*), to (for) you;
him, to (for) him; her, to (for)
her
lección *f.* lesson
lectura reading
leche *f.* milk (9); **café** (*m.*) **con
_____** coffee with milk (9)
lechería dairy; store that sells
milk and other dairy products
lechero, -a milkman, milkmaid
lechuga lettuce (9)
leer (y) to read (2)
legumbre *f.* vegetable (9)
lejos far, distant (12)
lengua language (1)
lento, -a slow (16)
les *i.o.* you (*form. pl.*), to (for) you;
them, to (for) them
letra letter; **Facultad** (*f.*) **de
Filosofía y Letras** College of
Arts and Sciences
letrero sign; roadsign (10)
levantarse to get (oneself) up (11)
ley *f.* law (14)
leyenda legend
libertad *f.* liberty, freedom
libre free (*unrestricted*) (18);
tiempo _____ leisure time (18)
librería bookstore
librero, -a book dealer
libreta notebook; **_____ de
cheques** checkbook (8)
libro book (1)
Lic. (*abbreviation for* **licenciado**)

bachelor (*academic degree*),
graduate; lawyer
ligero, -a lightweight
limonada lemonade
limosna alms
limpiaparabrisas *m. s.* windshield
wiper
limpiar to clean (8)
limpieza cleanliness; **_____ en
seco** dry cleaning
lindo, -a pretty, beautiful, lovely
línea line; **_____ aérea** airline
(16)
lino linen
liquidación *f.* liquidation; sale
(17)
lista list
listo, -a smart, clever (3); ready
(16)
literario, -a literary
literatura literature
litro liter
lo *d.o.* you (*form. s.*), him; it (*m.*
and neuter); **_____ cual** which;
_____ + *adj.* the (*adj.*) thing;
_____ primero the first thing
(5); **_____ que** what, that which
(13); **_____ siento** I am sorry
(about it)
loción *f.* lotion
lógico, -a logical
loma hill
Londres London
los the (*m.*); *d.o.* you (*form. pl.*),
them (*m.*)
lotería lottery
luego then, later (6); **hasta _____**
see you later (P): **desde _____**
of course
lugar *m.* place
lujo luxury; **de _____** deluxe
luna moon (12); **_____ de miel**
honeymoon (13)
lunes *m.* Monday (4)
luz *f.* light, electricity (8); **_____
de tráfico** traffic light (10)

LL

llamar to call (8); **llamarse** to be
named (P, 11)
llanta tire (10)
llegada arrival
llegar (gu) to arrive (3)
llenar to fill (12)
llevar to wear; to take, carry (3);
to lead; **llevarse** to carry
(*something*) off, take (*something*)
away
llorar to cry (15)
llover (ue) to rain (6)

M

lloviendo: está _____ it is raining (4)

lluvia rain (12)

madre _f._ mother (5)

madrina maid of honor (13); godmother

maestro, -a master; teacher (12)

magnífico, -a magnificent, terrific

Magos: los Reyes _____ the Three Wise Men, Magi

majestuoso, -a majestic

mal _adv._ badly (5); _adj. shortened form of_ **malo** (4), _used before masculine singular nouns_

maldito, -a confounded, cursed

maleta suitcase (16); **hacer la** _____ to pack a suitcase

malo, -a bad, evil (2)

mamá mama, mom (5)

mami _colloquial form of_ **mamá,** mommy

manada herd

mandar to order (14); to send (17)

mandato command, order

manejar to drive (10); **carnet** (_m._) **de** _____ driver's license (10)

manera manner, way (18); **de esta (esa)** _____ in this (that) way

maní (_m._): **mantequilla de** _____ peanut butter

manifestar(se) (ie) to manifest (_itself_)

mano _f._ hand (11); **pedir la** _____ to ask for someone's hand (_in marriage_)

mantel _m._ tablecloth (5)

mantener (_irreg._) to maintain; to support

mantequilla butter (9)

manzana apple (9)

mañana tomorrow; morning; **de (en, por) la** _____ in the morning (2); **hasta** _____ see you tomorrow (P); **por la** _____ in the morning (2); **toda la** _____ the entire morning (all morning long)

mapa _m._ map (1)

maquillar(se) to put on makeup

máquina machine; _____ **de escribir** typewriter (8)

mar _m._ sea (12)

maravilla marvel, wonder

maravilloso, -a marvelous, wonderful

marcha: _____ **nupcial** wedding march

marchar: _____ **bien** to go right (17); _____ **hacia atrás** to back up

marino, -a _adj._ marine, nautical, sea

Marruecos Morocco

martes _m._ Tuesday (4)

marzo march (4)

más more; most; plus; any longer; **¿algo** _____? anything else?; **el (la, los, las)** _____ ... the most . . . (15); _____ **de** more than (_before numerals_); _____ **o menos** more or less; _____ **que** more than (15); _____ **tarde (temprano)** later (earlier); **no me queda** _____ I don't have any more (left); **por** _____ **que** no matter how much (3, 4)

matar to kill (13)

matemáticas mathematics

matrícula registration (18); **derechos de** _____ registration fees

matrimonio matrimony, marriage; married couple

máximo, -a maximum

mayo May (4)

mayor major; greater, greatest; older, oldest (5); **el** _____ the eldest; **sólo para mayores** for adults only

me _d.o._ me; _i.o._ to (for) me; _refl. pron._ (to) myself

mecánico, -a mechanic; mechanical; **ingeniería mecánica** mechanical engineering

media stocking (3)

medicina medicine (15)

médico, -a _n._ doctor (15); _adj._ medical

medida: en cierta _____ to a certain extent

medio _n._ middle; means; **medio** _adj._ half; _____ **ambiente** environment

mediodía _m._ noon

mejor better, best (13); **es** _____ it's better, best (15)

melón _m._ melon (9)

memoria memory; **aprender de** _____ to memorize

mencionar to mention

menor younger, youngest (5); less, lesser, least; smaller, smallest

menos minus (3); less, least, fewer; except; _____ ... **que** less . . . than (15); **a** _____ **que** unless (18)

mensual monthly

mentalmente mentally

menú _m._ menu

mercado market (9); _____ **negro** black market

merienda afternoon snack

mes _m._ month (4)

mesa table (1)

mesón _m._ inn

meter to put (in); to place

método _n._ method

metro subway (_abbreviation of_ **metropolitano**) (2)

mexicano, -a Mexican

mi (mis) _poss._ my (5)

mí _obj. of prep._ me, myself

miedo fear; **dar** _____ to cause fear; **tener** _____ to be afraid (12)

miel _f._ honey; **luna de** _____ honeymoon (13)

miembro member

mientras (que) while (3)

miércoles _m._ Wednesday (4)

mil (a) thousand (6)

milla mile

millón _m._ million (6)

mina mine; **ingeniería de minas** mining engineering

minidiálogo minidialog

minigrabadora mini–tape recorder

ministerio ministry; _____ **del exterior** foreign ministry (14)

ministro minister; **primer** _____ prime minister (14)

minuto minute

mío, mía (míos, mías) _poss._ mine, (of) mine (16)

mirada gaze; look, glance

mirar to watch; to look (at) (2); **mirarse** to look at oneself, each other

Misisipí _m._ Mississippi

mismo, -a same (6); very; himself, herself; **ahora mismo** right now; **al mismo tiempo** at the same time

misterio mystery

mitad _f._ half (12)

mito myth

modelo model

moderno, -a modern

modesto, -a modest

modismo idiom, idiomatic expression

modo mode, manner (18); **de este** _____ in this way; **de todos modos** in any case, all the same

momento moment

monarquía monarchy
mono monkey
monólogo monolog
montaña mountain (7)
montón *m.* pile (14); a lot, bundle (*of money*)
morder (ue) to bite
moreno, -a brunet(te)
morir (ue, u) to die (7)
motivo motive; motif; motivation
motocicleta motorcycle
motor *m.* motor, engine (10)
mover (ue) to move (11)
muchacho, -a boy, girl (2)
mucho, -a much, a lot (of), a great deal; *pl.* many (1); **mucho gusto** (I am) pleased to meet you
mueble *m.* (*piece of*) furniture; *pl.* furniture (8)
mueca grimace; **hacer muecas** to make faces
muerte *f.* death
muerto, -a *n.* dead person; *p.p.* dead; lifeless
mujer *f.* woman (2); wife
multa *n.* fine; **poner una** _____ to (levy a) fine (10)
multitud *f.* multitude
mundo world; **todo el** _____ everybody (12)
muñeca doll (5)
museo museum
música music
músico *m., f.* musician
muy very (P)

N

nacer (nazco) to be born
nación *f.* nation
nacional national
nacionalidad *f.* nationality
nada nothing, not anything (11); _____ **de nuevo** nothing new (P); **de** _____ you're welcome (10)
nadador, -a swimmer
nadar to swim (7)
nadie no one, nobody, not anyone, not anybody (11)
naranja orange (9); **jugo de** _____ orange juice (9)
nariz *f.* nose (11)
narrador, -a narrator
naturaleza nature
naturalmente naturally
Navidad *f.* Christmas; *pl.* Christmas holidays
necesario, -a necessary; **es necesario** it's necessary (15)

necesidad *f.* necessity, need
necesitar to need (2)
negar (ie) (gu) to deny (15)
negativamente negatively
negativo, -a negative
negocio business (17)
negro, -a black (3); **mercado** _____ black market
nervioso, -a nervous
nevar (ie) to snow (6)
ni neither, nor; **ni ... ni** neither . . . nor; **no habrá** _____ there won't even be
nicaragüense Nicaraguan
nieto, -a grandson, granddaughter (5); *pl.* grandchildren
nieve *f.* snow (12)
ningún *shortened form of* **ninguno,** *used before masculine singular nouns* (11)
ninguno, -a no, none, not any (11)
niño, -a little boy, little girl; child (5)
nivel *m.* level
no no (P); not; **ya** _____ no longer (5)
noche *f.* night; evening (P); **buenas noches** good night, good evening; **de (en, por) la** _____ in the evening, at night (2); **de** _____ at night; **esta** _____ tonight; **Noche Buena** Christmas Eve; **Noche Vieja** New Year's Eve; **toda la** _____ all night (evening) long (7)
nombre *m.* name
normalizar (c) to normalize
norte *m.* north (10)
Norteamérica North America
norteamericano, -a North American
nos *d.o.* us; *i.o.* to (for) us; *refl. pron.* ourselves
nosotros, -as *sub. pron.* we; *obj. of prep.* us
nota note; grade (*academic*)
notar to notice
noticia notice; news item; *pl.* news (2)
novecientos, -as nine hundred (6)
novela novel (6)
novelista *m., f.* novelist
noveno, -a ninth (6)
noventa ninety (5)
novia girlfriend, sweetheart (4); fiancée; bride (13)
noviazgo engagement (period); courtship
noviembre *m.* November (4)
novio boyfriend, sweetheart (4);

fiancé; groom (13); *pl.* sweethearts; fiancés; bride and groom
nube *f.* cloud (12)
nuestro, -a (-os, -as) *poss.* our; (of) ours (5, 16)
nueve nine (2)
nuevo, -a new (1); **nada de nuevo** nothing new (P)
número number
numeroso, -a large, numerous
nunca never, not ever (11)
nupcial nuptial; **marcha** _____ wedding march (13)

O

o or (2); **o... o** either . . . or
objetivamente objectively
objeto object
obra work; deed; **en obras** under repair
observar to observe
obtener (*irreg.*) to obtain (14)
ocasión *f.* occasion
ocasional occasional
océano ocean (12)
octavo, -a eighth (6)
octubre *m.* October (4)
ocupación *f.* occupation
ocupacional occupational
ocurrir to occur, happen (15)
ochenta eighty (5)
ocho eight (2)
ochocientos, -as eight hundred (6)
odontología odontology (*dental science*)
oeste *m.* west (10)
oficial official
oficina office (14)
ofrecer (ofrezco) to offer (17)
¡oiga! *form. s.* (hey) listen!
oír (*irreg.*) to hear (5)
ojo eye (11); **(no) ver a alguien con buenos ojos** (not) to like someone
ola wave (11)
olvidar to forget (13); **olvidarse de** + *inf.* to forget to (*do something*)
once eleven (2)
ópera opera
operación *f.* operation
opinión opinion
oponer (*irreg.*) to oppose
oportunidad *f.* opportunity, chance
oración *f.* sentence (*grammar*); prayer
orangután *m.* orangutan

orden *m.* order (*arrangement*); *f.*
command, order; **páguese a la
_____ de** pay to the order of
oreja ear (11)
organización *f.* organization
organizar (c) to organize
órgano organ (*anatomy*) (*musical
instrument*)
oriental eastern; Oriental
origen *m.* origin
oro gold; **no todo lo que brilla es
_____** all that glitters is not
gold
os *d.o.* you (*fam. pl.*); *i.o.* to (for)
you (*fam. pl.*); *refl. pron.*
yourselves (*fam. pl.*)
oscuridad *f.* darkness; obscurity
otoño autumn, fall (4)
otro, -a other, another (2) **otra vez**
again
ovación *f.* ovation
óxido oxide; rust
¡oye! *fam. s.* (hey) listen!

P

paciencia patience
paciente *m., f.* patient (15)
pacífico, -a pacific, peaceful
Pacífico Pacific (Ocean)
padre *m.* father (5); *pl.* parents (5)
padrino best man (13); godfather;
pl. godparents
pagar (gu) to pay (for) (3); **_____
a plazos** to pay on the
installment plan; **_____ al
contado** to pay (in) cash
página page
pago payment
páguese pay (*command*)
país *m.* country (2)
paisaje *m.* landscape; scenery;
countryside
pájaro bird
palabra word (1)
palacio palace
palma palm (*of the hand*)
palmera palm tree (11)
pan *m.* bread (9)
panameño, -a Panamanian
pantalón *m.* (*generally pl.*) pants
(3); **pantalones vaqueros** blue
jeans (3)
papa *L.A.* potato (9)
papá *m.* papa, dad (5)
papel *m.* paper (1); role
paquete *m.* package (8)
para (intended) for; in order to,
(as a way) to (2); **_____ que** so
that, in order that (18)
parabrisas *m. s.* windshield

parada stop; halt
paraguas *m. s.* umbrella (4)
paraguayo, -a Paraguayan
parálisis *f.* paralysis (15)
parar to stop (10)
parecer (parezco) to seem; to look
like (15); **¿qué te parece?** what
do you think? (13)
pareja couple (13)
paréntesis *m.* parenthesis
pariente *m.* relative (5)
parque *m.* park
parrillada mixed grill
parte *f.* part
participante *m., f.* participant
participar to participate
participio participle
particularmente particularly;
privately
partido game, match (7)
partir to leave, depart (16)
pasado, -a past; last (*in time*) (7);
el año pasado last year
pasajero, -a passenger (16)
pasaporte *m.* passport (14)
pasar to pass or spend (*time*) (2);
to pass; to come in(to); **_____
con** to happen to; **_____ el rato**
to pass the time (of day) (2);
¡pase Ud.! come in!; **¿qué te
pasa?** what's wrong with you?
(15)
paseo walk, stroll, promenade (3);
dar un _____ to take a walk (3)
pasión *f.* passion
pasivo, -a passive
paso step; **dar un _____** to take a
step (6)
pasta pasta; paste, dough
pastel *m.* (piece of) pastry (17)
pastilla tablet, pill; **_____ para la
tos** cough drop (15)
patata potato (9)
patología pathology
paz *f.* peace; **Noche de Paz** Silent
Night (*song*)
peatón *m.* pedestrian (10)
peculiarmente peculiarly
pedagogía pedagogy, education
pedir (i, i) to ask (for), request (6)
peinarse to comb one's hair (11)
película film, movie (6)
peligroso, -a dangerous (12)
pelo hair (11)
pelota ball (7)
pensar (ie) to think (6); **_____ en**
to think about; **_____ + *inf.***
to intend to (*do something*)
peor worse, worst (12) **lo _____**
the worst (thing)
pequeño, -a small, little (2)

percibir to perceive
perder (ie) to lose (7); to miss (*a
bus, train, boat etc.*); **perderse** to
lose oneself, get lost
perdonar to pardon, forgive
peregrino, -a pilgrim, wayfarer
perfecto, -a perfect
periódico newspaper, journal
(2)
período period, epoch
permanente permanent
permiso permission
permitir to permit; to allow, let
pero but (2)
perro dog
persona person
personaje *m.* character (*in a
dialog, play, etc.*)
personalidad *f.* personality
personalmente personally
peruano, -a Peruvian
pesadilla nightmare (14)
pesar to weigh (16)
pesca fishing (7)
pescado fish, seafood (*when
caught*) (9)
pescar (qu) to fish (7)
peseta monetary unit of Spain
peso weight; monetary unit of
Mexico
pétalo petal
pez *m.(pl.* **peces)** fish (*alive*)
pie *m.* foot (*of the body*) (11)
piel *f.* skin (16); fur, pelt
pierna leg (11)
píldora pill (15)
piloto pilot
pintar to paint (18)
pintor, -a painter (18)
piscina swimming pool (7)
piso floor; apartment (8); **primer
_____** first floor (*corresponds to
second floor in English*)
pista: _____ de tenis tennis court
pizarra chalkboard (1)
placer *m.* pleasure
plácido, -a placid, calm
planear to plan
planeta *m.* planet
plano plan; blueprint
planta plant
plantar to plant (12)
plátano banana (9)
plato plate; dish (5)
playa beach (11)
plaza plaza, square; **_____ de
toros** bullring; **_____ de garaje**
garage space
plazo time limit; **a plazos** by (on)
installments (17); **a corto (largo)
_____** short- (long-)term (17)

pluriempleo act of holding more than one jog

población *f.* population

pobre poor (3); **un** _____ a poor man

poco, -a little (3); small; not very; *pl.* (a) few (3); **poco a poco** little by little; **un poco** a little (3)

poder (ue) (*irreg.*) to be able (6); **querer es** _____ where there's a will there's a way

poema *m.* poem

poesía poetry

poeta *m.* poet

poético, -a poetic

polca polka

policía police (force); *m., f.* police officer (10)

policíaco, -a *adj.* detective (as a novel) (6)

política politics

político, -a *n.* politician (14); *adj.* political

polvo dust, powder; **hecho** _____ pulverized; "shot," very tired

pollo chicken (9); **arroz con** _____ rice with chicken

poner (*irreg.*) to put, place (5); _____ **la mesa** to set the table; _____ **una inyección** to give a shot (*injection*) (15); _____ **una multa** to (levy a) fine; **ponerse** to put on (*clothing*) (11)

por for; through (4); on, in; because of; along; by; per (17); for the sake of, on behalf of; _____ **ahí** that way; _____ **aquí** this way; _____ **avión** by air (mail) (17); _____ **ciento** percent; _____ **ejemplo** for example (9); _____ **el contrario** on the other hand; _____ **encima de** on top of (11); _____ **esto (eso)** for this (that) reason, therefore (5); _____ **favor** please; _____ **fin** finally (14); _____ **la mañana (noche, tarde)** in the morning (evening, afternoon); _____ **lo visto** apparently; _____ **más que** no matter how much; ¿_____ **qué?** why? (1); _____ **teléfono** by (on the) telephone

¿por qué? why? (1)

porque because (1)

portero, -a doorkeeper, concierge

portugués, -esa Portuguese

posada inn; dwelling place, lodging; **dar** _____ to give lodging; *pl.* traditional Mexican Christmas carols

posesivo *n.* possessive

posible possible; **es** _____ it's possible (15)

posición *f.* position

positivo, -a positive

postre *m.* dessert (9)

pozo well

practicar (qu) to practice (1)

preámbulo preamble

preceder to precede

precio price (3)

precioso, -a precious; beautiful, lovely

precisamente precisely

preciso, -a precise; **es preciso** it's necessary (15)

predominante predominant

prefecto prefect, chief (*as in* **Prefecto de Policía**)

prefectura police station (14)

preferencia preference

preferible preferable

preferir (ie, i) to prefer (6)

pregunta question

preguntar to ask (*a question*) (1); **preguntarse** to ask oneself, wonder

prejuicio prejudice

preliminar *adj.* preliminary

premio prize

preocupado, -a worried, preoccupied, concerned

preocuparse to be worried, preoccupied, concerned

preparación *f.* preparation

preparar to prepare (1); **prepararse** to prepare oneself, get ready

preposición *f.* preposition

presencia presence

presentación *f.* presentation; introduction

presentar to present; to introduce

presente present

presidencial presidential

presidente, -a president (14)

presumir to "show off"

presuponer (*irreg.*) to presuppose

presupuesto budget

pretérito preterite; past (*verb tense*)

primavera spring(time) (4)

primer *shortened form of* **primero**, *used before masculine singular nouns* (6)

primero, -a first (3, 6); **lo primero** the most important thing (5)

primo, -a cousin (5)

principalmente principally

principio: al _____ in (at) the beginning

prisa haste (13); **con (sin)** _____ hurriedly (unhurriedly); **darse** _____ to hurry; **tener** _____ to be in a hurry (16)

privado, -a private

probable probable; **es** _____ it's probable (15)

probablemente probably

problema *m.* problem

proclamar to proclaim

producto product

profesión *f.* profession

profesional professional

profesor, -a professor (P)

profundo, -a deep, profound

programa *m.* program (6); _____ **de variedades** variety show (6)

progresivo, -a progressive

progreso progress

prohibir to prohibit

promesa promise

prometer to promise (10)

promover (ue) to promote, further

pronombre *m.* pronoun

pronto soon (3); **tan** _____ **como** as soon as (18)

pronunciar to pronounce (1)

propio, -a (one's) own

proponer (*irreg.*) to propose

proposición *f.* proposition

propósito: a _____ by the way

próspero, -a prosperous

proteger (protejo) to protect

proverbio proverb

próximo, -a next (4)

proyección *f.* projection

prueba proof

psiquiatra *m., f.* psychiatrist (18)

psiquiatría psychiatry

pts. *abbreviation of* **pesetas**

publicar (qu) to publish

público, -a public

pueblo village, town; (*the*) people (*of a place*)

puerta door (1); gate (*in soccer*)

puertorriqueño, -a Puerto Rican

pues well; then (4); since; for (*because*); why

puesto, -a *p.p.* put, placed

pulmonía pneumonia (15)

punto point; **en** _____ sharp, on the dot; **hasta cierto** _____ up to a point; **¡y** _____ **!** and that's that!, case closed!

purificante purifying

Q

que that, which, who, whom (3); than **a menos** _____ unless (18); **antes (de)** _____ before

(18); **con tal de** _____ provided that (18); **después (de)** _____ after (18); **en caso de** _____ in case (18); **hasta** _____ until (18); **lo** _____ what, that which, (13); **más (menos)** _____ more (less) than (15); **para** _____ so that, in order that (18); **tener** _____ to have to (4)

¿qué? what? which? (1); **¿con** _____? with what?, with which?; **¿de** _____? of what?; **¿** _____ **hay?** what's up? (P); **¿** _____ **más?** what else?; **¿** _____ **te parece?** what do you think? (13); **¿** _____ **te pasa?** what's wrong? (15); **¿** _____ **tal?** how are you?

¡qué ... ! _interj._ how . . . ! what (a) . . . !; **¡** _____ **bien!** (how) great!; **¡** _____ **demonios!** what the devil!; **¡** _____ **va!** nonsense!

quebrar (ie) to break

quedar(se) to remain; to be; **no me queda más** I don't have any more

querer (ie) (_irreg._) to want, wish (6); to love (13); _____ **es poder** where there's a will there's a way

querido, -a dear, beloved

queso cheese (9)

quien(es) who, whom

¿quién(es)? who? (1); **¿a** _____? whom?, to whom?; **¿con** _____? with whom?; **¿de** _____? whose? (1)

quieto, -a still; quiet, calm

química chemistry

químico _n. m., f._ chemist (18); **químico, -a** _adj._ chemical

quince fifteen (2)

quinientos, -as five hundred (6)

quinto, -a fifth (6)

quirúrgico, -a surgical

quisiera I (he, she) would like, would really like (_softened form_)

quizá perhaps, maybe

R

radiación _f._ radiation

radio _m., f._ radio (6)

radiología radiology

ranchero: huevos rancheros scrambled eggs with chili peppers and tomatoes (_popular in Mexico_)

rancho small farm, ranch

rápidamente rapidly

rapidez _f._ rapidity, speed

rápido, -a _adj._ rapid, quick; _adv._ quickly

raqueta (_tennis_) racket (7)

ratificar (qu) to ratify

rato a while, short period of time; **pasar el** _____ to pass the time (of day) (2)

rayo-x _m._ x-ray

razón _f._ reason; **por esta** _____ for this reason; **(no) tener** _____ to be right (wrong) (4)

razonable reasonable

reacción _f._ reaction

reaccionar to react

real real; royal

realidad _f._ reality

realmente really

recepción _f._ reception

receta prescription (15)

recibir to receive (7)

recomendación _f._ recommendation

recomendar (ie) to recommend (14)

recomponer (_irreg._) to recompose; to repair

reconciliar to reconcile

reconstrucción _f._ reconstruction

récord _m._ record (_in sports_)

recrear to recreate

recreo recreation

recuperación _f._ recuperation

rechazar (c) to reject; to refuse

reemplazar (c) to replace, substitute

referirse (ie, i) to refer

reflejo reflexive (_grammar_)

refrescar (qu) to refresh; to cool

refresco cold drink, refreshment (6)

refrigerador _m._ refrigerator (8)

refugio refuge; welfare

regalo gift, present (2)

región _f._ region

rehabilitación _f._ rehabilitation

relación _f._ relation(ship)

relacionado, -a related

relámpago lightning flash (bolt) (12)

relatar to relate, narrate

relativamente relatively

religión _f._ religion

religioso, -a religious

reloj _m._ watch; clock (2)

remedio remedy; _____ **casero** homemade remedy (15)

rendido, -a exhausted, worn out, tired

renglón _m._ line (_of letters or words_)

repasar to review (11)

repaso review

repetir (i, i) to repeat (6)

representación _f._ representation; performance

representante _m., f._ representative (14); **Cámara de Representantes** House of Representatives (14)

representar to represent (14)

reproducir (_irreg._) to reproduce

república republic

republicano, -a republican

reserva reservation (16)

resfriado cold (_illness_) (15)

residencia residence; dormitory

residencial residential

resistencia resistance

respirar to breathe

responder to respond, answer

responsabilidad _f._ responsibility

responsable responsible

respuesta answer, reply

restaurante _m._ restaurant (2)

resultado _n._ result

resultar to turn out to be; to result (17)

retener (_irreg._) to retain

retorcido, -a twisted, gnarled

reverencia reverence

revista journal, magazine

rey _m._ king; _pl._ king and queen; **los Reyes Magos** the Three Wise Men (Magi)

rico, -a rich (3)

río river (12)

riqueza riches, wealth (14)

robusto, -a robust, strong

«roc an' rol» _m._ rock and roll

roca rock

rogar (ue) (gu) to beg, request, plead

rojo, -a red (3)

rollo: _____ **de película** roll of film (16)

romántico, -a romantic

ropa clothes, clothing (3); **tienda de** _____ clothing store

rosa rose

rostro face

rubio, -a blond(e)

rueda wheel (10)

ruso, -a Russian

S

sábado Saturday (4)

saber (_irreg._) to know (5); _____ + _inf._ to know how to (_do something_)

sacar (qu) to get, obtain

sal _f._ salt

sala room, auditorium;

_____-**comedor** living room–dining room combination; _____ **de clase** classroom (1); _____ **de estar** living room (8); _____ **de operaciones** operating room

salida exit; departure; **escalera de** _____ exit stairway

salir (*irreg.*) to leave, go out (5); _____ **bien** to turn out well

salón *m.* living room; assembly room; drawing room; shop

salud *f.* health (15)

saludar to greet, salute (13)

saludo greeting

salvadoreño, -a Salvadoran

san *shortened form of* **santo** *used before most masculine names of saints*

sangre *f.* blood

santo, -a saint

sardina sardine

satisfacción *f.* satisfaction

se *i.o. pron. used instead of* **le** *and* **les** *before* **lo, las, los,** *and* **las** to him, her, it them, you; *refl. pron.* (to) himself, herself, itself, oneself, themselves, yourself, yourselves; (to) each other, one another

seborrea seborrhea

secadora dryer; **lavadora-**_____ washer-dryer

sección *f.* section

seco, -a dry; **lavado en** _____ dry cleaning

secretaria secretary

secreto secret

sed *f.* thirst; **tener** _____ to be thirsty (4)

seguido, -a continued, followed; **en seguida** at once, immediately

seguir (i, i) (g) to follow; to continue; to take (*a course*)

según according to

segundo, -a second (6)

seguridad *f.* security; **cinturón de** _____ safety (seat) belt

seguro *n.* insurance policy

seguro, -a *adj.* sure; **es seguro** it's certain (15) **estar** _____ **(de)** to be sure (of) (15)

seis six (2)

seiscientos, -as six hundred (6)

selva jungle (12)

sellado, -a stamped (with a seal)

sello seal; stamp (14); postage stamp (17)

semana week (4); **fin de** _____ weekend (7)

semestre *m.* semester

semilla seed (12)

semiprivado, -a semiprivate

senado senate (14)

senador, -a senator (14)

sencillo, -a simple; **billete** _____ one-way ticket (16)

sensibilidad *f.* sensitivity

sentarse (ie) to sit down (11)

sentido sense; **en cierto** _____ in a certain sense

sentir(se) (ie, i) to feel (7, 11); to regret (14); to be or feel sorry; **lo siento** I'm sorry

señal *f.* sign; indication; _____ **de tráfico** traffic sign (10)

señor *m.* gentleman, man; sir; Mr.; *pl.* Mr. and Mrs., ladies and gentlemen

señora lady, woman; madam; Mrs. (P); wife

señorita young lady, young woman; Miss (P)

separado, -a separated

se(p)tiembre *m.* September (4)

séptimo, -a seventh (6)

ser (*irreg.*) to be (3); _____ **de** to be from (P); to belong to; to be made of; to become

serie *f.* series, set; **una** _____ **de** a series (lot) of

serio, -a serious (15)

servicio service

servilleta napkin (9)

servir (i, i) to serve (6)

sesenta sixty (5)

setecientos, -as seven hundred (6)

setenta seventy (5)

sexto, -a sixth (6)

si if (3)

sí yes (P)

siempre always (1); **como** _____ as usual; **para** _____ forever

siento: lo _____ I'm sorry

siesta nap; **dormir la** _____ to take a nap

siete seven (2)

siglo century

significar (qu) to mean, signify

siguiente following; **al día** _____ the following day (14)

silencio silence

silueta silhouette

silla chair (1)

sillón *m.* easy chair (8)

similaridad *f.* similarity

simpático, -a nice, pleasant, likeable (1)

sin without (8); _____ **duda** undoubtedly (12); _____ **fondos** penniless; _____ **prisa** unhurriedly (13)

sinceramente sincerely

sincero, -a sincere

sino but (rather); except; _____ **que** but, on the contrary (12)

sinónimo synonym

síntoma *m.* symptom (15)

sistema *m.* system

situación *f.* situation

soberanía sovereignty

sobre *n.m.* envelope (17)

sobre *prep.* on, upon (8); over, above; concerning, about; _____ **todo** above all

sobrino, -a nephew, niece (5)

socialismo socialism

sociedad *f.* society

socio-economía socioeconomy

sociología sociology

sociólogo, -a sociologist (18)

sofá *m.* sofa, couch (8)

sol *m.* sun (12); monetary unit of Peru; **hacer** _____ to be sunny (4)

solamente only

solicitar to ask for, request

solicitud application; request, petition

solo, -a alone (14); single

sólo *adv.* only (3)

soltero, -a *n.* bachelor, unmarried person; *adj.* unmarried, single (5)

solución *f.* solution

sombrero hat (3)

sonrisa smile

soñar (ue) to dream; _____ **con** to dream about (11)

sopa soup

sorprender to surprise (14)

sorpresa surprise (13)

sostener (*irreg.*) to sustain; to maintain; to support

sótano basement (8)

su (sus) *poss.* his, her, its, your (*form s. and pl.*), their (5)

subida action of ascending, going up

subir to go up (7); to climb; to board, get on

subjetivo, -a subjective

subjuntivo *n.* subjunctive

Sudamérica South America

suegro, -a father-in-law, mother-in-law (13)

sueldo salary

suelo floor; ground (16)

sueño sleep; dream (11); **tener** _____ to be sleepy (4)

suerte *f.* luck (13); **¡qué** _____! what luck (how lucky)! **tener** _____ to be lucky

suéter *m.* sweater
suficiente sufficient
sugerencia suggestion
sujeto subject
suministrado, -a furnished, supplied
superar to surpass
supereficiente super-efficient
supermercado supermarket
suponer (*irreg.*) to suppose (13)
suposición *f.* supposition
supremo, -a supreme (14)
sur *m.* south (10)
sureste *m.* southeast
suspirar to sigh
sustancia substance
sustantivo noun
suyo, -a (-os, -as) *poss.* his, her, your (*form. s. and pl.*), their; of his, of hers, of yours (*form. s. and pl.*), of theirs (16)

T

tabaco tobacco
tableta tablet, pill; _____ **para la tos** cough drop (15)
tal such (a); **con** _____ **de que** provided that (18); **¿qué** _____? how are you?; _____ **vez** perhaps (17)
también also (1)
tampoco neither, not either (11)
tan so, as (3); _____ **... como** as . . . as (15); _____ **pronto como** as soon as (18)
tanto, -a (-os, -as) as much, so much; as many, so many; _____ **... como** as much (many) . . . as (15)
tapa *Sp.* appetizer (13)
tarde *f.* afternoon; **buenas tardes** good afternoon (P); **de (en, por) la** _____ in the afternoon, evening (2);
tarde *adv.* late (6); **más** _____ later, afterward; **temprano** sooner or later
tarjeta card; calling card; _____ **de identidad** identification (ID) card (17)
taxi *m.* (taxi) cab (16)
taza cup (9)
te *d.o.* you (*fam. s.*); *i.o.* to (for) you (*fam. s.*); *refl. pron.* yourself
té *m.* tea
teatro theater
técnico *n.m., f.* technician (18); **técnico, -a** *adj.* technical
tecnología technology

Tejas Texas
tele *f. shortened form of* **televisión**
teléfono telephone (8); **por** _____ on the (by) telephone
telenovela soap opera (6)
televidente *m., f.* television viewer
televisión television
televisor *m.* television set (8)
tema *m.* theme; topic
temblor *m.* (*earth*) tremor
temer to fear (14)
temperatura temperature
tempestad *f.* storm (12)
templado, -a temperate
temprano early (6)
tenedor *m.* fork (9)
tener (*irreg.*) to have (2); _____ **afición a** to be fond of (18); _____ **... años** to be . . . years old (4); _____ **calor (frío)** to be (feel) hot (cold) (4); _____ **hambre (sed)** to be hungry (thirsty) (4); _____ **mal aspecto** to look bad; _____ **miedo** to be afraid; _____ **que** to have to (4); _____ **prisa** to be in a hurry (16); **(no)** _____ **razón** to be right (wrong) (4); _____ **sueño** to be sleepy (4); _____ **suerte** to be lucky
tenis *m.* tennis (7); **pista de** _____ tennis court
tentación *f.* temptation
terapéutico, -a therapeutic
terapia therapy
tercer *shortened form of* **tercero**, *used before masculine singular nouns* (6)
tercero, -a third (6)
terminación *f.* ending
terminar to end, terminate
terremoto earthquake (12)
texto text
ti *obj. of prep.* you, yourself (*fam. s.*)
tiempo time (6); weather; **a** _____ on time; **al mismo** _____ at the same time; **hace buen (mal)** _____ the weather is good (bad); **¿qué** _____ **hace hoy?** what's the weather like today? (4)
tienda store (2)
tierra land; earth, world (12); territory
tigre *m.* tiger
timbrar to stamp
timbre *m.* stamp, seal
tinto *n.* (glass of) red wine (13); *adj.* red (*with wine*)

tío, -a uncle, aunt (5)
típico, -a typical
tipo type; character; _____ **de cambio** rate of exchange (17)
título title; degree (18)
tocadiscos *m.s.* record player (6)
tocar (**qu**) to touch; to sound (*a bell, a drum, etc.*); to play (*a musical instrument*)
todavía still; yet (6); _____ **no** not yet
todo, -a all, every; everything (1); **todo derecho** straight ahead (10); **todo el día (toda la mañana, la noche)** all day (morning, night) long (7); **todo el mundo** everybody (12); **todos** everyone; **todos los días** every day (1); **de todos modos** in any case
tolerancia tolerance
tomar to take; to drink (2); _____ **el desayuno** to have breakfast
tomate *m.* tomato (9)
tonificar (**qu**) to tone up
tonto, -a stupid, silly
tormenta storm
toro bull; **corrida de toros** bullfight; **plaza de toros** bullring
tortilla *Sp.* omelet (9); *L.A.* tortilla, flat cornmeal or flour cake; _____ **española** *Sp.* potato omelet
tos *f.* cough (15)
tostada (piece of) toast (9)
trabajador, -a worker (18); _____ **social** social worker (18)
trabajar to work (1)
trabajo work; job (6)
tradición *f.* tradition
tradicional traditional
traer (*irreg.*) to bring (5)
tráfico traffic; **luz de** _____ traffic light (10)
tragedia tragedy
traicionero, -a treacherous
traje *m.* suit (3)
trampa: hacer trampas to cheat, play tricks
tranquilamente calmly, tranquilly
tranquilizante *m.* tranquilizer (15)
tranquilo, -a tranquil, calm, quiet
transferencia transference
transformación *f.* transformation
transformarse to be transformed (12)
transporte *m.* transport; transportation; *pl.* means of transportation (16)

tratamiento treatment
tratar to treat (*be about*), deal with; _____ **de** + *inf.* to try to (*do something*)
trece thirteen (2)
treinta thirty (2, 5)
tremendo, -a tremendous
tren *m.* train (16); **en** _____ by train
tres three (2)
trescientos, -as three hundred (6)
triste sad (3)
triunfo triumph
trueno thunder (12)
tu, (tus) *poss.* your (*fam. s.*) (5)
tú *sub. pron.* you (*fam. sing.*) (P)
tumulto tumult, uproar
tunante *m.* highwayman, robber
turista *m., f.* tourist
turístico, -a touristic; **bolsa turística** travel bag
turno: estar de _____ to be open all night (*pharmacies*)
tuyo, -a (-os, -as) *poss.* your; (of) yours (*fam. s.*) (16)

U

Ud(s). *abbreviation of* **usted(es)**
úlcera ulcer (15)
último, -a last, latest (12)
un, uno, una a, an; one (2)
únicamente only, solely, just
único, -a only; **lo** _____ the only thing
unidad *f.* unit
universidad *f.* university (1)
universo universe
unos, unas some, several, a few
uruguayo, -a Uruguayan
usar to use (1)
uso use
usted *sub. pron.* you (*form. s.*); *obj. of prep.* you (*form. s.*)
ustedes *sub. pron.* you (*form. pl.*); *obj. of prep.* you (*form. pl.*)
utensilio utensil (9)
útil useful
uva grape

V

va: ¡qué _____! *interj.* nonsense!
vaca cow; **carne de** _____ beef (9)
vacaciones *f. pl.* vacation (7); **de** _____ on vacation
valer (*irreg.*) to be worth (17)
vals *m.* waltz
valle *m.* valley (12)
vaquero cowboy; **pantalones**

vaqueros blue jeans
variado, -a varied
variedad *f.* variety; **programa de variedades** variety show (6)
varios, -as several; various (1)
vaso (drinking) glass (5)
vehículo vehicle
veinte twenty (2)
veintidós twenty-two
veintinueve twenty-nine
veintiún twenty-one
velocidad *f.* velocity, speed
vencedor, -a conqueror, victor
vendaje *m.* bandage, dressing
vender to sell (2)
venezolano, -a Venezuelan
venida coming; arrival
venir (*irreg.*) to come (2)
venta sale (1)
ventana window (5)
ventanilla window (*of bank teller*) (17)
ver (*irreg.*) to see (5); _____ **para creer** seeing is believing; **(no) ver a alguien con buenos ojos** (not) to like someone
verano summer(time) (4)
verbo verb
verdad *f.* truth (10); **¿** _____**?** really?, right? (4); **es** _____ it (that) is true (15)
verde green
verso verse
vestido dress (3); _____ **de novia** wedding gown
vestirse (i, i) to dress (oneself), get dressed
veterinario, -a veterinarian (18)
vez *f.* (*pl.* **veces**) time; **a veces** at times (4); **alguna** _____ some time; **de** _____ **en cuando** from time to time; **en** _____ **de** instead of; **otra** _____ again; **tal** _____ perhaps (17); **una** _____ once
viajar to travel (7)
viaje *m.* trip (12); **hacer un** _____ to take a trip; _____ **de vuelta** return trip
viajero, -a traveler (10); **cheque de viajero** traveler's check
vicepresidente *m., f.* vice-president
víctima *m., f.* victim
victoria victory, triumph
vida life (7); **ganarse la** _____ to earn a living
viejo, -a old (2)
viento wind; **hace** _____ it is windy (4)

viernes *m.* Friday (4)
vino wine (2)
violento, -a violent
violeta violet
violín *m.* violin
violinista *m., f.* violinist
visita visit
visitar to visit
visto, -a *p.p.* seen; **por lo** _____ apparently
vitalidad *f.* vitality
vitamina vitamin
viudo, -a widower, widow
¡viva! *interj.* long live . . . !
vivir to live (2)
vocabulario vocabulary
volante *m.* steering wheel (10)
volcán *m.* volcano (12)
volibol *m.* volleyball
volumen *m.* volume
voluntad *f.* will; willpower
volver (ue) to return (6); _____ **a** + *inf.* to (*do something*) again
vosotros, -as *sub. pron.* you (*fam. pl. Sp.*); *obj. of prep.* you, yourselves (*fam. pl. Sp.*)
votar to vote (14)
voto vote
voz *f.* (*pl.* **voces**) voice; **en** _____ **alta** aloud, out loud; **en** _____ **baja** in a low voice, in an undertone
vuelo flight (16)
vuelta lap (*racing*); **dar una** _____ to turn around (6); **ida y** _____ round-trip; **viaje de** _____ return trip
vuestro, -a, -os, -as *poss.* your (*fam. pl. Sp.*); (of) yours (*fam. pl. Sp.*) (5, 16)

Y

y and (P)
ya still; yet; already (5); now; any longer; whether; or; _____ **no** no longer; _____ **que** since, given that
yermo, -a barren (*Yerma is the title of a play by García Lorca*)
yo *sub. pron.* I (P)

Z

zapatería shoe store
zapato shoe (3)
zoología zoology
zoológico, -a *adj.* zoological; *n.* **(parque) zoológico** zoo

English—Spanish Vocabulary

A

about **de** (1), **sobre**
above **sobre, arriba** (11), **(por) encima (de)** (11)
accompany **acompañar**
account **cuenta** (17); checking _____ **cuenta corriente** (17); savings _____ **cuenta de ahorros** (17)
accountant **contador, -a** (18)
active **activo, -a**
address **dirección** _f._ (17)
advise **aconsejar** (14)
after (afterwards) **después (de) (que)** (3, 7, 18)
afternoon **tarde** _f._; good _____ **buenas tardes** (P); in the _____ **por (en) la tarde** (2)
agency **agencia** (16)
agent **agente** _m., f._ (16)
air: by _____ (mail) **por avión** (17)
airline **línea aérea** (16)
airplane **avión** (16)
airport **aeropuerto** (16)
all **todo, -a, -os, -as** (1); _____ day (morning, night) long **todo, -a el día (la mañana, la noche)** (7)
allergy **alergia** (15)
allow **permitir** (8)
almost **casi** (7)
alone **solo, -a** (4)
along **por** (4)
already **ya** (5); no longer **ya no** (4)
also **también** (1)
although **aunque** (17)
always **siempre** (1)
among **entre** (4)
and **y** (P)
anemia **anemia** (15)
announce **anunciar** (16)
another **otro, -a** (2)
answer **contestar** (1); _____! _(form. command)_ **¡conteste Ud.!**
apartment **piso** (8); _____ house **casa de apartamentos** (2)
appetizer **tapa** _Sp._ (13)
apple **manzana** (9)
appliance: electrical _____ **aparato eléctrico** (8)
appreciate **apreciar** (18)
April **abril** _m._ (4)
architect **arquitecto, -a** (18)

are there? **¿hay?**; aren't there? **¿no hay?**
argue **discutir** (2)
arm **brazo** (11)
arrange **arreglar** (13)
arrive **llegar (gu)** (3)
artistic **artístico, -a**
as **como** (8); _____ ... _____ **tan ... como** (15); many ... _____ **tantos, -as ... como** (15); _____ much ... _____ **tanto, -a ... como** (15); _____ soon _____ **tan pronto como** (18)
ask **preguntar** (1); _____ for **pedir (i, i)** (6); _____ questions **hacer** _(irreg.)_ **preguntas;** asking (for) **pidiendo**
aspirin **aspirina** (15)
at **a** (2), **en** (1)
attack: heart _____ **ataque al corazón** (15)
attractive **hermoso, -a** (3)
August **agosto** (4)
aunt **tía** (5)
authority **autoridad** _f._ (14)
authorize **autorizar (c)** (14)
automobile (car) **auto(móvil)** _m.,_ **coche** _m._ (2)
autumn **otoño** (4)
avenue **avenida** (10)

B

bachelor (single person) **soltero, -a** (5)
back _n._ **espalda** (11); _____ up _(form. command)_ **marche hacia atrás** (10)
backwards **hacia atrás** (6)
bad **mal(o), -a** (2, 4)
badly **mal** (5)
baggage **equipaje** _m._ (16)
ball **pelota** (7); _(soccer)_ ball **balón** _m._ (7)
ballpoint pen **bolígrafo** (1)
banana **banana, plátano** (9)
bank **banco** (2)
banker **banquero, -a** (17)
baseball **béisbol** _m._ (7)
basement **sótano** (8)
basketball **básquetbol** _m._ (7)
bathe _(oneself)_ **bañarse** (11)
bathroom **cuarto de baño** (8)
be **estar** _(irreg.)_ (3), **ser** _(irreg.)_ (3); _____ able **poder (ue, u)** _(irreg.)_

(6); _____ afraid **tener** _(irreg.)_ **miedo** (12); _____ called (named) **llamarse** (11); _____ fond of **tener** _(irreg.)_ **afición a** (18); _____ glad of **alegrarse de** (14); _____ in a hurry **tener** _(irreg.)_ **prisa** (16); _____ pleasing **gustar** (10); _____ sorry **sentir (ie, i)** (14); _____ sure (of) **estar** _(irreg.)_ **seguro (de)** (15); _____ worth **valer** _(irreg.)_ **(valgo)** (17)
beach **playa** (11)
bean **frijol** _m._ (9)
beautiful **hermoso, -a** (3)
beauty **hermosura** (12)
because **porque** (1)
bed **cama** (8); to go to _____ **acostarse (ue)** (11)
bedroom **alcoba** (8)
beef **carne de vaca** _f._ (9)
beefsteak **biftec** _m._ (9)
beer **cerveza** (2)
before **antes (de) (que)** (7, 18)
begin **comenzar (ie) (c)** (6)
behind **detrás de** (14); _____ schedule **atrasado, -a** (16)
believe **creer (y)** (4)
besides _(furthermore)_ **además** (12)
best: _____ man **padrino** (13)
better **mejor** (13); _____ than **mejor que;** it's _____ (best) **es mejor** (15)
between **entre** (4)
bicycle **bicicleta;** to ride a _____ **andar** _(irreg.)_ **en bicicleta** (7)
big **grande** (2); _____ wedding **boda en grande**
bill **cuenta** (8)
birthday **cumpleaños** _m. s._ (4)
black **negro, -a** (3)
blackboard _(chalkboard)_ **pizarra** (1)
blouse **blusa** (3)
blue **azul** (3)
board: on _____ **a bordo (de)** (16)
body **cuerpo** (11)
book **libro** (1)
bookcase **estante** _m._ (8)
bookshelf **estante** _m._ (8)
boot **bota** (3)
bored **aburrido, -a** (3)
boring **aburrido, -a** (3)
boss **jefe, -a** (4)

bottle **botella** (5)
boulevard **bulevar** *m.* (10)
boy **muchacho** (2), **niño** (5)
boyfriend **novio** (4)
brake **freno** (10)
bread **pan** *m.* (9)
breakfast **desayuno** (9); to have
_____ **tomar el desayuno,
desayunar**
bricklayer **albañil** *m., f.* (18)
bride **novia** (13)
bridegroom **novio** (13)
bridesmaid **madrina** (13)
bring **traer** (*irreg.*) (5)
brother **hermano** (5)
build **construir** (y) (18)
building **edificio** (2)
bun **bollo** (9)
bus **autobús** *m.* (2)
business **negocio** (17); **comercio**
(18)
but **pero** (2), **sino, sino que** (12)
butter **mantequilla** (9)
buy **comprar** (2)
by **por** (2)
by air (mail) **por avión** (17)

C

café **café** *m.* (2)
calculation **cálculo** (17)
calculator **calculadora** (17)
call **llamar** (8)
cancel **cancelar** (16)
cancer **cáncer** *m.* (15)
car **auto(móvil)** *m.,* **coche** *m.* (2)
card: identification (ID) _____
tarjeta de identidad (17)
care: to take _____ of oneself
cuidarse (15); with _____ **con
cuidado** (10)
carefully **con cuidado** (10)
caricature **caricatura**
carpenter **carpintero, -a** (18)
carry **llevar** (3)
case: in _____ **en caso de que** (18)
cash: to pay in _____ **pagar al
contado** (17)
cash (a check) **hacer efectivo (un
cheque)** (17)
cashier **cajero, -a** (17)
cat **gato** (8)
celebrate **celebrar** (4)
ceremony **ceremonia** (13)
certain: it's _____ **es seguro** (15)
chair **silla** (1); easy _____ **sillón**
m. (8)
chalkboard **pizarra** (1)
championship **campeonato** (7)
chat (*converse*) **charlar** (1),
conversar (1)

cheap **barato, -a** (2)
check **cheque** *m.;* _____book
libreta de cheques (8); checking
account **cuenta corriente** (17);
traveler's _____ **cheque de
viajeros** (17)
cheese **queso** (9)
chemist **químico, -a** (18)
chest: _____ of drawers **cómoda**
(8)
chicken **pollo** (9)
child **niño, -a**
choose **escoger** (j) (18)
chop **chuleta** (9); lamb (pork)
_____ **chuleta de cordero
(cerdo)**
church **iglesia** (13)
city **ciudad** *f.* (1)
city hall **ayuntamiento** (14)
class **clase** *f.* (1)
classmate **compañero, -a de clase**
(1)
classroom **sala de clase** (1)
clean **limpiar** (8)
cleaner: vacuum _____
aspiradora (8)
clerk **dependiente, -a** (2); (*civil
servant*) **funcionario** (14)
clever **listo, -a** (3)
climate **clima** *m.* (12)
clock **reloj** *m.* (2)
closet **armario** (8)
clothes (clothing) **ropa** (3)
cloud **nube** *f.* (12)
coast **costa** (12)
coffee **café** *m.* (2)
cold (*illness*) **resfriado** (15); to be
_____ (*weather*) **hacer frío** (4);
to be (feel) _____ **tener** (*irreg.*)
frío (4)
collide **chocar** (qu) (10)
collision **choque** *m.* (10)
comb one's hair **peinarse** (11)
come **venir** (*irreg.*) (2); _____!
¡ven! (*fam. command*); let her
_____ **que venga (ella)**
comfortable **cómodo** (16)
commerce **comercio** (18)
commercial **comercial**; television
_____ **anuncio comercial**
companion **compañero, -a** (1);
classmate **compañero, -a de
clase**; roommate **compañero, -a
de cuarto**
complicate **complicar** (qu) (14)
computer **computadora** (17)
concert **concierto** (6)
confirm **confirmar** (16)
construct **construir** (y) (18)
consult **consultar** (13)

contagious **contagioso, -a**
contemplate **contemplar**
converse **conversar** (1)
cook **cocinar** (8)
cool: to be _____ (*weather*) **hacer
fresco** (4)
corner **esquina** (10)
cost **costar** (ue) (6)
couch **sofá** *m.* (8)
cough **tos** *f.* (15); _____ drop
pastilla (para la tos) (15)
count **contar** (ue) (15)
country **país** *m.* (2); countryside
campo, paisaje *m.*
couple **pareja** (13)
course **curso**; of _____ **desde
luego**; of _____ not! **¡qué va!**; of
_____! **¡cómo no!** (17)
court: tennis _____ **cancha de
tenis** (7); Supreme _____ **Corte
Suprema** (14)
cousin **primo, -a** (5)
cover (oneself) **cubrir(se)** (12)
crash **chocar** (qu) (10)
cross **cruzar** (c) (3)
cry **llorar** (15)
culture **cultura**
cup **taza** (9)
cure **remedio** (15)
curious **curioso, -a**
cursed **maldito, -a** (15)
custard **flan** *m.* (9)
cycling **ciclismo** (7)
cyclone **ciclón** *m.* (12)

D

dance **baile** *m.* (6)
dance **bailar** (4)
dangerous **peligroso** (12)
date (*appointment*) **cita** (13);
(*calendar*) **fecha** (4)
daughter **hija** (5)
day **día** *m.* (1); all _____ long
todo el día (7); the following
_____ **al día siguiente** (14)
daytime: in the _____ **de día** (12)
December **diciembre** *m.* (4)
defense: _____ lawyer **abogado,
-a defensor, -a**
degree **título** (18)
delicious **delicioso, -a**
dentist **dentista** *m., f.* (15)
deny **negar** (ie) (gu) (15)
department store **almacén** *m.* (2)
deputy **diputado, -a** (14)
desire **desear** (1)
desk **escritorio** (8)
dessert **postre** *m.* (9)
detective **policíaco, -a** *adj.* (6)

die **morir (ue, u)** (7)
difference **diferencia**
difficult **difícil** (3)
difficulty **dificultad** *f.* (18)
dining room **comedor** *m.* (8)
dinner **cena** (9); to eat _____
    cenar (8)
disaster **desastre** *m.* (12)
discount **descuento** (17)
discover **descubrir** (18)
discuss **discutir** (2)
dish **plato** (5)
dishwasher **lavaplatos** *m. s.* (8)
displeased **disgustado, -a** (13)
district **barrio** (2)
do **hacer** (*irreg.*) (2)
doctor **doctor, -a** (15); **médico, -a**
    (15)
doll **muñeca** (5)
door **puerta** (1)
doubt **duda**; without (a) _____
    sin duda (12)
doubt **dudar (de)** (15)
down **abajo** (11); to go _____
    bajar (7); downward **hacia**
    abajo (11)
downtown **centro** (2)
downward **hacia abajo** (11)
dozen **docena** (16)
dramatic **dramático, -a**
drawers: chest of _____ **cómoda**
    (8)
drawing **dibujo** (1)
dream **sueño** (11)
dream about **soñar (ue) (con)** (11)
dress **vestido** (3)
drink **bebida**; soft _____ **refresco**
    (6)
drink **beber** (7), **tomar** (2)
drive **manejar** (10)
driver **chófer** *m., f.* (10); driver's
    license **carnet** (*m.*) **de manejar**
    m. (10)
drugstore **farmacia** (5)
drunk **borracho, -a** (10)
during **durante** (4)

E

each **cada** (5)
ear **oreja** (11)
early **temprano** (6)
earn **ganar** (3); _____ a living
    ganarse la vida (18)
earth **tierra** (12)
earthquake **terremoto** (12)
east **este** *m.* (10)
easy **fácil** (3); _____ chair **sillón**
    m. (8)
eat **comer** (2); _____! **¡coma Ud.!**

(*form. command*); to _____
    dinner (supper) **cenar** (8)
economist **economista** *m., f.* (18)
effective **efectivo, -a**
egg **huevo** (9)
eight **ocho** (2); _____ hundred
    ochocientos, -as (6)
eighteen **diez y ocho** (2)
eighth **octavo, -a** (6)
eighty **ochenta** (5)
either . . . or **o... o**; not _____
    tampoco (11)
electrical: _____ appliance
    aparato eléctrico (8)
electrician **electricista** *m., f.* (18)
electricity **luz (eléctrica)** *f.* (8),
    electricidad *f.*
electronic: _____ schedule
    horario electrónico (16)
elegance **elegancia**
elevator **ascensor** *m.*, **elevador** *m.*
    (17)
eleven **once** (2)
embrace **abrazo** (13)
embrace **abrazar (c)** (13)
employee **empleado, -a** (17)
enchant (*someone*) **encantar** (7)
encounter **encontrar (ue)** (17)
engagement ring **anillo de**
    compromiso (13)
engineer **ingeniero, -a** (18)
engineering **ingeniería** (18)
English **inglés, -esa**; English
    (*language*) **inglés** *m.* (1)
enough **bastante** (10)
enter **entrar (en)** (1)
envelope **sobre** *m.* (17)
escalator **escalera automática** (16)
evening: in the _____ **por (en) la**
    noche (2); good _____ **buenas**
    noches (P)
ever **jamás** (11)
every **cada** (5); _____ day **todos**
    los días (1)
everybody **todo el mundo** (12)
everyone **todos; todo el mundo**
    (12)
evident: it's _____ **es evidente**
    (15)
examine **examinar**; let him _____
    que examine (él)
example **ejemplo**; for _____ **por**
    ejemplo (9)
exchange: rate of _____ **tipo de**
    cambio (17)
exist **existir** (12)
expect **esperar** (14)
expense **gasto** (13)
expensive **caro, -a** (2)
explain **explicar (qu)** (10)

expressway **autopista** (10)
eye **ojo** (11)

F

face **cara** (11)
fall **otoño** (4)
fall asleep **dormirse (ue, u)** (11)
famous **gran** (4), **famoso, -a**
far **lejos** (12)
father **padre** *m.* (5), **papá** *m.* (5)
father-in-law **suegro** (13)
fear **temer** (14); to cause fear **dar**
    miedo (12)
February **febrero** (4)
feel **sentir (ie, i)** (7), **sentirse (ie, i)**
    (11)
festive **festivo, -a**
fewer: _____ than **menos que** (15)
fever **fiebre** *f.* (15)
field (*of study*) **campo** (18)
fifteen **quince** (2)
fifth **quinto, -a** (6)
fifty **cincuenta** (5)
figure **figura**
file **archivo** (17)
fill **llenar** (12)
fillet (*of beef or fish*) **filete** *m.* (9)
film **película** (6); roll of _____
    rollo de película (16)
finally **por fin** (14)
financial **financiero, -a** (18)
find **encontrar (ue)** (17), **hallar**
    (18)
fine *n.* **multa** (10); _____, thanks
    muy bien, gracias (P)
finger **dedo** (11)
first **primer (-o, -a)** (3, 6); the
    _____ thing **lo primero** (5)
fish (*when caught*) **pescado** (9);
    (*alive*) **pez** *m.*
fish **pescar (qu)** (7)
fishing **pesca** (7)
five **cinco** (2); _____ hundred
    quinientos, -as (6)
fix **arreglar** (13)
flight **vuelo** (16)
floor **piso** (8); **suelo** (16)
flower **flor** *f.* (5)
flu **gripe** *f.* (15)
following: the _____ day **al día**
    siguiente (14)
fond: to be _____ of **tener** (*irreg.*)
    afición a (18)
foot **pie** *m.* (11)
football **fútbol** *m.* (7)
for **para** (2); in exchange _____
    por (4); _____ his sake **por él**;
    _____ example **por ejemplo** (9)
foreign **extranjero, -a** (6)

forget **olvidar** (13)
fork **tenedor** *m.* (9)
forty **cuarenta** (5)
forward **hacia adelante** (6)
four **cuatro** (2); four hundred
  cuatrocientos, -as (6)
fourteen **catorce** (2)
fourth **cuarto, -a** (6)
free **libre** (18)
frequently **con frecuencia**
fresh **fresco, -a** (9)
Friday **viernes** *m.* (4)
friend **amigo, -a** (P)
friendly **amable** (1)
from **de** (P); _____ where? **¿de
  dónde?** (P); I'm _____ **soy de**
  (P)
fruit **fruta** (5, 9)
furious **furioso, -a**
furniture **muebles** *m. pl.* (8); piece
  of _____ **mueble** *m.* (8)
furthermore (*besides*) **además** (12)

G

game **partido** (7)
gas(oline) **gasolina** (10); _____
  pedal **acelerador** *m.* (10); _____
  station **gasolinera** (10)
generalization **generalización** *f.*
generous **generoso, -a**
gentleman **señor** (P)
get married (to) **casarse (con)** (13)
get up **levantarse** (11)
gift **regalo** (2)
girl **muchacha** (2), **niña** (5)
girlfriend **novia** (3)
give **dar** (*irreg.*) (3); she is giving
  me **(ella) me da;** _____ a shot
  poner (*irreg.*) **una inyección** (15)
glad **contento, -a;** to be _____ of,
  about **alegrarse de** (14)
glass (*for wine*) **copa** (9), (*for
  drinking*) **vaso** (5); _____ of
  wine **copa de vino** (9)
go **ir** (3), **irse** (*irreg.*); _____! **¡vaya
  Ud.!;** don't _____! **¡no vaya
  Ud.!** (*form. command*); don't let
  her _____ **¡que no vaya ella!;**
  _____ down **bajar** (7); _____
  out **salir** (*irreg.*) (5); _____ to
  bed **acostarse (ue)** (11); _____
  toward **dirigirse (j) a** (14); _____
  up **subir** (7)
goal **gol** *m.* (7)
going: I am (not) _____ **(no) voy**
golf **golf** *m.* (7)
good **buen(-o, -a)** (2, 4); _____
  afternoon **buenas tardes** (P);
  _____ evening (night) **buenas**

noches (P); _____ morning
  buenos días (P)
goodbye **adiós** (P)
government **gobierno** (14)
governor **gobernador, -a** (14)
granddaughter **nieta** (5)
grandfather **abuelo** (5)
grandmother **abuela** (5)
grandson **nieto** (5)
grass **hierba** (11)
great **gran(-de)** (2, 4)
greet **saludar** (13)
grippe (*flu*) **gripe** *f.* (15)
ground **suelo** (16)

H

hair **pelo** (11)
half **mitad** *f.* (12)
ham **jamón** *m.* (9)
hand **mano** *f.* (11)
happy **alegre** (1), **contento, -a** (3),
  feliz (3)
haste (hurry) **prisa** (13); to hurry
  darse prisa; to be in a hurry
  tener prisa
hat **sombrero** (3)
have **tener** (*irreg.*) (2); _____ to
  deber (10), **tener** (*irreg.*) **que** (4);
  _____ a good time **divertirse
  (ie, i)** (13)
he **él**
head **cabeza** (11)
headache **jaqueca** (15), **dolor de
  cabeza** *m.*
headlight **faro** (10)
health **salud** *f.* (15)
hear **oír** (*irreg.*) (5)
heart: _____ attack **ataque al
  corazón** *m.* (15)
heating (*in a building*) **calefacción**
  f. (8)
heavy **fuerte** (17)
help **ayudar** (17)
hello **hola** (P); **¿aló?** *L.A.*
  (*telephone response*)
her **su, sus** *poss.;* **ella** *obj. of prep.*
here **aquí** (1)
highway **carretera** (10)
hike (*to go hiking*) **hacer una
  caminata** (7)
hill **colina, loma** (12)
his **su, sus** (5)
historic **histórico, -a**
home **a casa** *adv.* (5); at _____ **en
  casa** (2)
honeymoon **luna de miel** (13)
hope **esperar** (14)
hot **caliente;** to be _____
  (*weather*) **hacer calor** (4); to be

(feel) _____ **tener** (*irreg.*) **calor**
  (4); _____water **agua caliente**
  (8)
hour **hora** (2)
house **casa** (2); apartment _____
  casa de apartamentos (2);
  House of Representatives
  Cámara de Representantes (14)
how **¿cómo?** (P); _____ are you?
  ¿cómo está Ud.? (*form.*), **¿cómo
  estás (tú)?** (*fam.*) (P)
how many? **¿cuántos, -as?** (2)
how much? **¿cuánto, -a?** (3)
however **pero** (12)
hug **abrazo** (13)
hundred: one _____ **cien(to)** (5, 6)
hungry: to be _____ **tener** (*irreg.*)
  hambre (4)
hurricane **huracán** *m.* (12)
hurry **prisa** (13); to be in a _____
  tener (*irreg.*) **prisa** (16)
hurry up **darse** (*irreg.*) **prisa** (16)
hurt **doler (ue)** (15)
husband **esposo** (4)

I

I **yo**
ice cream **helado**
identity **identidad** *f.;*
  identification (ID) card **tarjeta
  de identidad** (17)
if **si** (3)
ignorance **ignorancia**
ill **enfermo, -a** (3)
illness **enfermedad** *f.* (15)
implore **rogar (ue) (gu)** (14)
importance **importancia**
important **importante;** the most
  _____ thing **lo primero** (5), **lo
  más importante;** it's _____ **es
  importante** (15)
impossible **imposible**
impressive **impresionante**
in **en** (1), **por;** _____ order to
  para; _____ order that **para
  que** (18)
influence **influencia**
injury **herida** (15)
inspect **inspeccionar** (10)
installments: in (by) _____ **a
  plazos** (17)
interesting **interesante**
interest **interesar** (10)
into **en** (1)
invest **invertir (ie, i)** (17)
investment **inversión** *f.* (17)
invite **invitar** (5)
is **es;** there _____ **hay;** _____
  there? **¿hay?**

island **isla** (11)
it **la, lo**
its **su, sus** (5)

J

jacket **chaqueta** (3)
January **enero** (4)
jeans: blue _____ **pantalones
vaqueros** *m. pl.*
job **trabajo** (6)
joyful **alegre** (1), **feliz** (3)
judge **juez** *m., f.* (14)
July **julio** (4)
June **junio** (4)
jungle **selva** (12)

K

kill **matar** (13); _____ time **pasar
el rato** (2)
kiss *n.* **beso** (13)
kiss **besar** (13)
kitchen **cocina** (8)
kitten **gatito** (8)
knife **cuchillo** (9)
know (*someone*) **conocer** (5);
_____ (*a fact*) **saber** (*irreg.*) (5); I
know **conozco; sé**

L

lady **señora** (P); young _____
señorita (P)
lake **lago** (12)
lamb **carne** (*f.*) **de cordero** (9)
lamp **lámpara** (8)
language **lengua** (1)
large **grande** (2)
last (*in a series*) **último, -a** (12);
(*with expressions of time*)
pasado, -a (7); _____ night
anoche (7)
late (*behind schedule*) **atrasado, -a**
(16); **tarde** (6)
later **después** (3), **luego** (6), **más
tarde;** until (I see you) _____
hasta luego (P)
latest **último, -a** (12)
laughter **risa** (14)
law (*course of study*) **derecho** (18);
ley *f.* (14)
lawyer **abogado, -a** (14); defense
_____ **abogado, -a defensor, -a**
(14)
learn **aprender** (4)
leave **dejar** (8), **partir** (16), **salir**
(*irreg.*) (5); _____! **¡sal!** (*fam.
command*)
left: to the _____ **a la izquierda**
(6)

leg **pierna** (11)
leisure: _____ time **tiempo libre**
(18)
less: _____ than **menos que** (15)
let **dejar** (8); (*to rent*) **alquilar**
letter **carta** (2); special delivery
_____ **carta urgente** (17)
lettuce **lechuga** (9)
liberty **libertad** *f.*
library **biblioteca** (1)
life **vida** (7)
light **luz** *f.* (8); traffic _____ **luz
de tráfico** (10)
lightning bolt **relámpago** (12)
like **gustar** (10); I _____ me
gusta(n) (2); you (*form.*) (he,
she) like(s) **le gusta(n)** (2)
likeable **simpático, -a** (1)
line: to stand in _____ **hacer cola**
(17)
listen (to) **escuchar** (2), **oír** (*irreg.*);
_____! **¡escuche Ud.!** (*form.
command*)
literature **literatura**
little **poco, -a** (3); a _____ **un
poco** (3)
live **vivir** (2)
living: to earn a _____ **ganarse la
vida** (18)
living room **sala de estar** (8)
long **largo, -a** (2); all day
(morning, night) _____ **todo, -a
el día (la mañana, la noche)** (7);
_____-term **a largo plazo** (17)
longer: no _____ **ya no** (5)
look (at) **mirar** (2); _____ for
buscar (qu) (4); to not _____ good
tener (*irreg.*) **mal aspecto**
lose **perder (ie)** (7)
lot: a _____ of **mucho, -a, -os, -as**
(1)
love **amor** *m.* (6)
love **amar** (13); I (he, she, you
form.) love(s) **me (le) encanta** (7)
luck **suerte** *f.* (13)
lunch **almuerzo** (9); to eat _____
almorzar (ue) (c) (6)

M

madam **señora** (P)
mail a letter **echar (al correo) una
carta** (17); _____ carrier
cartero, -a (17)
mailbox **buzón** *m.* (17)
make **hacer** (*irreg.*) (2)
man **hombre** *m.* (2); **señor** (P);
best _____ **padrino** (13); young
_____ **joven** *m.* (1)
manager **gerente** *m., f.* (16)
manner **manera** (18)

many **muchos, -as** (1)
map **mapa** *m.* (1)
march **marcha;** wedding _____
marcha nupcial
March **marzo** (4)
market **mercado** (9)
married **casado, -a** (5)
match (*game*) **partido** (7)
May **mayo** (4)
mayor **alcalde, -sa** (14)
meal **comida** (9)
meat **carne** *f.* (9)
medicine **medicina** (15)
melon **melón** *m.* (9)
metric **métrico, -a**
milk **leche** *f.* (9)
million: one _____ **un millón** (6)
minister **ministro, -a;** minister's
office **ministerio** (14)
ministry **ministerio** (14)
mirror **espejo** (11)
miss **señorita** (P)
Monday **lunes** *m.* (4)
money **dinero** (3)
month **mes** *m.* (4)
moon **luna** (12)
more **más** (3); (not) any _____
(no) más (3; 4); _____ than **más
que** (15)
morning **mañana;** all _____ **toda
la mañana** (7); good _____
buenos días (P); in the _____
por (en) la mañana
most: the _____ **el (la, los, las)
más** (15); the _____ important
thing **lo primero** (5)
mother **madre** *f.* (5), **mamá** (5)
mother-in-law **suegra** (13)
motor **motor** *m.* (10)
mountain **montaña** (7)
mouth **boca** (11)
move **mover (ue)** (11)
movie **película** (6); _____ theater
cine *m.* (2); movies **cine** *m.* (2)
much **mucho, -a** (1)
must **deber** (10)
my **mi, mis** (5); **mío, mía, -os, -as**
(16)

N

name: my _____ is **me llamo;**
what's your _____? **¿cómo se
llama Ud.?** (*form.*), **¿cómo te
llamas (tú)?** (*fam.*) (P); what's
his (her) _____? **¿cómo se
llama él (ella)?** (P)
napkin **servilleta** (9)
near **cerca de** (17)
necessary: it's _____ **es necesario,
es preciso** (15)

need **necesitar** (2); **hacer falta** (10)
negative **negativo, -a**
neither **tampoco** (11); _____ . . .
  nor **ni... ni**
nephew **sobrino** (5)
never **nunca** (11) **jamás** (11)
new **nuevo, -a** (1); nothing _____
  nada de nuevo (P)
news **noticias** (2)
newspaper **periódico** (2)
next **próximo, -a** (4)
nice **simpático, -a** (1)
niece **sobrina** (5)
night **noche** *f.*; all _____ **toda la**
  noche (7); good _____ **buenas**
  noches (P); last _____ **anoche**
  (7); at _____ **de noche**
nightmare **pesadilla** (14)
nine **nueve** (2); _____ hundred
  novecientos, -as (6)
nineteen **diez y nueve** (2)
ninety **noventa** (5)
ninth **noveno, -a** (6)
no **no** (P)
no one **ninguno, -a** (11); **nadie** (11)
nobody **nadie** (11), **ninguno, -a**
  (11)
none **ningún, -uno, -una** (11)
north **norte** *m.* (10)
nose **nariz** *f.* (11)
not: _____ any **ningún, -una** (11);
  _____ very **poco** (3)
notebook **cuaderno** (1)
nothing **nada** (11); _____ is going
  right **nada marcha bien** (17);
  _____ new **nada de nuevo** (P)
novel **novela** (6)
November **noviembre** *m.* (4)
now **ahora** (1); right _____ **ahora**
  mismo (15)
nowadays **hoy día** (10)
nurse **enfermero, -a** (15)

O

objective *adj.* **objetivo, -a**
obtain **obtener** (*irreg.*) (14)
occur **ocurrir** (15)
ocean **océano** (12)
October **octubre** *m.* (4)
of **de** (P)
offer **ofrecer** (**ofrezco**) (17)
office **despacho** (8), **oficina** (14)
oil **aceite** *m.* (9)
old **viejo, -a** (2)
older **mayor** (5)
omelet **tortilla** (9)
on (top of) **sobre** (8), **encima de**
one **uno** (2)
one-way ticket **billete** *m.*, (**boleto**)
  sencillo (16)

only **sólo** *adv.* (3)
open: to be _____ all night
  (*pharmacies*) **estar de guardia**
  (**turno**) (15)
open **abrir** (2)
opera: soap _____ **telenovela** (6)
or **o** (2)
orange **naranja** (9); _____ juice
  jugo de naranja (9)
order: in _____ to **para**; in _____
  that **para que** (18)
order (*command*) **mandar** (14)
organic **orgánico, -a**
other **otro, -a** (2)
ought (to) **deber** (10); **debiera**
  (*form. s.*), **debieras** (*fam. s.*)
our **nuestro, -a, -os, -as** (5, 16)
over **por encima de** (11)
overcoat **abrigo** (3)
owner **dueño, -a** (8)

P

pack **hacer** (*irreg.*) **la maleta** (16)
package **paquete** *m.* (8)
page **página** (1)
paint **pintar** (18)
painter **pintor, -a** (18)
painting **cuadro** (2)
palm tree **palmera** (11)
pamphlet **folleto** (13)
pants **pantalones** *m.* (3)
papa *m.* **papá** (5)
paper **papel** *m.* (1)
paralysis **parálisis** *f.* (15)
parents **padres** *m. pl.* (5)
party **fiesta**
pass **pasar** (2)
passenger **pasajero, -a** (16)
passive **pasivo, -a**
passport **pasaporte** *m.* (14)
pastry **pastel** *m.* (17)
patient **paciente** *m., f.* (15)
pay **pagar** (**gu**) (3)
pea **guisante** *m.* (9)
pedal: gas _____ **acelerador** *m.* (10)
pedestrian **peatón** *m.* (10)
pen (*fountain*) **pluma**, (*ballpoint*)
  bolígrafo (1)
pencil **lápiz** *m.* (1)
people **gente** *f.* (7)
per **por** (17)
performance **función** *f.* (6)
perhaps **tal vez** (17)
pharmacist **farmacéutico, -a** (18)
pharmacy **farmacia** (5)
pile **montón** *m.* (14)
pill **píldora, tableta** (15)
pipe **caño** (18)
pity **lástima**; it's a _____ **es**
  lástima (15)

place **lugar** *m.*
plant **plantar** (12)
plate **plato** (5)
platform (*train*) **andén** *m.* (16)
play (*a game*) **jugar** (**ue**) (**gu**) (6);
  don't let them _____ **¡que no**
  jueguen (ellos)!
player **jugador, -a** (7); record
  _____ **tocadiscos** *m. s.* (6)
please **por favor** (2)
pleased: _____ to meet you
  mucho gusto (1)
pleasing: to be very _____ (to
  someone) **encantarle (a alguien)**
  (10); to be _____ **gustar** (10)
pleasure **gusto** (4), **placer** *m.*
plumber **fontanero, -a** (18)
plus **más** (*with numbers*) (5)
pneumonia **pulmonía** (15)
poetic **poético, -a**
police officer **policía** *m., f.* (10);
  _____ station **prefectura** (14);
  policíaco, -a *adj.* (6)
politician **político, -a** (14)
pool: swimming _____ **piscina** (7)
poor **pobre** (3)
poorly **mal** (5)
pork **carne** (*f.*) **de cerdo** (9)
positive **positivo, -a**
possible: **es** _____ it's possible
  (15)
postage stamp **sello** (17)
posture **postura**
potato **papa, patata** (9)
practice **practicar** (**qu**) (1)
prefer **preferir** (**ie, i**) (6)
prepare **preparar** (1)
prescription **receta** (15)
present **regalo** *n.* (2)
president **presidente, -a** (14)
pretty **bonito, -a** (5)
price **precio** (3)
probable: it's _____ **es probable**
  (15)
professor **profesor, -a**
profound **profundo, -a** (15)
program **programa** *m.*
promise **prometer** (10)
pronounce **pronunciar** (1)
provided: _____ that **con tal (de)**
  que (18)
psychiatrist **psiquiatra** *m., f.* (18)
purse **bolso** (3)
put **poner** (*irreg.*) (5); _____! **¡pon!**
  (*fam. command*); _____ on
  (clothes) **ponerse (la ropa)** (11)

Q

question **pregunta** (1)
quite **bastante** (10)

R

racket **raqueta** (7)
radio **radio** *m., f.* (6)
railroad station **estación** (*f.*) **del ferrocarril** (16)
rain **lluvia** (12)
rain **llover (ue)** (6); it's raining **está lloviendo** (4)
raincoat **impermeable** *m.* (4)
range (*stove*) **cocina eléctrica** (8)
rapidly **rápidamente**
rate of exchange **tipo de cambio** (17)
rather **bastante** (10)
read **leer (y)** (2)
ready **listo, -a** (16)
really **¿verdad?** (4); **realmente**
reason: for that _____ **por eso** (5)
receive **recibir** (7)
recommend **recomendar (ie)** (14)
reconfirm **reconfirmar** (16)
record (*phonograph*) **disco** (6); (*written*) **anotación** *f.*; _____ player **tocadiscos** *m. s.* (6)
red **rojo, -a** (3)
refreshment **refresco** (6)
refrigerator **refrigerador** *m.* (8)
registration **matrícula** (18)
regret **sentir (ie, i)** (14)
relative **pariente** *n. m., f.* (5); **relativo, -a** *adj.*
remedy **remedio** (15)
rent **alquiler** *m.* (8)
repeat **repetir (i, i)** (6); _____! **¡repita Ud.!** (*form. command*)
represent **representar** (14)
representative (*deputy*) **representante** *m., f.*, **diputado, -a** (14); House of Representatives **Cámara de Representantes** (14)
request **pedir (i, i)** (6)
reservation **reserva** (16)
rest **descansar** (8)
restaurant **restaurante** *m.* (2)
return (*to a place*) **volver (ue)** (6); (*objects*) **devolver (ue)** (17)
review **repasar** (11); let her _____ **¡que repase (ella)!**
rice **arroz** *m.* (9)
rich **rico, -a** (3)
riches **riquezas** (14)
ride a bicycle **andar** (*irreg.*) **en bicicleta** (7)
right: to be _____ **tener** (*irreg.*) **razón** (4); _____? **¿verdad?** (4); nothing is going _____ **nada marcha bien** (17); _____ now **ahora mismo** (15); to the _____ **a la derecha** (6)

ring **anillo**; engagement _____ **anillo de compromiso** (13)
river **río** (12)
road **camino**; _____ sign **letrero** (10)
roll (*bread*) **bollo** (9); _____ of film **rollo de película** (16)
room **habitación** *f.* (8); dining _____ **comedor** (8); living _____ **sala (de estar)** (8)
round-trip ticket **billete** *m.* **(boleto) de ida y vuelta** (16)
rug **alfombra** (8)
run **correr** (4)

S

sad **triste** (3)
salad **ensalada** (9)
sale **liquidación** (17) *f.*, **venta** (3)
same **mismo, -a** (6)
satisfied **contento, -a** (3)
Saturday **sábado** (4)
save (*money*) **ahorrar** (17)
say **decir** (*irreg.*) (2); you don't _____! **¡no me diga!** (*form. command*) (7); _____! **¡di!** (*fam. command*)
schedule **horario** (16); electronic _____ **horario electrónico** (16); behind _____ **atrasado, -a** (16)
school **escuela** (5)
sea **mar** *m.* (12)
season **estación** *f.* (4)
seat **asiento** (10)
second **segundo, -a** (6); _____ of December **el dos de diciembre**
see **ver** (*irreg.*) (5)
seed **semilla** (12)
seem **parecer (parezco)** (15)
sell **vender** (2)
senate **senado** (14)
senator **senador, -a** (14)
send **mandar** (17)
sentence **oración** *f.* (1)
September **se(p)tiembre** *m.* (4)
serious **serio, -a** (15)
serve **servir (i, i)** (6)
serviceperson **técnico, -a** (18)
set: television _____ **televisor** *m.* (8)
seven **siete** (2); _____ hundred **setecientos, -as** (6)
seventeen **diez y siete** (2)
seventh **séptimo, -a** (6)
seventy **setenta** (5)
several **varios, -as** (1)
shave (*oneself*) **afeitarse** (11)
she **ella**
shirt **camisa** (3)
shoe **zapato** (3)

shop **tienda** (2)
shopping **de compras** (3); to go _____ **ir** (*irreg.*) **de compras** (3)
short (*stature*) **bajo, -a** (3); (*length*) **corto, -a** (3); _____-term **a corto plazo** (17)
shorter **más bajo (corto)**
shot: to give a _____ **poner una inyección** (15)
shout **gritar** (15)
show **función** *f.* (6); variety _____ **programa** (*m.*) **de variedades** (6)
shut **cerrar (ie)** (11)
sick **enfermo, -a** (3)
side **lado** (4)
sidewalk **acera** (10)
sign: traffic _____ **señal de tráfico** (10); *v.* **firmar** (14)
signature **firma** (14)
since (*because*) **como** (8)
sing **cantar** (4)
singer **cantante** *m., f.* (6)
single (*unmarried*) **soltero, -a** (5)
sir **señor** (P)
sister **hermana** (5)
sit down **sentarse (ie)** (11)
six **seis** (2); _____ hundred **seiscientos, -as** (6)
sixteen **diez y seis** (2)
sixth **sexto, -a** (6)
sixty **sesenta** (5)
ski, skiing **esquí** *m.* (7)
ski **esquiar** (7)
skin **piel** *f.* (16)
skirt **falda** (3)
sky **cielo** (12)
sleep **dormir (ue, u)** (6)
sleepy: to be _____ **tener** (*irreg.*) **sueño** (4)
slow **lento, -a** (16)
small **chico, -a; pequeño, -a** (2)
smart **listo, -a** (3)
smoke **fumar** (8)
snow **nieve** *f.* (12)
snow **nevar (ie)** (6)
so **así** (13); tan (3)
soap **jabón** *m.* (11); _____ opera **telenovela** (6)
soccer **fútbol** *m.* (7)
social: _____ worker **trabajador, -a social**
sociologist **sociólogo, -a** (18)
sock **calcetín** *m.* (3)
sofa **sofá** *m.* (8)
soft: _____ drink **refresco** (6)
some (any) **algún, -una, -unos, -unas** (11)
someone (anyone) **alguno, alguien** (11)
something **algo** (11)
son **hijo** (5)

song **canción** f. (4)
soon **pronto** (3); as _____ as **tan pronto como** (18)
sore: _____ throat **dolor** (m.) **de garganta** (15)
so-so **así así** (P)
south **sur** m. (10)
space **espacio** (16)
Spanish **español, -a** (4); Spanish (_language_) **español** m.
speak **hablar** (1)
special: _____ delivery letter **carta urgente** (17)
specialize **especializarse (c)** (18)
spend (_money_) **gastar** (3); _____ (_time_) **pasar** (2)
spoon **cuchara** (9)
sport **deporte** m. (7)
spring(time) **primavera** (4)
stamp **sello** (14); postage _____ **sello** (17)
stand in line **hacer cola** (17)
star **estrella** (12)
station **estación** f. (16); railroad _____ **estación** f. **del ferrocarril** (16); _____ wagon **camioneta** (10)
steering wheel **volante** m. (10)
step **paso** (6); to take a _____ **dar** (_irreg._) **un paso** (6)
still **todavía** (6)
stocking **media** (3)
stomach **estómago** (11)
stop **parar** (10)
store **tienda** (2)
storm **tempestad** f. (12)
story: short _____ **cuento** (12)
stove (_range_) **cocina eléctrica** (8)
straight: _____ ahead **todo derecho** (10)
street **calle** f. (2); _____sign **letrero** (10)
strong **fuerte** (17)
student **alumno, -a** (1); **estudiante** m., f.
study **estudiar** (1)
subjective **subjetivo, -a**
subway **metro** (_short for_ **metropolitano**) (2)
suit **traje** m. (3)
suitcase **maleta** (16); to pack a _____ **hacer** (_irreg._) **una maleta**
summer(time) **verano** (4)
sun **sol** m. (10)
Sunday **domingo** (4)
sunny: to be _____ **hacer** (_irreg._) **sol** (4)
superstitious **supersticioso, -a**
supper **cena** (9); to eat _____ **cenar** (8)
suppose **suponer** (_irreg._) (13)

Supreme Court **Corte Suprema** f. (14)
sure: to be _____ (of) **estar** (_irreg._) **seguro, -a (de)** (15)
surprise **sorpresa** (13)
surprise **sorprender** (14)
swim **nadar** (7)
swimming pool **piscina** (7)
symptom **síntoma** m. (15)
system **sistema** m. (18)

T

table **mesa** (1)
tablecloth **mantel** m. (5)
tablet (_pill_) **tableta, pastilla** (15)
take **tomar** (2); _____ a step **dar** (_irreg._) **un paso** (6); _____ a trip **hacer** (_irreg._) **un viaje** (16); _____ a walk **dar** (_irreg._) **un paseo** (3); _____ care of oneself **cuidarse** (15)
tall **alto, -a** (3)
taller **más alto, -a** (3)
tape (_for a tape recorder_) **cinta** (6)
tape recorder **grabadora** (6)
taste (_preference_) **gusto**
taxi **taxi** m. (16)
teach **enseñar** (1)
teacher **maestro, -a** (12)
team **equipo** (7)
technician **técnico, -a** (18)
telephone **teléfono** (8)
television **televisión** f.; _____ set **televisor** m. (8)
tell **decir** (_irreg._) (2)
temperature **temperatura**
ten **diez** (2)
tennis **tenis** m. (7); _____ court **cancha (pista) de tenis** (7)
tenth **décimo, -a** (6)
term: short- (long-) _____ **a corto (largo) plazo**
than **que** (15)
that (_demonstrative_) **ese, esa** (4); **aquel, aquella** (4); **eso, aquello**
that (_relative_) **que** (3)
that which (_what_) **lo que** (13)
the **el, la, los, las**
their **su, sus** (5)
them **los, las, les**; with _____ **con ellos (ellas)**
then **entonces** (3), **luego** (6)
there **allí** (3)
there is (are) **hay** (2)
these **estos, estas** (4)
they **ellos, -as**
think **pensar (ie)** (6); **creer** (4); what do you _____? **¿qué te parece?**; _____ about **pensar en** (13)

thing: the most important _____ **lo primero** (5)
third **tercer(o), -a** (6)
thirsty: to be _____ **tener** (_irreg._) **sed** (4)
thirteen **trece** (2)
thirty **treinta** (2; 5)
this **este, esta** (4)
those **esos, esas** (4); **aquellos, aquellas** (4)
thousand: one _____ **mil** (6)
three **tres** (2); _____ hundred **trescientos, -as** (6)
throat: sore _____ **dolor** (m.) **de garganta** (15)
through **por** (4)
thunder **trueno** (12)
Thursday, **jueves** m. (4)
thus **así** (13)
ticket **boleto, billete** m. (6); round-trip _____ **boleto (billete) de ida y vuelta** (16); one-way _____ **boleto (billete) sencillo** (16)
time **hora; tiempo** (6); **vez** (_pl._ **veces**) f.; what _____ is it? **¿qué hora es?** (2); at what _____ **¿a qué hora?**; to have a good _____ **divertirse (ie, i)** (13); to kill _____ **pasar el rato**; at times **a veces** (6)
tire **llanta** (10)
tired **cansado, -a** (3)
tiresome **cansado, -a** (3)
title **título** (18)
to **a** (2)
toast **tostada** (9)
today **hoy** (1)
toe **dedo del pie** (11)
tomato **tomate** m. (9)
tomorrow **mañana** (1); until (_I see you_) _____ **hasta mañana** (P)
too (much) **demasiado** (10)
touch **tocar (qu)** (16)
toward **hacia** (6)
town hall **ayuntamiento** (14)
traffic **tráfico**; _____ light **luz** (f.) **de tráfico** (10); _____ sign **señal** (f.) **de tráfico** (10); _____ circle **glorieta** (10)
train **tren** m. (16)
tranquilizer **tranquilizante** m. (15)
transform (oneself) **transformar(se)** (12)
transportation: means of _____ **transportes** m. (16)
travel **viajar** (7)
travel bag **bolsa turística** (16)
traveler **viajero, -a** (10)
tree **árbol** m. (12)

trip **viaje** *m.* (12); to take a _____
  hacer (*irreg.*) **un viaje** (16)
truck **camión** *m.* (10)
true: it's _____ **es cierto** (15); **es
  verdad** (15)
truth **verdad** *f.* (10)
Tuesday **martes** *m.* (4)
turn **doblar** (10); _____around
  dar (*irreg.*) **una vuelta** (6);
  _____ off **apagar** (8); _____ on
  encender (ie) (8); _____ out to
  be **resultar** (17)
twelve **doce** (2)
twenty **veinte** (2)
two **dos** (2); _____ hundred
  doscientos, -as (6)
typewriter **máquina de escribir**
  (8)

U

ulcer **úlcera** (15)
umbrella **paraguas** *m. s.* (4)
uncle **tío** (5)
uncomfortable **incómodo, -a** (16)
under(neath) **debajo de** (8)
understand **comprender** (5);
  entender (ie) (6)
university **universidad** *f.* (1)
unless **a menos que** (18)
unmarried **soltero, -a** (5)
until **hasta (que)** (18); _____ (*I see
  you*) later (tomorrow) **hasta
  luego (mañana)** (P)
up **arriba** (11); to go _____ **subir**
  (7)
upset **disgustado, -a** (13)
upward **hacia arriba** (11)
us **nos**
use **usar** (1)
utensil **utensilio** (9)

V

vacation **vacaciones** *f.* (7)
vacuum cleaner **aspiradora** (8)
valley **valle** *m.* (12)
variety **variedad** *f.*; _____ show
  programa (*m.*) **de variedades** (6)
vegetable **legumbre** *f.* (9)
very **muy**; not _____ **poco** (3);
  _____ well, thanks **muy bien,
  gracias** (P)
veterinarian **veterinario, -a** (18)
violence **violencia**

virtuous **virtuoso, -a**
volcano **volcán** *m.* (12)
vote **votar** (14)

W

wait (for) **esperar** (4); _____!
  ¡espere Ud.! (*form. command*)
(waiting) line **cola** (17)
wake up **despertarse (ie)** (11)
walk **andar** (*irreg.*) (7), **caminar**
  (3); to take a _____ **dar** (*irreg.*)
  un paseo (3)
want **desear** (1); **querer (ie)** (*irreg.*)
  (6)
wash (oneself) **lavar(se)** (8, 11)
watch **reloj** *m.* (2)
watch **mirar** (2)
water **agua** *f.* (*but* **el agua**) (8); hot
  _____ **agua caliente** (8)
wave (*ocean*) **ola** (11)
way **manera** (18)
we **nosotros, -as**
wear **llevar** (3)
weather **tiempo**; to be bad (good)
  _____ **hacer mal (buen) tiempo**
  (4); what's the _____ like
  today? **¿qué tiempo hace hoy?**
  (4)
wedding **boda** *n.* (13); **nupcial** *adj.*
  (13)
Wednesday **miércoles** *m.* (4)
week **semana** (4)
weekend **fin** (*m.*) **de semana** (7)
weigh **pesar** (16)
welcome: you're _____ **de nada**
well **bien**; **pues** (4); very _____,
  thanks, **muy bien, gracias** (P)
west **oeste** *m.* (10)
what? **¿cómo?**; **¿qué?** (1); **¿cuál?**
  (3); about _____? **¿de qué?**;
  _____ is he (she, it) like? **¿cómo
  es?** (3); what's up?, what's new?
  ¿qué hay? (P); what's wrong?
  ¿qué te pasa? (*fam.*) (15)
what (*that which*) (*relative*) **lo que**
  (13)
what do you think? **¿qué te
  parece?** (*fam.*) (13)
wheel **rueda** (10); steering _____
  volante (10)
when? **¿cuándo?** (1)
where? **¿dónde?**; _____ from? **¿de
  dónde?** (P); _____ to? **¿adónde
  (a dónde)?** (3)
which? **¿cuál, -es?** (3); **¿qué?** (1)

while **mientras** (3)
white **blanco, -a** (3)
who (*relative*) **que** (2), **quien**
who? **¿quién, -es?** (1)
whom: to _____? **¿a quién, -es?**;
  with _____? **¿con quién, -es?**
why (*expletive*) **pues** (4)
why? **¿por qué?** (1)
wife **esposa** (4)
win **ganar** (7)
window **ventana** (5); (*of bank
  teller*) **ventanilla** (17)
windy: to be _____ **hacer viento**
  (4)
wine **vino** (2); (*glass of*) red _____
  tinto (13)
winter(time) **invierno** (4)
wish **querer (ie)** (*irreg.*) (6)
with **con** (1)
without **sin** (8)
woman **mujer** *f.* (2), **señora** (P);
  young _____ **joven** *f.* (1)
word **palabra** (1)
work **trabajo** (6)
work **trabajar** (1)
worker **trabajador, -a** (18); social
  _____ **trabajador, -a social**
world **mundo** (12)
worse **peor** (12)
worst **peor** (12)
worth: to be _____ **valer (valgo)**
  (17)
wound **herida** (15)
write **escribir** (2); _____! **¡escriba
  Ud.!** (*form. command*); let him
  _____ **¡que escriba (él)!**
wrong: what's _____? **¿qué te
  pasa?** (*fam.*) (15)

Y

year **año** (4); to be . . . (years old)
  tener (*irreg.*) ... **años** (4)
yes **sí** (P)
yesterday **ayer** (3)
yet **más**; not _____ **todavía no**
you **tú, usted(es), vosotros, -as**
you don't say! **¡no me diga!** (*form.
  command*) (7)
young **joven** (3); _____ man
  (woman) **joven** *m., f.* (1)
younger **menor** (5)
your **tu, tus** (5); **su, sus** (5);
  vuestro, -a, -os, -as (5, 16); **tuyo,
  -a, -os, -as** (16); **suyo, -a, -os, -as**
  (16); **vuestro, -a; -os; -as** (16)

Index

About the Authors

Eduardo Neale-Silva is Professor Emeritus of Spanish at the University of Wisconsin, Madison. He received his Ph.D. from Wisconsin and taught there for fifty-one years before his retirement. The recipient of a John Simon Guggenheim Fellowship, the James Homer Herriott Professorship of Spanish, and several research grants from the Graduate School of the University of Wisconsin, he has written many articles of literary criticism, including a biography of José Eustasio Rivera, *Horizonte humano*, and an exhaustive analysis of César Vallejo's *Trilce*. For many years Professor Neale-Silva directed the University of Wisconsin's teaching methods course for graduate teaching assistants in Spanish. He has been involved with many high school and college textbook projects, of which the most significant, recently, are the first- and second-year college texts *¡En camino!* and *¡Adelante!*

Robert L. Nicholas is Professor of Spanish at the University of Wisconsin, Madison. His Ph.D. is from the University of Oregon; he has been at Wisconsin since 1965. His scholarly interests focus on the modern period of Spanish literature, especially the twentieth-century theater and novel. He has published a variety of articles in addition to his book *The Tragic Stages of Antonio Buero Vallejo*. He has been the recipient of several research grants from the Graduate School of the University of Wisconsin, and for years directed teaching assistants in the beginning Spanish course at the University of Wisconsin. More recently he has served as departmental chairman. He has authored or co-authored several high school and college Spanish textbooks, including *¡En camino!* and *¡Adelante!*